业本学习者权利保护制度比较研究

贾 楠◎著

中央高校基本科研业务费专项资金资助（项目批准号：2023CB004）
(Supported by the Fundamental Research Funds for the Central Universities)
北京外国语大学学术著作资助出版

中国法制出版社
CHINA LEGAL PUBLISHING HOUSE

目 录

导　言　从何为业本学习谈起／1

第一章　业本学习概念、理论诠释及其权利框架搭建／7
　　第一节　业本学习的概念释义／9
　　第二节　业本学习的理论诠释／22
　　第三节　业本学习者权利框架搭建／32

第二章　英国业本学习者权利保护制度／45
　　第一节　英国业本学习经典路线、法律政策历史演变及现行法律框架／47
　　第二节　英国业本学习者权利的教育法保护／72
　　第三节　英国业本学习者权利的劳动法保护／110

第三章　德国业本学习者权利保护制度／121
　　第一节　德国业本学习经典路线、法律政策历史演变及现行法律框架／123
　　第二节　德国业本学习者权利的教育法保护／148
　　第三节　德国业本学习者权利的劳动法保护／182

第四章　美国业本学习者权利保护制度/ 207
　　第一节　美国业本学习经典路线、法律政策历史演
　　　　　　变及现行法律框架/ 209
　　第二节　美国业本学习者权利的教育法保护/ 226
　　第三节　美国业本学习者权利的劳动法保护/ 261

第五章　英、德、美业本学习者权利保护法制文本比较/ 275
　　第一节　英、德、美业本学习者教育权法律保护之比较/ 277
　　第二节　英、德、美业本学习者劳动权法律保护之比较/ 308

第六章　英、德、美业本学习者权利保护法律机制比较/ 323
　　第一节　英国业本学习者权利保护法律机制/ 325
　　第二节　德国业本学习者权利保护法律机制/ 339
　　第三节　美国业本学习者权利保护法律机制/ 352

第七章　英、德、美业本学习者权利保护制度的综合比较/ 367

第八章　英、德、美业本学习者权利保护制度对我国的启示/ 403

参考文献/ 433
后　记/ 475

导言　从何为业本学习谈起

业本学习（work-based learning），又被称作"以工作为基础的学习"或"工作为本的学习"。其概念本身包含"业本"和"学习"两大基础元素，"业本"有真实的工作环境、在工作过程中学等多种涵义，并且带有产业、行业之意（有产出）；"学习"是一种有意识的、主动的知识习得。广义的业本学习是指任何基于真实工作场景的知识习得和技能提升的过程，包含正式和非正式业本学习两种类型，前者如学徒制和校本职业教育等教育形式，后者如传统的师傅带徒弟的授业方式。狭义的业本学习本质上是一种正式的结构化、组织化的学习路线，强调将基于真实工作场景的实践嵌套在某项正式的教育项目或教学计划之中。本书讨论的对象是狭义的业本学习，主要针对在校生群体。工作场所实践是业本学习者教育培养计划中不可或缺的内容板块和培养环节，如参加顶岗实习的中高职在校生，又如通过工作实践实现实务技能培养的法学、医学专业硕士生等。对于在校生而言，业本学习可以是培养环节，亦可以是一种学习状态。

在我国，业本学习者的权利亟需关切。在业本学习过程中，学生的权利具备两大特点：法律权益构成的复杂性和权利保护的脆弱性。一方面，参与实践培养环节的学生既是受教育者也是劳动者，身份的双重性决定了其权利的双重性，即同时享有受教育权和劳动权，法益同时涵盖教育性权利、人身性权利和财产性权利。另一方面，针对学生相关权利的现实保护，我国目前存在诸多问题。存在的问题主要包含两个层面。第一，学习者权利保护的广度和深度亟待拓展。具体体现在：首先，现有机制对学生的教育权利保护乏力，存在实习机会缺失或被剥夺、工作场所的教育质量难以保证等问题。其次，对学习者人身性权利的保护不到位，学生在受到人身侵害后难以获得救济，司法救济等争议解决和权利救济路径阙如。最后，针对学习者的财产性权利保障有待改进，学生工资报酬、保险等财产性待遇标准缺乏整体性设计。实践中，对于学习者在业本学习过程中的最低报酬、最高工时、人身伤害赔偿、与专业是否相关、是否被当作廉价劳动力等问题的判定与规制缺乏更为具体的依据和抓手。第二，法律保护机制设计的科学性有待提高。制度设计需要对学习者的教育性权利、人身性权利和财产性权利的保护配比进行审慎的考量。例如，过度保护学习者的财产性权利，则有可能发生教育性权利的减损，从而违背教育法律制度设计的初衷。这些显性的、具体的问题只是冰山露出水面的一角，其背后反映的是政府（中央与地方）、企业、学校间制度性协同合作的缺失，令学习者权益的保护陷入僵局。

业本学习者同时享有教育性权利和劳动性权利，权利形态交叠。其法律保护机制涉及教育法、劳动法两大法律部门，制度调整机制复杂，学习者的权利诉求与关切也非教育权与劳动权的简单叠加所能提供。对于制度设计者而言，业本学习权利保护制度的构建是一项在经济规则、社会规则与教育规则间进行的苛刻而冒险的尝试，不仅需要对学习者人身性、财产性、教育性权利的保护内容和比例进行综合协调，注重教育法和劳动法的有效互动和精致平衡，还需要兼顾制度运行各利益主体的行动逻辑，综合运用多种治理手段以达到权利保护的最佳效果。在业本学习者的权利谱系当中，各国都对教育权和劳动权保护进行了深思熟虑的取舍，并进行了谨慎的配置，既体现了劳动法与教育法的功能性分野，也体现了业本学习者之核心诉求。对域外业本学习者权利保护的制度建设进行研究并对其可借鉴性进行探讨，对我国相关群体的权利保护机制构建具有重要意义。

本书在对各国业本学习者权利保护相关法律政策文本进行综合分析研究的基础上，对各国权利保护的内容维度进行了分类、归纳、总结，提炼生成了业本学习者权利束框架，并以该权利束为单位对目标国的相关保护机制进行比较研究，采取层层递进的逻辑架构。本书共由八章构成。第一章完成对业本学习概念、理论的诠释及学习者权利框架的搭建。第二章到第四章为现实铺陈部分，分别对英国、德国、美国三国业本学习的经典路线从历史和现实两个维度进行观察和描述。在历史梳理的基础上，对其法律政策的历史演变进行描绘，对现行相关核心法律政策供给予以归纳总结。随后以事先搭建的权利谱系为主体框架，对业本学习者的七项教育权利（其中包括五项实体性权利和两项程序性权利）和四项劳动权利（其中包括三项实体性权利和一项程序性权利）进行一一观察，对该国法律政策针对该项权利的保护样态进行逐个窥探，努力呈现制度的全貌。第五章到第七章是比较分析部分，也是研究的主体部分：第五章为法律文本比较，以法律文本为分析基础，以权利为分析单位，分别从教育法和劳动法入手展开一个横向的比较，对其共同和差异之处进行分析；第六章为法律保护机制的比较，即对权利保护过程中教育法与劳动法的功能分野与互动，以及人身性权利、财产性权利、教育性权利保护的取舍与配置进行比较；第七章为权利保护制度的综合比较，通过对三个国家业本学习者权利保护制度构建特点的总结，分析各国制度生成的原因及相关背后机理，对其国家经验的可借鉴性进行综合比较和评估。第八章在我国已有制度资源的基础上探讨国外权利保护经验带来的启示，并有选择、有针对性地借鉴，为我国业本学习者权利保护提供适切的、可操作的制度建议。

观察发现，英、德、美三国的业本学习权利保护制度构建，具备广泛运用基于横向信任的自力救济方式、借助社会部门打造社会化治理结构、利用已有制度资源积淀进行调整等特征。权利保护的法律制度设计与法系及民族性格紧密相连，法律作为治理工具介入和保护的程度与本国制度传统紧密相关，权利保护的广度和深度深受本国法律、文化传统的影响。对于我国的相关制度构建，不能超越我国的社会经济情势而采取揠苗助长式的粗暴借鉴，生硬地用另外一种看似完美的实践来取代当前的社会实践。为此，我国业本学习者权利保护制度的构建可以从多个方面展开努力。第一，法治先行，完善学习者权利保护立法体系。注意部门法及规范间的贯通衔接，在已有相关法律规定的基础上进一步延伸和细化，在协调一致的基础上互为补充，发挥法律制度的整体性功能。第二，调整教育权与劳动权保护配比，形成最优权利实现方案。加强人身性权利保护，适度放松财产性权利保护，提升教育性权利保护质量。第三，实体性权利与程序性权利保护并重。重视学习者的程序性权利保护，综合考察教育权与劳动权救济机制之利弊，发挥所长加强权利救济。第四，以政府为制度引擎，坚持政府的主导作用。同时，正确处理政府、市场与社会力量间的关系。尊重、善用市场，注重政府与社会力量的联结与培养，多元主体发挥作用。第五，法律适度干预，多重手段合理兼顾，综合运用经济、政策、文化手段完善权利保护制度机制。

第一章
业本学习概念、理论诠释及其权利框架搭建

第一节 业本学习的概念释义

一、业本学习概念的历史渊源

业本学习以工作为载体，行教育提升之功。"业本学习"的概念从其英文表述"work-based learning"理解，即为"工作为本的学习"，也有学者翻译为"基于工作的学习"，意指学习者的学习活动与其所从事的某项工作有着千丝万缕的联系。业本学习的"业"包含几层涵义：首先，"业"可指职业之"业"（vocation），指为了工作而学习，为职业做准备；其次，"业"可指工作、从业（working），即不论是何种业本学习，其最终都以工作环境和工作活动为归宿；最后，"业"有行业、产业（industry）之义，强调在经济上有产出。业本学习者的活动既有教育元素也有劳动元素，弥合了学校与工作的脱节，以社会需求为背景，以个人学习为中心。

业本学习（work-based learning）的概念在 20 世纪 80 年代中期的英国被正式提出并获得关注。1981 年，英国开启了本国历史上最具影响力的职业教育与培训改革，人力服务委员会（Manpower Service Commission）发布"新培训计划"（New Training Initiative，NTI），提出了多项颇为大胆激进的改革措施。改革的先锋及核心人物是利维（Levy），就职于英国人力服务委员会青年发展办公室,也是英国现代职业教育两大改革计划的策划人和领导者。她和她的同事在 1981 年人力服务委员会的一份培训行动计划报告中首次提出了业本学习的概念①。她指出,业本学习是指"将学习与工作相连",具备三个相互关联的基本要素:在工作场所构建学习机会;提供适切的(在职)培训学习机会;发现并提供相关的脱产学习机会。业本学习通过工作场所进行,区别于传统的非结构化印象,作为一种教育理念在教育领域为学习效果的提升掀起了一场新的革命②。

利维提出的三要素具有很强的时代背景和目的性。"在工作场所构建学习机会"是指业本学习的提供者安排工作活动时要同时注意达到为学习者提供学习机会和获得生产效益双目标;"提供适切的(在职)培训学习机会"是指在工作场所的业本学习者必须能够获得持续性的指导和学习机会,并将这部分责任主要归于企业雇主;"发现并提供相关的脱产学习机会"是指业本学习并不单单包括在工作场所的活动,学习者必须有机会离开工作场所,到第二情境(如相关教育机构)学习知识,并且这部分成本仍由雇主承担③。利兹大学的研究团队总结阐述了业本学习的六大功能性特征:工作表现或任务相关,特别是在具体情境发生变化的情况下;以问题为基础,通常与解决生产、

---

① 许竞. 英国业本学习路线下的现代学徒制 [J]. 职业技术教育, 2003, 24 (28): 67-71.

② 利维等:《业本学习术语指南:定义与评述》。Levy M, et al. A Guide to Work Based Learning Terms: Definitions and Commentary on Terms for Work Based Learning in Vocational Education and Training [M]. Blagdon: Further Education Staff College, 1989: 60-68.

③ 许竞, 史明洁. 英国职业教育中的"业本学习"初探 [J]. 比较教育研究, 2003 (05): 61-66.

设计或管理问题有关；自主管理，学习者需要承担很大的责任，以确保从工作中学习；以团队为基础，在处理问题时，需要由不同角色和专长的个人进行有效的合作；注重工作及表现的进步；以创新为中心，为学习和管理变革提供经验、创造机会①。

布莱恩（Brennan）将业本学习的概念构成梳理为三条主线：为工作而学习（learn for work），强调为职业做准备；在工作中学习（learn at work），强调地点为工作场所；通过工作学习（learn through work），强调学习与工作的共时性②。具体来讲，"learn for work"包含的范围十分广泛，包括任何带有职业（vocational）标签的学习形式、时间、地点、方式，可以在学校、家庭或工作当中进行和完成。"learn at work"强调在工作中学习，主要涉及公司内部雇员的培训和职业发展，一般是指公司内部由员工、顾问或者教育机构提供的一种内部教育与培训。不论是为了工作的学习，还是在工作中学习，都强调知识的获得必须通过工作过程来加以强化和巩固。"learn through work"强调学习与工作进程相互交融，互相成就，包括在工作中应用已经学到的知识，也包括通过工作而获得技能与知识。"learn through work"是近年来业本学习发展和学界讨论最为活跃的领域。人们尤其关心的是如何建立、承认和鼓励这种学习的框架

---

① 福斯特·伊丽莎白：《相似而不同：学习社会中的业本学习；业本学习项目最终报告1994—1996》。Foster E. Comparable But Different: Work-based learning for a Learning Society; Work-based Learning Project Final Report 1994-1996 [M]. University of Leeds, 1996.

② 布伦达·利特尔，约翰·布莱恩：《高等教育中业本学习的文献综述》。Little B, Brennan J. A Review of Work Based Learning in Higher Education [J]. Department for Education & Employment, 1996.

和评价机制[①]。"learn through work"强调与工作相关的学习所获得的知识以及实践技能的应用,包含了利维对业本学习前两条要素的要求,"learn at work"与利维提出的第三条要素相重合。在利维的原始概念中,没有包含"learn for work"这一领域,而是把业本学习的重心放在了工作场所以及与工作角色相关等要素上[②]。约十年后,布莱恩(Brennan)再次对业本学习的内容主线进行延展,扩充为四条主线,增加了利用工作经验学习(learn from work)[③],丰富了业本学习的内容,使其概念内涵更加立体化。

业本学习的概念频繁地出现在职业教育与培训领域,与职业教育有千丝万缕的联系。业本学习的概念脱胎于职业教育,以至于在很多时候业本学习都是在职业教育的语境下进行的。例如,在德国,20世纪末,学习与工作理念的融合经历了一次复兴,尤其是在继续教育和职业教育培训领域。许多相关词汇应运而生,如工作场所的学习(workplace learning)、工作中的学习(learning at work)、以工作为中心的学习(job-oriented learning)、顶岗学习(learning on the job)等,但其核心都是通

[①] 丽兹·西格雷夫斯,迈克·奥斯本,彼得·尼尔:《小型企业中的业本学习:最终报告》。Seagraves L, Osborne M, Neal P, et al. Learning in Smaller Companies: Final Report [M]. Educational Policy and Development, University of Stirling, 1996: 51.

[②] 布伦达·利特尔,约翰·布伦南:《高等教育中业本学习的文献综述》。Little B, Brennan J. A Review of Work Based Learning in Higher Education [J]. Department for Education & Employment, 1996.

[③] 布莱恩:《将业本学习融入高等教育——良好实践指南:由大学职业奖励委员会发布的报告》。Brennan L. Integrating Work-based Learning into Higher Education: A Guide to Good Practice: A Report by the University Vocational Awards Council [M]. University Vocational Awards Council, 2005.

过将工作本身与学习进程相结合，从而达到更好的培训效果，实现技能提升。整个职业教育双元合作项目中，工作过程（work process）与职业任务（professional work tasks）紧密相关。确切地说，工作是一种学习的途径。双元制是一种以项目制为基础的学习（project-based learning），是业本学习在德国的典型体现[1]。可以说，最直观、具象的业本教育类型就是职业教育。在众多职业教育领域的业本教育形式中，最野心勃勃的一种就是学徒制。相对于学徒制，实习则相对"松散"、"温和"许多[2]。总体上，业本学习在职业教育和培训领域强调学习的进程发生在真实的工作环境中，学习者参与真正的工作并互动。基于工作的学习是职业教育的核心宗旨，强调在工作场所通过实践习得知识和技能。更进一步，以工作为基础的学习嵌入在课程计划中，学习者有机会获得正式的职业资格。

业本学习作为一种教育理念在高等教育中其实早有应用。例如，自20世纪50年代以来，"三明治课程"一直是英国高等教育的一个特色，其中包括一个重要的工作安置（work place-

---

[1] 迈克尔·格斯勒，福克·豪:《从现实工作到德国职业教育和培训中的业本学习：背景、概念和工具》. Gessler M, Howe F. From the Reality of Work to Grounded Work-based Learning in German Vocational Education and Training: Background, Concept and Tools [J]. International Journal for Research in Vocational Education and Training, 2015, 2 (3): 214-238.

[2] 托马斯·贝利，凯瑟琳·休斯，大卫·摩尔:《实用知识：业本学习与教育改革》. Bailey T R, Hughes K L, Moore D T. Working Knowledge: Work-based Learning and Education Reform [M]. Routledge, 2003.

ment）元素，许多人认为这是业本学习概念之肇始[1]。学术研究和实际应用相互作用，相伴相成。随着专业性较强的学科领域（如法学、医学）学生更多地通过工作场所的实践和培训提升专业技能，业本学习的模式被逐渐引入高等教育体系中[2]。20世纪，全球化的浪潮席卷欧洲，技术的进步与生产模式的改变促使雇用结构发生变革。人们逐渐意识到工作场所可以作为知识生产和传递的重要情境，为教育和生产提供高效的产出。

二、业本学习概念的内涵

业本学习（work-based learning），从其英文表述上可理解为"工作为本的学习"或者"基于工作的学习"，即学习者的学习活动总是与他所从事的某项工作相联系。对于业本学习的具体定义，学者们莫衷一是，目前还没有较为统一的认识，定义的内容范围可宽可窄，弹性较大。业本学习的概念可抽象、可具体，有学者将其抽象为一种教育策略（educational strategy）或一切与工作相关的经验获得（学习经历）[3]。也有学者稍加限定，认为业本学习是一个动态的过程、一个可延展的概念，而不仅仅是某种工作安排或一段结构化的工作经验，可以将其看作更

---

[1] 布伦达·利特尔，约翰·布伦南：《高等教育中业本学习的文献综述》。Little B, Brennan J. A Review of Work Based Learning in Higher Education [J]. Department for Education & Employment, 1996.

[2] 李力，张芸祯. 国外关于工作本位学习的研究述评 [J]. 比较教育研究, 2016, 38（8）：79-87.

[3] 托马斯·贝利，凯瑟琳·休斯，大卫·摩尔：《实用知识：业本学习与教育改革》。Bailey T R, Hughes K L, Moore D T. Working Knowledge: Work-based Learning and Education Reform [M]. Routledge, 2003.

宏大的以教学为指导的学习计划方案的一部分①。国际劳工组织则直接将业本学习具象为学徒制②。更进一步，业本学习在有些定义中被窄化为特指英国学习与技能咨询委员会（Learning and Skills Council，LSC）于2007—2008年度资助的英国学徒制以及高级学徒制（advanced apprenticeship），包含三个核心成分：实用技能、基础知识和关键技能③。

随着经济全球化及知识生产模式的自我进化，业本学习的理念已经渗透到教育的各个领域。相应的，学界和实务界对于业本学习的定义也各有侧重，集中在本国教育体系的不同领域，如职业教育领域、高等教育领域、成人教育（继续教育）领域等。在职业教育领域，业本学习是其核心宗旨。其目的在于帮助学习者贴近劳动力市场需求，提供持续学习的机会④，强调学习者通过参与真正的工作实践及互动获得知识技能。业本学习在高等教育领域亦被广泛采纳，被认为是一种正规的、结构化

---

① 布伦达·利特尔，约翰·布伦南：《高等教育中业本学习的文献综述》。Little B, Brennan J. A Review of Work Based Learning in Higher Education [J]. Department for Education & Employment，1996.

② 希拉里斯·蒂德曼：《学徒制度与问题概述：国际劳工组织对G20就业工作组的贡献》。Steedman H. Overview of Apprenticeship Systems and Issues ILO Contribution to the G20 Task Force on Employment [C] // G20 Task Force on Employment, Geneva, November, 2012.

③ 数据服务：《"业本学习"概念界定》。The Data Service. Work Based Learning (WBL) Business Definition [EB/OL]. (2009-09-15) [2023-02-28]. http://webarchive.nationalarchives.gov.uk/20140107201041/http://www.thedataservice.org.uk/datadictionary/businessdefinitions/WBL.htm.

④ 利维等：《业本学习术语指南：定义与评述》。Levy M, et al. A Guide to Work Based Learning Terms. Definitions and Commentary on Terms for Work Based Learning in Vocational Education and Training [M]. Blagdon: Further Education Staff College, 1989: 129.

的，由教学人员、雇主、学习者共同参与的学习活动，是正式教学计划的一部分，将工作实践与知识学习有机整合①。在成人教育与培训领域，通常认为业本学习要素的运用有两大目标：提高公司员工工作绩效和扩大就业人员非传统教育机会的获得渠道②。值得注意的是，专注于某一个具体的领域虽然可以有所侧重，但也容易导致当事人的视野狭窄，有矫枉过正之嫌，从而将"真实工作环境"的范围限定得过于机械和狭窄。与此相比，较为灵活和"宽松"的定义方式更为合理。

如果以与工作的紧密度为横向概念轴，工作要素与学习要素分别位于概念轴的两端，有的定义偏向于强调工作要素，有的定义则更加注重对于学习要素的阐释。有人认为业本学习的本质是一种学习经历（learning experience），也有人认为其本质是一种工作经历（working experience）。在此范围内采取较为中正、灵活的定义方式是比较理想的。如英国高等教育质量委员会（Higher Education Quality Committee, HEQC）提供了一个更加接近后者的概念，认为业本学习是学习项目或计划的一个组成部分，侧重于基于真实工作环境的理论应用。它涉及技能的发展和资格的取得，提高学习者的就业能力并协助开发他/她的个人技能。在这个过程中，雇主和专业机构与学术人员一起参

---

① 布拉格·德布拉：《美国两年制学院的业本学习》。Bragg D D. Work-based Learning in Two-year Colleges in the United States [J]. 1995: 100.
② 丽兹·西格雷夫斯，迈克·奥斯本，彼得·尼尔：《小型企业中的业本学习：最终报告》。Seagraves L, Osborne M, Neal P, et al. Learning in Smaller Companies. Final Report [M]. Educational Policy and Development, University of Stirling, 1996: 51.

与体验学习的评估工作①。该定义取概念轴较为中间的节点，在工作要素与学习要素中作出了一定的平衡。

三、业本学习概念的外延

业本学习要素的具体外显形式众多且繁杂，有时表现为2—3年的学徒制，有时表现为仅几个星期的公司实习。的确，业本学习的概念外延非常丰富，表现形式多样。有的倾向于工作实践本身（working based），以技能提升为目标，较为正式，如学徒制；有的倾向于对未来可雇性的期许（to-work based），以获得工作岗位为目的，较为松散，如学生实习。

对业本学习概念外延的划定也体现出一定的地域性和国家偏好，与一国国民教育体系和经济发展的实际状况密切相关。不同国家话语体系针对同一称谓所指涉的内涵和具体的表现形式可能存在巨大差异，不同的词汇名称亦有可能指向同一或相近概念。如在英国，"apprenticeship"与"traineeship"是紧密相关的一组概念，都属于业本学习"大家庭"的一员，"traineeship"是一国政府为解决失业问题、改善失业人群长期失业状态而进行的一项政策项目，旨在帮助青年人完成学徒制并建立可

---

① 国际质量研究：《业本学习》。Quality Research International. Work Based Learning [EB/OL]. （2004-10-02）［2018-08-08］. http://www.qualityresearchinternational.com/glossary/workbasedlearning.htm.

持续的劳动关系①。帮助学习者进入学徒制进行更高层次的学习培训是"traineeship"的政策目标②。而美国的预学徒制项目（pre-apprenticeship programs）虽然与"traineeship"名称不同，但所指意涵极为相似③。

不同国家学者根据国情与教育体系、教学实践的不同，对业本学习外延边界的划定与具体表现形式的认定也不甚相同，对于业本学习的分类自然也有所区别，可谓各有特色。例如，澳大利亚学者将职业教育领域的业本学习分为三类：学徒制与特别培训项目（含预学徒制）（apprenticeship and traineeship）、场景模拟（simulation）和服务学习（service learning）④。学徒制是一种众所周知的非常典型的业本学习类型，往往被认为是业

---

① 商业、创新与技能部，英国教育部：《技能的严谨性和灵活性》。Department for Business, Innovation & Skills, Department for Education. Rigour and Responsiveness in Skills [EB/OL]. （2013-04-03）[2017-11-08]. https：//www.gov.uk/government/publications/rigour-and-responsiveness-in-skills.

② 商业、创新与技能部，英国教育部：《英格兰学徒制的未来：实施计划2013》。Department for Business, Innovation & Skills and Department for Education. The Future of Apprenticeships in England: Implementation Plan 2013 [EB/OL]. （2013-10-28）[2018-03-23]. https：//assets.publishing.service.gov.uk/government/uploads/system/uploads/attachment_data/file/253073/bis-13-1175-future-of-apprenticeships-in-england-implementation-plan.pdf.

③ 佛蒙特州教育署：《业本学习手册：为学生开发并实施优质教育的指南》。Vermont Agency of Education. Work-based Learning Manual: A Guide for Developing and Implementing Quality Experiences for Students [EB/OL]. （2016-06-18）[2018-05-26]. http：//education.vermont.gov/sites/aoe/files/documents/edu-work-based-learning-manual.pdf.

④ 数据服务：《"业本学习"概念界定》。The Data Service. Work Based Learning (WBL) Business Definition [EB/OL]. （2009-09-15）[2017-02-28]. http：//webarchive.nationalarchives.gov.uk/20140107201041/http：//www.thedataservice.org.uk/datadictionary/businessdefinitions/WBL.htm.

本学习的雏形（prototype）。学徒制是高强度、高频率的业本学习形式。学习者往往把大部分时间花在工作地点以获得知识和技能。场景模拟（simulation）是一种贴近现实工作场景的模拟情境学习。场景越符合真实的工作和商业环境，对学习者越有效。模拟工作环境可以包括：由教育提供方开展的商务实践（如酒店管理），基于学校（campus）的训练场地（如工作坊、温室园艺），技术辅助仿真（如火车和飞行模拟器），结构化、组织化的角色扮演（如模特或护士类学生）。服务学习（service learning）强调让学生在工作场所"浸泡"一段时间，这种学习可以有不同的时间长度，既可以是强制性的也可以是非强制性的，如澳大利亚目前的老年护理证书三级或四级要求至少120个小时的学习时间。而在美国，仅在中等职业教育领域，业本学习就有多种类型和形式①，如跟岗（job shadowing）、志愿者学习（service/volunteer learning）、地方实习（local internships）、国家提供的培训项目（training programs）、校本公司内实习（school-based enterprises）和企业内实习（entrepreneurship）等。

对于业本学习的类型，鉴于业本学习的具体表现形式繁多，很多学者和实务界人士都倾向于立足本领域对业本学习进行进一步的区分，如在高等教育与职业教育领域，学者对各自实践领域内业本学习的呈现形式作出了探索和分类。英国学者埃巴特（Ebbutt）通过透视英国高等教育机构内部的视角，概括出高

---

① 威斯康星州公共指导部：《业本学习》。Wisconsin Department of Public Instruction. Work Based Learning [EB/OL]. (2015-03-02) [2017-02-16]. https：//dpi.wi.gov/cte/career-development/work-based.

等教育内部业本学习的四种类型①：(1) 为获得高等教育入学资格的业本学习，具体指成人学生想要再次进入高等教育体系参加学习，通过积攒学分的路径获得接受高等教育的资格。(2) 为毕业后进入职业市场做准备的业本学习，如师范类院校、医学类专业，需要学生定期进入实际的工作环境中，接受教学督导。(3) 为进入劳动力市场做准备的业本学习。这类业本学习的明确目标就是使学生具备更加贴近劳动力市场需求的职业能力，如团队建设、交流合作、数据信息处理能力等。(4) 作为学校课程项目重要组成部分的业本学习。在英国高校的一些项目中，学生前三年学习专业知识，第四年学校会安排学生到本专业相关的实际工作岗位实习，学生以雇员的身份正式加入工作环境中，接受雇主的监督和指导，同时也会定期获得学校导师的指导，学生在此期间通常有工资报酬。

在职业教育领域，业本学习是职业教育与培训的一个基本面。在欧盟委员会的一份报告中，将欧洲业本学习在职业教育的应用分为三种主要类型：学徒制（apprenticeship）、在岗培训（on-the-job training）和校本职业教育课程（on-site course）②。其中，学徒制被定义为一种系统化的、长期的、在工作场所进

---

① 大卫·艾伯特：《大学、业本学习及与知识相关的问题》。Ebbutt D. Universities, Work-based Learning and Issues about Knowledge [J]. Research in Post-compulsory Education, 1996, 1 (3): 357-372.

② 欧盟：《欧洲地区的业本学习》。EU Commission. Work Based Learning in Europe [EB/OL]. (2013-03-04) [2018-09-06]. http://ec.europa.eu/dgs/education_culture/repository/education/policy/vocational-policy/doc/alliance/work-based-learning-in-europe_en.pdf.

行的教育培训。与其他业本学习形式相较，其核心特征是学习者大量在工作场所"浸泡"；较长的持续时间；学习者与雇主以合同的方式相联结并获得一定报酬；相关主体在教育培训质量保障上负有一定责任。学徒制在帮助年轻人就业过渡方面的效果非常好。学习者获得了进入劳动力市场第一步所需的技能，而雇主则培训他们的劳动力，向学徒提供保持竞争力的知识、技能和能力。业本学习在职业教育领域的第二个模型是在岗培训（on-the-job training），而在岗培训又可包含三种具体形式：实习（internships）、工作安置（work placements）和特别培训项目（traineeships）。该种类型的各个业本学习形式时间长短不一，通常少于整个职业教育培训项目总时长的50%，在25%—30%左右。项目旨在协助提高学习者各方面的技能，帮助学习者完成向职业工作的过渡，在有些欧盟国家是获得职业资格的前提条件。第三种表现形式是职业教育学校提供的校本课程（on-site course），通过现场（on-site）实验室、车间、厨房、餐馆、实习公司、模拟或实际企业等场景提供教育培训。目的是创造"现实生活"的工作环境，与真正的公司或客户建立联系和合作，发展学习者的企业家能力。在这种模式下，职业学校或培训中心主要负责创造贴近现实生活或真正工作的环境。通常职业学校会配备车间、厨房、餐馆等，学校教师与公司合作设计课程。

除了所处地域和研究领域的差别，也有学者按照学生法律身份的性质对业本学习进行分类。学习者的身份可以是法律上的正式员工，即建立了正式的劳动关系，如正式的学徒制；学习者在法律上也可以是一个学生,如特别培训项目(traineeships)、实习项目(internships)、工作安置(work placements)和合作教育等①。同时,业本学习也可以按照业本学习者的年龄和从业状态进行交叉划分,分为初等阶段(约相当于中等职业教育的年龄层次),如全日制中学职业教育;中高等阶段,如高等教育学历项目;成人继续教育阶段,如为未就业或失业成人提供的教育培训,或为贴近市场需求、满足个人要求或雇主需求的在职培训(包含脱产和非脱产两种)。

第二节 业本学习的理论诠释

一、业本学习的特点

对于业本学习的特征,学者倾向于从不同的层面进行观察和总结。学界较为公认的业本学习的核心特点是"合作伙伴关系"(partnership)。有学者从业本学习活动牵涉主体的多元性着手,对各利益主体的合作互动进行观察和分析②。在我国语境

---

① 理查德·斯威特:《业本学习:欧洲职业培训基金合作国家的政策制定者和社会合作伙伴手册》。Sweet R. Work-based Learning: A Handbook for Policy Makers and Social Partners in ETF Partner Countries [J]. European Training Foundation, 2018.
② 泰明娜·巴西特,艾伦·厄德利,罗斯玛丽·博拉普:《英国高等教育机构与业本学习:三方互动关系中的雇主角色》。Basit T N, Eardley A, Borup R, et al. Higher Education Institutions and Work-based Learning in the UK: Employer Engagement Within a Tripartite Relationship [J]. Higher Education, 2015, 70 (6): 1003-1015.

下,"校企生"在职业教育领域是描述基本利益相关方的常用语,并习惯于把组织者之间的互动称为"校企合作"。在国外语境下,通常用个人(individual)、教育机构(academic institution,通常包括中学、大学、私人教育机构等)以及雇主方(employer)来称呼业本学习核心利益相关方。在核心三方之外,还有政府(government)、行业(industry \ trade)、社区(community)、中介机构(intermediary organisations)等相关利益方。通常认为,业本学习成功的关键包括明确的信息、持续的沟通、灵活的方式方法,具备敬业精神与职业素养的教师,热情投入的学生,中介机构的参与、组织和协助,行业企业的承诺,教育领导者的大力推动以及社区和公司的积极参与[1]。还有学者认为,任何以工作为基础的学习机会都涉及三个地点的参与者:家庭(指学生及其父母或监护人)、学校(指教师、专业咨询服务人员、就业专家、行政人员、项目协调官等)、工作场所(指雇主、管理人、雇员、指导老师等),并强调学习活动是为雇主和学校提供机会,让学生有结构化的学习经验,帮助学生达到学术标准并在实操环境中寻找灵感的过程,该过程培养广泛的可转移的技能,同时也培养就业技能和职业意识[2]。因此,业本

---

[1] 乔治娜·阿特金森:《业本学习与工作整合学习:促进与雇主之间的合作》。Atkinson G. Work-based Learning and Work-integrated Learning: Fostering Engagement with Employers. [J]. National Centre for Vocational Education Research, 2016.

[2] 佛蒙特州教育署:《业本学习手册:为学生开发并实施优质教育的指南》。Vermont Agency of Education. Work-based Learning Manual: A Guide for Developing and Implementing Quality Experiences for Students [EB/OL]. (2016-06-18) [2018-06-18]. http://education.vermont.gov/sites/aoe/files/documents/edu-work-based-learning-manual.pdf.

学习涉及多方主体，以学生个人、学校、雇主三方关系为基础核心关系，外围还需要其他利益相关方的积极有效互动，以形成多方主体互动协调的动态协作关系。

与合作伙伴关系紧密相连的一个概念是协商（negotiation），各主体间通过协商的方式协调互动，达到共同的教育和培训目的。区分业本学习和其他学习方式在高等教育领域应用的关键因素是发生在学生、高校、工作场所三个利益相关方之间的协商过程。通过协商，制定可达到的预期学习效果，建立学分和评估协议，在学术标准与实践要求之间达到一个平衡，使各方采纳和接受共同的标准和方法，从而建立和维护一个支持性的学习环境[1]。

学者们的共识是，业本学习的成功取决于所有参与者的有效参与和积极承诺，合作是一个组织化、结构化的业本学习项目成功的核心所在[2]。这种良性社会合作伙伴关系的建立既是前提，也是难题[3]。值得注意的是，在业本学习中，所谓的"合作伙伴关系（partnership）"实际上包含两个层面的内容：一个层面是通常所指的在业本学习组织过程中的多方协作；另一个层

---

[1] 布伦达·利特尔，约翰·布伦南：《高等教育中业本学习的文献综述》。Little B, Brennan J. A Review of Work Based Learning in Higher Education [J]. Department for Education & Employment, 1996.

[2] 理查德·斯威特：《业本学习：欧洲职业培训基金合作国家的政策制定者和社会合作伙伴手册》。Sweet R. Work-based Learning: A Handbook for Policy Makers and Social Partners in ETF Partner Countries [J]. European Training Foundation, 2018.

[3] 菲欧娜·里夫，吉姆·加拉赫：《雇主与大学的"合作伙伴关系"是业本学习中的关键问题吗？》。Fiona Reeve, Jim Gallacher. Employer-university "partnerships": A Key Problem for Work-based Learning Programmes? [J]. Journal of Education & Work, 2005, 18 (2): 219-233.

面是各主体间在法律和政策制定中的协同互动。实践中，业本学习公共政策的制定通常涉及不止一个部门，如教育部门和劳动部门，且雇主和雇员组织的参与也必不可少。这就意味着，中学、学院、大学和企业等需要共同协作，而不仅仅是雇主、工会以及政府部门等固定几方的责任或义务。

灵活性（flexibility）是学者们较频繁提到的业本学习的另一个特质。如果将视角从业本学习的内部跳出，从一个更宏观的外部概念世界来观察业本学习，正如菲欧娜（Fiona）所言，业本学习或"工作本位学习"的伙伴概念还有"终身学习"和"灵活性"、学分、证书授予（accreditation）等[1]。综合来看，业本学习的灵活性（flexibility）可以表现在三个方面：第一，目标结果方面，对于市场波动及劳动力结构需求敏锐而迅速的反应[2]；第二，学习方式和内容方面，灵活的学习方式，多变、应用性强的课程内容；第三，合作主体方面，各利益相关方间灵活的合作方式。除了"合作伙伴关系"和"灵活性"，还有学者认为业本学习具有"可雇性"（employability）[3]、结构化、相关

---

[1] 菲欧娜·里夫，吉姆·加拉赫：《雇主与大学的"合作伙伴关系"是业本学习中的关键问题吗?》。Fiona Reeve, Jim Gallacher. Employer-university "partnerships": A Key Problem for Work-based Learning Programmes? [J]. Journal of Education & Work, 2005, 18 (2): 219-233.

[2] 约翰·蒙福德：《业本学习：在工作中学习的结构》。Mumford J. Work Based Learning: A Structure for Learning Through Work [M] //Computer-supported Collaborative Learning at the Workplace: CSCL@ Work. Boston, MA: Springer US, 2013: 89-110.

[3] 约翰·蒙福德：《理解业本学习》。Mumford J. Understanding Work-based Learning [M]. CRC Press, 2016: 22.

性（relevance）① 等特征要素，不一而足。

通过以上对业本学习概念内涵、外延、特征的综合观察可以发现，业本学习作为一种教育和学习理念，其内涵具备相当的广度和深度，其外延亦十分丰富并在不断拓展。业本学习的"业"可以从多个方面进行解释，可指职业（vocation），也可指"工作"、"从业"（working），还可指行业协会之"业"，带有浓重的历史痕迹和中世纪行业协会（guild）的缩影。业本学习是一种将学习与工作相联系的、基于真实工作环境的知识习得过程，是一种与工作相关的学习经历。工作为基础和前提，学习为过程和目的，学习的结果又反作用于工作，使学习者接受的教育能够最大限度地满足工作要求。这里的"业本"包含工作场所、真实的工作环境、在工作过程中学等多种涵义，还带有产业、行业之意（有产出）；"学习"是一种有意识的、主动的知识习得。

从广义上讲，业本学习是完全基于或主要在工作环境中完成的学习，包含正式（formal）和非正式（informal）两种。非正式的业本学习游离在正规教育培训或普通学校之外，是一种非系统化、非结构化的教育安排，一般不具备培训标准框架，呈现教育培训的非正式性，如传统或非正规学徒制和非组织化的学生社会实践等。狭义的业本学习是一种正式的、结构化、组织化的学习

---

① 希拉里斯·蒂德曼：《学徒制度与问题概述：国际劳工组织对G20就业工作组的贡献》．Steedman H. Overview of Apprenticeship Systems and Issues ILO Contribution to the G20 Task Force on Employment [C] // G20 Task Force on Employment, Geneva, November, 2012.

路线，通过真实工作场景实现知识的习得和技能的提升，并作为某项教育计划完成的必要环节。也就是说，基于真实工作场景的实践是嵌套在某项正式的教育项目或教学计划之中。

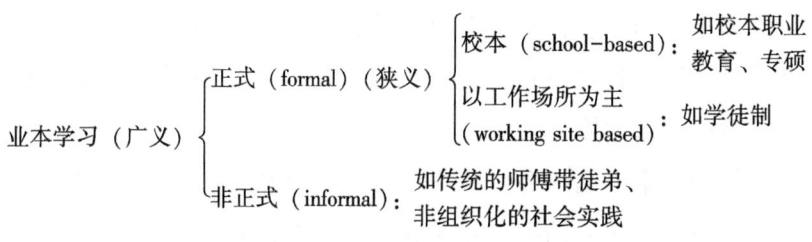

图1-1　业本学习概念分类

随着经济发展、生产方式的变革以及人们工作与教育观念的革新，教育模式也在紧追社会需求，完成自我进化。时代的需要迫使个体努力寻找自身在社会中的位置，实现个人技能特长与社会需求的最佳结合。业本教育可实现教育与工作的整合，使接受的教育最大限度地满足工作需求，同时也促进了知识生产与传播的高效化。业本学习的呈现形式也在不断地发展变化、演变重塑，展现出新的样貌。

本书的研究对象是狭义的业本学习，认为业本学习应具备权利形态的复杂性、结构化特性、系统化特性和组织化特性四项核心特征：

第一，权利形态的复杂性。业本学习场所的双重性与学习者身份的双重性决定了学习者权利形态的复杂性。业本学习中，知识的习得发生在学校和真实的工作场景，学习者既是受教育者也是劳动者，法律关系交叠，活动涉及教育培训和劳动力市场两大体系，教育规则与经济规则同时发挥作用，公共利益与经济理性之间产生张力，容易产生权利冲突，是逻辑的碰撞点，也是矛盾的交汇点，权利形态较为复杂。

第二，结构化特性。结构化是指业本学习涉及多方主体的合作伙伴关系。业本学习是承载多元化利益的教育实践形式，涉及多个参与方。权利义务分配不仅发生在学习者、雇主、学校等教育服务提供机构之间，行业协会等社会组织、政府等也是重要的行动主体。

第三，系统化特性。系统化特性建立在结构化特性的基础上，指对业本学习的一种系统化社会安排。这种安排的系统化通常体现为国家提供成熟的资格标准框架、科学合理的评价体系，即具备公认的标准框架、体系标准[1]。

第四，组织化特性。组织化特性主要指在业本学习中，将工作场所的实践嵌入正式教育培训方案，是正式教育计划的一部分，有预定的计划安排，呈现出强烈的体系化所导致的组织性和正式性特征，强调教育培训方案的制定应科学合理，符合教育规律和劳动力供需结构，适应市场需求。

二、业本学习者权利的双重属性

"权利"一词于每个人而言都不陌生，但游离的原子化个体之权利如何得以声张，却是个问题。从古至今，有姿态的学者莫不用他们丰富的洞见和深切的思考，表达着对变化钩沉权利命题的真诚关切。对个体的平等关怀与尊重是每一个法律人的

---

[1] 希拉里斯·蒂德曼：《学徒制度与问题概述：国际劳工组织对G20就业工作组的贡献》。Steedman H. Overview of Apprenticeship Systems and Issues ILO Contribution to the G20 Task Force on Employment [C] // G20 Task Force on Employment, Geneva, November, 2012.

终极梦想。对少数或处在不利情势之群体的关切是法律、人权学人应当具有的最基本的专业敏锐。

在教育领域，学习者权利保护制度构建进入研究者的视野中有其深刻的原因和背景。业本学习者是一个庞大的学习者群体，利益需求多元、权利谱系庞杂。学习者的权利涉及方方面面，鉴于业本学习者本身具有受教育者和劳动者的双重身份，其权利主要包括教育权与劳动权两个方面。具体而言，在业本学习过程中，学习活动横跨学校和工作场所，学生既是接受教育的一方，也是提供劳动的一方。身份的双重性决定了其权利的双重性，学习者同时拥有受教育权和劳动权。换言之，劳动者的受教育权和受教育者的劳动权是一体两面的关系，学习者既享有一定的劳动权，也享有一定的受教育权。

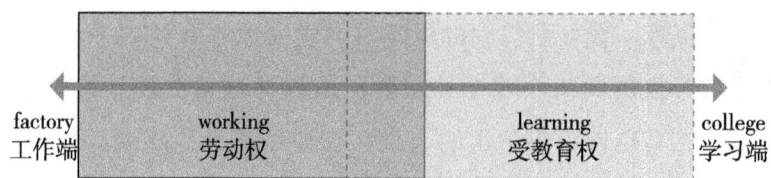

图 1-2　业本学习者权利形态结构

目前，我国业本学习者的受教育权和劳动权极易受到损害，法律保护机制亟待完善。在学校，教育法为学生提供制度后盾，关照其受教育权；就业后，劳动法为其保驾护航，保护其劳动权。但在业本学习环节，教育主体的多元化以及学生身份的多重性使得学生权利的内部样态更加复杂，已有法律政策对教育权和劳动权的保护较为模糊，甚至存在空白地带。例如，在目前的法律框架内，《劳动法》、《教育法》、《职业教育法》并没有对实习生的身份进行界定，学生业本学习中的合法身份基本权益无法得到保障，各利益相关主体的权利、义务也未经由法律加以明确和规定。学习者身份的模糊性不可避免地使其权利性质和内涵充满了不确定性。我国立法上对"劳动者"这一概念没有予以明确界定，也没有明确实习学生的法律身份，导致对于实习学生等业本学习者是否具有劳动者身份存在诸多争议，其与用人单位之间的法律关系也难以判断，司法实务中常常将其排除在劳动法的保护之外。

观察权利的法益构成，业本学习者的权利内容有三个面向：人身性权利、财产性权利和教育性权利。人身性权利如学生在工作场所的劳动安全保障；财产性权利如工资报酬、保险待遇等经济权益；教育性权利如对实习机会的提供和工作场所教育质量的保障。教育性权利的保障对学生完成教育计划并最终获得受教育权的圆满实现至关重要，是教育法制度设计的核心；学习者尤其是青少年学生的人身性权利保护不容减损；财产性权利的保护亦是制度设计必须考虑的重要维度。

权利的概念始终处于一个动态演进的状态，同时权利完成从"理想诉求"到"实际享有"的转化也需要一个漫长的过程。因此，根据权利的存在形式与实现阶段，权利可以分为应然权利、法定权利和实然权利。应然权利是自然法、人权意义上的权利的理想状态；法定权利是指经过国家强制力认定、"刻画"于法律文本的权利；实然权利是个人实际享有的权利。本书所指的权利是指在各国法律政策文本中抓取的法定权利。鉴于业本学习者身份的双重性，本书重点关注学习者在业本学习过程中受教育权和劳动权两个方面的权利。

学习者在业本学习过程中的权利保护存在多方面亟待解决的问题。同时，相关权利保护制度的构建与完善亦是一项复杂而系统的"工程"，不可能毕其功于一役。权利保护涉及多个行动主体和多重行动逻辑，仅实习机会的提供就需要政府、企业、学校、学生各方的共同努力和有效互动，制度设计更是同时触及以人为本的教育理念和以市场理性为基础的公司制度，教育规则与市场规则同时发生作用，互动机制复杂。

我国部门法各司其职、各有侧重。教育法理应对学习者的教育权进行保护，人身性权利和财产性权利本是劳动法的调整"管辖"重点。部门法间的分工合作无可厚非，但业本学习者的权利保护并非通过简单的种类划分就可一劳永逸地解决问题。简单地将教育权利的保护归属于教育法，劳动权利的关照归于劳动法并不能从根本上解决问题，粗暴的一刀切的强行划分并非良策。只有解构业本学习中学生实习权利的法益构成，探索部门法间在权益保护中的互动机制，才能透视学生权利的基本属性，明晰权利保护制度建构的基本走势。同时，解析业本学习的权利内涵可以小明大、尝鼎一脔，探索从工作到学习过程中各利益相关方的互动机制，探讨利益相关方责、权、利的科学分配与承担，在现有组织资源和社会条件的基础上寻求最佳制度方案。

本书旨在通过对本选题的研究，对不同国家业本学习权利保护制度的典型路线进行比较，为业本学习者权利的理论建构、有效保障和法治化奠定理论基础、提供方案支持，从而推动学生从"学习到工作"的自我规制有效、合法地进行，构建更为科学、有针对性的权益保护机制。教育法自我规制与劳动法等相关部门法外部规制的有机配合有助于实现对学习者权利保护的有效规制。更重要的是，探索权利背后利益相关方的合作规则，形成制度性协同，有利于更好地促进教育现代化的良性发展，维护社会公益和保护学生私益。

第三节 业本学习者权利框架搭建

本书采取狭义的业本学习概念，即学习活动嵌入一种正式的、组织化、结构化的教育培训计划，学习者以获得某项学历或证书为目的，通过真实的工作场景获得知识、提升技能。在此过程中，业本学习者具备双重身份，既是受教育者，也是劳动者[1]。而这种身份的双重性决定了其权利的双重性，即既享有教育权利，又享有劳动权利。业本学习者的权利表现在方方面面，但主要表现为受教育权和劳动权两个方面。因此，权利框架主要包含受教育权和劳动权两大权利域，各权利域内部又同时包含实体性权利和程序性权利。权利框架的搭建依据主要包括理论研究和法律政策实践两个方面。一方面，在已有相关权利理论的基础上，结合业本学习者的特点，提炼权利种类；另

---

[1] 这里的"劳动者"是指广义的劳动者，即付出劳动力的个体，不以建立正式劳动关系为前提。

一方面，通过对目标国大量法律政策文本的分析，合并同类项，分类、归纳、总结出业本学习者的法定权利类型。

一、业本学习者的教育权利体系

受教育权是公民的一项基本权利，权利体系庞大、内容丰富、类型多样①。对于教育权利的具体类型，结合国家对受教育权的义务特征，有学者建构了受教育权的体系结构，认为受教育权应包括"学习机会权、学习条件权和学习成功权"②。在此基础上，有学者作了进一步阐述，结合受教育过程的三个阶段性特征和一般权利的实现路径，将受教育权利体系分为实体性权利和程序保障救济性权利两大类，其中实体性权利包括三个阶段的权利群，即起始阶段的机会平等、受教育过程中的条件保障和受教育完成阶段的结果获得；程序保障救济性权利即"在所有阶段都享有的程序保障和救济权利"，包括知情权、申诉权和起诉权等③。该分类方法综合了权利的一般特性与受教育的特殊阶段过程，相对较为全面合理。本书在已有教育权利分类理论的基础上，结合各国已有的法律政策实践，概括总结业本学习者的教育权利类型并解释其涵义，主要包括：

---

① 申素平.教育法学：原理、规范与应用 [M].北京：教育科学出版社，2009：23.
② 龚向和.受教育权论 [M].北京：中国人民公安大学出版社，2004：36-59.
③ 杜文勇.受教育权宪法规范论 [M].北京：法律出版社，2012：46.

表1-1 业本学习者教育权子权利名称及内容

教 育 权	
子权利名称	具体内容
教育质量保障请求权	教育质量保障请求权是指教育培训服务提供主体有义务保障参与教育培训项目或计划的学习者所获得教育培训的水平和质量,达成教育培训项目的预期计划和目标。教育质量保障请求权包含"硬件"权利和"软件"权利。"硬件"权利主要指教育设施创建及利用请求权,是学习成功的前提基础和物质保障。此项权利在国际人权法中得以确认,是教育的"4-A"基本特征中可获得性(availability)和可进入性(accessibility)所包含的重要内容[①]。"软件"权利是指学习者享有的国家提供教育督导、教育质量评估监测、相应组织保障的权利。
平等权	平等权是享有就学、升学、就业等受教育起始阶段权利的前提,主要是指受教育机会的平等。关于机会平等,美国学者道格拉斯·雷指出,"机会平等可以是:前途考虑——每个人都有达到一定既定目标的相同可能性;手段考虑:每个人都有达到一定既定目标的相同手段"[②]。对平等权的保护包括消极和积极两个方面,消极保护是指平等保护公民接受教育的权利,使其免于差别对待。积极保护是指特别保护某些弱势群体接受教育的权利。

---

① 国家的4-A教育义务是指:Availability(可获得性),Accessibility(可进入性),Acceptability(可接受性),Adaptability(可适应性),其中可获得性又包括非歧视、身体可进入性和经济可进入性。详见申素平.教育法学:原理、规范与应用[M].北京:教育科学出版社,2009:65.

② 罗伯特·A·达尔.现代政治分析[M].王沪宁,陈峰,译.上海:上海译文出版社,1987:186.

续表

教 育 权	
子权利名称	具体内容
终身学习发展权	终身学习发展权是一种期权,是对学习者终身接受教育培训并拥有提升发展可能的一种承诺和努力。终身学习发展权按照学习者的法律身份及就业状态可以分为学生发展权和员工培训学习权。其中,学生发展权的内容又包括纵向的上升通道以及横向上在学术、技术双轨道之间切换的可能。
获得评价、证书权	获得评价、证书权属于受教育完成阶段的结果权,包括获得公正评价权和获得证书权两项子权利。我国《教育法》第43条第3项对此作了明确规定,即受教育者享有在学业成绩和品行上获得公正评价的权利,以及完成规定的学业后获得相应的学业证书、学位证书等证书的权利。
获得资助权	获得资助权是教育法规定的学生基本权利之一。受教育者享有请求国家提供奖学金、助学金和助学贷款的权利。我国《教育法》第43条第2项规定,受教育者享有按照国家有关规定获得奖学金、贷学金、助学金的权利。第38条规定,国家、社会对符合入学条件、家庭经济困难的儿童、少年、青年,提供各种形式的资助。

续表

教 育 权	
子权利名称	具 体 内 容
争议解决及 保障救济权	争议解决及保障救济权指公民在行使受教育权的过程中，合法权益受到侵害并造成损害时，可通过教育行政复议或教育诉讼的形式，依法请求有关机关保护①。受教育权的救济方式主要涉及申诉和诉讼。权利的救济必然涉及"可诉性"问题，而"可诉性"包括可申诉性和可司法性②。诉讼并非解决争议的唯一路径，在提供司法救济的同时，制度还应提供替代性纠纷解决的路径设计。
知情权	知情权是"自然人、法人及其他社会组织依法享有的知悉、获取与法律赋予该主体的权利相关的各种信息的自由和权利"③。对学习者而言，其对学校的规章制度、学校的发展状况、自己所学专业的发展前景、师资水平、课程设置以及经费投入等基本情况享有全面了解的权利，如职校生享有获悉、知悉、了解学校在考试、录取等方面信息的权利；在接受教育的过程中，有了解学校的教育内容、形式以及管理活动方面信息的权利。概括而言，主要包括受教育程序知情权、学校事务知情权和处分决定知情权等权利④。

---

① 李晓静．公民受教育权及其法律保护浅谈［J］．江西社会科学，2002（11）：163-165．

② 彭君．论职业教育法律体系的可诉性及其程度［J］．长江大学学报（社会科学版），2012，35（09）：34-37．

③ 徐显明．人权研究（第2卷）［M］．济南：山东人民出版社，2002：253-254．

④ 杜文勇．受教育权宪法规范论［M］．北京：法律出版社，2012：50．

二、业本学习者的劳动权利体系

各国劳动权利类型化的体例大致相同，权利类型也是概括性、开放性的[①]。我国《劳动法》第 3 条第 1 款规定："劳动者享有平等就业和选择职业的权利、取得劳动报酬的权利、休息休假的权利、获得劳动安全卫生保护的权利、接受职业技能培训的权利、享受社会保险和福利的权利、提请劳动争议处理的权利以及法律规定的其他劳动权利。"其中，接受职业技能培训的权利，主要是指员工上岗前、工作过程中对岗位及规程进行熟悉提高的权利，面向群体是劳动法定义下的劳动者，与本研究所关注的尚未进入就业领域的业本学习者关系不大，因此予以排除。另外，《社会保险法》尚未将在校业本学习者作为劳动者纳入社保体系当中，因此，除在劳动安全与卫生权利中探讨工伤保险的参与性问题外，本研究暂未将社会保险作为业本学习者的一项完整权利进行讨论。故而，在此权利类型体例上，结合各国法律实践，总结、归纳、提炼出业本学习者应享受的劳动权利主要包括：

---

① 陈步雷. 类型化与开放性：劳动权利体系若干理论问题 [J]. 中国劳动关系学院学报，2005（06）：8-16.

表1-2 业本学习者劳动权子权利名称及内容

劳 动 权	
子权利名称	具 体 内 容
工资权	工资是劳动者生活的主要经济来源,是劳动者个人及其家庭成员生存和发展的物质基础,在某种程度上也是社会稳定的物质基础①。在工资制度中,劳动者依法享有工资权。工资权是与劳动者的劳动给付义务相对应的一项权利,正因为劳动者享有工资权,劳动才得以成为劳动者的谋生手段。工资权的完整内容主要包括四个部分②:(1)工资取得权。即劳动者在履行劳动给付义务,以及合法免去劳动给付义务和因可归责于用人单位的事由而不能履行劳动给付义务的情况下,对用人单位有工资请求权和工资受领权。(2)工资支配权。即劳动者对其全部工资有权自由支配,而不受任何他人或组织的干预。(3)工资保障权。即劳动者有权获得最低工资保障、工资支付保障和实际工资保障。(4)工资分配参与权。即劳动者有权通过法定方式参与企业工资分配过程,使劳动者的共同意志体现于企业工资分配的制度和方案之中。

---

① 刘扬. 工资权研究 [D]. 吉林大学,2005.
② 王全兴. 劳动法 [M]. 北京:法律出版社,2014:335.

续表

劳 动 权	
子权利名称	具体内容
劳动安全与卫生权	劳动安全与卫生权主要包括劳动安全权与劳动卫生权两个方面，即劳动者的安全和身体健康必须受到用人单位保护的权利①。 适当的休息是劳动者身心健康的重要保证。休息权可被视为劳动安全与卫生权项下的一项子权利。休息权是一种基本人权，关系着劳动者的生存和发展，体现了个人对生存价值的保障和追求，符合人权的基本要求。《世界人权宣言》第24条规定："人人有享有休息和闲暇的权利，包括工作时间有合理限制和定期给薪休假的权利。"在许多国家的宪法中，也将休息权作为基本人权的一种加以保护。影响劳动者休息权的主要因素包括劳动者的工作时间和休息时间两部分。工作时间，又称法定工作时间，是指劳动者为履行劳动义务，在法定限度内应当从事劳动或工作的时间。其表现形式有工作小时、工作日和工作周。休息时间，又称法定休息时间，是指法定的劳动者得免于履行劳动给付义务而自行支配的时间。

---

① 贾俊玲. 劳动与社会保障法学 [M]. 北京：中央广播电视大学出版社，2005：45.

续表

劳　动　权	
子权利名称	具体内容
劳动安全与卫生权	工作时间的范围，不仅包括就业时间，还包括准备工作时间、结束工作时间以及法定非劳动消耗时间；不仅包括在岗位上工作的时间，还包括依据法规或单位行政安排离岗从事其他活动的时间①。在一定的自然时间内，工作时间与休息时间是一种此长彼短、此短彼长的关系。对劳动者来说，工作时间是支出劳动力的量化形式，休息时间是恢复和增强劳动力的必要时间，二者之间是劳动力的使用和再生产的关系。 从用人单位的角度来看，劳动者所享有的劳动安全权即用人单位向其提供劳动保护的义务。劳动安全权主要由两部分组成，一是劳动安全，它主要指的是用人单位应保证其所提供的工作环境是安全的，使劳动者免受工作环境带来的事故威胁，使劳动者的人身安全得到有效保障；二是劳动卫生权，它要求用人单位为劳动者提供舒适的劳动环境，并使劳动者获得尊重，进行体面的劳动，从而保障劳动者的心理健康。

---

① 王全兴．劳动法 [M]．北京：法律出版社，2014：323．

续表

劳 动 权	
子权利名称	具体内容
平等就业权（反歧视）	平等就业权是公民的基本权利之一。这里的平等既包括形式公平意义上的反就业歧视，以形成公平竞争就业的环境；又包括实质公平意义上的对特殊就业群体予以扶持、援助和保护，以弥补特殊就业群体获得就业机会的不足①。平等就业权包含了两重意义：一是机会均等，即所有劳动者都平等地享有进入人力资源市场，通过竞争实现就业的机会；二是同工同酬，即从事技能、责任和体力要求相等且工作条件相似的工作的所有劳动者，用人单位应当支付相等的报酬。这里的报酬，不仅是指工资和劳动报酬，还包括社会保障、职业福利等劳动待遇。平等就业权的实现，离不开就业歧视的消除。根据内容和实施者的不同，可将就业歧视分为不同种类。从内容上来看，就业歧视的内容非常广泛，主要包括种族、肤色、性别、宗教、政治观点、民族血统、社会出身、国籍、残疾和年龄歧视。但在这中间也有例外规定。《消除就业和职业歧视公约》中规定了不应视为歧视的情形，如对一项特定职业基于其内在需要的区别、排斥或优惠，针对有正当理由被怀疑或证实参与了有损国家安全活动的个人所采取的任何措施，都不应视为歧视。从实施者来看，就业歧视可分为雇主歧视、雇员歧视、职业介绍机构歧视、政府歧视、顾客歧视、选民歧视等。

---

① 王全兴. 劳动法 [M]. 北京：法律出版社，2014：391.

续表

劳动权	
子权利名称	具体内容
劳动争议解决	劳动争议作为劳动的副产品，具有量大案多、内容繁复等特点。其解决往往事关社会稳定，对广大劳动者之切身利益具有极大的影响。就目前来看，多数市场经济较为发达的国家一般将劳动争议分为权利争议与利益争议，对于不同的争议形式，各国在解决方式上也有所差异。总体来看，劳动争议的解决主要呈现两个方面的特点：首先，劳动争议通常由专门的劳动法院（或法庭）审理。将劳动争议与普通民事争议相区分，是当今世界许多国家的通行做法，具体的表现即为设立专门的劳动法院（或法庭）。在具体操作上，不同国家的法院（或法庭）职能不尽相同，但均做到了与本国之民事争议解决程序相区别，如注重保护弱势一方（一般为劳动者），在诉讼过程中引入第三方机构形成"三方解决机制"等。其次，劳动争议的解决一般采用非诉程序。对于劳动争议而言，相较于普通的诉讼程序，替代性纠纷解决方式（alternative dispute resolution）更有益于提高解决效率，节约、减少劳动者的时间及金钱成本，通过调解、仲裁、调停等方式，避免劳动关系双方矛盾进一步激化，从而以一种温和且具有一定强制力的方式促使双方达成共识。现如今，以上述方式为代表的建立在社会自我解决基础上的多范式、多路径处理机制并存正日益成为国际劳动争议处理的主流形态①。

---

① 郑祝君.劳动争议的二元结构与我国劳动争议处理制度的重构 [J]. 法学, 2012（01）：94-103.

三、业本学习者的权利体系搭建

综合以上教育权和劳动权体系的建构，在对目标国业本学习者权利保护相关法律政策文本进行综合分析，对各国权利保护维度进行分类、归纳、提炼和总结的基础上，结合相关权利理论，本书试图搭建业本学习者综合权利体系。

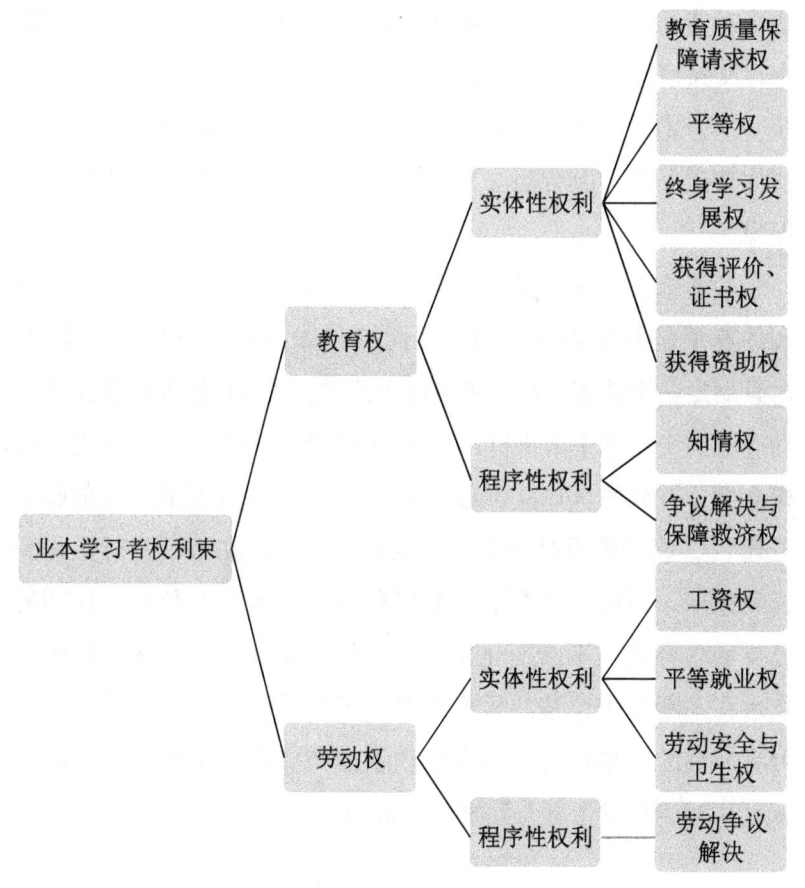

业本学习者权利束
- 教育权
  - 实体性权利
    - 教育质量保障请求权
    - 平等权
    - 终身学习发展权
    - 获得评价、证书权
    - 获得资助权
  - 程序性权利
    - 知情权
    - 争议解决与保障救济权
- 劳动权
  - 实体性权利
    - 工资权
    - 平等就业权
    - 劳动安全与卫生权
  - 程序性权利
    - 劳动争议解决

图 1-3　业本学习者权利束框架

如图1-3所示，业本学习者权利体系主要包括教育权和劳动权两个方面，在二者项下又同时包含实体性权利和程序性权利。理想情况下，业本学习者权利体系可包含7项教育权利和4项劳动权利，其中教育权利包含5项实体性权利和2项程序性权利；劳动权利包含3项实体性权利和1项程序性权利。在保护机制上，教育法作为部门法对教育权利义务关系进行调整，劳动法则对劳动权进行保护。两大部门法对于权利的保护内容可能存在交叉区域，如两大部门法对于权利主体的平等权均有所关照，尽管切入点有所不同。教育法更关注教育机会平等和少数群体特殊保护，而劳动法更侧重于就业机会平等（反歧视）的保障。

必须指出的是，权利的保护源于对社会问题的"反应"，权利的范围是复杂而多变的，因此权利体系是动态的、立体的，对其划定一个静态的范围未免过于狭隘。"只有把人权概念放在动态的历史过程中来辨析，才能正确把握其外延；也只有把人权概念置于开放的认知世界的系统中，才能欣然接受其未来的膨胀变迁"[1]。权利体系是历史的，也是动态的，在不断进行重构和自我创新。同样，业本学习者权利体系也具有开放性，权利的分支和内容是在不断变化发展、生长更新的，权利保护的侧重点也在不断发生位移。尽管本书为了分析的需要设定了业本学习者权利的框架内容，但在变动不居的实际生活中，学习者的权利束时刻在发生着自我解构与重构。

---

[1] 王家福，刘海年，李林. 人权与21世纪[M]. 北京：中国法制出版社，2000：42.

第二章

英国业本学习者权利保护制度

第一节　英国业本学习经典路线、法律政策历史演变及现行法律框架

学徒制是英国业本学习的经典路线，也是英国职业教育与培训的"黄金标准"。它经历了六百年沉浮与考验，为英国带来了可观的经济与社会效益和制度回馈，并在 21 世纪的现代重新焕发了强大的生命力。仅 2012 年，英国就有 50 万名新学徒，有超过 20 万的工作场所参与其中①。到 2015 年，开启学徒之旅的学习者数量已经达到了 240 万人②。2015 年英国大选以来，政府对学徒制的发展制定了更高的目标并继续作出中肯的努力。2016 年《企业法》（Enterprise Act 2016）的颁布为学徒制引入了更精准到位的法律保护框架，并通过立法建立了全新的、独立运作的学徒协会（The Institute for Apprenticeships，NAS）③，其主要职责是制定学徒制培训标准和评估方案等，最大限度地

---

① 商业、创新与技能部，英国教育部：《技能的严谨性和灵活性》。Department for Business, Innovation & Skills, Department for Education. Rigour and Responsiveness in Skills [EB/OL]. (2013-04-03) [2017-11-08]. https://www.gov.uk/government/publications/rigour-and-responsiveness-in-skills.

② 技能资助机构，商业、创新与技能部：《继续教育与技能发展：首次发布统计数据》。SFA and BIS. Further Education and Skills: Statistical First Release [EB/OL]. (2016-09-13) [2018-03-20]. https://www.gov.uk/government/statistics/learner-participation-outcomes-and-level-of-highest-qualification-held.

③ 英国议会：《企业法》。UK Parliament. Enterprise Act 2016 [EB/OL]. (2016-05-04) [2018-03-22]. https://www.legislation.gov.uk/ukpga/2016/12.

替学徒争取权益①。在制度设计方面，2017年1月施行新的学徒税政策（New Apprenticeship Levy）。这一系列举措为学徒制的运行打下了更坚实的制度基础。

同时，面对全球政治与经济的风云变幻，知识生产模式的悄然变革，英国学徒制正在和即将面临的挑战亦是严峻的。一个自上而下、政府主导的职业教育与培训制度模式必然无法调动各利益主体的参与积极性并最终为学习者提供高质高效的职业路径②。而一个漠视个人权利保护，疏于对学习者权利保障与救济、本末倒置的针对业本学习的法律政策机制也注定无法具备强大的制度魅力和长久的历史生命力。为此，英国政府也在不断应对调整，通过法律政策供给为学习者权利保护作出回应。

一、学徒制在英国的定义及内涵

学徒（apprentice）在英格兰的最早记载可追溯至13世纪，在一位马鞍工匠保存的文书当中，条陈了学徒与师傅之间约定

---

① 英国教育部：《对学徒机构的战略指导草案》。Department for Education. Draft Strategic Guidance to the Institute for Apprenticeships [EB/OL]. (2017-01-04) [2018-04-03]. https：//consult. education. gov. uk/apprenticeships/government-s-draft-strategic-guidance-to-the-insti/supporting_ documents/Governments%20Draft%20Strategic%20Guidance%20to%20the%20Institute%20for%20Apprenticeships%20%20201718. pdf.

② 商业、创新与技能部，英国教育部：《技能的严谨性和灵活性》。Department for Business, Innovation & Skills, Department for Education. Rigour and Responsiveness in Skills [EB/OL] (2013-04-03) [2017-11-08]. https：//www. gov. uk/government/publications/rigour-and-responsiveness-in-skills.

的期限，并且对师徒间人身依附性的程度进行了规制和调整①。一直以来，学徒制都是英国职业教育的典型发展模式，这也使英国成为世界范围内职业教育较为成功的范本之一。

不列颠简明百科全书中对学徒制的定义是："通过书面或口头形式确立师徒间的契约关系，在一定条件及期限内，通过师傅带徒弟的方式，学徒通过观察模仿学习工艺、掌握技艺、熟悉提升从业技能的一种制度。"② 该定义强调双方主体缔结契约关系的规范性、条件性，对技艺的传递方式、学习目的和过程进行了描述，但这个定义明显带有中世纪英国的传统痕迹。在中世纪，学徒制是指雇主（通常是行业认证的技术大师）与学徒之间的合约，协议约定了合约履行的时间和条件，通过合约的缔结，学徒表达了拜师学习的愿望和成功出师的决心。到了现代，学徒制在保留原有部分要素的同时，发生了悄然改变并融入了新的特征。现代的学徒固然还是以被雇用的角色出现，但是师傅与徒弟之间不再是简单的自然人之间出于自愿，通过合意缔结的具有人身依附性的身份合约关系，学徒的综合考核与资质授予乃至整个制度的运行逐渐走向由政府引导、企业主导的模式，且技艺传承的方式和内容也发生了新的变化，相关技术领域不再僵化，局限于一门手艺或单项工作所需要的技能，而是探索建立可以跨界流动的技艺传递与习得机制。现代学徒

---

① 邓洛普，丹曼：《英国学徒制与童工：历史概述》。Dunlop O. J., Denman R. D.. English Apprenticeship and Child Labor: A History [J]. Journal of Political Economy, 1912: 10-29.

② 龚莉. 不列颠简明百科全书 [M]. 北京：中国大百科全书出版社，2014：79.

制，归根究底，其核心就是一种教育方式，一种学习的路线。其终极受益者应当是学徒本人，而国家和政府有义务为此目标作出不懈的探索和努力①。

值得注意的是，"现代学徒制"（modern apprenticeships）一词本身最直接的指涉对象其实是英国政府在20世纪90年代借鉴德国双元制，为了振兴英国学徒制而推出的一个项目。英国政府为了推动学徒制框架的不断完善推出了很多项目，现代学徒制是众多项目之一。现代学徒制项目的提出恰逢英国政府矢志振兴本国学徒制之时，其施行基本达到了预期效果，并成功地为后续学徒制的改革措施提供了成功的先例和典范，可以说领导带动了20世纪90年代起的英国学徒制改革。因此，很多学者在谈及现代学徒制时，更多的是将其视为英国本国学徒制度在新时期的集合。因此，可以将"现代学徒制"作狭义和广义之分。狭义的现代学徒制指英国政府推出的改革项目。而广义的现代学徒制则是指向制度本身，被赋予了新的时代内涵。现代学徒制作为一种制度采用更为组织化和结构化的运作方式，其直接目的是应对英国国内技能短缺和国民高失业率的颓势。现代学徒制在教学内容和教学方式上均有很大的改进，完成了学徒制运作的系统升级。传统学徒制向现代学徒制的转变源于对

---

① 商业、创新与技能部，英国教育部：《英格兰学徒制的未来：实施计划2013》。Department for Business, Innovation & Skills and Department for Education. The Future of Apprenticeships in England: Implementation Plan 2013 [EB/OL]. (2013-10-28) [2018-03-23]. https://assets.publishing.service.gov.uk/government/uploads/system/uploads/attachment_data/file/253073/bis-13-1175-future-of-apprenticeships-in-england-implementation-plan.pdf.

新的社会经济及产业行业发展的主动适应和迎合，也源于对劳动力结构调整、技能水平和就业率提升及人力资源开发战略调整的迫切需求。现代学徒制是一种教育与培训方式，以工作场景和校园学习相结合的方式，实现教育与工作要素的有机融合，培养贴近劳动力市场需求和雇主需要的具备一定学术素养和职业能力的实操人才。总体上讲，英国学徒制将工作场所与学校场域结合在一起，将培训和继续教育学院等教育机构的知识传授有机融合在一起，旨在培养适应市场变化、符合劳动力市场需求的高技能人才。概言之，学徒制是一种技能培养的途径，是一种与全日制学校教育不同的学习模式，也是业本学习的实践路线之一。

自1993年现代学徒制确立以来，随着英国社会经济的发展与文化价值理念的更新，学徒制的内涵与要素也在发生着变化。2012年5月，NAS发布了"学徒制质量声明"（Statement on Apprenticeship Quality），将"学徒制"定义为"由该行业企业主导并设计的带有技能发展计划性质的工作"[1]。在此定义中，学徒制允许个人通过真实的工作环境获得实践经验与技术技能，不仅仅是一份产生个人劳动关系的、雇主与学徒之间的工作合同，更是一份为国民终身职业生涯发展计、政府起引导作用的国家计划。2013年华威大学就业研究中心（Institute for Employment Research, University of Warwick）向英国业务创新与技能部和

---

[1] 国家学徒服务：《学徒制发展质量报告》。National Apprenticeship Service. Statement on Apprenticeship Quality [EB/OL]. (2015-04-28) [2018-03-23]. https://www.thei-mi.org.uk/sites/default/files/documents/106939.pdf.

NAS 提交的报告指出，英格兰的学徒制本质是一项公共资助的培训计划，一项旨在促进社会人群与教育培训融合的政府措施，不仅应面向年轻人，也应该关注英国社会基数越来越大的老年人群体基于工作的培训选择[①]。关照的群体从聚焦于年轻人扩展至年长及老年群体，终身教育的理念在学徒制度设计中得到了进一步践行。

英国政府在《英格兰学徒制的未来：实施计划 2013》（The Future of Apprenticeships in England: Implementation Plan 2013）中提出了面向未来的英国学徒制的四项基本准则：（1）学徒是一项工作；（2）学徒需要大量的学习和培训，每个学徒最低培训时间不得少于 12 个月（包括在职培训）；（3）由雇主制定学徒培养标准；（4）培养发展学徒可转移的技能，包括英语和数学，以促进其职业发展。该计划还强调学徒制中学徒、雇主和政府的三方互动关系。在这个三方关系中，政府的角色是制定原则和监管标准，以确保学徒之培养足够严谨并贴近市场和行业需求；学徒的任务是努力追求并达到学徒培养标准；雇主的作用是推动制度落实，确保学徒培养能够满足他们的个人需求并储备未来社会经济发展所需的技能。雇主与专业团体及其他相关机构共同合作负责制定新的学徒制度标准。英国政府认为，作为现代由企业主导的学徒制，政府对于学徒培养的标准制定不应也不宜介入。政府应明确自己的职能定位，采取一切措施保证学徒制框架的培训质量和规范的运行机制，在制定行业学徒

---

① 林恩·甘宾：《学徒制研究综述最新报告》。Gambin L. Review of Apprenticeships Research Final Report: An Updated Review [J]. 2013.

培训标准等方面给予雇主较大的自主选择和设计空间,努力为雇主和学徒提供服务及保障[①]。政府在三方关系中的角色功能应当是调控、监管、服务和支持。利益相关方三角关系背后,政府的能动性非常重要,英国20世纪90年代开始的学徒制改革就是通过政府投入大量人力、财力、物力并推动多个项目如"现代学徒制"项目来实现的。政府在此过程中通过制定政策、国家拨款、评估监督等措施发挥引导、协调、辅助、支持的作用。

由以上英国学徒制的演变过程可以看出,传统的学徒制中学徒权利的保障仰赖于师徒间稳定、可靠的人身依附关系,最低权利标准的达成取决于师傅的个人意志以及行业协会的组织协调能力,具有很大的不确定性和不稳定性。而英国现代学徒制的确立和发展在规制层面无疑为学徒个人的权利保障救济提供了一个新的机制框架,国家以第三方监管、宏观调控者的角色强势介入,但始终保持理性、审慎和克制,不对雇主和学徒应自主决定的事项无端介入和干预。雇主与学徒之间建立规范的个人劳动关系,由国家法律的强制力保障权利的顺利实现和救济的及时到位,在国家公权力、法律强制力和公民自由意志之间寻找一个最佳平衡点。

[①] 商业、创新与技能部,教育部:《英格兰学徒制的未来:实施计划2013》。Department for Business, Innovation & Skills and Department for Education. The Future of Apprenticeships in England: Implementation Plan 2013 [EB/OL]. (2013-10-28) [2018-03-23]. https: //assets. publishing. service. gov. uk/government/uploads/system/uploads/attachment _ data/file/253073/bis - 13 - 1175 - future - of - apprenticeships - in - england - implementation - plan. pdf.

二、英国学徒制法律政策的历史演变

"学习者"在英国有着极为悠久的历史，这体现在学徒制法律制度的发展脉络之中。某种程度上，学徒制的发展见证了英国有关"学习者"的劳动立法的整个发展过程。英国是世界上最早立法保护"学习者"的国家。1802年，英国颁布《学徒健康与道德法》（The Health and Morals of Apprentices Act），该法的问世不仅是保护"学习者"的法律开端，亦是近现代劳动法的重要起源。

迄今为止，英国学徒制六百多年来几经沉浮，在一次次的螺旋式更新上升和波浪式曲折前进中历久弥新。英国传统学徒制起源于12世纪，伴随着手工业的产生和对技术传承的需要，以最原始朴素的师傅带徒弟的形式初步对传统学徒制完成了方式和内容上的确认，实现了经验与技能的代际传递。传统学徒制是彼时英国社会最为重要的技术培养和传承方式，对教育的成长、经济的发展与社会的进步有着巨大的推进作用。

英国学徒制以1993年现代学徒制改革为界标，可分为传统学徒制和现代学徒制两个阶段。如果按照时间脉络进行更细致的区分，有学者将其分为五个阶段：中世纪至1900年的起始期；1900年至1992年的曲折发展期；1993年至2004年的大改革时期；2004年至2010年的大发展普及期；2010年至今的新生长期①。也有学者将英国学徒制划分为三个主要阶段，分别为：12世纪至1563年的以国家干预为基础的大量实践期，也是学徒制初步法制化时期；1563年至1814年行会衰减的学徒制时期；1814年至今的"资源"学徒制时期，这个时期的典型特征包括对多样性的重视以及师傅与学徒之间书面协议的签订②。

总体上来讲，英国学徒制的历史进程伴随着手工业的繁荣与衰落，见证着英国政府对学徒制宏观干预的"出尔反尔"，充斥着传统的阶级思想和文艺复兴带来的思潮。传统学徒制的兴起和发展与手工业行会的兴衰密切相随。在手工业行会形成并发展之前，师傅带徒弟的技能传递方式通常以一种自发的、松散的方式进行。在中世纪，来自富裕阶层的家庭把孩子送到寄宿家庭学习技艺，在古老的都铎王朝就已可见传统学徒的身影，并成为被彼时的社会大众接受的培训方式③。在都铎王朝的立法中，法律对学徒采取选择性监管的态度，学徒的概念也类似于

---

① 詹姆斯·米尔扎·戴维斯：《英格兰学徒制简史：从中世纪工匠行会到21世纪》。James Mirza-Davies. A Short History of Apprenticeships in England: From Medieval Craft Guilds to the Twenty-first Century [EB/OL]. (2015-03-09) [2018-03-25]. https://commonslibrary.parliament.uk/a-short-history-of-apprenticeships-in-england-from-medieval-craft-guilds-to-the-twenty-first-century/.

② 斯内尔：《英国历史中的学徒制：一种文化体制的瓦解》。K. D. M. Snell. The Apprenticeship System in British History: The Fragmentation of Cultural Institution [J]. History of Education, 1996, 25 (4): 303-321.

③ 詹姆斯·米尔扎·戴维斯：《英格兰学徒制简史：从中世纪工匠行会到21世纪》。James Mirza-Davies. A Short History of Apprenticeships in England: From Medieval Craft Guilds to the Twenty-first Century [EB/OL]. (2015-03-09) [2018-03-21]. https://commonslibrary.parliament.uk/a-short-history-of-apprenticeships-in-england-from-medieval-craft-guilds-to-the-twenty-first-century/.

"仆从","学徒"和"仆从"两个词语甚至可以在日常语言中互换,而作坊式的生产方式对此现象起到决定性的作用。"学徒制"隐含"归属感"之意,在都铎王朝的勋爵学院(College of Heralds),学徒制被强制用来践行"秩序、控制和忠诚"的主流社会理念[1]。

(一) 中世纪行会时期

在早期,学徒制是师傅和徒弟两个自然人直接自愿缔结的契约关系,是"君子协定"。在有着强烈自治传统的英国,自然人之间的"君子协定"往往具备很高的效力。这为传统学徒制的师徒关系的稳定性提供了强有力的文化制度基础,从某种程度上也可以认为是自然法习惯在学徒制领域的体现。随着历史的演进和社会的发展,除了师傅与学徒之外的第三方也就是行会开始出现,学徒制度开始逐渐具备公共性的制度色彩,出现了治理理念的初始身影。

在11、12世纪,行会在劳动力市场起着十分重要的作用,在农业、手工业需要大量工作岗位的情况下,儿童作为学徒被行业雇用是十分普遍的现象。早期的学徒史被有些学者认为就是一部童工史[2]。但是"童工"这一概念是在工厂出现并大量虐待儿童之后才作为一个贬义词出现的,在此之前"童工"与

---

[1] 斯内尔:《英国历史中的学徒制:一种文化体制的瓦解》。K. D. M. Snell. The Apprenticeship System in British History: The Fragmentation of a Cultural Institution [J]. History of Education, 1996, 25 (4): 303-321.

[2] 邓洛普, 丹曼:《英国学徒制与童工: 历史概述》。Dunlop O. J., Denman R. D., English Apprenticeship and Child Labor: A History [J]. Journal of Political Economy, 1912: 27.

"学徒"都是较为中性的表述。手工业行会的出现为学徒制的组织化、规模化发展提供了组织结构和制度基础。行会的发展需要具备一定技术能力的手工业者，对合格从业者的大量需求倒逼手工业行会关注并介入学徒制的规范化发展。虽然彼时并没有具体的法律法规来进行文本化的规制，但是随着学徒制和手工业行会的相伴发展，行会自身也逐渐制定出相应的业内规范来提升学徒制的组织性和约束力，为学徒制的制度化发展奠定了基础[1]。

学徒制的制度化路径并非一帆风顺，而是随着英国本土社会发展和产业革命进程几经沉浮。15世纪，英国行会逐渐走向衰微。为了挽救这一颓势，1562年英国颁布《工匠学徒法》（Statue of Artificers），国家首次以法律的方式对学徒制进行干预和介入，将传统的自然状态的师徒关系结构以正式制度的形式确立下来。该法标志着英国学徒制正式进入了法制化阶段[2]。《工匠学徒法》的一些规定为保护学徒权利奠定了规则基础，创设了良性先例。例如，从学徒成为师傅至少要经过七年的学徒训练[3]；在建立师徒关系伊始，双方必须签订书面的协议，条陈师傅与徒弟之间的权利义务[4]。书面协议对双方均具有约束力，师傅与徒弟之间紧密的人身依附关系开始变质[5]，向更为规则化的

---

[1] 石伟平. 比较职业技术教育 [M]. 上海：华东师范大学出版社，2001：25.
[2] 陈明昆，沈亚强. 学徒制在英国沉浮的背景分析 [J]. 中国职业技术教育，2008（32）：43-46.
[3] 熊苹. 走进现代学徒制 [D]. 华东师范大学，2004.
[4] 范军. 2009年以来英国学徒制新进展及启示 [D]. 华东师范大学，2015.
[5] 石伟平. 比较职业技术教育 [M]. 上海：华东师范大学出版社，2001：25.

自然人间的劳动关系进行转变。但是鉴于英国素有"君子协定"之传统，该书面协议是否具备法律效力有待商榷。

(二) 商品经济萌芽时期

在15、16世纪的英国，资本主义商品经济开始萌芽，在高度提升生产力的同时，促使规模化的工厂手工业的生产方式产生，手工业对劳动力数量的需求呈几何倍数增长。学徒制作为一种技能培养与传承方式，在行业内外是一种很受欢迎的培养形式和教育制度。大量的岗位需求在新兴产业涌现，如工程、管道、造船业等[1]。但与此同时，新的生产方式使得行会制度逐渐式微，为学徒制的发展带来巨大冲击。行业协会作为学徒制的管理、规范和议价机构的作用也逐渐丧失。

观察同时期的几部相关法律，1601年的《伊丽莎白济贫法》规范调整教区学徒制[2]，也是英国社会保险制度的先驱[3]。教区学徒是该法的主要保护人群之一，法案对行会救济作出了具体细致的规定[4]。1802年，英国颁布《学徒健康与道德法》，该法又被称为"1802年工厂法"，被认为是英国工厂法的开端，也是

---

[1] 斯内尔：《英国历史中的学徒制：一种文化体制的瓦解》。K. D. M. Snell. The Apprenticeship System in British History: The Fragmentation of a Cultural Institution [J]. History of Education, 1996, 25 (4): 303-321. 詹姆斯·米尔扎·戴维斯, 英格兰学徒制简史: 从中世纪工匠行会到21世纪。James Mirza-Davies. A Short History of Apprenticeships in England: From Medieval Craft Guilds to the Twenty-first Century [EB/OL]. (2015-03-09) [2018-04-01]. https://commonslibrary.parliament.uk/a-short-history-of-apprenticeships-in-england-from-medieval-craft-guilds-to-the-twenty-first-century/.

[2] 陈靖. 英国现代学徒制研究——基于利益相关者视角 [D]. 杭州师范大学, 2016.

[3] 丁建定. 1870—1914年英国的济贫法制度 [J]. 史学集刊, 2000 (4): 48-54.

[4] 赵静. 英国济贫法的历史考察 [D]. 河南大学, 2007.

"济贫法"的延续[1]。该法主要有两个目的：一是限制工作时间，二是保护童工。彼时正是英国工业革命时期，新的机械化生产方式使对传统学徒岗位的需求大大减少，流水线式的生产要求大量劳动力供给，工厂不惜让工人昼夜工作，甚至雇用童工。很多学徒都是未成年人，有些甚至是低龄儿童，工厂中不乏儿童学徒遭受虐待的情况。不论是在工作时间、住宿还是饮食等方面，儿童学徒遭受着工厂主不同程度的苛刻对待[2]，忍受心理和生理的双重折磨，产生了大量的社会问题[3]。比如，在棉纺织厂工作的儿童除了要忍受超长的工作时间，由于没有保护措施，吸入肺内的棉絮累积成疾，造成很多儿童在痛苦中死去。对于女性儿童还存在性骚扰的现象[4]。因此，为了限制工作时间和保护儿童权利，1802年英国政府针对这些社会问题颁布了《学徒健康与道德法》。该法规定纺织厂禁止使用9岁以下的学徒，未成年学徒每日工作时间不得超过12小时，并且禁止学徒在21点至次日凌晨5点之间工作，甚至对午餐时间也进行了规定，同时也规定了违反该法令后的惩戒措施。该法被认为是最早的一部

---

[1] 艾米·哈里森，利·哈钦斯：《工厂法史》。B. L. Hutchins and A. Harrison. A History of Factory Legislation (The Third Edition) [M]. Frank Cass & Co., 1966: 16-17.
[2] 艾米·哈里森，利·哈钦斯：《工厂法史》。B. L. Hutchins and A. Harrison. A History of Factory Legislation (The Third Edition) [M]. Frank Cass & Co., 1966: 14.
[3] 约翰·菲尔登：《工厂体系的诅咒》。Fielden J. The Curse of the Factory System [M]. Cass, 1969: 74. 又见 E. P. 汤普森. 英国工人阶级的形成（上）[M]. 钱乘旦等译. 南京: 译林出版社, 2001: 403.
[4] [英] 罗伊斯顿·派克. 被遗忘的苦难 [M]. 蔡师雄, 吴宣豪, 庄解忧译. 福建: 福建人民出版社, 1983: 68.

在工作安全与健康方面进行规制的法律[1],是英国劳工立法的开端[2]。然而,有学者认为这项法令几乎没有任何效果,并没有达到保护儿童学徒的目的[3]。其法律强制力非常弱,相对于约束性,更倾向于倡导性,是一部较为"温柔的法令"[4]。

(三) 工业革命时期

在《学徒健康与道德法》颁布前后,随着工业革命的不断推进,传统的学徒制遭受到了极大的冲击。以传授现代生产技术和技能为主的技工讲习所成为职业教育的新模式。资本家利用其资本力量不断扩大经营规模,使大量学徒变成了被剥削的廉价劳动力。正是在这样的背景下,《学徒健康与道德法》登上了历史舞台,该法的颁布标志着传统职业教育(即学徒制)的衰落。直到20世纪60年代,英国的学徒制一直没能得到恢复和发展,这与英国当时劳动关系领域的自决制度密不可分,国家对于劳资关系的介入是谨慎的。在这一时期,集体谈判起到了调整劳动关系的重要作用,国家仅对"需要保护的群体"进行立法保护,包括未成年劳动者、妇女和不受集体谈判所保护的劳动者。对于学徒制来说,缺少相应的立法势必导致管理体制的不规范,这严重阻碍了学徒制的发展。

---

[1] 鲁运庚.英国早期工厂立法背景初探 [J].山东师范大学学报(人文社会科学版),2006,51(4):122-125.

[2] 何勤华.英国法律发达史 [M].北京:法律出版社,1999:347.

[3] [法] 保尔·芒图.十八世纪产业革命:英国近代大工业初期的概况 [M].陈希秦等译.北京:商务印书馆,1983:384.

[4] [英] 莫尔顿.人民的英国史(下)[M].谢琏造等译.上海:三联书店,1976:513.

肇始于18世纪60年代，结束于19世纪30年代的英国产业革命彻底颠覆了原有的生产方式，社会经济的发展与劳动力结构发生了翻天覆地的改变，手工业行业再次陷入窘境，学徒制的发展也跌入谷底，面临重大挑战。在此期间，英国对学徒制采取放任的态度，疏于监管和规制。1814年，英国女王颁布"废除学徒令"，学徒制再次失去法律保护，不再接受政府监管。法案被取消后，雇主与学徒之间的协议条款不再受法律强制力的保护[1]，学徒的权利底线受到严重挑战。1819年《工厂法》通过，比《学徒健康与道德法》更加完善，更进一步地对儿童学徒的权利进行保障，尤其是在工作环境安全与健康方面。1831年再次通过了新的《工厂法》并于1833年开始施行。该法案更加成熟，被称为"真正意义上的工厂法"[2]。1833年的《工厂法》不仅规定了童工的最低年龄（不得低于9周岁）和最长工时（13岁以下儿童每天不得超过8小时；13—18岁的青少年不得超过12小时），同时还规定童工必须统一接受初等教育[3]。这部法案不但对青少年儿童的劳动权利加以确认，同时还关注儿童的受教育权利，对两个权利域均有所覆盖，进行了较为技术化的规范。1901年，《工厂法》被再次授权。

1964年，政府颁布《产业培训法》。该法案设立了学徒制的

---

[1] 关晶. 西方学徒制研究——兼论对我国职业教育的借鉴 [J]. 职教论坛, 2010 (22): 54-54.

[2] 鲁运庚. 英国早期工厂立法背景初探 [J]. 山东师范大学学报（人文社会科学版）, 2006, 51 (4): 122-125.

[3] 关晶. 西方学徒制研究——兼论对我国职业教育的借鉴 [J]. 职教论坛, 2010 (22): 54-54.

监督机构——产业培训委员会（Industrial Training Boards, ITBs），规定了委员会的具体职能，目标是初步建立产业界与教育领域之间的合作①。同时，该法案开创性地确立了征税—拨款机制［也可被称为培训税制度或培训税机制（levy-grant mechanism）］。企业每年在应纳税所得额的基础上缴纳一定比例的培训税，接收学徒的企业主会同时获得政府的年度拨款。自此，政府改变自由主义的放任态度，对学徒制进行介入和控制②。但并不是所有的企业都需要缴纳培训税，通常达到一定的规模且全年利润达到一定额度的企业才会被视为该税种的征税对象③。由此可见，《产业培训法》的颁布令英国学徒制的发展在政府引导、多元合作、共同治理的道路上更进了一步。

19 世纪 60 年代，学徒制的发展相对顺利，但是从 19 世纪 70 年代开始直至 80 年代，伴随着产业的萧条，失业率飙升，学徒岗位数量锐减。自由放任主义的盛行和对自由市场的膜拜令英国政府对学徒培训态度"冷淡"，甚至撤销"产业培训委员会"，这使得政府几乎丧失了对学徒进行国家培训的能力④，学

---

① 熊苹. 走进现代学徒制 [D]. 华东师范大学, 2004.
② 关晶. 西方学徒制研究——兼论对我国职业教育的借鉴 [D]. 华东师范大学, 2010.
③ 陈靖. 英国现代学徒制研究——基于利益相关者视角 [D]. 杭州师范大学, 2016.
④ 艾莉森·富勒:《英格兰学徒制的增长: 数字之下的疑虑》。Fuller A. The Growth of Apprenticeship in England: Doubts Beneath the Numbers [J]. Challenge, 2016, 59 (5): 422-433.

徒制成了犹如鸡肋的"旋转门"①，学徒培养质量极其低下。"二战"后，英国经济恢复缓慢，从20世纪70年代开始，英国经济更是进入了长期衰退期，青年失业人数开始迅速增加②。学徒培训的内容并不能得到法律的充分保障，培训的内容与进度主要由雇主决定，如果双方同意，可协商签订书面培训协议，说明培训的具体内容。但实际上书面协议的约束力很弱，雇主很容易违反协议③，从而使学徒的受训内容和目标实现无法得到保障，这也是彼时学徒培养质量低下、岗位数量紧缩的原因之一。英国社会各界普遍将其归责于学校教育与社会实践的严重脱节。一方面，各行业对技术人才需求旺盛；另一方面，却有大量青年人缺乏相关职业技能而待业在家。除此之外，这一时期经济的低迷导致全方位的工作待遇的下降，随之而来的便是越发频繁的产业行动。面对以上种种问题，英国开始加大国家对劳资关系的调整力度。1971年国会出台了《产业关系法》，以调整集体谈判活动，并设立国家产业关系法庭来对集体纠纷进行仲裁。在学徒制领域，英国议会和政府也颁布和制定了一系列计划和法律，包括新《就业与培训法》、"青年机会计划"等，试图重振学徒制以解决青年的就业问题，但效果并不尽如人意。稍后，英国在1973年重新授权《雇用与培训法》（Employment and Training Act），设立"人力服务委员会"（Manpower Service Com-

---

① 拉菲：《青年培训计划的背景：战略和发展分析》。Raffe D. The Context of the Youth Training Scheme: An Analysis of Its Strategy and Development [J]. British Journal of Education & Work, 1987, 1 (1): 1-31.
② 潘彦娜. 英国学徒制发展研究 [D]. 浙江工业大学，2011.
③ 熊苹. 走进现代学徒制 [D]. 华东师范大学，2004.

mission)。人力服务委员会是一个非政府部门公共机构（none-departmental public body, NDPB），由多方代表组成，包括劳资双方代表[1]，为学徒权利的议价与平衡提供了机构保障和制度基础。而后，英国政府又相继颁布一系列教育与培训相关的法案，对学习者的劳动权利和教育权利进行保护，主要有1978年《职业保护（强化）法》、1981年《就业与培训法》、1982年《产业培训法》、1985年《继续教育法》、1986年《产业培训法》、1988年《教育改革法》、1992年《继续教育与高等教育法》等。但是，法律政策执行的效果不尽如人意。据统计，从1978年到1994年，学徒工总数减少了66%[2]。究其原因，主要是这一时期出台的职业培训计划流于形式且质量低下，无法满足市场的要求，导致学徒人数进一步下降。

（四）现代学徒制

20世纪90年代，英国经济开始回暖，德国双元制革命性的成功为英国当局带来警醒，政府开始重新审视提高学徒培养质量的巨大潜在价值。生产效率的低下和国民技能的缺失，使得英国在各竞争对手如德国面前在经济及技能培训制度方面处于明显的劣势[3]。1993年，以约翰·梅尔（John Major）为总理的

---

[1] 阿什福德：《伟大幸存者的陨落：英国人力服务委员会》。Ashford D E. Death of a Great Survivor: The Manpower Services Commission in the UK [J]. Governance, 1989, 2 (4): 365-383.

[2] 熊苹.走进现代学徒制 [D]. 华东师范大学，2004.

[3] 梅森，阿克：《职业培训与生产力表现：英荷比较》。Mason G, Ark B V. Vocational Training and Productivity Performance: An Anglo-dutch Comparison [J]. International Journal of Manpower, 1994, 15 (5): 55-69.

保守党政府决定振兴学徒制,以解决巨大的技能差距(skills gap)[1]。在改革的这段时期,"现代学徒制"开始发生结构性进化:国家培训生制(national traineeships)进化为基础现代学徒制(foundation modern apprenticeships);"现代学徒制"进阶为高级现代学徒制(advanced modern apprenticeships)[2]。

综观学徒制的立法脉络可以发现,英国每次法案的通过都源于强烈的社会问题和矛盾的出现及其解决的迫切性,因此法案的内容非常具有针对性,但这同时也会令法案的内容缺乏全面性和系统性,其架构往往局限于某方面的问题而不是保护对象权利的方方面面。再加上中世纪英国法令的执行能力较低,因此立法的实施效果也较为有限。例如,《学徒健康与道德法》主要关注棉纺织厂中处于弱势地位的学徒儿童的工作时间,规定了最低上工年龄、工作的总时长和禁止上岗工作的时间段等,但是对于其他方面的权利如学徒的工资待遇、劳资关系的处理等缺乏系统的规定。

传统学徒制的法律规制,从师徒亲密依附的自然人之间的自我调节、手工业行会业内规范、法律的介入、行会没落后工

---

[1] 艾莉森·富勒,洛娜·安温:《打造"现代学徒制":对英国多部门社会包容方法的批判》。Alison Fuller, Lorna Unwin. Creating a "Modern Apprenticeship": A critique of the UK's Multi-sector, Social Inclusion Approach [J]. Journal of Education & Work, 2003, 16(1): 5-25.

[2] 詹姆斯·米尔扎·戴维斯:《英格兰学徒制简史:从中世纪工匠行会到21世纪》。James Mirza-Davies. A Short History of Apprenticeships in England: From Medieval Craft Guilds to the Twenty-first Century [EB/OL]. (2015-03-09) [2018-04-01]. https://commonslibrary.parliament.uk/a-short-history-of-apprenticeships-in-england-from-medieval-craft-guilds-to-the-twenty-first-century/.

会的崛起、政府的干预到多方主体共同治理。这个过程中，法律始终贯穿其中，尽管始终伴随法令颁布与废除的周折沉浮，使学徒培训陷入放任自由的窘境。但法律作为重要的调整工具，其作用和影响力不容忽视，是学徒权利保障和救济的重要制度基础。

尽管学徒制也曾经历从巅峰到鲜少问津，但其却始终作为一种人才培养制度模式被英国社会所保留。现代学徒制改革一经启动，政府每年均付出客观的努力来推动改革的发展与深化，通过一系列项目的推进、机构的设立、财政税收制度的探索、法案的制定等多项举措，为学徒制运行质量的提升保驾护航。例如，2005年废除了学习者参加学徒制的25岁的年龄上限，允许所有年龄段的学习者成为学徒制的一分子，从业人员亦可进入学徒体系提升技能以更好地为雇主服务，提升企业效益。2009年，英国通过《学徒制、技能、儿童与学习法案》（The Apprenticeships, Skills, Children and Learning Act 2009），完成了对学徒制的针对性、综合性立法，是1993年现代学徒制改革以来英国立法对学徒制作出的里程碑式的贡献。

综观世界各国，针对学徒制通常会制定专门的法案（如印度），或者会通过综合法典中的部分章节加以法律调控（如法国）。而英国自1993年现代学徒制开启之后，直到2009年才制定出专门针对学徒制的正式法案，对学徒制培训的最低标准通过立法进行了明确[1]。在 2009 年以前，针对学徒制，英国并没有出台一个为其量身定制的具有针对性和综合性的统一法案。对于学徒制的规定只能从其他法案中找到碎片化的呈现[2]，如《企业法》(Enterprise Act)、《放权法》(Deregulation Act)、《教育法》(Education Act) 等。尽管在 2000 年和 2007 年间出台了《学习与技能法案》(Learning and Skills Act) 和《继续教育与培训法案》(Further Education and Training Act)，对培训的机构、质量、标准、评估、资金等问题进行了规定，但是这些规定还比较原始，且并非完全针对学徒制。2008 年，英国儿童、学校和家庭部与创新、大学和技能部联合发布《学徒制草案》，对学徒制的运行进行了较为详细的规定。但直到 2009 年，国家立法《学徒制、技能、儿童与学习法案》才正式问世，结束了英国学徒制旷日持久的法律空白[3]。

20 世纪 90 年代后，随着工党的重新上台，政府推出了一套"新劳动 (new labor)"政策，开辟了"第三条道路"，出台了大量劳动标准方面的规定，取代了原本属于集体协商的领域，并将原本的产业模式下的集体谈判机制转变为集体合作机制。在此过程中，学徒制也迎来了新生。1993 年，英国政府宣布发展三级水平的新学徒制计划——现代学徒制。与传统学徒制相

---

[1] 史密斯，肯米斯：《走向模范学徒制框架：对国家学徒制度的比较分析》。Smith E, Kemmis R B. Towards a Model Apprenticeship Framework: A Comparative Analysis of National Apprenticeship Systems [M]. New Delhi: ILO, 2013.

[2] 关晶. 西方学徒制研究——兼论对我国职业教育的借鉴 [J]. 职教论坛，2010 (22)：54-54.

[3] 关晶. 西方学徒制研究——兼论对我国职业教育的借鉴 [D]. 华东师范大学，2010.

比，现代学徒制培训对象范围更广、学制更加灵活，真正实现了教育体系和劳动力市场的整合。现代学徒制分为三个等级——中级学徒制、高级学徒制和高等学徒制。完成学习项目的学徒，可获得相对应的等级证书，这些证书与普通教育的各级证书也是互通的。除上述三级学徒制外，英国还另设有就业准入培训以及青年学徒制，为不具备这三级学徒制入学资格的年轻人提供培训。

（五）2009年后最新政策的发展

2012年，为提高学徒制的教育培训质量，英国出台硬性标准，引入了新的最低标准限制，要求所有学徒制项目必须持续至少一年，并提供每周30小时的真实工作场景的学习和最低限度的指导[1]。2014年，政府为了提高25岁以下青年人的参与率，为每个该年龄段的青年学徒提供1500镑的补助[2]，并在此基础上引入"准学徒制"（pre-apprenticeships），为没有做好全面参与学徒制准备的年轻人和在校生提供尝试的平台和机会[3]。2017

---

[1] 詹姆斯·米尔扎·戴维斯：《英格兰学徒制简史：从中世纪工匠行会到21世纪》。James Mirza-Davies. A Short History of Apprenticeships in England: From Medieval Craft Guilds to the Twenty-first Century [EB/OL]. (2015-03-09) [2018-04-04]. https://commonslibrary.parliament.uk/a-short-history-of-apprenticeships-in-england-from-medieval-craft-guilds-to-the-twenty-first-century/.

[2] 艾莉森·富勒：《英格兰学徒制的增长：数字之下的疑惑》。Fuller A. The Growth of Apprenticeship in England: Doubts Beneath the Numbers [J]. Challenge, 2016, 59 (5): 422-433.

[3] 詹姆斯·米尔扎·戴维斯：《英格兰学徒制简史：从中世纪工匠行会到21世纪》。James Mirza-Davies. A Short History of Apprenticeships in England: From Medieval Craft Guilds to the Twenty-first Century [EB/OL]. (2015-03-09) [2018-04-04]. https://commonslibrary.parliament.uk/a-short-history-of-apprenticeships-in-england-from-medieval-craft-guilds-to-the-twenty-first-century/.

年4月,英格兰对学徒税制度(apprenticeship levy)再次升级,以税收为经济杠杆,为国民提供更多的学徒培训岗位并努力提升学徒的经济待遇①。

三、现行法律政策供给

围绕学徒权利保护的法律体系构建,英国通过一系列制度设计完成了对政府、企业、学校、非部属公共机构等不同主体的角色定位、法律地位以及相关权利义务的确认。国家以第三方监管、宏观调控者的角色强势介入,通过调动企业、行业协会等社会力量促进现代学徒制的顺利运行,并在此过程中始终保持理性、审慎和克制。雇主与学徒之间建立规范的个人劳动关系,由国家法律的强制力保障权利的顺利实现和救济的及时到位。这在规则层面无疑为学徒个人的权利保障和救济提供了一个新的机制框架。

总体上看,英国学徒权利保护的法律框架以教育法和劳动法为主,具有通过各相关法律的条款进行综合调整的特征。目前,英国针对学徒的法律规定主要集中在2009年《学徒制、技能、儿童与学习法案》(Apprenticeships, Skills, Children and Learning Act 2009)之中。该法是英国目前关于学徒制的最重要、最全面、综合性最强的单行法律,其配套规定是2013年英国教育部发布的《英格兰学徒标准规范》(The Specification of Ap-

---

① 英国税务海关总署:《缴纳学徒税》。HM Revenue & Customs. Pay Apprenticeship Levy, 2016 [EB/OL]. (2016-12-12) [2018-04-04]. https://www.gov.uk/government/publications/apprenticeship-levy.

prenticeship Standards for England, ASE)。该条例规定了英国学徒制框架的最低标准，是对《学徒制、技能、儿童与学习法案》的进一步阐释，提供了更加细致具体的规定，具有法律的强制约束力。该条例的实施机构是2009年通过法律授权成立的国家学徒服务局（National Apprenticeship Service）。同时，该条例对学徒制框架应当囊括的技术知识、技能培养、雇员权利与义务、职业资格框架建设、个人学习能力等内容的最低门槛进行了界定。

英国针对学徒制的相关成文法规定较为分散，呈现碎片化特征。有关学徒权利的规定还以专章、个别条款等形式散见于《企业法》（Enterprise Act）、《高等教育研究法》（Higher Education and Research Act）、《学习与技能法案》（Learning and Skills Act）等法律法规之中。例如，2015年《放权法》（Deregulation Act 2015）以法律的形式确立了学徒制的培训券制度。紧接着，与学徒制规制紧密相关的2016年《企业法》（Enterprise Act 2016）出台，该法列出专门部分（Part 4，Apprenticeship）对2009年《学徒制、技能、儿童与学习法案》中与学徒制相关的部分进行了修订，为学徒制引入了更精准到位的法律保护框架，通过立法建立学徒制的专门管理机构——学徒协会（The Institute for Apprenticeships），现更名为学徒制与技术教育局（Institute for Apprenticeships and Technical Education），其主要职责是制定学徒制培训标准和评估方案等，最大限度地为学徒争取权益。在制度设计方面，2017年1月施行了新的学徒税政策（New Apprenticeship Levy）。这一系列举措为学徒制的运行打下了更坚实的制度基础。较近颁布的相关法律为2017年《技术与继续教育法》（Technical and Further Education Act 2017），该法有很大一部分内容对技术与继续教育机构的运行、清算、解散、资金等问题以及学徒制与技术教育局的职能进行了规定，同时也对2009年《学徒制、技能、儿童与学习法案》进行了部分修订。

除了教育法对学徒权利的专门性关照，英国的劳动法也对学徒的人身财产权益进行了较为全面的保护。根据劳动法的相关规定，具备正式劳动者法律身份的个体均被纳入劳动法的保护范围。学徒与企业雇主签订学徒协议，以劳动合同的形式获得劳动者身份，是劳动法的适格保护对象。劳动法的相关规定可以直接适用于学徒在工作实践和岗位实习过程中的劳动权益保护。针对学徒劳动权益保护的相关规定散见在不同的劳动单行法律之中。学徒工资待遇、就业机会、工间休息、工伤保险、养老金、纠纷解决等权利保护由不同的单行法律予以规定。

英国调整学徒人身、财产权利的劳动法律主要有：1998年《国家最低工资法》（National Minimum Wage Act），1998年《工作时间条例》（Working Time Regulation），2010年《平等法》（Equality Act），2015年《保险法》（Insurance Act），2016年《工会法》（Trade Union Act），2016年《福利改革与工作法》（Welfare Reform and Work Act）。各法分别对学徒不同侧面的权利保护进行了规定，与教育法相关法律共同构筑了英国学徒权利保护的核心法律制度框架。

第二节　英国业本学习者权利的教育法保护

一、教育质量保障请求权

英国对学徒培养质量高度重视，认为质量是现代学徒制之本。培训质量的低下不仅会导致学徒技能的不合格及企业主的不认可，也会直接导致企业拒收或少接收学徒、降低对学徒培养的投入，从而使得学徒岗位数量不断下降，形成学徒本人和社会对学徒制持否定态度的恶性循环，并最终导致国内劳动力技能水平整体下降的恶果。英国的学术教育质量被世界认可，但其职业教育的质量与普通国民教育存在一定差距。政府也正是认识到了这一现状，及时回应，采取了多种措施，如在"青年技能计划"（Post-16 Skills Plan）中提出要克服技术教育质量短板，并提出在学历教育与职业技术教育之间设立良好的过渡机制，如提供学术知识与技术实践间的融通过渡课程等①。又如，2013年政府启动"开拓者项目"（trailblazers），启用了新的

---

① 商业、创新与技能部，教育部：《青年技能计划》。Department for Business, Innovation & Skills and Department for Education. POST-16 Skills Plan [EB/OL]. (2016-07-07) [2018-04-08]. https://assets.publishing.service.gov.uk/government/uploads/system/uploads/attachment_data/file/536043/Post-16_Skills_Plan.pdf.

学徒培养标准,确定了政府资助学徒制质量把控的核心原则[1],在制度设计上涉及多个方面和多层把控,从内容质量和程序保障上双管齐下。

(一) 内容设计

针对学徒制工作场所及校本教育教学内容的质量保障,英国政府将培养方案的各项指标参数作为政策法律制定的重要维度。在内容设计方面,英国政府认为核心参数应至少包含四项:合理性、完整性、多样性和可传递性,不仅涵盖了四个重要的维度,并且具有非常强的客观性,具体而言:

1. 合理性

为保证学徒培养方案的合理性,一方面,对于内容是否合理适当(suitable)提出了多项基准要求。根据 2009 年《学徒制、技能、儿童与学习法案》的规定,对于内容"适当",地方教育当局必须同时满足四项维度要求:学习者的年龄、能力和学习偏好;不存在学习障碍;教育培训的质量符合一定标准;在教育培训供给的时间和地点上最大限度地便利学习者[2]。另一方面,全面征求各利益相关方的意见,保证信息采集的广泛性。法案规定,在准备拟订"学徒培养标准规范"(Specification of

---

[1] 商业、创新与技能部,英国教育部:《青年技能计划》。Department for Business, Innovation & Skills and Department for Education. POST-16 Skills Plan [EB/OL]. (2016-07-07) [2018-04-08]. https://assets.publishing.service.gov.uk/government/uploads/system/uploads/attachment_data/file/536043/Post-16_Skills_Plan.pdf.

[2] 英国议会:《学徒制、技能、儿童与学习法案》。UK Parliament. Apprenticeships, Skills, Children and Learning Act 2009 [EB/OL]. (2009-11-09) [2018-08-08]. https://www.legislation.gov.uk/ukpga/2009/22/contents.

Apprenticeship Standards)的过程中,首席技能基金行政官必须征求学徒制利益相关方各主体的意见,包括规范第13条规定的"人员、雇主、继续教育机构、其他教育机构和行政官认为应咨询的个人和机构等"①。

2. 完整性

学徒培训的完整性主要体现在两个方面,即"保重心"和"控短板"。一方面,鉴于学徒培训的双重属性和实现学习者理论知识储备和实践技能提升的根本目标和培养重心,法律要求学徒必须同时完成在职培训(on-the-job training)与脱产培训(off-the-job training)两个方面的学习和培训,实现工作场所培训和学校学习的结合②。也就是说,学校端和工厂端的培养实践缺一不可。在政策设计上,鉴于实践中学习者普遍缺乏或被剥夺工作场所学习机会的情况,英国业务创新与技能部还对某些行业部门的最低工作场所实践学习时间提出要求,如工作场所培训时间的比例原则上不得低于20%③。另一方面,根据本国学生客观存在的短板,英国政府在课程方案设计中十分注重学徒

---

① 英国议会:《学徒制、技能、儿童与学习法案》。UK Parliament. Apprenticeships, Skills, Children and Learning Act 2009 [EB/OL]. (2009-11-09) [2018-08-06]. https://www.legislation.gov.uk/ukpga/2009/22/contents.

② 英国议会:《学徒制、技能、儿童与学习法案》。UK Parliament. Apprenticeships, Skills, Children and Learning Act 2009 [EB/OL]. (2009-11-09) [2018-08-08]. https://www.legislation.gov.uk/ukpga/2009/22/contents.

③ 商业、创新与技能部,英国教育部:《英格兰学徒制的未来:实施计划2013》。Department for Business, Innovation & Skills and Department for Education. The Future of Apprenticeships in England: Implementation Plan 2013 [EB/OL]. (2013-10-28) [2018-03-23]. https://assets.publishing.service.gov.uk/government/uploads/system/uploads/attachment_data/file/253073/bis-13-1175-future-of-apprenticeships-in-england-implementation-plan.pdf.

英语和数学两门课程的学习,要求学徒的数学和英语成绩必须达到一定标准方能结业①,以此保证学徒培养的全面和均衡,保障培养质量。

3. 多样性

为了满足不同人群的学习和培训需求,法案要求地方教育当局必须鼓励和注重地方教育培训中学习者的多样性,并惠及尽可能多的学习者,实现其在教育培训中的选择偏好②。根据2008年《学习与技能法案》第69条的规定③,学徒项目首席执行官必须采取一切措施保证学徒制项目的教学培训设施供给;设备的提供必须符合学徒个人的合理需要。又如,2009年《学徒制、技能、儿童与学习法案》要求,首席技能基金执行官的服务对象是超过强制入学年龄、不满19岁的学徒以及19—25岁之间有学习障碍的学徒。项目运行必须考虑学徒的年龄、能力、

---

① 商业、创新与技能部,英国教育部:《英格兰学徒制的未来:实施计划2013》。Department for Business, Innovation & Skills and Department for Education. The Future of Apprenticeships in England: Implementation Plan 2013 [EB/OL]. (2013-10-28) [2018-03-23]. https://assets.publishing.service.gov.uk/government/uploads/system/uploads/attachment_data/file/253073/bis-13-1175-future-of-apprenticeships-in-england-implementation-plan.pdf.

② 商业、创新与技能部,英国教育部:《英格兰学徒制的未来:实施计划2013》。Department for Business, Innovation & Skills and Department for Education. The Future of Apprenticeships in England: Implementation Plan 2013 [EB/OL]. (2013-10-28) [2018-03-23]. https://assets.publishing.service.gov.uk/government/uploads/system/uploads/attachment_data/file/253073/bis-13-1175-future-of-apprenticeships-in-england-implementation-plan.pdf.

③ 英国议会:《学徒制、技能、儿童与学习法案》。UK Parliament. Apprenticeships, Skills, Children and Learning Act 2009 [EB/OL]. (2009-11-09) [2018-08-08]. https://www.legislation.gov.uk/ukpga/2009/22/contents.

个人偏好等因素①,保证学徒制的运行质量。

4. 可传递性

可传递性主要指学徒知识技能的培养必须既满足学习者的技能适应性需求,又保证该项技能能够实现行业内部的自由切换。业务创新与技能部通过部门文件指出,学徒制的培养不能局限于个别公司的内部人员需求,其教授的知识和技能必须具备行业内的可传递性②,以政策的强制力促进可传递性的实现。

(二) 形式程序保障

在对实质内容进行严格把控的基础上,英国教育法律政策在形式程序上亦选择对几个核心指标进行调控,分别是时间指标、硬件指标、资金使用指标、文本形式指标和组织机构保障指标。

1. 时间指标

在科学的方案标准设计的基础上,充分的时间保证是将培养方案内容指标内化为学生自我知识技能提升的重要保障。因此,获得足够的指导及充分的工作场所实践时间关乎业本学习者的最终学习效果,时间的底线必须严守。

---

① 英国议会:《学徒制、技能、儿童与学习法案》。UK Parliament. Apprenticeships, Skills, Children and Learning Act 2009 [EB/OL]. (2009-11-09) [2018-08-08]. https://www.legislation.gov.uk/ukpga/2009/22/contents.

② 商业、创新与技能部,英国教育部:《英格兰学徒制的未来:实施计划2013》。Department for Business, Innovation & Skills and Department for Education. The Future of Apprenticeships in England: Implementation Plan 2013 [EB/OL]. (2013-10-28) [2018-03-23]. https://assets.publishing.service.gov.uk/government/uploads/system/uploads/attachment_data/file/253073/bis-13-1175-future-of-apprenticeships-in-england-implementation-plan.pdf.

具体而言，时间指标又包含两个方面的内容：一方面是对学习者获得指导的时间底线要求；另一方面是对学习者在工作场所实践时间的最低时长限制。首先，要保证学习者有充分的机会和渠道获得来自不同导师主体的指导。在培养过程中，为了保证教学质量，《学徒制、技能、儿童与学习法案》规定严格把控学徒获得指导的时间。法案规定了实际指导时间（actual guided learning），防止企业主、教育机构等利益主体疏于履行对学徒的指导义务，帮助学徒在工作、培训、学习过程中获得指导权利的切实落地。"实际指导时间"是指学徒真正获得课程框架要求的、应由企业或教育机构提供的、帮助学习者获得学徒制相应资质的指导的时间，形式包括现场指导、课堂指导、现场监督引导等。法案还特别提出，"实际指导时间"不包括学生为了获得指导、在家或其他场所消耗的准备时间，以防止学徒培养的指导时间及质量被"打折"。同时，指导时间的计量受专门的机构资格与考试管理办公室（The Office of Qualifications and Examinations Regulation, Ofqual）的监督。法案规定资格与考试管理办公室必须针对不同资质和资格的具体学习指导小时数制定严格的标准，保证学习者获得高质量的指导[1]。

其次，针对最低工作实践时长规定门槛限制。为了保证学习者通过学徒制项目真正掌握行业所需要的技能，多项法案和政府部门相关规定同时限定学习者在工作场所的实践总时间不

---

[1] 英国议会：《学徒制、技能、儿童与学习法案》。UK Parliament. Apprenticeships, Skills, Children and Learning Act 2009 [EB/OL]. (2009-11-09) [2018-08-08]. https://www.legislation.gov.uk/ukpga/2009/22/contents.

能低于12个月①（16—18岁学习者严格执行此时间底线，19岁以上学习者在具备先前学习经历等情况下可以有例外②），且在此期间学习者与雇主之间要建立个人劳动关系③。同时学徒每周被雇用时间不得低于30个小时，如确有特殊情况，可以低于30小时，但最低不得低于16小时④，以此限制来帮助学习者最大限度地学习掌握工作、行业相关的职业知识与技能。

2. 硬件指标：对下设子权利教育设施条件创设请求权的关照

教育设施的创设和利用是保证教育质量的题中之义，2009年《学徒制、技能、儿童与学习法案》对学习培训所要求的学习设施的提供标准进行了严格的规定，并列举了学徒使用设施时可以免交费用的具体情形和条件。法案还规定，执行官必须保证该地区有足够数量和类别的为学徒提供培训和学习的场所，

---

① 商业、创新与技能部，英国教育部：《英格兰学徒制的未来：实施计划2013》。Department for Business, Innovation & Skills and Department for Education. The Future of Apprenticeships in England: Implementation Plan 2013 [EB/OL]. (2013-10-28) [2018-03-23]. https://assets.publishing.service.gov.uk/government/uploads/system/uploads/attachment_data/file/253073/bis-13-1175-future-of-apprenticeships-in-england-implementation-plan.pdf.

② 国家学徒服务：《学徒制发展质量报告》。National Apprenticeship Service. Statement on Apprenticeship Quality [EB/OL]. (2015-04-28) (2018-03-23). https://www.theimi.org.uk/sites/default/files/documents/106939.pdf.

③ 商业、创新与技能部，教育部：《青年技能计划》。Department for Business, Innovation & Skills and Department for Education. POST-16 Skills Plan [EB/OL]. (2016-07-07) [2018-04-08]. https://assets.publishing.service.gov.uk/government/uploads/system/uploads/attachment_data/file/536043/Post-16_Skills_Plan.pdf.

④ 国家学徒服务：《学徒制发展质量报告》。National Apprenticeship Service. Statement on Apprenticeship Quality [EB/OL]. (2015-04-28) (2018-03-23). https://www.theimi.org.uk/sites/default/files/documents/106939.pdf.

该场所要同时能够提供就业、培训和学习,并指向特定学徒制框架内相应水平证书的获得。同时,场所的设定要符合"就近原则",即必须在学徒的合理交通区域内。所谓"合理交通区域"是指学徒的工作、培训和学习活动均可达至的合理区间范围[1]。除此之外,2017年《技术与继续教育法》(Technical and Further Education Act 2017)还规定了技术教育学校学徒的教育条件完整利用权。根据该法案的规定,在学校出现紧急情况如无力偿还债务需要解散或清算时,法院会派出专门的教育管理官管理学校事务,其首要任务就是使学校在读学生尽可能地免受学校危机带来的任何影响,将其受到危害的可能性降到最低;必须采取一切措施保证学生完成既定学业课程和项目计划,这些措施可以是将学生转移到其他教育机构接受教育培训或尽可能地保持学校的正常运转以保障学生获得完整教育培训的权利,在保证基本数量和质量的基础上,给予多样性的、有针对性的设施提供,全力保障学习者完成培训课程[2]。

3. 资金使用指标:特殊用途限定

基金等财政资助一直是英国政府用来提高培训质量、促进

---

[1] 英国议会:《学徒制、技能、儿童与学习法案》。UK Parliament. Apprenticeships, Skills, Children and Learning Act 2009 [EB/OL]. (2009-11-09) [2018-08-08]. https://www.legislation.gov.uk/ukpga/2009/22/contents.

[2] 英国议会:《2017技术与继续教育法案》。UK Parliament. Technical and Further Education Act 2017 [EB/OL]. (2017-04-27) [2018-01-08]. https://services.parliament.uk/bills/2016-17/technicalandfurthereducation.html.

项目创新和满足学徒培训个体利益需求的重要政策工具①。但是法律对于资金的使用有十分严格的规定和限制,如为了保证资金被充分利用于项目的运行,保证培训质量,法律规定相关财政资助和拨款必须全部用于项目运行必要事项,不得用于支付学徒工资等其他非相关用途②。

4. 文本形式指标:强制性签订学徒书面协议

2012年4月6日之后,所有的学徒制项目都要求雇主和学徒之间签订学徒协议(apprenticeship agreement)③,以确保双方对于教育培训的内容和目标有较为清晰的预知并达成合意。为了保证协议履行期间学徒的权益,法律要求实际培训的内容必须与书面协议的背书内容严格一致④。

5. 组织机构保障指标:监督与问责

为学习者提供基本的制度框架是政府的基本职责。例如,根据2008年《学习与技能法案》第70条的规定,国家有义务

---

① 商业、创新与技能部,英国教育部:《英格兰学徒制的未来:实施计划2013》。Department for Business, Innovation & Skills and Department for Education. The Future of Apprenticeships in England: Implementation Plan 2013 [EB/OL]. (2013-10-28) [2018-03-23]. https://assets.publishing.service.gov.uk/government/uploads/system/uploads/attachment_data/file/253073/bis-13-1175-future-of-apprenticeships-in-england-implementation-plan.pdf.

② 国家学徒服务:《学徒制发展质量报告》。National Apprenticeship Service. Statement on Apprenticeship Quality [EB/OL]. (2015-04-28) (2018-03-23). https://www.theimi.org.uk/sites/default/files/documents/106939.pdf.

③ 国家学徒服务:《学徒制发展质量报告》。National Apprenticeship Service. Statement on Apprenticeship Quality [EB/OL]. (2015-04-28) (2018-03-23). https://www.theimi.org.uk/sites/default/files/documents/106939.pdf.

④ 英国议会:《学徒制、技能、儿童与学习法案》。UK Parliament. Apprenticeships, Skills, Children and Learning Act 2009 [EB/OL]. (2009-11-09) [2018-08-08]. https://www.legislation.gov.uk/ukpga/2009/22/contents.

向社会大众提供学徒教育培训,并竭尽全力保证企业雇主在学徒培训项目中的有效参与①。

英国负责学徒制项目质量的机构比较多,分别负责项目质量的不同层面,同时也比较分散,主要包括教育、儿童服务与技能标准办公室(Office for Standards in Education, Children's Services and Skills, Ofsted)、资格与考试管理办公室(The Office of Qualifications and Examinations Regulation, Ofqual)、技能基金处(The Skills Funding Agency)、英格兰高等教育基金管理委员会(Higher Education Funding Council for England)、高等教育质量保证机构(Quality Assurance Agency for Higher Education)和学徒协会(The Institute for Apprenticeships)等。2018年,政府增设了一个新的机构——学生办公室(The Office for Students)②,以推动学徒制的进一步改革和质量把控。目前,承担主要质量监控职责的机构是学徒协会(The Institute for Apprenticeships),法案授予其一系列权力并明确了其应实现的功能和承担的职责,具体包括制定质量标准和评估计划,审查、批准和保证最终评

---

① 英国议会:《学徒制、技能、儿童与学习法案》。UK Parliament. Apprenticeships, Skills, Children and Learning Act 2009 [EB/OL]. (2009-11-09) [2018-08-08]. https://www.legislation.gov.uk/ukpga/2009/22/contents.

② 英国教育部:《对学徒机构的战略指导草案》。Department for Education. Draft Strategic Guidance to the Institute for Apprenticeships [EB/OL]. (2017-01-04) [2018-04-03]. https://consult.education.gov.uk/apprenticeships/government-s-draft-strategic-guidance-to-the-insti/supporting_ documents/Governments%20Draft%20Strategic%20Guidance%20to%20the%20Institute%20for%20Apprenticeships%20%20201718.pdf.

估质量等职能①。各质量把控机构的权力源泉均为法案授权或国务秘书（The Secretary of State）行政指令授权。这样的制度安排有利于机构间的信息共享，但同时，质量监控的多头治理需要各机构之间的密切协调合作，其行政成本也会大大增加，行政效率很有可能打折扣。基于对此现状的回应，法案赋予资格与考试管理办公室（The Office of Qualifications and Examinations Regulation，Ofqual）督导监督、命令相关主体、处理投诉、运行并修订资格管理框架等权力来保障项目运行质量和学徒权利的实现②。政府部门也通过设定最低标准等措施来破解学徒培训质量提升的难题，监控培训提供方，对于达不到最低标准的公司及时取消其在学徒制项目中的资格③。最低标准的设定既要反映市场的灵活性，也要坚守基本的质量刚性底线④。

---

① 英国教育部：《对学徒机构的战略指导草案》。Department for Education. Draft Strategic Guidance to the Institute for Apprenticeships [EB/OL]. (2017-01-04) [2018-04-03]. https：//consult. education. gov. uk/apprenticeships/government-s-draft-strategic-guidance-to-the-insti/supporting_ documents/Governments%20Draft%20Strategic%20Guidance%20to%20the%20Institute%20for%20Apprenticeships%20%20201718. pdf.

② 英国议会：《学徒制、技能、儿童与学习法案》。UK Parliament. Apprenticeships, Skills, Children and Learning Act 2009 [EB/OL]. (2009-11-09) [2018-08-08]. https：//www. legislation. gov. uk/ukpga/2009/22/contents.

③ 商业、创新与技能部，英国教育部：《技术的严谨性与市场适应性2013》。Department for Business, Innovation & Skills and Department for Education. Rigour and Responsiveness in Skills 2013 [EB/OL]. (2013-04-05) [2018-01-16]. https：//www. gov. uk/government/publications/rigour-and-responsiveness-in-skills.

④ 商业、创新与技能部，英国教育部：《英格兰学徒制的未来：实施计划2013》。Department for Business, Innovation & Skills and Department for Education. The Future of Apprenticeships in England：Implementation Plan 2013 [EB/OL]. (2013-10-28) [2018-03-23]. https：//assets. publishing. service. gov. uk/government/uploads/system/uploads/attachment_ data/file/253073/bis-13-1175-future-of-apprenticeships-in-england-implementation-plan. pdf.

针对学徒制的负责及保障机构搭建，英国政府通常选择建立第三方机构来履行部分国家职能，政府与该类机构之间是一种类似委托与被委托的"授权雇用"关系，机构以政府的名义行使学徒制项目的组织运行及监管等职能，政府向其问责并具有撤回授权的权力。因此，学徒制的负责机构通常较为多样并且频繁更替。2017年以前，英国学徒制项目运行的综合机构主要是学徒协会（Institute for Apprenticeships），该机构是法律授权建立的机构，主要职能是确保改革后学徒制项目的总体运行质量以及对相关机构进行监管，在机构间建立起一个紧密的合作互动框架，确保机构间的目标协调一致。同时，其核心职能还包括建立质量评估标准体系、制定评估计划、审核项目、确保评估终端质量等。协会与政府的沟通互动一般通过国务秘书进行，国务秘书可以通过"战略指引"（strategic guidance）的方式对机构进行政策性指导和监督，经过2016年《企业法》对2009年《学徒制、技术、儿童与学习法案》的修订，此指引具有强制性法律效力[①]。

值得注意的是，英国学徒协会与其他相关机构（如资格与考试管理办公室，教育、儿童服务与技能标准办公室）之间的互动联结相对松散，机构间的职能交叉和冲突也比较普遍。不同的法案还会设立不同的机构或职衔来行使组织保障和监督职

---

① 英国教育部：《对学徒机构的战略指导草案》。Department for Education. Draft Strategic Guidance to the Institute for Apprenticeships [EB/OL]. (2017-01-04) [2018-04-03]. https：//consult.education.gov.uk/apprenticeships/government-s-draft-strategic-guidance-to-the-insti/supporting_ documents/Governments%20Draft%20Strategic%20Guidance%20to%20the%20Institute%20for%20Apprenticeships%20%20201718.pdf

能。如《教育督查法》(Education and Inspection Act 2006)对首席督导官(The Chief Inspector)进行了法律化设置,根据法案第128条之规定,国务秘书(The Secretary of State)也负有一部分督导职责,国务秘书可要求首席督导官对继续教育与培训的质量、可获得性、标准达成度、财政资源是否到位与使用效果进行检查督导并报告。2009年,法律设置首席技能基金执行官(The Chief Executive of Skills Funding)为学徒制培训的执行负责人,具体负责学徒制培训的运行督导等相关事宜①。可见,负责督导等职能的组织机构在较为分散的法案下频繁地淘汰更换,新旧交替频率较高,职能集中度较低。

二、平等权

在拥有皇室和等级制度传统的英国,也注重对平等的追求,注重多样性和少数群体权利。这也体现在了其所处的法律环境之中。英国的反歧视法律框架主要包括三个层面:国际法,区域法(欧洲)以及英国国内法。在国际法层面,《世界人权宣言》(Universal Declaration of Human Rights)、《取缔教育歧视公约》(Convention against Discrimination in Education)、《残疾人权利公约》(Convention on the Rights of Persons with Disabilities)、《残疾人机会均等标准规则》(Standard Rules on the Equalization of Opportunities for Persons with Disabilities)等国际公约、宣言都

---

① 英国议会:《学徒制、技能、儿童与学习法案》。UK Parliament. Apprenticeships, Skills, Children and Learning Act 2009 [EB/OL]. (2009-11-09) [2018-08-08]. https://www.legislation.gov.uk/ukpga/2009/22/contents.

对平等和反歧视反复予以规定。在区域法层面,《欧洲人权公约》第 14 条要求各国必须保证公民享有不受任何歧视的权利,不会基于如性别、种族、肤色、语言、宗教、政治或其他观点、国家或社会起源、民族、经济地位等因素而受到不公平的对待①。在国内法层面,许多法案都对不同领域的反歧视与平等保护进行了规定。如 2009 年《学徒制、儿童、技能及学习法案》对教育培训领域的机会平等进行了保障,相继出台的《就业平等(宗教或信仰)条例》[Employment Equality (Religion or Belief) Regulations] 和《就业平等(年龄)条例》[The Employment Equality (Age) Regulations] 等对工作场所基于不同因素的歧视进行了特别调整。对于英国教育培训项目的学习者来说,鉴于学徒制项目学习发生场所的双重性,平等权需要在教育场所和工作场所同时实现。教育平等权的内涵主要包括教育机会平等、男女平等、种族平等,以及对少数群体的倾斜性照顾等。除了教育场所的平等权,工作场所平等权的实现则主要仰仗法律对反歧视的规制。英国官方对此领域的社会问题进行了及时的回应。例如,英国政府发文指出,重要的是,学徒制框架应以积极的姿态和方法识别和消除学习者在学徒制项目中的障碍,学徒制框架必须确保学习困难者的平等准入。具体来说,学徒制框架要着力消除少数不利人群的职业准入和发展障碍。因此,文件要求所有的学徒制框架在确定本框架的准入条件时必须能

---

① 内维尔·哈里斯:《教育、法律与多元性》。N Harris. Education, Law, and Diversity [M], Oxford: Hart Publishing, 2007: 147.

够自证符合平等和多样性原则之要求。①

(一) 教育场所平等权

教育场所的平等权的实现主要包括消极和积极两个面向,前者主要包括机会平等、男女平等、种族平等;后者的实现主要指对少数不利群体的倾斜性照顾。

1. 平等权的消极保护

英国学徒制的相关制度设计中,消极面向的教育平等主要覆盖机会平等和男女平等两个领域。教育机会平等权的义务主体是国家。2009年《学徒制、儿童、技能及学习法案》规定,英国地方教育当局必须采取一切措施保障学习者有公平的机会和可能参与到教育与培训中②。2020年以前,英国政府计划确保所有人均有机会进入学徒制框架,并将少数族裔的学徒人数总量提升20%③。

针对男女平等,法律的制定深入积极地回应现实教育国情。在英国,女性的学习成绩表现通常在形式上优于男性,但是现实生活中薪酬最高的行业和岗位还是几乎由男性把控。英国政

---

① 英国教育部:《英格兰学徒标准规范》。Department for Education. Specification of Apprenticeship Standards for England [EB/OL]. (2018-08-16) [2018-08-21]. https://assets.publishing.service.gov.uk/government/uploads/system/uploads/attachment_data/file/734414/Specification_of_apprenticeship_standards_for_England.pdf.

② 英国议会:《学徒制、技能、儿童与学习法案》。UK Parliament. Apprenticeships, Skills, Children and Learning Act 2009 [EB/OL]. (2009-11-09) [2018-08-08]. https://www.legislation.gov.uk/ukpga/2009/22/contents.

③ 英国政府:《英国学徒制:2020年愿景》。HM Government. English Apprenticeship: Our 2020 Vision [EB/OL]. (2015-12-07) [2018-04-22]. https://www.gov.uk/government/publications/apprenticeships-in-england-vision-for-2020.

府也认识到在将女性的成绩优势转变为就业优势的努力中，政府任重而道远，其重点努力的方向是给予女性群体更多的职业优势，使她们免于遭受性别带来的刻板印象，尤其是鼓励更多的女性进入科学、技术、工程和数学等目前薪资水平较高的行业，截断性别差异引起的收入差距间的代际传递[1]。2015年12月，英国教育部发布"英国学徒制：2020计划"（English Apprenticeships：Our 2020 Vision），对政府进一步推进现代学徒制改革的路线进行了规划，其中很重要的一部分内容就是吸引和支持更多的女性参与到学徒制项目中，改变学徒制项目男性人数占主导的现状，确保少数族裔女性平等的参与机会，力争彻底实现学徒制项目中的男女平等。

2. 平等权的积极保护

对于少数及特殊人群的倾斜性保护是教育平等权实现的重要方面，这一权利诉求源自对人的多样性的尊重和重视。英国对于少数群体的学习者的保护是"周到"而细致的。这体现在并非只把"少数群体"作为一个笼统、模糊的概念对待，而是进行周到切实的关怀，具体包括多个方面：首先，在基本层面上对于学习中有特殊需求的残疾人学生（students with special educational needs and disabilities）给予关怀和照顾。法律规定地方教育当局必须鼓励和注重教育培训项目学习者的多样性分布，

---

[1] 商业、创新与技能部，英国教育部：《青年技能计划》。Department for Business, Innovation & Skills and Department for Education. POST-16 Skills Plan [EB/OL]. (2016-07-07) [2018-04-08]. https：//assets.publishing.service.gov.uk/government/uploads/system/uploads/attachment_data/file/536043/Post-16_Skills_Plan.pdf.

并惠及尽可能多的学习者,实现其在教育培训中的选择偏好①。英国教育部认为,政府有义务最大限度地满足残障青年人的需求,这些青年同样具有天赋,会为社会做出自己的贡献。他们不是只有需求,同样还具备才能,有能力通过自己的努力参加工作并实现自我发展。但是,仍然有很多有特殊需求的年轻人被拦在就业的大门之外,适当的学习和过渡对他们至关重要。政府当竭尽全力支持协助有特殊需求的学习者及残疾人学生,为他们提供个性化的、因人而异的协助和服务,确保学习的通道为这些年轻人打开,帮助他们通过学徒制项目的学习获得美好的就业前景和可持续发展②。其次,在对少数群体权利作出基本保障的基础上,更细致、具体地照顾到学习障碍者(people with learning difficulties)。法律将学习障碍者分为两类:一类是与大多数同龄人相比较,存在明显的认知学习障碍的学习者;另一类是其本身的残疾妨碍其对学习设施加以利用、无法充分参与学徒培训活动的学习者③。对于有学习障碍的学徒之教育权利的保护,《英格兰学徒标准规范》规定,学徒制框架必须为有学习障碍的学习者提供备选方案,必须考虑到学习障碍者在进

---

① 英国议会:《学徒制、技能、儿童与学习法案》。UK Parliament. Apprenticeships, Skills, Children and Learning Act 2009 [EB/OL]. (2009-11-09) [2018-08-08]. https://www.legislation.gov.uk/ukpga/2009/22/contents.

② 商业、创新与技能部,英国教育部:《青年技能计划》。Department for Business, Innovation & Skills and Department for Education. POST-16 Skills Plan [EB/OL]. (2016-07-07) [2018-04-08]. https://assets.publishing.service.gov.uk/government/uploads/system/uploads/attachment_data/file/536043/Post-16_Skills_Plan.pdf.

③ 英国议会:《学徒制、技能、儿童与学习法案》。UK Parliament. Apprenticeships, Skills, Children and Learning Act 2009 [EB/OL]. (2009-11-09) [2018-08-08]. https://www.legislation.gov.uk/ukpga/2009/22/contents.

入或完成学徒项目之后的上升通道①。相对于劳动法对工作能力的重视，教育法天然地更加侧重于学徒的学习力。

(二) 工作场所平等权

在教育、就业方面，英国十分强调机会平等，英国政府为此实施了一系列政策动议及相关制度改革。如英国政府接受欧盟的基金项目，发动了一项"机会平等动议"（equal opportunities initiatives），以提高就业率和减少失业，并解决劳动者面临的工作障碍。该动议是英国对欧洲社会基金与养老金分部［The Department for Work and Pensions（DWP）European Social Fund（ESF）Division］倡议的政策性回应。机会平等是基金的核心目标与宗旨，致力于欧洲各国机会平等之推进。机会平等动议的推进来自法律的强制性推动，法律要求各组织机构必须创造工作场所公平竞争的土壤，目标是确保个人能够平等地获得就业和教育机会以及社会组织机构所提供的各项服务，不因其种族、民族、性别、宗教或信仰、年龄或残疾而遭受任何不公正的对待。这同样适用于学徒在工作场所平等权的保护。值得注意的是，在机会平等法律框架设计及运行方面，近两年有两个新的动向。一是发布新的法律及政策动议［如《种族关系修正法案》（The Race Relations Amendment Act）］。新的法律政策明确政府工作焦点的转换，法律对政府的要求和社会大众的期待从政府

---

① 英国教育部：《英格兰学徒标准规范》。Department for Education. Specification of Apprenticeship Standards for England［EB/OL］. (2018-08-16) [2018-08-21]. https://assets.publishing.service.gov.uk/government/uploads/system/uploads/attachment_data/file/734414/Specification_of_apprenticeship_standards_for_England.pdf.

"不该做什么"转换到政府"应该做什么"。具体而言，过去的法律政策重心主要放在公共权威机构不应该对任何群体有所歧视，而当下的制度框架更加强调政府对于推进公民机会平等、促进社会和谐都采取了哪些积极措施，从而有效保障学习者在工作场所的机会平等。例如，出台的《就业平等（宗教或信仰）条例》[Employment Equality (Religion or Belief) Regulations] 和《就业平等（年龄）条例》[The Employment Equality (Age) Regulations] 都更广泛地为个人提供了额外法律支持。二是法律政策开始关注歧视因素的叠加，对基于年龄、性别、残疾、宗教、种族等一系列因素的多重歧视及因素交叉（如少数民族妇女或年长的残疾人）、处于多重不利地位的少数个体给予更多的政策关注。

三、终身学习发展权

根据年龄和就业状态的不同，终身学习发展权在英国具体可以分为学生学习发展权和员工培训学习权。其中，学生学习发展权的内容又包括纵向的上升通道（Progression Routes）以及横向上在学徒制培训与普通学术教育轨道之间切换的可能；员工培训学习权主要指雇用关系中的被雇用方享有的在工作期间选择暂停或停止供职并进入学校或相关场所进行学习培训的权利。

（一）学生学习发展权

学生的学习发展主要涉及纵向和横向两个方面，前者是指学徒制项目本身的水平提升和进阶，后者是指在职业教育轨道与学术教育轨道间的自由切换。两个方面同时实现，学徒制才能展现自身的体系魅力，顺应劳动力市场的变化，为经济发展提供助力，为学习者个人的自我发展和实现提供支撑。整个过程需要合理的法律政策及制度设计来作为保障。

"我们的抱负是，每一个年轻人，只要在核心学术科目上有良好的基础，并在16岁时接受并获得内容广泛而均衡的课程历练，就有资格获得一种可能，面对两种选择：学术或技术，并有选择其中之一的权利。学术选择在英国已然备受重视，但技术选择也必须是世界级的。与高等教育改革一样，我们要提高教育质量和保证学生的选择。应该有适当的桥梁课程，使这两个选项之间的融通更为便宜"①。在英国社会的价值观念中，选择哪种通道不重要，关键是拥有作出选择的权利和可能。"那些已经开始技术教育的人可能18岁以后更适合在大学或其他机构从事学术研究；具备学术素养的年轻人也可能会喜欢去做更高级别的学徒。考虑到劳动力市场的变化，灵活的学习通道和它们之间的切换对所有年龄段的学习者都很重要"②。英国政府认为，在学生完成一定水平的学业之后，为其提供学术和技术双重选择，帮助其完成上升发展和自我实现是政府的一项重要职

---

① 商业、创新与技能部，英国教育部：《青年技能计划》。Department for Business, Innovation & Skills and Department for Education. POST-16 Skills Plan [EB/OL]. (2016-07-07) [2018-04-08]. https://assets.publishing.service.gov.uk/government/uploads/system/uploads/attachment_data/file/536043/Post-16_Skills_Plan.pdf.

② 商业、创新与技能部，英国教育部：《青年技能计划》。Department for Business, Innovation & Skills and Department for Education. POST-16 Skills Plan [EB/OL]. (2016-07-07) [2018-04-08]. https://assets.publishing.service.gov.uk/government/uploads/system/uploads/attachment_data/file/536043/Post-16_Skills_Plan.pdf.

能。为此,英国教育部设计建设了一个较为细致合理的学术和技术框架,为学习者提供上升的双重途径。框架设计在纵向和横向上作出了双重努力。一方面,在每种通道的内部提供过渡性课程和项目(transition year),让尚未做好上升准备的年轻人获得再次尝试的机会。另一方面,在做好评估的基础上于两个通道之间架起桥梁,方便学习者在学术和技术培养中完成自由切换,最终顺利进入劳动力市场,开启其职业发展和自我实现。

学习发展权的价值内核是一种可能性,而这种可能性的获得与个人能力和年龄无关。这种可能性不仅应具有可进入性,而且应当尽可能地便宜。为此,《英格兰学徒标准规范》(Specification of Apprenticeship Standards for England, SASE)对学徒制的上升路径和与学术教育的融通切换作出了具体的强制性规定,设计了职业资格体系与普通教育学历资格的融通整合方案。在学徒制框架标准内部的纵向通道设计中要求:(1)高级学徒制框架必须包含规定至少一个二级学徒资格,以确保其有机会进入高级阶段(第11条);(2)学徒制通过框架设计,满足学徒能够跨部门进行自由转移的要求(第10条)。在与普通国民教育的横向衔接上,要求高级学徒培训框架在提交有关部门批准申请时,必须在方案中阐明学习者未来取得高等教育资格的机会或其他更高层次的技术资格的可能性设计(第13条)[1]。《英格兰学徒标准规范》尤为关注高等学徒制与高等教育之间的转

---

[1] 英国教育部:《英格兰学徒标准规范》。Department for Education. Specification of Apprenticeship Standards for England [EB/OL]. (2018-08-16) [2018-08-21]. https://assets.publishing.service.gov.uk/government/uploads/system/uploads/attachment_data/file/734414/Specification_of_apprenticeship_standards_for_England.pdf.

换上升，规定高等学徒制培训四至六级项目和大学学士学位教育乃至研究生学历相对应，进一步强化职业教育与普通国民教育的融合①，吸引更多的学习者参与到学徒制项目中，并为其未来学术和职业的上升提供可能。

（二）员工培训学习权

在员工培训学习权方面，2009年《学徒制、技能、儿童与学习法案》肯认了员工在符合条件的情况下对雇主提出培训学习要求的权利，但学习的目的必须是提高工作成效、为企业带来效益提升或者改善为雇主工作中的工作表现；雇主有提供相应培训的义务，无合法理由不得拒绝，作出的决定必须告知提出申请的雇员②。如若在过去的12个月中，雇主没有接受过来自雇员的相关培训要求，对于雇员最新提出的学习培训要求，在没有合理、正当的法定理由的情况下，必须批准其离职培训，保留其工作职位并按照规定或约定继续支付一定比例的薪资③。

四、获得评价、证书权

对于学习者而言，学习过程中参加各项测评并获得阶段性

---

① 商业、创新与技能部，英国教育部：《英格兰学徒制的未来：下一步实施计划》。Department for Business, Innovation & Skills and Department for Education. The Future of Apprenticeships in England: Next Steps from the Richard Review [EB/OL]. (2013-03-14) [2018-06-08]. https://www.gov.uk/government/consultations/future-of-apprenticeships-in-england-richard-review-next-steps.

② 英国议会：《学徒制、技能、儿童与学习法案》。UK Parliament. Apprenticeships, Skills, Children and Learning Act 2009 [EB/OL]. (2009-11-09) [2018-08-08]. https://www.legislation.gov.uk/ukpga/2009/22/contents.

③ 关晶. 英国《学徒制、技能、儿童和学习法案》述评 [J]. 全球教育展望，2012 (10)：76-80.

评价以及在学习项目结束、完成既定考核并达标后获得证书是一项义务，但更是一项权利。通过参与测评考核获得客观公正的评价及相应的证书不仅是对学习者上一阶段工作学习的肯定，也是其打开下一段学术或职业之旅的钥匙。获得评价、证书权是不同时间段的权利，即学习培训过程中的获得评价权以及学业结束阶段的获得证书权，以下分而述之。

（一）获得评价权

获得客观公正的评价是结果，科学合理的评估进程是其前提条件。评估通常需要达成两大目标：过程的科学性与结果的公正性。为此，英国的法律政策设计从三个方面着手进行保障：科学合理的证书框架标准、科学严格的考试评分设计和独立过硬的评估机构。

1. 科学合理的证书框架标准

为了保证学徒标准体系内容安排的规范性、合理性和科学性，相关法案规定，在拟定标准规范框架的过程中，首席技能基金行政官必须征求学徒制利益相关方各主体的意见，包括学习者、雇主企业、继续教育机构、其他教育机构和行政官认为应咨询的个人和机构等①。同时，为了确保评估过程及结果能够被雇主信赖及认可，业务创新与技能部规定雇主和专业机构在制定标准时，要与评估专家合作，着重开发高水平、严标准的评估路径。高水平、严标准的方法路径要具备开放性、包容性、

---

① 英国议会：《学徒制、技能、儿童与学习法案》。UK Parliament. Apprenticeships, Skills, Children and Learning Act 2009 [EB/OL]. (2009-11-09) [2018-08-08]. https://www.legislation.gov.uk/ukpga/2009/22/contents.

革新性，以内容本身为核心驱动力，确保使用的方法、路径的科学性，并渐次有序地发展成一个完整科学的评估体系，提供有效和可靠的结果①。

2. 科学严格的考试评分设计

评分体系的设计需要简单、有效、令雇主足够信服，其根本在于评分体系与学徒能力的严格、精准匹配。在评分标准正当科学的基础上，评判考试的过程必须极端严格并且保持高度的一致性，考试的结果才能被雇主所信赖。易言之，评估的核心是结果能够真正反映学习者所达到的真实技术和能力水平②。为了保证学徒知识和技能的全面性，制度设计要求学徒考试评分体系不能仅制定合格和不合格两个简单的标准，而应当展现出全面化和更丰富的层次性。英国学徒制目前的评分标准分为四个等级：优秀、良好、合格、不合格，同时学徒还必须通过相应的数学和英语考试③。技术上，评估机构使用的评估模型应

---

① 商业、创新与技能部，英国教育部：《英格兰学徒制的未来：实施计划 2013》。Department for Business, Innovation & Skills and Department for Education. The Future of Apprenticeships in England: Implementation Plan 2013 [EB/OL]. (2013-10-28) [2018-03-23]. https://assets.publishing.service.gov.uk/government/uploads/system/uploads/attachment_data/file/253073/bis-13-1175-future-of-apprenticeships-in-england-implementation-plan.pdf.

② 英国议会：《学徒制、技能、儿童与学习法案》。UK Parliament. Apprenticeships, Skills, Children and Learning Act 2009 [EB/OL]. (2009-11-09) [2018-08-08]. https://www.legislation.gov.uk/ukpga/2009/22/contents.

③ 商业、创新与技能部，英国教育部：《英格兰学徒制的未来：实施计划 2013》。Department for Business, Innovation & Skills and Department for Education. The Future of Apprenticeships in England: Implementation Plan 2013 [EB/OL]. (2013-10-28) [2018-03-23]. https://assets.publishing.service.gov.uk/government/uploads/system/uploads/attachment_data/file/253073/bis-13-1175-future-of-apprenticeships-in-england-implementation-plan.pdf.

在两种以上①，业务创新与技能部还规定了评估的最低标准②。

3. 独立过硬的第三方评估机构

英国政府对学徒制的评估和考核要求第三方机构的绝对独立性，业务创新与技能部在2013年发布的政策指引中提出："评估的独立性非常重要，需要在不同部门和不同的行业职业中以不同的方式得到保障，评估将由独立的第三方提供。"③ 在英国教育部2017年的政策指引中，也强调评估应由第三方机构独立完成，评估机构中立的地位要求其不能参与培训或学徒注册管理活动④。

---

① 英国教育部：《对学徒机构的战略指导草案》。Department for Education. Draft Strategic Guidance to the Institute for Apprenticeships [EB/OL]. (2017-01-04) [2018-04-03]. https://consult.education.gov.uk/apprenticeships/government-s-draft-strategic-guidance-to-the-insti/supporting_documents/Governments%20Draft%20Strategic%20Guidance%20to%20the%20Institute%20for%20Apprenticeships%20%20201718.pdf.

② 商业、创新与技能部，英国教育部：《英格兰学徒制的未来：实施计划2013》。Department for Business, Innovation & Skills and Department for Education. The Future of Apprenticeships in England: Implementation Plan 2013 [EB/OL]. (2013-10-28) [2018-03-23]. https://assets.publishing.service.gov.uk/government/uploads/system/uploads/attachment_data/file/253073/bis-13-1175-future-of-apprenticeships-in-england-implementation-plan.pdf.

③ 商业、创新与技能部，英国教育部：《英格兰学徒制的未来：实施计划2013》。Department for Business, Innovation & Skills and Department for Education. The Future of Apprenticeships in England: Implementation Plan 2013 [EB/OL]. (2013-10-28) [2018-03-23]. https://assets.publishing.service.gov.uk/government/uploads/system/uploads/attachment_data/file/253073/bis-13-1175-future-of-apprenticeships-in-england-implementation-plan.pdf.

④ 英国教育部：《对学徒机构的战略指导草案》。Department for Education. Draft Strategic Guidance to the Institute for Apprenticeships [EB/OL]. (2017-01-04) [2018-04-03]. https://consult.education.gov.uk/apprenticeships/government-s-draft-strategic-guidance-to-the-insti/supporting_documents/Governments%20Draft%20Strategic%20Guidance%20to%20the%20Institute%20for%20Apprenticeships%20%20201718.pdf

针对评估的义务主体，2009年《学徒制、技能、儿童与学习法案》指派资格与考试管理办公室（The Office of Qualifications and Examinations Regulation）为学徒制项目专门的评估机构，其资质标准管理目标是确保提供恰当的评估体系。所谓"恰当"包含两个方面的含义：对学习者本人习得的知识和达至的技能水平以可靠的评测，且纵向上不同级别水平的评估安排标准与效率要保持一定的连贯性和一致性[1]。同时，法律规定考试的组织也应由独立的第三方完成。目前，英国教育部最新指定的负责学徒制考核和评估的机构为学徒协会（Institute for Apprenticeships），要求该机构必须征求多方主体意见，保证评估的一致性、适当性和高水准[2]。

（二）获得证书权

如果说评估强调过程的正当性，证书发放则强调结果的公正性。在学徒制项目中，获得证书权的权利主体是完成学徒培训并达到相应标准要求（如通过考试）的学习者，而获得证书权的义务主体是证书发放机构。2009年《学徒制、技能、儿童与学习法案》对证书的发放义务及证书的内容进行了细致的规定。该法案规定，参加学徒制培训框架的学习者如果符合法案

---

[1] 英国议会：《学徒制、技能、儿童与学习法案》。UK Parliament. Apprenticeships, Skills, Children and Learning Act 2009 [EB/OL]．（2009-11-09）[2018-08-08]．https://www.legislation.gov.uk/ukpga/2009/22/contents.

[2] 英国教育部：《对学徒机构的战略指导草案》。Department for Education. Draft Strategic Guidance to the Institute for Apprenticeships [EB/OL]．（2017-01-04）[2018-04-03]．https://consult.education.gov.uk/apprenticeships/government-s-draft-strategic-guidance-to-the-insti/supporting_ documents/Governments%20Draft%20Strategic%20Guidance%20to%20the%20Institute%20for%20Apprenticeships%20%20201718.pdf.

规定的条件，则英格兰证书发放机构有义务向提出申请的学习者印发并授予学徒证书（apprenticeship certificate）[1]。在英国，学徒培训证书的发放并不限于单方主体，并且权力的行使可以被二次授权。2015年《放权法》（Deregulation Act）规定，学徒证书的发放权掌握在国务秘书（Secretary of State）手中，国务秘书有权对学习者是否完成学徒项目作出判断，并收取一定的证书工本制作费[2]。英国教育部在2017年学徒协会行政指引中宣布，从2017年1月起，国务秘书将正式授权技能基金处（Skills Funding Agency, SFA）负责制定证书发放参数，加强与雇主和评估机构的合作，确保证书发放过程质量并进行监督管理[3]。针对证书的内容，法案规定证书文本必须包含学习者的姓名、学徒框架名称、对应的行业和职业类别、水平级别、发证机构名称等内容[4]。对于证书细节的方方面面，法案都试图予以覆盖，保证学徒本人获得学习成果的权利。

---

[1] 英国议会：《学徒制、技能、儿童与学习法案》。UK Parliament. Apprenticeships, Skills, Children and Learning Act 2009 [EB/OL]. (2009-11-09) [2018-08-08]. https://www.legislation.gov.uk/ukpga/2009/22/contents.

[2] 英国议会：《放权法》。UK Parliament. Deregulation Act 2015 [EB/OL]. (2015-03-30) [2018-04-27]. http://www.legislation.gov.uk/ukpga/2015/20/contents/enacted.

[3] 英国教育部：《对学徒机构的战略指导草案》。Department for Education. Draft Strategic Guidance to the Institute for Apprenticeships [EB/OL]. (2017-01-04) [2018-04-03]. https://consult.education.gov.uk/apprenticeships/government-s-draft-strategic-guidance-to-the-insti/supporting_documents/Governments%20Draft%20Strategic%20Guidance%20to%20the%20Institute%20for%20Apprenticeships%20%20201718.pdf.

[4] 英国议会：《学徒制、技能、儿童与学习法案》。UK Parliament. Apprenticeships, Skills, Children and Learning Act 2009 [EB/OL]. (2009-11-09) [2018-08-08]. https://www.legislation.gov.uk/ukpga/2009/22/contents.

在规范路径上，为了保障学习者通过学徒制项目获得公平的评价和相应证书资格，英国法律主要通过规范"学徒制框架"（apprenticeship framework）来保证学徒在证书获得方面权利的实现。"学徒制框架"是指针对学习者为了获得特定水平的学徒证书，所必须达到的具体要求而制定的一系列规范。为了保证学徒的培训质量和其获得评价权利的顺利实现，国务秘书必须指派专人针对不同的行业领域颁布相应的"学徒制框架"，为学徒获得证书（apprenticeship certificate）提供可依循的、具备针对性和明确性的评价依据①。

五、获得资助权

获得资助权（如获得奖学金、助学金、贷学金）是英国教育法规定的学生基本权利之一。在英国，对于学习者的资助可分为两种类型：直接资助和间接资助。直接资助以学习者为政策对象直接作用于学习者，如向学习者提供贷款；间接资助一般指通过适用准经济杠杆措施提高工资以使学习者获得间接资助，如向雇主拨款和学徒培训券制度。

（一）直接资助

英国学徒制目前存在两种运行机制：学徒制框架项目和学

---

① 英国议会：《学徒制、技能、儿童与学习法案》。UK Parliament. Apprenticeships, Skills, Children and Learning Act 2009 [EB/OL]. (2009-11-09) [2018-08-08]. https://www.legislation.gov.uk/ukpga/2009/22/contents.

徒制标准项目①。前者采取直接资助的方式，后者采取间接资助的方式②。向学生提供贷款是英国政府自现代学徒制改革以来在财政方面采取的较为大跨步的改进，2013 至 2014 学年，政府开始向 24 岁以上的参与培训的学生提供贷款帮助，对三级及以上水平的学徒进行财政帮助③。2017 年，政府对资助方式进行了改革，面向学徒制项目中的学习者，政府针对不同的年龄段进行直接财政资助，具体包括 16—18 岁的学徒可以获得 100% 的费用资助；19—23 岁的学徒可以获得 50% 的费用资助；24 岁以上的学徒获得资助的比例原则上不高于 50%。特殊情况下，政府会对极度贫困的学生提供额外资助④。

（二）间接资助

目前英国针对间接资助方式主要有两种制度设计：学徒培训券制度和培训税制度。

1. 英国学徒培训券制度

在 2015 年《放权法》（Deregulation Act 2015）中，英国以

---

① 英国政府：《2017 年英国学徒制政策》。UK Parliament. Apprenticeships Policy in England: 2017 [EB/OL]. (2018-01-04) [2023-01-10]. https://researchbriefings.parliament.uk/ResearchBriefing/Summary/SN03052.

② 政府报销企业在学徒制培训上支出费用的三分之二，剩下的三分之一由企业主自己承担。详见：技能基金处：《2016-2017 年学徒标准资金规定》。Skills Funding Agency. Apprenticeship Standards Funding Rules 2016 to 2017, [EB/OL]. (2016-01-28) [2018-04-29]. https://www.gov.uk/government/collections/sfa-funding-rules-2016-to-2017.

③ 林恩·甘宾：《学徒制研究综述最新报告》。Gambin L. Review of Apprenticeships Research Final Report: An Updated Review [J]. 2013.

④ 技能基金处：《2016-2017 年学徒标准资金规定》。Skills Funding Agency. Apprenticeship Standards Funding Rules 2016 to 2017, [EB/OL]. (2016-01-28) [2018-04-29]. https://www.gov.uk/government/collections/sfa-funding-rules-2016-to-2017.

法律的形式确认了学徒培训券制度的法律可行性和正式效力①。英国政府的政策发布几乎与国会颁布的法案同步，2015年3月，国务大臣（Government Minister）宣布到2017之前正式启动施行"培训券计划"（Apprenticeship Voucher Plan）。英国目前施行的是企业主导的学徒培训机制，培训券制度的目的在于刺激企业参加学徒培训、提供学徒岗位的积极性，间接使学徒在工资待遇上获益。培训券制度的基本运行机制为：提供学徒培训岗位的雇主可以向政府申请学徒培训券，然后以教育券的形式对学徒培训的其他提供者（学校等教育机构）完成支付，教育机构再向技能基金处（Skills Funding Agency, SFA）兑现，由此完成一个支付循环。培训券制度给予了企业主完全的主导权，政府希望通过实施此计划，在提高企业积极性和自觉性的同时，帮助学徒在与雇主的博弈中获取更有利的位置，间接地惠及学习者个人②。

2. 学徒培训税制度③

英国政府针对学徒制的"纳税拨款同步"（levy-grant sys-

---

① 英国议会：《放权法》。UK Parliament. Deregulation Act 2015 [EB/OL]. (2015-03-30) [2018-04-27]. http://www.legislation.gov.uk/ukpga/2015/20/contents/enacted.

② 学院协会：《培训券是否奏效?》。Association of Colleges. Will Apprenticeship Vouchers Work? [EB/OL]. (2019-06-19) [2019-10-29]. https://www.aoc.co.uk/news-campaigns-parliament/aoc-newsroom/will-apprenticeship-vouchers-work.

③ 英国教育部：《学徒制度运作指南》。Department for Education. Guidance: Apprenticeship: How It Will Work [EB/OL]. (2015-10-29) [2018-04-29]. https://www.gov.uk/government/publications/apprenticeship-levy-how-it-will-work/apprenticeship-levy-how-it-will-work.

tem）制度是在《产业培训法》中首次得以确立的[1]，该制度也被英国现代学徒制所采纳。学徒培训税的征收一直是学徒制度设计不可或缺的一项内容，并不断地调整和改进。2016年2月，英国政府宣布将在2017年4月施行新的学徒培训税措施，资金的控制权掌握在雇主手中，并通过名为"数字学徒服务"的机构（Digital Apprentice Service）进行统一管理。学徒培训税将按照每个雇主每年应纳税额的0.5%征收，同时每个雇主每年可以获得15000磅的政府津贴。值得注意的是，并非所有的雇主都需缴纳此税，只有应纳税额超过300万英镑的企业主才会被列入征税对象范围，而整个英国大概只有不到2%的雇主需要缴纳学徒培训税[2]。培训税制度欲达到的目标之一是最终将雇主拉向现代学徒制的中心，主导学徒制的顺利运行。尽管形式上对雇主征收一定的培训税，但税收的目的是令企业主对学徒制更加关注，并给予学徒切实的关照与实惠。因为通常情况下，接收学徒的雇主每年获得的政府津贴拨款要高于税款本身。英国政府希望通过此举，使英格兰在2020年以前增加300万个学徒岗位[3]，学习者将从学徒培训税的征收中间接获益。2017年4月6日，英国正式开始施行新的学徒培训税制度，旨在加强政府对学徒制

---

[1] 熊苹. 走进现代学徒制 [D]. 华东师范大学, 2004.
[2] 英国教育部：《学徒税相关信息》。Department for Education. Information on Apprenticeship Levy [EB/OL]. (2016-08-26) [2018-05-01]. http://qna.files.parliament.uk/qna-attachments/632403/original/HL3070%20HL3071%20HL3074%20attachment.pdf.
[3] 英国税务海关总署：《缴纳学徒税》。HM Revenue & Customs. Pay Apprenticeship Levy, 2016 [EB/OL]. (2016-12-12) [2018-04-04]. https://www.gov.uk/government/publications/apprenticeship-levy.

的资助力度[1]，惠及学徒制学习者个人。企业缴纳的税费会全部用于学徒的培训与评估，同时政府每年针对培训税制度支付财政补贴，额度是企业纳税额的10%[2]。

六、知情权

知情权，也称知悉权，英文名称为"the right to know"。该权利是一项宪法性权利。《世界人权宣言》确认其是一项基本人权，指公民有权利知其应知之事。而相应的，国家亦有义务在最大能力范围内尊重并保障公民知悉、获取信息的权利[3]。"以公开为原则，限制为例外"，这是世界各国在信息公开方面立法的基本原则[4]。英国政府对学徒项目的参与者和利益相关方的知情权非常重视。英国教育部提出："向企业主和个人提供信息的目的并不仅仅是考虑到金钱和利润，关键是协助他们作出明智的选择。随着科技的进步和信息技术的飞速发展，政府必须尽

---

[1] 英国教育部：《学徒资助：2017年5月起在英格兰的学徒资助提案》。Department for Education. Apprenticeship Funding: Proposals for Apprenticeship Funding in England from May 2017 [EB/OL]. (2018-05-17) [2018-10-04]. https://www.gov.uk/government/publications/apprenticeship-funding.

[2] 英国政府：《2017年英国学徒制政策》。UK Parliament. Apprenticeships Policy in England: 2017 [EB/OL]. (2018-01-04) [2023-01-10]. https://researchbriefings.parliament.uk/ResearchBriefing/Summary/SN03052.

[3] 谢鹏程. 公民的基本权利 [M]. 北京：中国社会科学出版社，1999：263.

[4] 章剑生. 知情权及其保障——以《政府信息公开条例》为例 [J]. 中国法学，2008（04）：145-156.

一切努力最大限度地便捷公民对应知信息的获取"①。学徒制项目中,知情权权利主体主要包括学习者、家长、企业等。例如,《企业法》(Enterprise Act)对2009年《学徒制、技能、儿童与学习法案》进行了相应修改,规定国务秘书(Secretary of State)有权要求任何公共机构提供相关信息,包括本机构内学徒的人数、持续的时间、机构为提高学徒培养质量采取的措施等数据和信息。知情权的义务主体主要包括国家、政府部门、学校及政府授权的其他机构。例如,学徒协会(The Institute for Apprenticeships)有义务每年通过年度报告的形式向大众公布机构工作内容以及对于政府战略指引所作的回应等。

针对知情权的权利内容,英国的法律和政策规定对信息的明确性、准确性、完整性和可获得性、即时性等有极高的要求。首先,信息必须具有明确性,即必须清楚明确,通俗易懂。根据《英格兰学徒标准规范》(SASE)第3条和第6条的规定,所有的培训框架必须对学生准入条件和相关限制有清晰明确的描述,以便于学生对能否顺利完成学徒制项目的学习有一个准确的预估。其次,信息必须准确。业务创新与技能部要求学徒制项目相关信息必须足够简短,准确,并用最精准的语言对技

---

① 商业、创新与技能部,英国教育部:《技术的严谨性与市场适应性2013》。Department for Business, Innovation & Skills and Department for Education. Rigour and Responsiveness in Skills 2013 [EB/OL]. (2013-04-05) [2018-01-16]. https://www.gov.uk/government/publications/rigour-and-responsiveness-in-skills 2017=10-18.

能标准、能力要求等作出规定①。再次，信息必须具备一定的完整性。例如，学徒制框架不仅要向学生提供清晰的项目进入路径，还必须采取措施向学生展示学徒制与其他资格证书获得项目（如青年学徒项目）之间的融通上升渠道和达成路径等具体细节②。又次，信息必须具备一定的可获得性（accessibility）。信息的获取关系到学习者、家长、企业主对参与学徒制项目相应投入产出的预估以及学习者对未来职业生涯和企业发展前景的判断，对于学习者本人和企业都具有十分重要的意义。因此，法律采取一切措施拓展利益相关主体获得信息的渠道，提高信息获取的便捷性，以帮助学生、家长和企业在多方信息中对比判断，并在充分掌握信息的基础上作出明智的选择③。例如，法律规定相关方必须提供各种途径令学习者知悉其在权利平等和多样性保护方面的全部信息，并且要公布相应负责机构的具体

---

① 商业、创新与技能部，英国教育部：《英格兰学徒制的未来：实施计划2013》。Department for Business, Innovation & Skills and Department for Education. The Future of Apprenticeships in England: Implementation Plan 2013 [EB/OL]. (2013-10-28) [2018-03-23]. https://assets.publishing.service.gov.uk/government/uploads/system/uploads/attachment_data/file/253073/bis-13-1175-future-of-apprenticeships-in-england-implementation-plan.pdf.

② 英国教育部：《英格兰学徒标准规范》。Department for Education. Specification of Apprenticeship Standards for England [EB/OL]. (2018-08-16) [2018-08-21]. https://assets.publishing.service.gov.uk/government/uploads/system/uploads/attachment_data/file/734414/Specification_of_apprenticeship_standards_for_England.pdf.

③ 商业、创新与技能部，英国教育部：《青年技能计划》。Department for Business, Innovation & Skills and Department for Education. POST-16 Skills Plan [EB/OL]. (2016-07-07) [2018-04-08]. https://assets.publishing.service.gov.uk/government/uploads/system/uploads/attachment_data/file/536043/Post-16_Skills_Plan.pdf.

信息。学习者可以向相关方提出询问、质疑甚至投诉①。最后，政府部门及相关机构信息的发布还必须具备一定的及时性，甚至是即时性，必须对新的生产、教育、劳动力市场动态作出迅捷的反应②。为了保证学徒制相关信息的准确、全面、及时发布，英国政府在法案的授权下专门设立学徒协会（Institute for Apprenticeship）并建立专门网站，对学徒制的全面信息及时进行发布。这一方面是为了保障学徒制各利益主体知情权的顺利实现，另一方面也是为了提升学徒制的社会影响力和公众参与度。

同时，法律针对信息的不当泄露制定了相应的处罚规定。这些规定散见在不同的法律文件当中，如2016年《企业法》和2017年《技术与继续教育法》中关于"信息不当披露"的规定。这些条款分散但并不孤立，根据不同案情要件的构成适用不同的条款，采用区别化的罚则，相互配合，共同为信息的正当发布保驾护航。

七、争议解决及权利救济

学徒权利的保障与救济主要包括"事前预防"、"事中规制"

---

① 威尔士政府：《业本学习的平等与多样性指南》。Welsh Government. Equality and Diversity Guidance for Work-based Learning [EB/OL]. (2018-11-27) [2019-05-02]. https://www.gov.wales/sites/default/files/publications/2018-11/equality-and-diversity-guidance-for-work-based-learning.pdf.

② 商业、创新与技能部，英国教育部：《英格兰学徒制的未来：实施计划2013》。Department for Business, Innovation & Skills and Department for Education. The Future of Apprenticeships in England: Implementation Plan 2013 [EB/OL]. (2013-10-28) [2018-03-23]. https://assets.publishing.service.gov.uk/government/uploads/system/uploads/attachment_data/file/253073/bis-13-1175-future-of-apprenticeships-in-england-implementation-plan.pdf.

与"事后救济"三个层面。"事前预防"主要指通过确保权利主体提前参与项目运行重要事项的决策，降低未来各方产生分歧的可能性。"事中规制"主要指形式文本方面的规制管控，是指任何学徒制项目框架启动运行伊始，形式上必须签署学徒协议，并在协议中对雇主与学徒双方权利义务等基本事项以文本形式进行确定，协议对双方均具有法律强制约束力。"事后救济"是指双方就某事项发生争议或学徒权利受到侵害时可诉诸的机构及渠道设置。

（一）事前预防：重要决策参与

学习者提前参与到项目运行的重要决策之中，能够较大限度地避免日后学习者与雇主或相关机构产生争议的可能。同时，法律保障学徒本人参与到学徒制项目的重要决策之中。这是英国以人为本、以学习者为中心的教育理念的重要体现，有助于增进学徒制框架和标准的体系性、科学性、合理性并提升教育公共决策的效率。

从参与决策的内容来看，学习者可同时参与学术性事务与非学术性事务。学习者的参与强调学徒个人在政府及其授权机构对培训内容、框架、标准等事项的决策过程中的程序性参与，以保障和发挥学习者的主体性和积极性。例如，在准备拟订《英格兰学徒标准规范》（Specification of Apprenticeship Standards）的过程中，"首席技能基金行政官必须征求学徒制利益相关方各主体的意见，包括本法案第十三章规定的人员、雇主、继续教育机构、其他教育机构和行政官认为应咨询的个人和机构等"。基于对文化多样性的尊重，英国政府十分注重保障少数群体的参与，如威尔士政府就明确要求业本学习项目提供者必须制定平等权利实现的正式战略及计划，并且将学习者纳入决策机制中，共同制定关于平等权和多样性等议题的对应政策，并参与监督。在此过程中，必须尤其关注少数不利群体（under-represented groups）的声音，保障其参与和介入公共决策的权利。

(二) 事中规制：学徒协议

在学徒制项目启动伊始，雇主必须和学徒个人签订一份学徒协议（apprenticeship agreement），协议详陈了雇主对学徒需要履行的义务细节，包括雇用时间、培训内容、工作基准条件、培训指向的资质证书类型和水平等级[1]。学徒制协议是学徒与雇主签订的、对双方具有强制约束力的书面协议，是学徒权利的形式依托。2009年《学徒制、技术、儿童与学习法案》对学徒协议的具体内容及效力要件作出了详细的规定[2]。该制度设计不仅源于英国本身的契约传统，更主要的是通过书面格式的协议对学徒的法律地位、权利和义务等内容事先进行规定，维持雇主和学徒之间的稳定关系结构，实现学徒权利保障的最大化。为进一步保障学徒权益，防止协议被雇主恶意更改并以此压榨劳动力，2009年《学徒制、技术、儿童与学习法案》专门对学徒制协议的无效条款进行了规定，凡是不符合协议事先约定或

---

[1] 学徒协议可以根据双方合意自主拟定，也可以到英国政府官方网站下载协议样本进行填写。2012年以后，所有的学徒制项目都要求签订学徒协议，否则项目无效。

[2] 2009年《学徒制、技术、儿童与学习法案》规定，学徒制协议的签订需满足以下条件：(1) 学徒根据该协议服务于雇主；(2) 协议必须按标准格式签订；(3) 学徒协议必须声明接受英格兰和威尔士相关法律约束；(4) 与资格授予学徒框架具备相关性。

不符合法案第32（2）（b）条规定的协议内容均视为无效条款。如确有修改协议之必要，雇主必须事先对欲修正的条款向学徒作出书面通知并解释，双方协商期间协议效力中止。在签署学徒制协议的同时，雇主还必须附带签署一份三方承诺书（commitment statement）（承诺书在雇主、指定培训机构和学徒之间形成），承诺书必须至少包含三个方面的内容：（1）计划的培训内容及时间表；（2）学徒希望及雇主和培训机构期望提供的培训内容；（3）问询及投诉的程序①。

（三）事后救济：争议解决与补偿救济

在学徒制项目运行过程中，针对雇主与学徒间发生争议的情况，2009年《学徒制、技术、儿童与学习法案》规定，如果对雇主的决定持有异议并认为雇主违反现有法律之规定，雇员有权向就业法庭（employment court）提起诉讼。此时，如果法庭认为雇员提起的诉讼理由成立，应判定雇员胜诉，雇主应向雇员作出相应赔偿。赔偿的金额由法庭按照公平合理原则进行确定，参照雇员每周的工资额，以不超过此限为准。为了防止处于弱势地位的权利主张者及协助者遭受雇主不正当的打击报复，法案还明确规定禁止雇主因雇员提起诉讼而进行任何形式的报复行为②，为学徒在争议解决过程中的诉诸途径与特殊保护

---

① 英国议会：《学徒制、技能、儿童与学习法案》。UK Parliament. Apprenticeships, Skills, Children and Learning Act 2009 [EB/OL]. (2009-11-09) [2018-08-08]. https://www.legislation.gov.uk/ukpga/2009/22/contents.

② 英国议会：《学徒制、技能、儿童与学习法案》。UK Parliament. Apprenticeships, Skills, Children and Learning Act 2009 [EB/OL]. (2009-11-09) [2018-08-08]. https://www.legislation.gov.uk/ukpga/2009/22/contents.

均提供了相对完善的制度设计。

第三节　英国业本学习者权利的劳动法保护

一、工资权

在1998年《国家最低工资法》（National Minimum Wage Act）出台以前，英国并没有综合性的最低工资保护制度[①]。也就是说，英国对于最低工资制度的法律实践只有二十多年的时间。相比之下，美国早在1938年出台的《公平劳工标准法》中便以法律的形式规定了联邦最低工资标准。一直以来，英国的最低工资调控都依赖于工会与雇主的集体谈判。在立法层面上，也包含了鼓励集体谈判的政策。但在实践过程中，这样的理念却往往导致劳动者的收入水平降低。正是在这样的背景下，《国家最低工资法》应运而生。

根据《国家最低工资法》的规定，英国政府成立了低收入委员会（Low Pay Commission），负责研究全国最低工资的参数并向政府建议最低工资具体标准，然后由国务大臣以规章的形式决定和发布最低工资标准。在《国家最低工资法》中，并没有对最低工资数额予以明确规定，其具体数额由《全国最低工

[①] 谢增毅. 英国的最低工资制度：经验与启示 [J]. 中国社会科学院研究生院学报，2008（6）：63-68.

资规定》（National Minimum Wage Regulations）决定。

在学徒制项目中，雇主必须为学徒提供与其类似职位的员工相同的劳动条件，包括待遇、带薪假期、病假、各种福利（如儿童托管）、相应支持服务（如辅导和指导）等。针对不同年龄的劳动者，《全国最低工资规定》对于其最低工资数额也作出了不同规定。根据2017年4月的最新数据，一般劳动者（25周岁及以上）的最低时薪已达到7.5磅。在一般劳动者项下，《全国最低工资规定》还将劳动者分为四类，其中未成年劳动者（已达到法定义务教育年龄）的最低时薪为4.05磅，19岁以下或19岁以上但处于学徒期第一年的学徒最低时薪仅为3.5磅[①]。

表2-1 英国劳动者最低工资标准（时薪）

25岁及以上	21—24岁	18—20岁	18岁及以下	学徒
7.50磅	7.05磅	5.60磅	4.05磅	3.50磅

具体而言，学徒的最低工资标准是根据其年龄和工龄共同决定的，如果学徒年龄在19岁以下，或者虽然在19岁以上但是参与学徒工作不超过1年，此时学徒的最低工资采用学徒原始专用标准（每小时3.5磅）；如果能够同时满足超过19岁且学徒工龄超过1年两个条件，则最低工资可适用非学徒标准，如一个年龄22岁、工龄超过1年的学徒可以拿到每小时7.05磅的最低工资[②]。但是这也不意味着学徒的工资将会一直处在较低水平，

[①] 学徒协会：《雇佣学徒》。Institute for Apprenticeship. Employing an Apprentice [EB/OL]. (2014-12-15) [2018-05-03]. https：//www.gov.uk/take-on-an-apprentice/pay-and-conditions-for-apprentices.

[②] 英国政府：《最低工资标准》。HM Government. Minimum Wage Rates [EB/OL]. (2015-08-27) [2018-05-03]. https：//www.gov.uk/national-minimum-wage-rates.

初期较低的工资只是如实反映了员工从事培训的初期较低的生产率。毕竟学徒在第一年能够为雇主创造的价值是十分有限的，但随着工龄的增长和业绩的提升，学徒的工资水平会稳步提高①。就未成年劳动者而言，根据英国政府的规定，未成年劳动者必须接受在职教育或培训直至其年满18周岁，其劳动技能及劳动效率往往不及一般劳动者，学徒在完成学徒期前更是如此。因此，不同的最低工资标准正是针对不同劳动者的实际情况，使其在工作与职业学习或培训中达到一种平衡。此种阶梯式的工资待遇设计与美国的相关规定有异曲同工之处：一方面，适当降低最低工资标准，赋予业本学习者作为特定群体以就业优势；另一方面，较低的工资标准也是对雇主雇用此类雇员的一种鼓励与补偿。针对最低工资标准的适用范围，《国家最低工资法》第1条规定，全国最低工资适用于"个人（individual）"。这里的个人应该符合下列条件：（1）身份是雇员；（2）在英国依照合同正在工作或正常工作；（3）已经超过了法定义务教育年龄②。这里的"法定义务教育年龄"是指可以被雇用成为全日制劳动者的最低年龄，一般为15或16周岁。在这个年龄之下的劳动者只能从事兼职（part-time）工作。因此，学徒只有达到法定年龄之后方可享受最低工资标准待遇。

---

① 国家学徒服务：《学徒制发展质量报告》。National Apprenticeship Service. Statement on Apprenticeship Quality [EB/OL]. (2015-04-28) (2018-03-23). https：//www.theimi.org.uk/sites/default/files/documents/106939.pdf.

② 英国议会：《国家最低工资法》。UK Parliament. National Minimum Wage Act 1998 [EB/OL]. (2015-08-27) [2018-05-04]. www.legislation.gov.uk/ukpga/1998/39/contents.

针对工资待遇受到侵害后的救济，根据《国家最低工资法》的规定，当雇主与劳动者签订劳动合同（达成合意）时，劳动者便享有获得国家最低工资之权利。若其工资低于最低工资标准，该雇员可依据《雇用权利法》第 23 条起诉雇主，请求全额支付其工资，拖欠工资的雇主可能受到刑事制裁。此外，雇员不得因要求雇主支付不低于国家最低工资标准的工资而被雇主辞退。除《国家最低工资法》外，英国还有一些工资保障类的法律，这些法律的目的在于保障劳动者能够按时获得工资，且不受到任何不正当的克扣。其代表为 1986 年出台的《工资法》。根据该法规定，工资扣减必须遵守法定标准或者事先约定，且扣减时必须书面通知劳动者原因和数额。这类法律主要是从程序上规范工资发放与扣减行为，保障劳动者获得持续的生活来源。在 1996 年《雇用权利法》颁布后，《工资法》有关工资扣减的限制便被纳入其中。此外，根据《法定患病工资法》规定，劳动者还享有获得病假工资的权利。若劳动者因身体原因连续请假超过 3 日的，从第 4 日起，该劳动者即可适用病假制度。英国的病假最长可达 28 周，在此期间，雇主应向劳动者支付 89.35 镑/周的薪水。这一规定同样适用于学徒等"学习者"。

二、平等就业权

就劳动领域的平等权保护，英国有着极为丰富的立法实践。早在 1919 年，英国便出台了《性别平等法》（后被 1975 年《性别歧视法》取代），此后的近一个世纪中，英国多次颁布反歧视立法，内容囊括了极为广泛的可能被歧视之领域。尽管法律规定非常详细，但其立法也较为分散，对法律的适用造成了许多障碍。因此，英国整合了以往所有的反对歧视立法，出台了2010年《平等法》（Equality Act，2010），为劳动歧视受害者提供了更清晰直接的法律救济与帮助。根据2010年《平等法》的规定，学徒关系作为雇用关系的一种，与其他劳动者一样受到该法保护。此外，该法第216条第3款规定，国务大臣可根据具体情况发布指示命令，将某类"学习者"囊括在雇员范畴内，从而使其受到《平等法》之保护。可以说所有带有"学习者"性质的个人，均可受到《平等法》的反歧视保护。

在2010年《平等法》中，禁止歧视的类别包括：年龄、残疾、改变性别者（gender reassignment）、婚姻和民事伙伴、种族、宗教信仰、性别等共12种。在责任和处罚方面，该法也作出了详细的规定，如雇主责任、雇员责任等。同时，法案对于不同类别的歧视行为分别规定了不同的受理机构和受理起诉的期限。在劳动领域的歧视中，根据该法第九部分第三章规定，受歧视者应在受到歧视3个月内向雇用法庭提起诉讼。雇用法庭在受理后，若发现歧视行为确实存在，可作出相应判决，包括赔偿和消除不利影响等[1]。与休息权及工资领域相比，反歧视领域并未留有些许集体协商的空间，工会在这一领域所扮演的角色也相对次要，其主要作用在于推动立法进程，督促权力机关完善相应制度建设。

---

[1] 英国议会：《平等法》。UK Parliament. Equality Act 2010 [EB/OL]. (2010-11-03) [2018-05-05]. https：//www. legislation. gov. uk/ukpga/2010/15/contents.

三、劳动安全与卫生权

在英国，劳动安全与卫生相关规定大部分被视为技术性的规定，一般规定在行业标准和集体合同中，如工作环境的温度、湿度标准等具体指标会在集体合同中予以明确。国家的强制规定只集中在对休息时间的规定中，强调对休息权的保护。

英国并未就工作时间进行单独立法，唯一的针对工作时间进行规范的法律文件是1998年根据欧共体《工作时间指令》出台的《工作时间条例》（Working Time Regulation）。虽然该法仅是对欧盟指令的简单复制，并没有结合英国的实际情况作出法律指导，但该法在英国目前对工作时间起主要规制作用。

《工作时间条例》适用于一切劳动者（workers），其中包括学徒、未成年劳动者及为积累工作经验的实习生或受训的实习生。根据《工作时间条例》的规定："每24小时期间内应至少有12小时的休息时间[1]；每周至少应有不被中断的、连续的48小时的休息时间[2]；日工作时间长于4.5小时的，工作中的休息间歇每次至少为30分钟[3]；以17周为连续的工作时间单位，周工作时间（包括加班时间）平均不得超过48小时，24小时内的

---

[1] 英国议会：《工作时间条例》。UK Parliament. Regulation 10 (1), The Working Time Regulation 1998 [EB/OL]. (1998-07-30) [2018-01-28]. http://www.legislation.gov.uk/uksi/1998/1833/contents/made.

[2] 英国议会：《工作时间条例》。UK Parliament. Regulation 11 (3), The Working Time Regulation 1998 [EB/OL]. (1998-07-30) [2018-01-28]. http://www.legislation.gov.uk/uksi/1998/1833/contents/made.

[3] 英国议会：《工作时间条例》。UK Parliament. Regulation 11 (3), The Working Time Regulation 1998 [EB/OL]. (1998-07-30) [2018-01-28]. http://www.legislation.gov.uk/uksi/1998/1833/contents/made.

夜间工作时间平均不得超过 8 小时。对于夜间工作者，雇主必须为其提供周期性的免费体检，如果发现有不适于夜间工作的劳动者，应及时调整其工作班次。"

相较于强制性的法律规定，英国更加鼓励雇主与学徒劳动者进行协商，以使规则适应其各自的实际情况。政府更加鼓励双方协商达成合意，而不是完全依赖法律的强制性规定。例如，允许通过集体协商以及全体职工协议来修改或排除适用法令中有关夜间工作、日和周休息时间以及班中休息时间的规定。若双方通过协商排除了上述规定，雇主应确保劳动者享有等量的休息时间，或给予劳动者必要的保护[①]。此外，在保持上述规定不被废除的前提下，雇主可与劳动者签订个人协议，排除周最高工作时间 48 小时的适用。这在一定的限度内给予了雇主与劳动者相当的灵活性。

综上所述，在休息权方面，英国对于"学习者"并没有特别的立法保护，其适用的是所有劳动者均可适用的一般保护。"学习者"作为劳动者群体中的少数派，往往在集体协商过程中容易受到忽视，致使集体协议并不能充分地保护其利益。除此之外，在个人协议当中，"学习者"相较于一般劳动者更容易受到雇主的胁迫，违背自身意愿而放弃最高工时的适用，这无疑严重侵害了其法定的休息权利。

---

① [英] 史蒂芬·哈迪. 英国劳动法与劳资关系 [M]. 北京：商务印书馆，2012：136.

四、集体协商中的"学习者"

就上述三个方面而言，可以看到，与一般劳动者相似，英国对于学徒、培训生等"学习者"的劳动权利保护，很大程度上依赖于集体合同的规定，这也是英国对劳动关系调整的一大特色。诚如上文所言，20世纪90年代以前，英国对于劳动标准的立法不仅数量少，在行业内业已形成的标准也并未获得国会立法的支持。长期以来，与劳动者密切相关的劳动权利均是通过集体合同的形式加以规定，再通过相应的原则将集体合同中的条款吸收合并至个体劳动合同中，以使其具有法律效力。具体而言，合同的合并一般包括以下三种原则：

一是明示合并，即雇主与雇员明确表示个体合同受制于特定的集体合同。具体可表现为有关雇用的书面文件明确表示参照了集体协议，以书面形式进一步证明雇主与雇员之间就明示合并达成了合意。

二是依惯例合并。作为一种被普遍认可的合同法原则，合同可包含约定俗成的条款，除非当事人明确表示排除适用。被普遍认可的合同条款必须是明确、合理且广为人知的，尽管有时劳动者会忽视它的存在。依照这一原则，集体合同适用于所有劳动者，不论其是否知晓该合同内容或支持该合同。但这一原则一般无法解释新的或变更后的集体合同如何被并入个体合同。

三是默示合并。在实践中，即使缺乏明示的合并协议或惯例证明，劳资法庭和法院一般也推定集体合同的条款已被默示地吸纳到了个体合同中，即除非有相反的证据存在，集体合同已被吸纳到了个体合同中。

时至今日，纵使劳动立法不断覆盖个体劳动权利的方方面面，但集体合同在英国依然发挥着极为重要的作用。在工资及工时等问题上，集体合同的规定更能直接影响到个体劳动者的切身利益。就"学习者"来看，为使自身权益受到更完善的保护，加入工会并在集体合同的制定过程中表达自己的利益，在现阶段仍是必要之举。1992年颁布的《工会劳动关系巩固法》(Trade Union and Labour Relations Consolidation Act) 明确规定了学徒、培训生等"学习者"可加入工会。工会在集体谈判过程中也会涉及保护"学习者"特殊权利的问题，包括学习及训练时间的保障、重要信息的知晓、导师建议与指导的获得等[1]。除此之外，在制定涉及工资、工时、休假等保护一般劳动权利的条款时，若工会中有"学习者"的加入，可更大限度上使其避免遭到不公正对待。

五、劳动争议解决

涉及"学习者"的劳动争议，与一般劳动者类似，有两个机构发挥着重要作用。一个是劳动咨询调解仲裁局（The Advisory, Conciliation and Arbitration Service），另一个是劳动法庭（Employment Tribunal）。劳动咨询调解仲裁局的主要职能在于：

---

[1] 工会学习：《作为学徒加入某个行业》。Unionlearn. Joining a Trade as An Apprentice [EB/OL]. (2017-10-09) [2018-05-07]. https：//www.unionlearn.org.uk/joining-trade-union.

（1）免费为雇主和劳动者提供劳动关系领域相关政策和法规的信息咨询。（2）进行调解。当劳动争议出现时，争议双方可自愿将争议提交给劳动咨询调解仲裁局进行调解[①]。对于劳动咨询调解仲裁局调解失败的案例，双方当事人可将该案起诉到劳动法庭进行审理。其中，劳动法院对于两类案件具有专属管辖权：（1）侵权诉讼。法院可发布与劳资行动有关的强制令（禁止令）或要求支付赔偿金；（2）涉及人身伤害或死亡的损害赔偿诉讼[②]。就程序而言，劳动法庭保留了许多普通法院的特点。对抗式诉讼程序依然适用，各方当事人要陈述并证明案情，法庭自身并无调查权，也无权进行调解。但相较于普通法院，劳动法庭还是具备相当大的灵活性和非正式性。具体表现在案件审理进程相对快捷，法庭分布广泛，对于民众而言更加方便；没有复杂的法律文书，也不受制于严格的证据规则，案件处理更为高效等[③]。

对于不服劳动法庭判决的案件，1975年《雇用保护法》（Employment Protection Act）建立了劳动上诉法庭，专门处理此类案件。1996年《劳动法庭法》（Employment Tribunal Act）规定了劳动上诉法庭的管辖权和组织结构，劳动上诉法庭的地域管辖权覆盖了英格兰、威尔士以及苏格兰；案件管辖权涵盖了

[①] 咨询、调解与仲裁服务机构：《关于我们》。ACAS. About Us [EB/OL]. (2008-11-24) [2018-09-27]. http：//www.acas.org.uk/index.aspx? articleid=1461.

[②] 英国政府：《劳动法庭》。British government. Employment Tribunal [EB/OL]. (2015-01-05) [2018-09-27]. https：//www.gov.uk/courts-tribunals/employment-tribunal.

[③] [英] 史蒂芬·哈迪. 英国劳动法与劳资关系 [M]. 北京：商务印书馆，2012：67.

由劳动法庭和认证官作出的带有司法性质的裁决。劳动上诉法庭对于上诉案件只进行司法审查，即只审查法律适用和程序瑕疵问题，对案件事实不予再次认定。劳动上诉法庭和劳动法庭均与普通法院一样需要遵循先例，并受上级法院判例的制约。但平级法院的判决对于这两个法庭只具有说服力（pervasive force）而没有拘束力（binding force）[1]。一旦劳动争议诉诸法庭、司法程序启动，对于学徒而言，将是一个漫长而艰辛的诉讼过程，并非维权的最佳路径。

---

[1] ［英］史蒂芬·哈迪. 英国劳动法与劳资关系［M］. 北京：商务印书馆，2012：71.

第三章

德国业本学习者权利保护制度

第一节 德国业本学习经典路线、法律政策历史演变及现行法律框架

作为欧洲和世界的重要经济体，德国是一个特别的民族国家，也是一个饱经沧桑的国家。经过数十年的分裂，直至20世纪90年代，德国才正式结束分裂、恢复统一。德国有着极悠久的成文立法传统，其缜密和精细程度亦令人叹服。在德国，遵从专属立法与竞合立法相结合的原则。除了《宪法》也就是《德国基本法》规定的14项专属于联邦的立法事项，其他立法事项的立法权由联邦和各州共享[①]。此种立法安排显示了德国教育强大的法律理性、深厚的法治传统与制度基础。与此同时，与德国法治传统齐名的是德国的双元制（也称双元学徒制）。双元制是德国职业教育的核心与支柱，也是其业本学习的经典路线，在欧洲乃至全球享有盛誉。

一、德国业本学习经典路线：双元学徒制

（一）双元制与德国职业教育体系

德国的业本学习在整个教育体系当中以多种形式体现，以

[①] 德意志联邦议院：《德意志联邦共和国基本法》。Deutscher Bundestag. Basic Law for the Federal Republic of Germany [EB/OL]. (1949-05-23) [2018-09-08]. https://www.btg-bestellservice.de/pdf/80201000.pdf. 法律中文版翻译本可参见潘汉典.德意志联邦共和国基本法 [J]. 环球法律评论, 1981 (04)：63-81.

职业教育为主并以双元制为最经典的业本学习路线。总体上，德国职业教育路径多元，有双元制体系（dual system）、职业学校（vocational schools）、护士等专科学校（training schools）、职业拓展学校（vocational extension schools）、在职继续教育（in-company continuing education）、夜校和成人学校等（evening classed and full-time adult education colleges）。有的倾向于学校端，以校本学习为主；有的倾向于工厂端，以工作场所的学习为主。从各教育培训项目的互动关系上看，几乎所有的业本学习项目都以双元制为核心和大本营，其他业本学习的形式可以与核心的双元制项目之间自由切换。例如，在拥有较大规模人数学生的全日制职业教育学校（full-time vocational school），教育的主要目标是为学生做好职业准备。在全日制职业教育学校学习的学分可以直接与双元制第一年的学分接轨，作为进入双元制的敲门砖，并为将来进入职业领域打下基础。相对于全日制职业教育学校，高等职业教育学校（vocational secondary school）主要针对志趣上对学术有偏好的学生。在完成双元制培训后，学习者将通过高等职业教育提供的路径走向大学学习，进入高等教育和学术领域[1]。为了提高双元制项目（dual system）的吸引力，目前德国的新趋势是将双元制教育与高等教育整合，二者合作引入更高端的培训。

双元学徒制被视为德国职业教育与培训的核心支柱。德国

---

[1] 欧洲职业培训发展中心：《德国职业教育与培训》，European Centre for the Development of Vocational Training. Vocational Education and Training in Germany [EB/OL]. (2014-11-04) [2018-09-06]. http://www.cedefop.europa.eu/files/5173_en.pdf.

职业教育与培训体系包括两个相关的途径："转型体系"（übergangssystem）和全日制职业教育学校（schulberufssystem）[①]。也就是说，初次职业教育又可分为三个子体系：双元学徒制（dual system，也被称为 the apprenticeship system）、转型体系（the transition system）以及全日制校本职业教育（full-time school-based VET, schulberufssystem）。总体上讲，双元制与全日制校本职业教育是两个不同的体系，后者主要负责进行国家认可的职业资质的培养以及传统特定职业领域的职业培训，如医疗以及社会工作领域。转型体系项目（transition system）是为还没有足够资质参加双元学徒培训的年轻人准备的教育项目。通常情况下，此种项目为参与者再次申请进入双元学徒制作准备，参与者一般不能通过转型体系项目获得国家认证的资质证书。相较之下，双元制是学校端和工作端的完美结合，在学校与企业的协调合作下完成对受培训者知识素养和技术技能的培养与提升。双元制可谓是初次职业教育乃至德国整个业本教育体系的典型代表，也是享誉全球的经典模式和学习路线。

（二）双元制的内涵

德国教育培训发展的集中体现就是双元学徒制，可追溯至中世纪的双元学徒制作为德国职业教育的重要形式被世界各国

[①] 库利：《联邦制与公司制：德国双元学徒制的政策制定和治理方法及其在今天的运作》。Kuhlee D. Federalism and Corporatism: On the Approaches of Policy-making and Governance in the Dual Apprenticeship System in Germany and Their Functioning Today [J]. Research in Comparative & International Education, 2015, 10 (4): 476-492.

所称羡①。双元制强调学习者综合能力的培养，而不单单是习得某个岗位的专业技能，强调能够跨岗位、终身发展的综合能力之培育。同时，双元学徒制，或者双元制（双轨制）是德国职业教育的核心，是一种结构化的业本学习路线。也就是说，业本学习的要素是理解德国双元制的核心与根本。具体而言，双元制教育培训的主要目的是使年轻人获得全面的职业能力，使他们能够有效地、创新地、自主地与他人合作，履行作为员工的职责，通过法定考试证明自己的能力并获得相应的证书，进入劳动力市场，实现个人职业发展②。在德国的学徒制度中，"双重"一词通常与两个学习培训的地点场所紧密相连：职业学校和企业。更重要的是，这种二元性与职业教育在公共和私人领域的双重责任有关，而这种责任的"分裂"植根于制度的历史发展③。双元制中的"双元（dual）"有两重内涵，且该两重内涵间紧密相连。"双元"的第一层含义是传统意义所指的双重地点：学校端和企业端。也就是说，学生的教育和培训一部分发生在学校，另一部分在企业内部完成，并且以企业内训为主。双元的制度设置可以说是德国职业教育的核心元素内容，为职

---

① 阿特韦尔，劳纳：《德国的培训与发展》。Attwell G, Rauner F. Training and Development in Germany [J]. International Journal of Training & Development, 2010, 3 (3)：227-233.

② 联邦职业教育和培训研究院：《培训规定及其制定过程》。BIBB. Training Regulations and How They Come About [R]. Federal Institute for Vocational Education and Training, Bonn, 2014.

③ 库利：《联邦制与公司制：德国双元学徒制的政策制定和治理方法及其在今天的运作》。Kuhlee D. Federalism and Corporatism: On the Approaches of Policy-making and Governance in the Dual Apprenticeship System in Germany and Their Functioning Today [J]. Research in Comparative & International Education, 2015, 10 (4): 476-492.

业培训提供了基础。德国目前大约有三百多个职业类型均提供相应的双元培训[1]。双重地点意味着法律政策需要调控的对象的双元,这就带来了"双元"的第二层含义:公权力对双元学徒制在公共和私人领域的双重规制责任[2]。国家通过法律对双元制涉及的职业学校等公共领域和企业所在的私权力领域均负有一定的调控职责,这也就意味着政策法律规制框架的二重布局和整合。其中,德国教育法律政策框架双元特质的形成带有深刻的历史痕迹,其发展脉络清晰可寻。19世纪末,经济和社会政策迅速变革,彼时主要由手工业商会 [Chambers of Craft (Handwerkskammern)] 专门负责调控和管制传统意义上的学徒培训。民营企业负责企业内部发生的培训,而职业学校提供的教育逐渐在1938年前后成为双元学徒培训必备的一元,学徒必须同时在学校接受相应教育才可以获得国家认定的职业资质。由此,德国以企业为主体、以学校为必备辅助的职业教育校企合作的双元制结构初步形成[3]。

整个双元制项目前后通常历时3年,通常情况下学习者平均

---

[1] 联邦职业教育和培训研究院:《培训规定及其制定过程》。BIBB. Training Regulations and How They Come About [R]. Federal Institute for Vocational Education and Training, Bonn, 2014.

[2] 库利:《联邦制与公司制:德国双元学徒制的政策制定和治理方法及其在今天的运作》。Kuhlee D. Federalism and Corporatism: On the Approaches of Policy-making and Governance in the Dual Apprenticeship System in Germany and Their Functioning Today [J]. Research in Comparative & International Education, 2015, 10 (4): 476-492.

[3] 库利:《联邦制与公司制:德国双元学徒制的政策制定和治理方法及其在今天的运作》。Kuhlee D. Federalism and Corporatism: On the Approaches of Policy-making and Governance in the Dual Apprenticeship System in Germany and Their Functioning Today [J]. Research in Comparative & International Education, 2015, 10 (4): 476-492.

每周4天在企业等工作场所实践，一天在职业学校学习与专业相关的理论知识。目前也有法律规定，在与企业达成合意的情况下，学习者可以缩短原本为3年的学习时间①。进入双元制学习的青少年通常在16—18岁，大部分为未成年人。双元制中的权利主体为学习者，也就是学徒，其比例在德国的职业教育体系中约达到30%②。具体而言，双元制中的学习者在英语中称为学徒（apprenticeship），双元制有时亦被称为双元学徒制（dual apprenticeship system），这是英语体系的表达方法。但是在德语体系中，双元制的学习者"auszubidende"的字面意思是"接受教育培训的人"，其动词形式"ausbilden"为教育/培训之义。在英文版的报告中，"auszubidende"被称为"apprentice"或者"trainee"③。虽然"apprentice"与"auszubidende"并不同源，但却是与德语单词指涉对象最接近的表达④。因此，双元制中的学习者虽然有英文表述称之为学徒，但"接受教育与培训者"是其最本真的词语意涵。

---

① 欧洲职业培训发展中心：《德国职业教育与培训》。European Centre for the Development of Vocational Training. Vocational Education and Training in Germany [EB/OL]. (2014-11-04) [2018-09-06]. http://www.cedefop.europa.eu/files/5173_en.pdf.

② 欧盟：《欧洲业本学习政策与实践》。European Union. Work Based Learning in Europe: Practices and Policies, [EB/OL]. (2017-09-07) [2018-06-08]. http://ec.europa.eu/dgs/education_culture/repository/education/policy/vocational-policy/doc/alliance/work-based-learning-in-europe_en.pdf.

③ 欧洲职业培训发展中心：《学徒制度和结构化的业本学习计划》。CEDEFOP. Apprenticeship-type Schemes and Structured Work-based Learning Programmes [EB/OL] (2014-05-13) [2018-09-06]. https://www.cedefop.europa.eu/en/country-reports/apprenticeship-type-schemes-and-structured-work-based-learning-programmes-denmark.

④ 欧洲职业培训发展中心：《德国：2011年欧洲职业教育培训国别报告》。CEDEFOP. Germany: VET in Europe: Country Report 2011 [R]. Refernet Germany, 2011.

总的来说，德国的职业教育与培训体系是以双元学徒制为主导的制度，这不仅体现在公众意识和社会实践之中，更深植于德国职业教育制度的政治决策和改革意图之中。作为德国业本学习的核心路线，双元制将真实工作场景的实践与理论知识的学习有机结合在一起，而这也正是业本学习的要义所在。近年来，随着国内产业结构的改革和职业教育布局的顺势调整，德国也尝试提供更多形式的双元制的学习场所。职业教育的发展和进阶越来越重视和提倡对场地等资源利用的最大化。除了学校和工厂，职业教育的发生场所还可以是"超企业的"学习场所[1]。近年来，德国职业教育规模的扩大和劳动力市场形势的变换使得大型企业与中小型企业提供职业培训的能力悬殊越发明显。中小企业，特别是工艺贸易公司等企业在德国是重要的职业教育培训供应商，但往往无法或不能完全按照培训条例的规定提供培训所需的所有教育培训服务。这主要是生产过程中劳动分工的不断增加、专业化程度的提高和急速的技术变革等原因造成的。小型企业作为培训机构的能力有限，此时就需要外部培训措施（如公司间职业培训中心，überbetriebliche Berufsbildungsstätten，ÜBS）来作为补充[2]。由此，大型企业与中小型企业共享培训资源、中小型企业之间探索新的互助合作

---

[1] 联邦职业教育和培训研究院：《培训规定及其制定过程》。BIBB. Training Regulations and How They Come About [R]. Federal Institute for Vocational Education and Training, Bonn, 2014.

[2] 欧洲职业培训发展中心：《学徒制度和结构化的业本学习计划》。CEDEFOP. Apprenticeship-type Schemes and Structured Work-based Learning Programmes [EB/OL] (2014-05-13) [2018-09-06]. https://www.cedefop.europa.eu/en/country-reports/apprenticeship-type-schemes-and-structured-work-based-learning-programmes-denmark.

培训方式势在必行。

二、双元学徒制法律政策的历史演变

德国学徒制的发展史就是机构建设与法律规制史。其学徒制演变历史和阶段与英国有诸多相似之处，都是从手工业行会主导开始，生产方式的变革导致行会的作用下降，进而引入更规模化、规范化的管理和调整方式。不同点在于，德国现代学徒制的崛起较早，而且，德国学徒制的形成建立在已有的制度基础之上，如行会制度、工会制度（集体谈判制度）、重视职业教育的文化传统。德国职业教育培训制度框架的建立及法律制度的发展经历了手工业时期、工业化时期、近现代时期三个阶段。

（一）手工业时期

19世纪下半叶，中世纪欧洲的匠人及小型工业团体（在中世纪被称为公会）拥有很多优势和特权，但是随着法国的政治革命和英国工业革命的双重影响在急速地分化与衰落。法国尤其如此，受启蒙思想家政治自由主义的影响，彼时的法国激进地以法律禁止任何法人团体，法国职业教育体系也难逃厄运而随之崩溃瓦解。因此，当德国试图重建职业教育体系时，就不得不诉诸其他替代性的社会经济结构模式：要么像法国一样采取中央集权控制模式；要么向英国学习，依赖市场，采取放松管制的方式。相比之下，德国中庸平和许多，采取了更温和的形式。彼时德国的法人团体（如教会或职业协会）没有被禁止，虽然失去很多特权，但仍然得以存继。1869年的《北德经济联盟工业法案》甚至鼓励建立新的、更多的"公会",以"促进共同的工业利益"。在19世纪早期,存在两种组织模式。一种是公会,是一种代表行业利益的自组织,尤其多见于受拿破仑影响较少的东部省份,其前身其实就是行会;另一种是在普鲁士西部受拿破仑影响较大的省份,效仿法国建立起来的商会,它们是纯粹的咨询机构,其成员是任命的,为国家和政府提供公共支持。然而,从1830年开始,这两种模式开始合并,既代表社会经济利益也兼具咨询委员会之角色,合并成为普鲁士商会。并且,经过几十年的社会演进,它们获得了一个共同的法律称谓,叫公法自治组织。这种法律设定在德国法律史甚至欧洲都独一无二。也就是说,商会、农会、公会都被法律赋予了公法自治组织的法律地位。这种法定安排对于德国职业教育的进一步发展具有重要意义。

在中世纪的行会制度中就已经出现了学徒的身影,师傅带徒弟的技艺传递方式被社会所广泛接受。虽然该制度在17世纪饱受诟病和抨击,但其作为一种有效的技艺传承方式,一直被社会所保留。与之相伴发展的是师傅与学徒间的约束性规则,这也是双元学徒制培训法律框架的肇始。在中世纪晚期及近代的《行会条例》(Zunftordnungen)当中,对学徒的工作时间、报酬、解雇等事项已经提供了较为具体的规定。但这种规定的形成实际上是在手工业行会与学徒两大主体阵营的斗争抗衡中形成的某种妥协和制衡。手工业者个人的力量是薄弱的,为了获取生存和认可必须依附于同业组织,遵守本行业的规章也是题中之义[1]。但双方的博弈并未就此停歇，学徒在不断抗争与谈判中声张自己的权利，争取自己的权益。而在抗争的过程中也不断地以法律的形式将争取到的权益固定下来，防止对立方的再次越界。例如，1839年普鲁士《矿山和工厂雇用青少年劳动者条例》就对青年学徒的最低工作年龄（不得小于9岁）和最长工作时间（不得超过10个小时）进行了限制性规定[2]。

（二）工业化时期

在中世纪的行会里有着严格的学徒、熟练工人和手艺工匠的级别划分。在工业化过程中，年轻无产者强烈需要一个类似于传统手工艺学徒的制度。工业企业主动地复制手工艺学徒制度，建立了自己的资格基础。从1925年起，德国兴起了一项制度，为所有离校者（14岁，除了农村人口）提供继续教育的替代方案：体育或职业教育与培训[3]。

19世纪末20世纪初，工业革命蓬勃开展，对于技术人才的需求也呈井喷之势，各企业为了降低成本和提高技能传递的效率，开始在车间内自主培训工人，开启了大规模、流水线式的培训模式，这对传统的学徒制形成了威胁和挑战。但这种技能培养模式也有其局限性，彼时企业车间的自主培训还处于自发

---

[1] 胡劲松. 20世纪德国的文化特质及其教育特征 [J]. 比较教育研究, 2004, 25 (3): 1-6.

[2] [德] 雷蒙德·瓦尔德曼. 德国劳动法 [M]. 沈建锋译. 北京: 法律出版社, 2014: 29.

[3] 史密斯, 肯米斯:《走向模范学徒制框架：对国家学徒制度的比较分析》. Smith E, Kemmis R B. Towards a Model Apprenticeship Framework: A Comparative Analysis of National Apprenticeship Systems [M]. New Delhi: ILO, 2013.

的半成熟阶段，并没有像已经成熟发展的手工业行会那样有一个相对完善的技能资格认证体系。为了克服这一短板，1908年德国技术教育委员会（DATSCH）成立，开始了对学徒制培训的标准化改革。经过十几年的努力，改革初见成效，其中很重要的一项进步就是到了1920年左右，标准化的工业学徒合同形式得以确立，行业的培训内容、课程设置也初步标准化和系统化[1]。

同时，工业革命为传统的师徒关系带来了挑战。19世纪工业的大发展使得各行业对劳动力需求激增，只限于校外培训的、传统的师傅带徒弟的模式已不能适应新的技能需求。学徒不仅要在工厂学习技术，还必须到学校学习相应的理论知识，这被当作学徒的一项义务并在行会制定的规定中得以确定，企业与学校相互合作，"双元制"正式形成[2]。由此工厂端与学校端架起了合作的桥梁，为学习者提供理论知识与实践技术的双重培养。可以说，双元制是德国职业教育体系的核心，是在传统学徒制的基础上，将校外职业培训与学校知识传授相结合形成的，是学校端与工厂端的完美配合。

（三）近现代学徒制

20世纪30年代，德国学徒制的现代化进程正式开始。1969年，当德国政府决定全面更新职业教育体系时，情势发生了深刻的变化。1969年《职业培训法》的颁布为职业教育培训提供

---

[1] 多淑杰. 德国现代学徒制演变及形成的制度基础[J]. 职业教育研究，2017（2）：71-74.

[2] 石伟平. 比较职业技术教育[M]. 华东师范大学出版社，2001：68.

了法律框架，标志着德国双元制的进一步制度化[①]。1976年，联邦政府颁布了《高等学校总法》，赋予了高等专科学校和学术型大学同等的法律地位，对职业教育高度认可，也再次提升了其社会影响力[②]。随着社会经济的发展，教育与培训体系发生了深刻的变化，一个新的法律框架迫在眉睫。2005年德国颁布的《联邦职业教育培训法》（Berufsbildungsgesetz, BBiG）肩负起了这一使命，为职业教育与培训提供了支柱性的法案。

三、现行法律政策供给

（一）德国职业教育法立法特点：专属立法与竞合立法

德意志联邦共和国是一个民主联邦国家，由16个州（länder）组成。其立法的一个主要特点是文化联邦制。也就是说，联邦在文化领域发挥的作用较小，而各州发挥更大的作用，对教育的立法属于各州的自主事务[③]。根据《德国基本法》（The Basic Law）第20条的规定，各州是行使国家权力的主体，在立法权的纵向分配方面，州一级享有较大的立法权，联邦只在基本法授权的范围内享有立法权，未经授权的部分由州一级的立

[①] 多淑杰. 德国现代学徒制演变及形成的制度基础 [J]. 职业教育研究, 2017 (2): 71-74.
[②] 崔光婕. 德国法律和政策对双元制教育模式的保障分析 [J]. 教育观察, 2016, 5 (11).
[③] 廖伟伟, 吴波. 德国教育立法权配置的基本逻辑 [J]. 国家教育行政学院学报, 2013 (03): 89-93.

法机构自主规定①。针对教育和文化事项,各州对本州的教育享有基本法授予的立法权。因此,各州对于学校机构设置和管理等事项的法律规定会存在较大差异。

在职业教育方面,联邦与各州竞合立法。易言之,由联邦法律对职业教育中工作场所的部分进行规定;同时,学校场所内的相关规定由州立法机构负责②。德国2005年《职业教育培训法》第3条第1款规定:"本法适用于校本职业教育以外实施的职业教育培训,校本职业教育培训由各州分别立法进行规制。"

德国教育体系是一个"去中央化"的多元合作架构,其管理较为扁平化。教育体系的权力和责任分配分散于联邦中央、各州和地方当局(local authority),并需要其他诸多主体的通力协调与合作。在德国,国民教育与职业教育的治理架构并非完全重合。关于学校机构的法律规定一般由各州自主制定,然而职业教育与培训的制度设计却来自中央和地方的勉力合作、责任共担、权力共享③。例如,2011年发布的关于国际职业资格认证的德国"国家一体化行动计划"(National Action Plan on Inte-

---

① 德意志联邦议院:《德意志联邦共和国基本法》。Deutscher Bundestag. Basic Law for the Federal Republic of Germany [EB/OL]. (1949-05-23) [2018-09-08]. https://www.btg-bestellservice.de/pdf/80201000.pdf.
② 欧洲职业培训发展中心:《德国职业教育与培训(简要介绍)》。Cedefop. Vocational Education and Training in Germany: Short Description [M]. Luxembourg: Publications Office, 2020.
③ 经济合作与发展组织:《教育政策展望要点:德国》。OECD. Education Policy Outlook Highlights: Germany [EB/OL]. (2014-04-11) [2017-10-09]. http://www.oecd.org/education/highlightsgermany.html.

gration) 就是由联邦政府、州和地方政府联合行业协会共同制定的①。在教育法方面,德国的教育法体系主要分为三大领域:学校法、高等学校法以及职业教育法。作为联邦制的德国,学校法和高等学校法的立法是以州为主、以联邦为辅的立法体例。各州的教育立法体量总体上要大于联邦,在立法内容上主要涵盖基础教育和高等教育,并部分兼顾其他领域(如儿童教育和继续教育)。但是,作为教育法体系重要组成部分的职业教育立法则是以联邦为主,以州为辅。《联邦职业教育培训法》由联邦层面发布,各州对职业教育进行辅助性的少量规定。

  双元制的职业教育同时涉及教育和经济两大部门。在竞合立法的范围内,联邦一旦掌握立法权,各州在此事项上的立法权力便会自然让渡给联邦。因此,德国的职业教育立法是同时由教科部和经济与劳动部联合推进的。德国职业教育联邦立法也来自社会现实的深刻需要。双元制基于企业和学校的合作,因此双方之间需要一个桥梁,亦需要一个平台来制定标准。同时,由于16个州之间差异较大,为了保证各州之间关于学校和教育在学校体系、课程等方面的规定能够基本一致与相对协调,国家在各州设立文化事务部常务委员会 [Standing Conference of the Ministers of Cultural Affairs of the Länder (Kultusministerkonferenz, KMK)],负责各州在学校和教育方面规定的合作协调。文

---

① 德国联邦政府:《国家一体化行动计划》。The Federal Government. National Action Plan on Integration Abridged Press Version [EB/OL]. (2012-01-31) [2017-10-18]. https://ec.europa.eu/migrant-integration/library-document/national-action-plan-integration_en.

化事务部常务委员会同时也负责协调各州在双元学徒制培训中校本培训的核心课程内容的统合。也就是说,德国职业教育法的调整主体是双元主体,即职业学校和企业。如前所述,学校法和高等学校法的立法主体是联邦内各州。因此,各州的学校法对州内的职业学校也具有约束力,即学校法的相关规定和国家对学校的监督管理同样适用于职业学校,其权力均来自于德国宪法第七条之授权[1]。

(二) 法律政策供给及核心法律框架

德国对于学习者各项权利内容和法律保障的规定主要包括三个层面的法律:一是该部门基本法(包括国际法层次、区域法和国内法,如《欧盟等就业一般框架指令》和德国《联邦职业教育培训法》);二是针对业本学习其他相关领域权利的特别法律;三是在其他部门法及政策中涉及业本学习权利保障及救济的条款。德国中央立法在效力位阶上主要分为四个层次:法案

---

[1] 库利:《联邦制与公司制:德国双元学徒制的政策制定和治理方法及其在今天的运作》。Kuhlee D. Federalism and Corporatism: On the Approaches of Policy-making and Governance in the Dual Apprenticeship System in Germany and Their Functioning Today [J]. Research in Comparative & International Education, 2015, 10 (4): 476-492.

(act)、法令（ordinance）、指令①（directives）和培训条例②（training regulations）。

表3-1　德国业本学习者权利保护联邦法律政策

德国业本学习者权利保护联邦法律政策	
《联邦职业教育培训法》	Vocational Education and Training Act（Berufsbildungsgesetz, BBiG）
《德国手工业条例》	Crafts and Trade Code（Handwerksordnung）
《青少年就业保护法》	Protection of Young People in Employment Act（JArbSchG; Gesetz zum Schutz derarbeitenden Jugend）
《职业教育促进法》	Promotion of Vocational Education and Training Act（Berufsbildungsförderungsgesetz, BerBiFG）
《德国联邦培训援助法》	The German Federal Training Assistance Act（BAföG）

---

① 联邦经济和技术部（The Federal Ministry of Economics and Technology）或其他主管部门可以通过与联邦教育和研究部达成协议，通过法定文书公开承认某项培训职业，并可以为培训职业颁发培训指令（training directives）。

② 培训条例或培训规程规定企业在双元制培训中的目标、内容和具体考试要求，由联邦教育和研究部（BMBF）与其他部委共同通过，不需要联邦委员会（Federal Council）的通过，在全国范围内通行，具有法律效力。企业与学员签订合同，承担企业内部培训费用并向学员支付工资，工资水平按照集体协议的规定每年增加，平均约为技术工人起薪的三分之一。培训条例规定了在企业内部培训中获得的职业专业能力内容，培训企业将其纳入个人培训计划中。培训条例在全国具备普遍的约束力。联邦虽然不享有对校本职业教育的立法权，但在实践中，学校会与培训条例对培训内容的框架设定保持一致，在教学中为每一个行业制定符合该行业培训条例规定的框架课程，并受商会或自主贸易和工业协会［autonomous trade and industry associations.（Hensen/Hippach-Schneider）］等主管机构监督。详见联邦职业教育和培训研究院：《培训规定及其制定过程》。BIBB. Training regulations and how they come about［R］. Federal Institute for Vocational Education and Training, Bonn, 2014.

续表

德国业本学习者权利保护联邦法律政策	
《工作宪法》	Works Constitution Act (Betriebsverfassungsgesetz, BGBI)
《青年工人安全工作法》	the Safety at Work for Young Workers Act (JArbSchG)
《培训促进援助法案》	the Aid for Further Training for Advancement Act (AFBG)
《远程学习课程法》	Distance Learning Courses Act (FernUSG)
《德国社会福利法典》	German Social Welfare Code (SGB III)
《参与决策法》	Co-determination Act
《平等待遇法》	Act on Equal Treatment
《联邦性别平等法》	Federal Act on Gender Equality
《青年工人劳动安全法》	the Safety at Work for Young Workers Act
《远程学习课程法》	Distance Learning Courses Act (FernUSG)
《促进培训进修法》	the Aid for Further Training for Advancement Act (AFBG)
《培训资质管理条例》	the Regulation on Trainer Aptitude (AEVO)
《职业安全健康实施条例》	Occupational Safety and Health Implementation Ordinance
《全国最低工资法》	Act Regulating a General Minimum Wage
《企业委员会法》	Enterprise Commission Act
《劳动安全与健康管理条例》	Ordinance on Health and Safety Requirements for the Manual Handling of Loads at Work (Lastenhandhabungsverordnung, LasthandhabV)

续表

德国业本学习者权利保护联邦法律政策	
《工作场所生物制剂安全条例》	Ordinance on Safety and Health Protection at Workplaces Involving Biological Agents (Biological Agents Ordinance -BioStoffV)
《离岸工作时间条例》	Offshore Working Time Ordinance
《海事职业训练条例》	Maritime Vocational Training Ordinance
《培训师能力条例》	Ordinance on Trainer Aptitude

在德国职业教育领域，对工作端教育培训展开及学习者权利保护起核心规制调控作用的法律是《联邦职业教育培训法》（Vocational Education and Training Act）。该法案是在1969年《职业教育与培训法》和1981年《职业培训援助法》（Aid for Vocational Trainees Act）基础上的综合修订。法案修订的目的是增加德国青少年职业培训的机会和提高教育培训质量。其他重要职业教育相关立法包括：《德国手工业条例》［The Regulation on Craft Trades (HwO)］、《培训资质管理条例》［The Regulation on Trainer Aptitude (AEVO)］、《青年工人劳动安全法》［The Safety at Work for Young Workers Act (JArbSchG)］、《工作宪法》［The Works Constitution Act (BetrVG)］、《促进培训进修法》［The Aid for Further Training for Advancement Act (AFBG)］、《远程学习课程法》［Distance Learning Courses Act (FernUSG)］[①]。其中，《联邦职业教育培训法》（Berufsbildungsge-

---

① 欧洲职业培训发展中心：《德国职业教育与培训》。European Centre for the Development of Vocational Training. Vocational Education and Training in Germany ［EB/OL］. (2014-11-04) ［2018-09-06］. http：//www.cedefop.europa.eu/files/5173_ en.pdf.

setz，BBiG）的颁布使所有利益相关者的角色得到了修正。和其他国家相比，如果只看单部法律，其影响力和调控能力略显薄弱。但是，在保护学徒问题上，德国所有保护青年、孕妇或老年工人的法律规定都是同时平行适用的，雇主必须严格遵守。从某种意义上讲，可以认为德国《联邦职业教育培训法》是特别法，当针对职业教育领域某个权利事项的规定与其他法律冲突时，则优先适用职业教育法的特别规定。

在法律适用范围上，《联邦职业教育培训法》并不适用于校本职业教育，校本职业教育由各州制定的学校法规范调整。该法案第3条第2款规定，"鉴于校本教育由各州在学校法框架内予以规定，本法只适用于在非学校场所，即工作场所提供的教育培训部分。本法并不适用于在职培训，亦不适用于《高等教育框架法》（Framework Act for Higher Education）以及各州内部的高等教育法律项下规定的培训事宜。《德国手工业条例》（Crafts and Trade Code，Handwerksordnung）规定的部分事项，不受本法相应规定的限制"[1]。同时，根据《高等教育框架法》的相关规定，《联邦职业教育培训法》也不适用于大学开展的专业教育和培训活动。根据《德国基本法》的规定，联邦政府对工业和劳工领域享有司法权，因此《联邦职业教育培训法》规范的范围是在企业公司提供的场所进行的职业教育和培训，职业

---

[1] 德国联邦教育与研究部：《德国职业教育培训改革：2005年职业培训法案》。Federal Ministry of Education & Research. Reform of Vocational Education and Training in Germany：The 2005 Vocational Training Act. （Berufsbildungsgesetz）[M]. Berlin：Federal Ministry of Education and Research（BMBF）Publications and Website Devision, 2005.

学校的相关法律规定由各州自主制定①。在学徒合同中，雇主和雇员的基本权利和义务是固定的，学徒与雇员在工资、劳动保护、工作安全、社会保险等方面享有同等的权利，履行相同的义务。德国的学徒与企业员工并无二致，但是由于其在工作的同时也同步处于一种知识习得的模式和状态，容易在专业领域受到雇主的强势"压榨"和权利性"剥夺"，因此法律为其特别提供了一定的保护，防止其在专业领域受到剥削，并为他们提供了额外的学习和培训时间。

在德国，教育法领域与劳动法领域并非严格分离，二者之间并没有一个相对清楚的界限，而是相互扶持地保护学习者权利，只不过权利保护的侧重点有所不同。教育法毋庸置疑更加关注教育方面的权责，劳动法则更加关注学徒人身和财产性权利的关照。但最关键的一点是，教育法和劳动法的规定都适用于学徒在业本学习过程中的权利保护，也就是说，在学徒权利保护方面，不同的部门法或单行法律之间是没有严格的边界的，在很多情况下甚至可以说是跨边界的互动保护。例如，学徒在公司企业的学习培训主要包含内容（elements of a vocational profile）和评估（procedure of assessing the training outcome）两个部分，《联邦职业教育培训法》也主要是在这两个方面进行规定，但是该法律中并没有关于工会对于职业教育培训绩效评定方面的规定，相关内容是直接规定在《共决法案》（Co-determination

---

① 联邦职业教育和培训研究院：《培训规定及其制定过程》。BIBB. Training Regulations and How They Come About [R]. Federal Institute for Vocational Education and Training, Bonn, 2014.

Act)中。这项法律规定，由工会主导的工作委员会应当就企业学徒工作学习的评定等相关问题同时向管理层和员工征求意见。因此，职业教育培训中的学徒权利框架是以《联邦职业教育培训法》为主，其他相关法律同时联通互动的保护体系。

（三）法律制度运行主体及在法律框架搭建中的角色

在业本学习制度中，制度运行主体主要包括国家机构和非国家机构两类。联邦教育和研究部（The Federal Ministry of Education and Research, BMBF）从总体上负责职业教育与培训的一般政策问题，与各部门合作协调并指导制定所有培训职业的职业教育与培训政策。该部还与联邦职业教育和培训研究院（Federal Institute for Vocational Education and Training, BIBB）密切合作，开展研究工作，为联邦政府和职业培训服务提供者提供咨询，协调《联邦职业教育培训法》的所有适用事项。同时，只有联邦教育和研究部才有权下令适用新的培训指令（training directives）[①]。各联邦州设有由雇主和雇员代表组成的职业培训委员会（committees for vocational training），负责学校教育培训。教育和文化事务部长会议常设委员会（The Standing Conference of Ministers for Education and Cultural Affairs, KMK），为职业学校的职业教育提供框架课程。这些框架课程与联邦政府的培训指令相一致。职业学校的普通教育课程实质上是由各州开发的，以确保各州间一定程度的一致性和标准可比性。联邦就业局（The

---

① 欧洲职业培训发展中心：《德国职业教育与培训》。European Centre for the Development of Vocational Training. Vocational Education and Training in Germany [EB/OL]. (2014-11-04) [2018-09-06]. http://www.cedefop.europa.eu/files/5173_en.pdf.

Federal Agency for Employment）负责提供咨询和相关服务，促进青年在工作场所的职业教育和培训。

双元职业教育培训机制要求各主体间精准明确的分工合作。除国家机关发挥重要领导、决策和协调作用外，其他相关机构和主体的角色和作用功能也至关重要，是体制运行的重要组成部分。企业雇主和工会在变革举措中发挥着核心作用。例如，在资质标准框架需要作出适当修订时，程序的启动需要在联邦政府、州政府、工业行业和工会四方间达成合意。就基本的设定和原则达成一致是各行业培训条例得以立、修、释的前提条件，否则整个过程将无法启动。在资格要求方面，联邦政府、州政府、工业行业和工会应就适用的基本原则达成一致。然后，培训规定和框架课程的工作得以继续，并由所涉及的各个合作伙伴不断互动协调。另一个重要的主体是各商会（the chambers）。作为行业自治机构，商会在双元教育培训中被分配以公共任务，由国家通过法律设立并授以权力，是实际意义上的主管机构。其职能包括与个人培训合同有关的咨询监督、验证公司和培训师的能力、为培训师提供培训、提供建议咨询等[①]。

具体到相关法律框架搭建，在双元制法律体系规则制定过程中主要涉及五方主体：联邦、各州、工会、企业和商会。根据《德国基本法》的相关规定，联邦对双元制教育培训享有立法权，在制定法律框架的同时通过联邦职业教育与培训研究院

---

① 欧洲职业培训发展中心：《学徒制度和结构化的业本学习计划》。CEDEFOP. Apprenticeship-type Schemes and Structured Work-based Learning Programmes [EB/OL]（2014-05-13）[2018-09-06]. https://www.cedefop.europa.eu/en/country-reports/apprenticeship-type-schemes-and-structured-work-based-learning-programmes-denmark.

对培训条例的内容进行把关。同时，与来自雇主方和工会的各行业专家以既有培训课程为基础，共同制定教育培训内容大纲。各州虽然不享有双元制教育培训的立法权，但在规则运行的特定事项上拥有共同决策的权力，如在新的职业形态产生或者过时的职业被淘汰、需要更新职业培训目录时，各州享有与联邦共同作出目录更新决定的权力。工会、企业和商会分别代表工人雇员和企业的利益，作为共同治理的重要主体参与规则的制定和运行。其中，工会在《工作宪法》（The Works Constitution Act）和《雇员代表法》（The Employee Representation Act）的授权下，在双元制教育培训整体运行过程中享有广泛的权利[1]。根据《联邦职业教育培训法》（Vocational Education and Training Act）和《德国手工业条例》（Crafts and Trade Code）的规定，作为雇主代表顶层设置的商会与企业均在规则制定中享有参与决策的权利[2]。主管当局（zuständige stellen）有权控制和监督私营企业施行的公司内部培训。他们确保不同企业的公司内的教育培训遵守相关规定，其职责包括控制和监督对学徒及其认证的考试和评估。商会是联邦法律授权的公法人（körperschaften des öffentlichen rechts），是国家公共行政的一部分。1969年《职业教育培训法》概述了商会的角色、任务以及双元学徒制度的

---

[1] 联邦职业教育和培训研究院：《培训规定及其制定过程》。BIBB. Training Regulations and How They Come About [R]. Federal Institute for Vocational Education and Training, Bonn, 2014.

[2] 欧洲职业培训发展中心：《德国职业教育与培训》。European Centre for the Development of Vocational Training. Vocational Education and Training in Germany [EB/OL]. (2014-11-04) [2018-09-06]. http：//www.cedefop.europa.eu/files/5173_en.pdf.

监管结构。该法于 1969 年通过，是联邦政府、州、工会和雇主协会等利益相关者协商后制定的，保留了双元学徒制的历史性特点，同时又与其现代化步伐同步。

表 3-2 政策制定主体与主要权力内容

主体	主要权力内容
联邦政府（the federal government）	通过法律规定建立职业教育培训制度体系，确立培训条例内容框架
各州（the federal states）	在某些事项（如职业目录更新）上，与联邦共同协商并决策
工会（the trade unions）	代表雇员利益，参与规则制定
企业和商会（companies and the chambers）	代表雇主利益，参与规则制定

制度各行动主体间形成强社会伙伴关系，作为微观主体之一的企业发挥了重要的能动作用。德国素有多元主体协商一致的决策文化和传统。公司培训也就是工厂端的规制依循社会伙伴合作机制，在协商一致的基础上作出决策。而这种模式是基于法团主义理念（corporatism）所言的三方社会合作计划而形成，国家占据绝对主导地位，指导和管控私营企业，国家权力亦是国民经济系统的一部分[①]。企业是所属商会的强制会员，对公司行为也必须进行自我监管。也就是说，国家权威自上而下层层传递，企业既是被监管者，也是自我监管者，国家通过法

[①] 温克勒：《法团主义》。Winkler J T. Corporatism [J]. Archives Européennes De Sociologie, 1976, 17 (1): 100-136.

律的层层授权赋予其相关责任。同时,所属行业商会会员身份的取得对于私营企业来说既是一项权利,也是一项义务。通过这种公权力和国家权威的层层传递,国家和企业个体之间以商会为纽带,形成紧密的合作共同体,法律和规则形成一种良性且有效的粘合剂,促使并保障这种强社会合作伙伴关系的有序运行。企业就是被国家授予特许地位的法团,作为受国家控制的"交换条件",企业法团可以在国家的相对控制下代表某种利益并表达自己的利益需求,而国家则通过与法团间的沟通互动(如通过决策、协商、谈判、咨询等政治过程)来实现国家控制、达成公共目标、增进社会福祉[①]。在德国,很多制度的发展,特别是职业教育与培训,都依赖于地区和联邦层面所进行的社会对话。这一对话试图尊重所有参与的社会伙伴,包括雇主和工会代表雇员的意见,教育部、工业部和劳工部的意见以及商会、手工业协会等核心利益相关者的诉求。也就是说,德国的学徒制采用了两种中央治理方式,受到双重制度保障。一重保障是法律治理的方式,另一重保障是基于法团主义的共识决策治理机制。

---

① 崔开云. 德国社会服务领域中的法团主义治理模式 [J]. 社会科学家,2017(3):69-75.

第二节　德国业本学习者权利的教育法保护

一、教育质量保障请求权

德国属大陆法系，也是精致立法的杰出代表，其法律规定极为精细、周全，通过多个维度以及对细节的关照完成对权利的保护及相关基准的设定。在保障教育质量方面，德国同样是从实质内容和形式程序两个方面入手。教育培训内容方案设计的严格把控是双元制项目运行、实现学习者受教育权的题中之义。同时，在形式程序方面，德国的法律主要从项目时间限制、工作场所与校本教育的协调配合、师生比的严格限制、青少年课程、标准的特殊保护、工作场所指导、师资水平把控、制度供给保障、教育培训设施创设、组织机构保障等方面着手。

（一）双元保障

双元保障强调工作场所与校本教育的协调配合，学校的知识传授和工作场所的技能训练对于双元制学习者缺一不可，亦是"双元"的题中之义。根据制度设计，双元制学徒通常一周有四天在工作场所进行实践，为雇主服务，一天在学校学习理论知识。鉴于此，为了防止雇主滥用学徒劳动力、剥夺其校本学习的机会和时间，保障学习者接受教育的全面性，法案主要规定了两个方面的义务以加强企业与学校的双元合作。一方面是积极的敦促义务，雇主必须督促学习者定期到学校学习并检查；另一方面是消极的准允义务，当学生要求定期到学校进行脱产学习时，雇主不得干预①。下沉到地方，《柏林学校法》第29条第1款规定，对于处于职业教育关系中的学生们来说，职业学校提供工作所需的专业知识，使其熟悉工作基本知识，获得工作经验。职业学校和一些培训机构（主要是用来培训的场地，如车间等）共同完成培训任务。职业学校和培训机构是两个独立的学习场所，在双元制中具有同等重要的地位。为了完成培训任务，双方必须在培训教育内容及组织问题上精诚合作。学校的课程可以根据接受培训的学生指定的方式或者根据学校的预备教育有区别地设定。可见，学校端也同样重视校本教育与工作场所教育的合作共赢，共同促进学生发展。

(二) 内容保障

德国教育法律与政策对教育培训内容的要求涉及方方面面，根据《联邦职业教育培训法》的要求，所有行业的相关培训条例必须明确规定职业教育的最基本内容，包括技能、知识以及资质等。不仅如此，条例中还必须对课程安排及相应的时间表予以明确规定，即以强制性形式安排来确保教育内容的合理性

---

① 德国联邦教育与研究部：《德国职业教育培训改革：2005年职业培训法案》。Federal Ministry of Education & Research. Reform of Vocational Education and Training in Germany: The 2005 Vocational Training Act (Berufsbildungsgesetz) [M]. Berlin: Federal Ministry of Education and Research (BMBF) Publications and Website Devision, 2005: Section 14 (1) 4, Section 15.

和适当性①。同时，《德国手工业条例》规定，职业培训应当按照业务和时间划分成一个个互相依存、互为基础的阶段，即保证培训内容的梯度性。在条例具体实施过程中，工作场所的义务主体是企业主，雇主法定义务的首项便是保质保量、严格按照课程大纲以及时间进度表完成对学徒的教育教学任务，协助其掌握相关的实践知识与技能，教学和指导任务必须由雇主或其指定的实训教师完成②。除此之外，在课程设置及培养标准等方面，德国尤其注重对青少年在该方面权利的特殊保护。在青少年职业教育与培训活动管理中，德国采取排他性原则，即青少年只能参加政府审批认可的行业进行的培训。《联邦职业教育培训法》制定统一的培训标准与规则，保证青少年在培训中能够获得法定的能力、知识和岗位技能；对课程设置统一把关，严格审批，保证青少年职业教育培训的质量和其受教育权的实现③。

---

① 德国联邦教育与研究部：《德国职业教育培训改革：2005年职业培训法案》。Federal Ministry of Education & Research. Reform of Vocational Education and Training in Germany: The 2005 Vocational Training Act (Berufsbildungsgesetz) [M]. Berlin: Federal Ministry of Education and Research (BMBF) Publications and Website Devision, 2005: Section 5 (1) 3.4.

② 德国联邦教育与研究部：《德国职业教育培训改革：2005年职业培训法案》。Federal Ministry of Education & Research. Reform of Vocational Education and Training in Germany: The 2005 Vocational Training Act (Berufsbildungsgesetz) [M]. Berlin: Federal Ministry of Education and Research (BMBF) Publications and Website Devision, 2005: Section 14 (1) 1.2.

③ 联邦职业教育和培训研究院：《培训规定及其制定过程》。BIBB. Training Regulations and How They Come About [R]. Federal Institute for Vocational Education and Training, Bonn, 2014.

（三）工作场所指导保障

双元制项目总体满意度的高低和学徒训练的成功与否很大程度上依赖于指导老师能否给予良好的支持和正确的指导[1]，这关系到学习者在工作场所知识运用和技能提升的总体效果。学习者在工作场所的实操过程理应得到专门的指导。据统计，德国绝大多数（92.6%）的工作岗位都有一名培训教员，只有10.8%的学徒表示他们的培训师很少或从不在工作场所。有68.5%的导师表示，他们"总是"或"经常"给予学徒支持。因此，德国双元制项目中工作场所的指导已经拥有十分成熟且有效的实践模式。

（四）时间保障

为保证学习者获得充分的学习及实践时间，《联邦职业教育培训法》第5条第1款第2项规定，职业教育培训的上限是3年，但是最短不得少于2年，2年的最低限制是为了保证教育的基本质量。在形式保证上，该法案在第11条第1款第4项规定，教育培训合同必须对每天的合理教学时间进行规定。但该时间限制是有一定弹性的，可以相应缩短和延长。在学徒和雇主联合申请的情况下，双元制项目运行相关机构（competent body）可以在符合培训目标与宗旨的前提下缩短该学习者的学徒培训总时间。同时，若确有正当且充分的法定理由，学习者甚至可

---

[1] 桑德拉，沃格尔：《德国：学徒培训中的工作条件》。Sandra and Vogel. Germany: Working Conditions in Apprenticeships [EB/OL]. (2013-04-24) [2017-09-17]. https://www.eurofound.europa.eu/observatories/eurwork/articles/working-conditions/germany-working-conditions-in-apprenticeships.

以申请缩短或延长每天或每周培训的平均时间①。下沉到各州或地方，如根据《柏林学校法》第 29 条的规定，对于在职业学校学习并处于职业培训关系中的学生来说，一周的课时一般应该为 12 小时，但不管是全日制的还是非全日制的学校，至少应满足 8 小时的教学时长要求。在非全日制学校，一般一周的课时在两天内平均上完（例如，如果一周为 8 课时，那么一天就要上完 4 课时，另一天再上另外的 4 课时）。同时，制度设计在培训时间的长短控制上并不机械地局限于固定的时长，而是根据学生个人能力的实际情况适当调整，既可以缩短也可以延长。《德国手工业条例》第 27 条 b 款规定，如果延长培训时间对于达到培训目的是十分必要的，那么手工业协会可以按学徒申请延长培训时间。协会作出决定前会事先听取培训师的意见。同时，条例在尊重学生多样性的基础上，并不限制有才华的学徒缩短学习总时长，加速进入下一阶段学习和就业发展。条例第 27 条 b 款第（1）项同时规定，针对非全日制职业培训，当培训目标能够在被缩短的时间内完成，并且学徒和培训师共同申请要求缩短培训时间时，手工业协会必须缩短培训时间。在保障合法权益的情况下，可以申请缩短每天或者每周的培训时间。联邦职业教育研究所常委会（Hauptausschuss）可以出台针对决定延长或者缩短培训时间的指导方针。既不因为学习者本人在短期

---

① 德国联邦教育与研究部：《德国职业教育培训改革：2005 年职业培训法案》。Federal Ministry of Education & Research. Reform of Vocational Education and Training in Germany: The 2005 Vocational Training Act（Berufsbildungsgesetz）[M]. Berlin: Federal Ministry of Education and Research（BMBF）Publications and Website Devision, 2005: Section8（1）（2）（3）.

内未达成培训目标而使其丧失受教育的机会,也不执着于固定期限,限制有特殊能力和才华的学习者缩短学习时长、尽快进入新的学习发展阶段。在《德国手工业条例》对于总培训时间的规定中,法律甚至考虑到了学徒同时接受两种培训时培训时间的计算与限制、规定主体及前提条件。根据条例第 27 条 c 款的规定,如果一个企业从事两个相似的手工业种类的生产,那么学徒可以在这两个手工业领域同时接受培训,并且其总体培训时间应该被减少(例如,a 培训需要 1 小时,b 培训需要 2 小时,a 与 b 相近,那么学徒可同时接受 a 培训与 b 培训,但总体培训时间应少于 3 小时)。联邦经济事务和能源部与联邦教育与研究部协调一致,可以决定哪些手工业为相似种类,其培训可以划分到一个总体培训时间之中。可见,素来"刚正不阿"的德国法律也在时刻尊重人的多样性和事物行进的诸多可能性,在精细化、数量化、标准化操作的同时,法律设计根据客观情况弹性、灵活应变,在刚性中见关照。

(五)师生比保障

为了保证教学质量及培训的可持续性,法案规定只有在学徒工人数与培训场所的数量、可进行指导的实训教师的数量比例适当的情况下,企业才获得收取学徒工的正当性[①]。在柏林,如果注册某一种学校类型的学生人数超过了接收容量,那么这

---

① 德国联邦教育与研究部:《德国职业教育培训改革:2005 年职业培训法案》。Federal Ministry of Education & Research. Reform of Vocational Education and Training in Germany: The 2005 Vocational Training Act (Berufsbildungsgesetz) [M]. Berlin: Federal Ministry of Education and Research (BMBF) Publications and Website Devision, 2005: Section 27 (2).

时就会对注册人进行挑选①。也就是说，要把学生数量保持在与师资力量相配比的可控范围内，保证每个学生接受教育的质量不会因为学生数量的超载而有所降低；同时因"才"施教，针对学生不同的能力等级开展教育，避免能力与教育的错位为学习者带来负面影响，尽可能地保持教育质量的高水平及科学性。

（六）师资保障

德国通过对师资水平的严格、细致把控完成对师资的保障，主要体现在三个方面。首先，教育机构必须具备相关机构认可的资质才可以进入双元制培训体系以提供本行业的教育培训，如果机构本身不具备专业资质和相应资格，则必须聘用符合国家技术技能资格要求的教师代为教授知识、传授技能②。其次，教育的实际提供主体不仅应具备形式上的技能资格证书，还必须具备足够的教学技巧和知识③。最后，在对资质的监督和问责中，设置相关机构专门负责监控教育提供者的道德诚信与技能资质。该监控是动态的，一旦发现教育者在资质能力及品行方

---

① 《柏林学校法》第17条第1款，第2款第3项和第5项。Schulgesetz für das Land Berlin – (Schulgesetz – SchulG) [EB/OL]. (2004-01-26) [2018-09-14]. http://gesetze.berlin.de/jportal/? quelle = jlink&query = SchulG + BE +% C2% A7 + 79&psml = bsbeprod.psml&max = true.

② 德国联邦教育与研究部：《德国职业教育培训改革：2005年职业培训法案》。Federal Ministry of Education & Research. Reform of Vocational Education and Training in Germany: The 2005 Vocational Training Act (Berufsbildungsgesetz) [M]. Berlin: Federal Ministry of Education and Research (BMBF) Publications and Website Devision, 2005: Section 28.

③ 德国联邦教育与研究部：《德国职业教育培训改革：2005年职业培训法案》。Federal Ministry of Education & Research. Reform of Vocational Education and Training in Germany: The 2005 Vocational Training Act (Berufsbildungsgesetz) [M]. Berlin: Federal Ministry of Education and Research (BMBF) Publications and Website Devision, 2005: Section 30.

面有欠缺，主管机构有义务责令其弥补改正，知情不改或情节严重的会被剥夺资格，禁止从事一切职业教育教学活动①。

值得注意的是，德国国内法虽然对知识与技能传递水平有严格甚至苛刻的要求，但是对于教育培训提供者的要求是人性化的。一方面，针对提供教育培训的法人机构，法律认为一个不能全面提供职业所要求的工作熟练技巧、知识和能力培训的教育培训提供者（通常指企业雇主），也可能被认为是适格的，前提条件是企业能够确保学徒工的技巧、知识和能力在培训机构外通过联合培训措施也能完全获得②。例如，考虑到中小型企业提供大规模教育培训资源的难度，德国大力发展企业间的联合培训机制（inter-company training）。当某行业企业囿于企业规模的有限性或其他客观原因无法向学徒工提供适格的教育培训，培训机构在方式、设备等方面不适合提供职业培训时，可以与其他企业机构合作或委派其他适格机构或个人开展教育培训活动。另一方面，针对技能传授的适格个体，通常要求只有个人情况适合的师傅才可以雇用学徒。也就是说，只有在个人情况和专业知识两个方面都合适的师傅才可以培训学徒③。但是这并

---

① 德国联邦教育与研究部：《德国职业教育培训改革：2005 年职业培训法案》。Federal Ministry of Education & Research. Reform of Vocational Education and Training in Germany: The 2005 Vocational Training Act (Berufsbildungsgesetz) [M]. Berlin: Federal Ministry of Education and Research (BMBF) Publications and Website Devision, 2005: Section 32.

② 《德国手工业条例》第 21 条第 2 款。Gesetz zur Ordnung des Handwerks (Handwerksordnung) [EB/OL]. (2016-02-04) [2018-09-14]. https://www.gesetze-im-internet.de/hwo/HwO.pdf.

③ 《德国手工业条例》第 22 条第 1 款。Gesetz zur Ordnung des Handwerks (Handwerksordnung) [EB/OL]. (2016-02-04) [2018-09-14]. https://www.gesetze-im-internet.de/hwo/HwO.pdf.

非绝对或不可转圜，有两种例外的情况。根据法律规定，在专业知识上不适合或者自己不能亲自培训的师傅可以雇用其他个人代为提供培训，前提条件是其在个人情况和专业方面都是合适的培训师。这些培训师可以直接地、负责任地、全面地传授职业所要求的知识和技能等。更进一步，那些不是培训师，但却掌握在培训内容范围内所要求的能力、知识和熟练技巧并且个人情况方面亦适合的个人，虽然与法律所规定的前提条件（成为培训师或师傅）相背离，但是仍然可以承担培训师的责任，进行职业培训活动①。可见，在对质量严格把关的情况下，法律对教育培训提供机构及个人的适格形式并不进行机械的限制。法律如此规定设计源于一定的现实考虑。出于对资源合理配比的追求，如果对教育提供者在形式上进行过于严格的要求，把具备知识能力和教学水平的教育者排除在外，教育资源供给必将受到影响，师傅与学徒的比例相应降低，这会大大影响学习者获得教育培训机会的可能性，同时也是对社会教育资源的低效率使用和严重浪费。

（七）教育培训设施保障

该项权利属于教育质量保障请求权下的一项子权利。在德国，对教育机构种类和设施有严格限制，《联邦职业教育培训法》考虑到联邦与地方的合作互动及联邦法律与地方法律的协调，要求教育机构的种类和设施必须得到州法律规定的相关主

---

① 《德国手工业条例》第 22 条第 2 款、第 3 款。Gesetz zur Ordnung des Handwerks (Handwerksordnung) [EB/OL]. (2016-02-04) [2018-09-14]. https://www.gesetze-im-internet.de/hwo/HwO.pdf.

管部门的认可才可开展教育培训①。以行业为单位,各专业主管机构对本行业内的教育机构的种类和设施进行评判和监控,如食品与农业、家政行业等。接收学徒的公司企业必须根据本行业培训条例的规定提供工作场所学徒培训的相关设施。企业必须能够证明他们有足质足量的设备和设施提供培训,并委派专人进行监督管理。如果公司缺乏一些特殊设备,还可以求助于联合培训中心(Group Training Centre)。该中心由公共或私人基金举办,为缺乏相关设施的学徒培训机构提供设备供给,保障学徒在工作场所培训的硬件基础②。同时,一旦企业决定为双元学徒制提供培训场所,他们就必须遵循一定的标准和规定。这些规定的立法权由德国联邦享有,因为公司培训亦是国民经济的一部分。这些标准和规定包括每个州认可的职业(ausbildungsordnung)的业内培训条例[the definition of occupational profiles (berufsbilder)]和关于培训持续时间(ausbildungsdauer)的规定。

(八)组织保障与问责监督

鉴于德国社会组织形态的强社会合作伙伴关系传统,双元制项目的机构设置复杂中见精细,相关机构主要分为三大类:

---

① 德国联邦教育与研究部:《德国职业教育培训改革:2005年职业培训法案》。Federal Ministry of Education & Research. Reform of Vocational Education and Training in Germany: The 2005 Vocational Training Act (Berufsbildungsgesetz) [M]. Berlin: Federal Ministry of Education and Research (BMBF) Publications and Website Devision, 2005: Section 27 (3)(4).

② 詹姆斯,休因斯:《伦敦政治经济学院》。James E J, Hewins W A S. The London School of Economics and Political Science [J]. British Journal of Middle Eastern Studies, 2007, 2 (1): 21-22.

主管机构、研究机构以及监督机构，组织机构各司其职、权责分明。

首先，以行业为单位的主管机构体系设计。德国职业教育的主管机构是以行业为基本单位来划分的，包括手工业协会、工商业联合会、农业协会、律师协会（专利律师和公证员分别归属法律事务领域和专业职员主管机构）、经济审计员协会、税务咨询员协会、医生协会、兽医协会、药剂师协会等[①]。行业的划分非常细致，监管权力合理分配、分别问责，并统一向联邦最高机构负责。不仅如此，考虑到在职业市场中处于非主流领域的行业在国家层面没有相关行业协会的情况，法律规定在该种情况下由各州制定主管机构[②]。其次，建立专业的研究机构。联邦职业教育研究所（Federal Institute for Vocational Education and Training）为职业教育的专门研究机构，具备公法人资格，在联邦教育政策范围内进行相关研究。机构目标是通过科研促

[①] 德国联邦教育与研究部：《德国职业教育培训改革：2005 年职业培训法案》。Federal Ministry of Education & Research. Reform of Vocational Education and Training in Germany: The 2005 Vocational Training Act (Berufsbildungsgesetz) [M]. Berlin: Federal Ministry of Education and Research (BMBF) Publications and Website Devision, 2005: Section 71 (1) - (7).

[②] 德国联邦教育与研究部：《德国职业教育培训改革：2005 年职业培训法案》。Federal Ministry of Education & Research. Reform of Vocational Education and Training in Germany: The 2005 Vocational Training Act (Berufsbildungsgesetz) [M]. Berlin: Federal Ministry of Education and Research (BMBF) Publications and Website Devision, 2005: Section 71 (8).

进本国职业教育培训体系之发展①。联邦职业教育研究所是德国业本学习制度建构的核心机构,行使多项职能,向联邦负责,是联邦与地方各州的枢纽。最后,纵横交错、全面覆盖的监督机构。纵向上,监督机构对职业教育的各个阶段进行监督,包括职业准备教育、初等职业教育和在职及转岗职业再教育等阶段②。横向上,每一个行业的主管机构都会设立职业教育委员会,对本行业内职业教育的重要事宜如教育机构资质、教育合同制定、考试组织评估等事项进行综合监管和督查③。例如,在手工业行业,手工业协会必须对业内教育培训提供机构进行监管,监控培训机构是否有能力进行培训活动以及培训人员在专业知识和个人情况方面是否满足相关条件。当发现某培训机构能力上有所欠缺后,如果欠缺能够被克服且学徒未被置于相应危险之中,那么手工业协会必须要求培训师在规定的期限内消除隐患并弥补欠缺。当欠缺不能被消除或者学徒有遭受危险的

---

① 德国联邦教育与研究部:《德国职业教育培训改革:2005年职业培训法案》。Federal Ministry of Education & Research. Reform of Vocational Education and Training in Germany: The 2005 Vocational Training Act (Berufsbildungsgesetz) [M]. Berlin: Federal Ministry of Education and Research (BMBF) Publications and Website Devision, 2005: Section 89, Section 90.

② 德国联邦教育与研究部:《德国职业教育培训改革:2005年职业培训法案》。Federal Ministry of Education & Research. Reform of Vocational Education and Training in Germany: The 2005 Vocational Training Act (Berufsbildungsgesetz) [M]. Berlin: Federal Ministry of Education and Research (BMBF) Publications and Website Devision, 2005: Section 76 (1).

③ 德国联邦教育与研究部:《德国职业教育培训改革:2005年职业培训法案》。Federal Ministry of Education & Research. Reform of Vocational Education and Training in Germany: The 2005 Vocational Training Act (Berufsbildungsgesetz) [M]. Berlin: Federal Ministry of Education and Research (BMBF) Publications and Website Devision, 2005: Section 77-78.

可能且这些危险不能在规定的时间内得到消除时，手工业协会必须将此情况告知法定的相关部门，由法定的相关部门根据调查情况决定其能否开展学徒的雇用和培训活动[1]。

二、平等权

德国的法律将个体间的平等奉为圭臬，制度设计对平等权的实现不遗余力。针对双元学徒制，与英国类似，德国对学习者的平等权保护包含消极和积极两个面向。消极保护强调对学习者在教育工作机会方面的无差别对待；在积极保护方面，目标人群除了少数不利群体之外，鉴于双元学徒制的学习者大部分是未成年人，法律制度更加注重对青少年各方面权利的额外关照。

（一）教育平等权的消极保护

德国法从宪法到联邦法律再到州教育法，都一如既往、一脉相承地对学生受教育平等权进行保护。《德国基本法》规定，"男女有平等之权利，国家应促进男女平等之实际贯彻，并致力消除现存之歧视"；"任何人不得因性别、出身、种族、语言、籍贯、血统、信仰、宗教、政治见解或因残障而受歧视"。2013年颁布的《一般平等待遇法》（General Act on Equal Treatment）根据时代的发展和新的社会现象，更为与时俱进地规定，任何人不论种族、民族、性别、宗教信仰、残障、年龄如何，均需

---

[1] 《德国手工业条例》第 23 条、第 24 条。Gesetz zur Ordnung des Handwerks（Handwerksordnung）[EB/OL].（2016-02-04）[2018-09-14]. https：//www. gesetze-im-internet. de/hwo/HwO. pdf.

受到平等对待①。法案不但规定每个人受教育机会平等，并且还专门规定所有人都有均等的机会参与到所有种类和所有阶段级别的教育指导、教育培训、高级教育培训及转岗培训之中，包括任何实操性工作训练②。制度设计还对职业教育与培训领域学习者的机会平等权进行了专门规定，如《德国手工业条例》第37条规定，已经为人父母的学徒，在决定是否给予满师考试许可时，不应有歧视。这既体现了德国社会价值观对平等的尊重，也体现了德国对职业教育与培训领域的极端重视。与宪法及联邦法律保持一致，《柏林学校法》第2条也规定，"每个年轻人，不论性别、出身、语言、等级、身体障碍、宗教信仰、政治信仰、其监护人的社会经济地位如何，都有接受学校教育及培养的权利"。不仅如此，《柏林学校法》还对学生的多样性予以尊重并以法律的形式确立其合法性及神圣性，该法规定，"每个年轻人都可以根据相应条款平等地参加与其天赋、能力相对等的公立学校。由于每个年轻人都享有受教育权，由此产生了每个个体的要求，这些要求在本法被涵盖"③。对于机会公平的保障

---

① 德国联邦司法部：《一般平等待遇法》。Federal Ministry of Justice. General Act on Equal Treatment (Übersetzung durch den Sprachendienst des Bundesministeriums für Gesundheit): Part 1, Section 1 [EB/OL]. (2006-08-14) [2018-09-08]. http://www.gesetze-im-internet.de/englisch_agg/.

② 德国联邦司法部：《一般平等待遇法》。Federal Ministry of Justice. General Act on Equal Treatment (Übersetzung durch den Sprachendienst des Bundesministeriums für Gesundheit): Part 1, Section 2 (1) 3、7 [EB/OL]. (2006-08-14) [2018-09-08]. http://www.gesetze-im-internet.de/englisch_agg/.

③ 《柏林学校法》第2条。Schulgesetz für das Land Berlin - (Schulgesetz - SchulG) [EB/OL]. (2004-01-26) [2018-09-14]. http://gesetze.berlin.de/jportal/?quelle=jlink&query=SchulG+BE+%C2%A7+79&psml=bsbeprod.psml&max=true.

与制度设计，德国的法律政策细致入微，提前对可能出现的情况和应对措施采取了精细化的预设与应对。例如，如果申请参加双元制项目的学生数量超过计划额度，学校将对学生进行入学资格的筛选。但此种筛选需要遵循公平原则。根据《柏林学校法》第57条第2款的规定，在筛选申请者时，1/10的学习名额由学生自由申请。剩下的名额将会根据资质条件进行分配。如果学生具备同样的资质条件，那么名额要分配给其中在上一学年因为所申学校缺少名额而没有取得入学资格的人。总之，等待时间的长短决定录取的顺序以及是否录取。把学生申请的等待时间也划入录取资格评估的考虑因素范围之内，关照到了往年参与申请且未获得资格的学生的入学机会之保障，法律设计可谓十分细致到位。在德国的双元学徒制中，项目的进行受合同约束，缔约自由是其题中之义。因此，契约的形式使得所有主体都可以选择进入双元制项目之中，而不受性别、年龄等的限制。在机构保障方面，德国建立专门的平等机构"联邦反歧视署"，与欧盟及国内有关机构合作，针对老年人、妇女和青少年等群体设立相应的子机构，行使公民遭遇歧视的调查、询问和调解权，为少数群体平等的实现提供组织和程序保障[①]。由此，德国法律体系完成了从最高宪法到联邦基本法，从中央到州各地方贯穿统一的对业本学习者接受各种类、各阶段职业教育与培训的机会平等权利的法律制度设计，以严谨的规定设计与精细化的实施操作保障学习者在教育门槛前被公平对待与

[①] 蔡定剑. 反就业歧视法专家建议稿及海外经验[M]. 北京：社会科学文献出版社，2010：78-79.

关照。

(二) 教育平等权的积极保护

1. 对残疾人等弱势群体的关照

为了保障残疾人在受教育等方面权益的有效实现，德国通过法案设立了残障人士委员会，保障残障人士在职业教育领域的参与权、决策权等权利①。残障人士委员会常务委员会在联邦职业教育研究所的指导下建立，切实考虑残障人士在职业教育方面的特殊需求，并将残障人士的职业教育与职业生活协调起来。作为专门负责机构，联邦职业教育研究所能够决定关涉残障人士职业教育研究计划的执行并提供咨询②。

2. 对青少年群体的特殊照顾

在德国，青少年在法律中是指已经达到15周岁但不满18周岁的人。因此，在初次职业培训或就业前职业培训（initial vocational training）阶段，有很大一部分学习者都是未成年人，其人身权利、财产权利和教育权利相对于成年人都需要有特殊的法律保护和制度关怀。其中，鉴于未成年人的生理和心理状况，青少年的受教育权是法律保护的重要维度。

在双元制项目中，青少年学习者的权益处于相对脆弱的状

---

① 德国联邦教育与研究部：《德国职业教育培训改革：2005年职业培训法案》。Federal Ministry of Education & Research. Reform of Vocational Education and Training in Germany: The 2005 Vocational Training Act (Berufsbildungsgesetz) [M]. Berlin: Federal Ministry of Education and Research (BMBF) Publications and Website Devision, 2005: Section95.

② 《青少年劳动保护法》第2条第2款。Ein Service des Bundesministeriums der Justiz. Allgemeine Vorschriften, Jugendarbeitsschutzgesetz [EB/OL]. (1976-12-04) [2018-01-28]. https://www.gesetze-im-internet.de/fl_hg/Fl%C3%BCHG.pdf.

态，需要额外的关注和特殊保护。双元制教育培训项目的核心是学习场所的双元，即同时包含企业端和学校端。学习者的法律身份是雇员，其有义务为雇主提供学徒协议合同范围内的服务，提高企业利润。作为经济理性人，企业雇用学徒工的主要动力也来自上述动机，这就使得雇主对于最大限度地利用学徒工的工作时间形成了天然的倾向性选择。学徒工作为雇员的劳动义务与作为学习者的受教育权利会不可避免地在某些特定状况下产生摩擦。因此，为了避免雇主过度利用学徒工，引发道德风险，保证学徒工的身心健康和受教育权的实现，法律对学徒工的工作时长以及时间段分布有着十分严格且细致的规定，几乎考虑到了现实生活中可能存在的所有情形。德国鼓励公司企业间共享、利用教育培训资源，大力发展公司间联合培训机制（inter-company training）。学习者的学习场所除了受雇的企业和职业学校，还可能是法律或合同规定的企业外的培训机构。因此，法律为了保护青少年学徒工的权利，对企业有两个方面的限制。一方面，企业不得剥夺青少年学生前往职业学校学习课程的时间和机会，企业主不应干涉青少年参加职业学校课程。另一方面，企业也不得干预学徒工合法离开企业到其他教育培训提供机构接受培训的权利。根据《青少年劳动保护法》第10条的规定，如果考试和培训在企业之外的培训机构执行，企业主不能干涉青少年学徒工之前往。教育法律制度设计对青少年群体进行了特殊规定，完成了对青少年教育权益的积极特殊关照。

三、终身学习发展权

终身教育的理念已经深入到了德国教育系统乃至整个社会制度设计的方方面面。德国《联邦职业教育培训法》在其第1条第4款规定，职业教育应提供职业升迁的可能性，确立了学习者终身学习的理念和基调。为了保障双元制项目学习者终身学习发展权的实现，制度设计主要包括纵向的上升和横向的融通两个维度。

（一）职业技能纵向升级

纵向的上升不仅包含学位教育阶段上升的可能，还包含学习者未来职业通道的打通和进阶。在职业教育学习方面，《德国手工业条例》第26条规定，各个学习培训阶段均完成后，学徒就应该被允许结业。随着培训结业考试的完成，被培训者不仅具有资质从事职业劳动，而且能够接受更高层次的职业培训。针对技术等级水平结构，各行业协会均根据行业特点制定本行业的技能水平标准及进阶规定，其设计和运行已经相当成熟。同时，《德国手工业条例》还规定了考试证书等值换算的具体方法，为学习者的纵向上升提供客观依据。该法案适用范围以外的考试取得的相关证书在获得专门机构按照正当程序鉴定批准的情况下，可以与结业考试证书认定的知识技能水平进行等值换算，证书间可按等值处理，为学生职业及学业发展的进一步上升提供了通道及可能。

在职业上升进阶方面，为了鼓励德国国内青年职业技能水平的提升，打通其就业、职业发展的通道，更顺利地融入劳动力市场，德国在 2017 年颁布《认证法》(Recognition Act)，承认国外资格证书的效力并规定了证书等值认定的标准及程序，以及相应的救济申诉渠道。该法案与其他现有相关法案，如《职业资质评估法案》(Professional Qualifications Assessment Act)、《医疗职业条例》(Medical Practitioners' Code) 等法案及州级法令相互协调，为德国职业资质国际认证转换、公民职业生涯发展上升提供了法律保障[1]。该项政策倾向早在 2007 年修订《联邦职业教育培训法》时就已初见端倪，在该修正案第 31 条欧洲条款中新增对于"德国公民在欧盟其他国家获得的职业资格在国内之承认"[2]；在 2011 年对法案的修订中，进一步对所有国外获得的职业资格在国内得以承认和等值转换提供了法律基础[3]。与《德国基本法》相呼应，《德国手工业条例》对本行业内部的国外资质认可也进行了规定，确认了国外培训证明与国内满师考试的等值性。该条例第 39 条规定，"当国外培训与满师考试水平相当时，那么国外的培训证明与满师考试被视为等值"。可见，德国职业教育法在缓慢但持续地渐进演化，为职业教育与培训的发展以及学习者上升通道的打通和权利保障做着循序渐进的探索和努力。

---

[1] 德国联邦教育和研究部：《对外国职业资格的认可》。Federal Ministry of Education and Research. Recognition of Foreign Professional Qualification [EB/OL]. (2023-11-22) [2023-12-06]. https://www.bmbf.de/bmbf/en/education/recognition-of-foreign-professional-qualifications/recognition-of-foreign-professional-qualifications_node.html.

[2] 2007 年 9 月 7 日对第 31 条的改动。

[3] 2011 年 12 月 6 日对第 30 条、第 31 条及第 50 条的改动。

（二）职业教育与学术教育的横向融通

横向融通主要是指学习者通过制度设计能够完成在职业教育与学术教育轨道间的自由切换。对于二者之间的切换，德国的教育制度已经进行了较为成熟的设计，这一方面体现在设计了严谨细致的学制架构和学分学位，另一方面体现在政府一些新的制度尝试和努力。针对后者，德国政府关于提高职业与学术融合、实现学徒上升发展的较新尝试是"双元学习项目"（dual study programmes）。该类项目是德国双元制体系中较晚近的一种教育培训形式，也是高等职业教育领域学术含金量比较高的一项学习项目。该种教育培训项目创建于20世纪60年代。在高等教育与传统职业教育的交叉灰色地带，利益相关者试图探索出一种新的更为符合各方利益需求的职业教育培训项目形式，既没有试图完全取代新建立的应用科学大学，也没有进行传统的学徒培训，而是建立了一个新的在这两个既定形式间的边缘组织形式。在双元学习项目中，学生和公司受合同约束，通常在三到四年内获得学士学位（双学位），并把科学知识和实践培训两相融合[1]。项目在企业与高等职业教育研究机构之间合作展开，企业承担公司内部的培训费用，支付培训报酬。根据法律规定，进入该类项目学习的学生必须持有能够证明自己有资质进入高等教育领域学习的证书，在没有相应证书的情况下则必须持有一定水平的职业资格证书以获得参加入学考试的资

---

[1] 格拉夫：《奥地利、德国和瑞士业本学术教育的兴起》。Graf L. The Rise of Work-based Academic Education in Austria, Germany and Switzerland [J]. Journal of Vocational Education & Training, 2016, 68（1）: 1-16.

格。进入项目后，学生签订培训合同，并正式成为合作企业的雇员，开启学习与工作之旅①。双元学习项目为学生在职业与学术之间，以及中等教育与高等教育之间的切换及上升提供了途径。

四、获得评价、证书权

在德国，对于项目的完成、学习者获得相应资格或证书的周期有严格的限制。学徒通过双元制项目获得证书的周期通常是3年，但是允许根据不同的组织环境和专业特性保持一定的灵活性，并允许提供教育服务的企业根据自身的业务和生产组织情况调整培训计划大纲，将培训周期缩短至2年②。除此之外，法律对于教育培训时间阶段的设置也十分精巧和人性化。《联邦职业教育培训法》第5条第1款第2项规定，职业教育培训的上限是3年，最短不得少于2年。在时间的计量上，法案规定得非常细致。鉴于学校立法权归各州独立享有，法案规定针对学生在校本职业教育的既往学习经历，经过州政府与当地职业教育委员会的协商，可以法律规定的形式将学习者在学校的职业教

---

① 欧洲职业培训发展中心：《德国职业教育与培训》。European Centre for the Development of Vocational Training. Vocational Education and Training in Germany [EB/OL]. (2014-11-04) [2018-09-06]. http://www.cedefop.europa.eu/files/5173_en.pdf.

② 斯蒂德曼：《2010年德国学徒制的状况》。Steedman H. "Apprenticeship in 2010: German", The State of Apprenticeship in 2010 [R]. The London School of Economics and Political Science. 2010: 23-28.

育培训学习经历部分或全部折算进学习时间段之中①。在每一个培训阶段的终点，必须对学习者获得相应证书所应具备的资质进行明确规定，该证书既可指向学习者在某个岗位的就业，又可指向学习者进入更高级别的培训。

考试是获得评价的重要方式，双元制对于学习者的评价通过严格的系统性考试评测完成，法律政策对考试的内容设计和组织评定有着十分细致严谨的规定，主要从内容设计和组织程序保障两个方面着手。

（一）对考试内容设计的严格把关

首先，法案要求考试内容必须能够真正检验应考者的知识和技能，具体的评价标准通过专门的考试条例予以规定②。制度设计穷尽一切手段以尽可能地实现对考试参与者全面、科学、正当的评价。例如，根据《德国手工业条例》第33条第3款的规定，"为了评价每个考试参与人单凭口头表现并不能完全体现的能力素质，在对学生表现与考试成绩有此顾虑之时，考试委员会可以征求专家意见，尤其是职业学校的咨询意见，对学习者的成绩予以多方综合评定"。其次，以人为本、刚柔相济的考

---

① 德国联邦教育与研究部：《德国职业教育培训改革：2005年职业培训法案》。Federal Ministry of Education & Research. Reform of Vocational Education and Training in Germany: The 2005 Vocational Training Act (Berufsbildungsgesetz) [M]. Berlin: Federal Ministry of Education and Research (BMBF) Publications and Website Devision, 2005: Section7 (1).

② 德国联邦教育与研究部：《德国职业教育培训改革：2005年职业培训法案》。Federal Ministry of Education & Research. Reform of Vocational Education and Training in Germany: The 2005 Vocational Training Act (Berufsbildungsgesetz) [M]. Berlin: Federal Ministry of Education and Research (BMBF) Publications and Website Devision, 2005: Section 38.

试评测设计。德国的职业教育理念重在培养学习者的综合职业能力素质，只要是有技术价值就能被社会所肯认。也就是说，除了在自身岗位与专业相关的知识能力习得，学习者在其他行业或岗位知识能力的获得也同样受到充分肯定和鼓励。对此，法律规定，"其他职业类别的培训所获得的技能、知识和能力可以在条例规定的职业教育中获得一定的学分折算"①。

（二）完善的程序及组织保障

首先，周全细致的结业考试许可决定规定。主要体现在：一方面，参加结业考试的资格限定非常人性化，并提供最大限度的程序保障。《联邦职业教育培训法》在第43条对可以参加结业考试的学习者的资格要求作出了规定，包括相关时间和文本要求。但是法案同时也作出了开放式规定，即不具备第43条所规定之条件但具备第45条规定的特殊情况（共三种特殊情况）的应考者亦可参加结业考试，给予学习者参加考试并获得证书的最大可能。另一方面，结业考试许可决定的平等适用。主要从以下三个角度入手：一是打破经济门槛，参加结业考试免费②，避免将经济能力有限的弱势群体排除在外；二是打破性

---

① 德国联邦教育与研究部：《德国职业教育培训改革：2005年职业培训法案》。Federal Ministry of Education & Research. Reform of Vocational Education and Training in Germany: The 2005 Vocational Training Act (Berufsbildungsgesetz) [M]. Berlin: Federal Ministry of Education and Research (BMBF) Publications and Website Devision, 2005: Section5 (2) 4.

② 德国联邦教育与研究部：《德国职业教育培训改革：2005年职业培训法案》。Federal Ministry of Education & Research. Reform of Vocational Education and Training in Germany: The 2005 Vocational Training Act (Berufsbildungsgesetz) [M]. Berlin: Federal Ministry of Education and Research (BMBF) Publications and Website Devision, 2005: Section37 (4).

别门槛，法律强制性地规定了人性化的补考规定，对于因生育需要休产假的女性，不得以此为歧视性因素对其考试许可产生任何主观判断之影响①；三是打破考试一次性的限制，每个学习者都有两次补考的机会②，对因各种可能的主客观因素而发挥失常的应考者给予关照。

其次，针对考试评价提供细致的基本性规定。法律认为，通过考试应能够确定考生是否已经获得《联邦职业教育培训法》第1条第3款所要求的工作处事能力。考生应在考试中证明他已经获得必要的工作技巧、必要的职业知识和能力，并且对职业学校课堂上所教授的职业培训的核心教材达到相当的熟稔③。参加考试是获得证书的必要路径与基础，根据《德国手工业条例》第31条第1款和第2款的规定，"各授权行业应根据规定进行学徒满师考试，每个通过考试的考生会被授予证书"。为了及时监控学徒的学习进度和水平，在手工业行业的培训条例中还规定

---

① 德国联邦教育与研究部：《德国职业教育培训改革：2005年职业培训法案》。Federal Ministry of Education & Research. Reform of Vocational Education and Training in Germany: The 2005 Vocational Training Act (Berufsbildungsgesetz) [M]. Berlin: Federal Ministry of Education and Research (BMBF) Publications and Website Devision, 2005: Section46 (2).

② 德国联邦教育与研究部：《德国职业教育培训改革：2005年职业培训法案》。Federal Ministry of Education & Research. Reform of Vocational Education and Training in Germany: The 2005 Vocational Training Act (Berufsbildungsgesetz) [M]. Berlin: Federal Ministry of Education and Research (BMBF) Publications and Website Devision, 2005: Section37 (1).

③ 《德国手工业条例》第32条。Gesetz zur Ordnung des Handwerks (Handwerksordnung) [EB/OL]. (2016-02-04) [2018-09-14]. https://www.gesetze-im-internet.de/hwo/HwO.pdf.

学徒必须参加中期考试①。一般情况下，结业考试是不收取学生任何费用的，并且还可以有两次补考的机会。更为细致的是，不论考试者的考试成绩如何，是否合格，考试组织者都需应考生要求向学生颁发结业考试证书，并提供考试成绩，证书文字可以为德语、英语、法语三种语言②。为了避免学生因经济状况无法参加考试，从而失去获得评价的机会，《德国手工业条例》规定所有学徒的满师考试均免费③。针对证书的具体形式与内容，证书必须为书面形式，不能以电子邮件及其他非书面形式颁发；法案对证书的内容进行了罗列式的规定，包括教育的期限、种类、达到的技能水平等。学习培训项目最终不仅对本行业特定岗位需要的知识和技能水平予以评价、认可和证书授予，对于培训条例没有强制要求的、学徒额外习得的知识与技能同样提供相应的评价与证明。例如，根据《德国手工业条例》第39的规定，学徒获得的额外的工作熟练技巧、相应的知识和能力水平将会被组织测试并被给予证明。由此，学徒在业本学习过程中被鼓励学习多种知识和技能，并不限于行业培训条例规定的内容。

---

① 《德国手工业条例》第39条第1款。Gesetz zur Ordnung des Handwerks (Handwerksordnung) [EB/OL]. (2016-02-04) [2018-09-14]. https://www.gesetze-im-internet.de/hwo/HwO.pdf.

② 德国联邦教育与研究部：《德国职业教育培训改革：2005年职业培训法案》。Federal Ministry of Education & Research. Reform of Vocational Education and Training in Germany: The 2005 Vocational Training Act (Berufsbildungsgesetz) [M]. Berlin: Federal Ministry of Education and Research (BMBF) Publications and Website Devision, 2005: Section 37.

③ 《德国手工业条例》第31条第4款。Gesetz zur Ordnung des Handwerks (Handwerksordnung) [EB/OL]. (2016-02-04) [2018-09-14]. https://www.gesetze-im-internet.de/hwo/HwO.pdf.

最后，为了保证考试的公正性、科学性，相关制度设计双管齐下，同时提供组织机构和制度文本两个方面的保障。针对组织机构，法律规定结业考试必须成立考试委员会，对其组成任命及决议权均有严格的限制，如雇主及雇员代表必须占委员总数的三分之二①。考试机构必须通过公布考试条例对考试的组织安排、评分标准、罚则及补考作出规定②。具体而言，在手工业学徒满师考试的制度设计中，满师考试（结业考试）必须设立考试委员会。若干个手工业分协会可以在他们中的一个协会建立一个共同的考试委员会。当手工业同业公会有能力确保考试按照规则实施时，手工业协会授权手工业同业公会建立满师考试委员会③。考试委员会的委员必须来自学徒培训的各方主体，且由手工业协会任命④。考试委员会成员组成的多元化有利于考试评价的公正性，亦有利于学习者对考试组织的意见建议在第一时间被传达接纳，是多元共治的具体典型体现。针对制

---

① 德国联邦教育与研究部：《德国职业教育培训改革：2005年职业培训法案》。Federal Ministry of Education & Research. Reform of Vocational Education and Training in Germany: The 2005 Vocational Training Act（Berufsbildungsgesetz）[M]. Berlin: Federal Ministry of Education and Research（BMBF）Publications and Website Devision, 2005: Section 40.

② 德国联邦教育与研究部：《德国职业教育培训改革：2005年职业培训法案》。Federal Ministry of Education & Research. Reform of Vocational Education and Training in Germany: The 2005 Vocational Training Act（Berufsbildungsgesetz）[M]. Berlin: Federal Ministry of Education and Research（BMBF）Publications and Website Devision, 2005: Section 47.

③ 《德国手工业条例》第33条第1款。Gesetz zur Ordnung des Handwerks（Handwerksordnung）[EB/OL].（2016-02-04）[2018-09-14]. https://www.gesetze-im-internet.de/hwo/HwO.pdf.

④ 《德国手工业条例》第34条第4款、第5款。Gesetz zur Ordnung des Handwerks（Handwerksordnung）[EB/OL].（2016-02-04）[2018-09-14]. https://www.gesetze-im-internet.de/hwo/HwO.pdf.

度文本保障，手工业协会必须颁行针对满师考试的考试条例。考试条例应经地方最高相关当局批准，必须规定考试许可条件、考试的划分、评价尺度、考试证书的发放、违反考试条例的后果以及补考等相关问题。联邦职业教育研究所常委会（Hauptausschuss）发布针对考试条例的指导方针[①]。同时，为了秉持公正公开原则，《联邦职业教育培训法》第5条规定，"每一个学习者都可以获得书面的就业前职业培训的学分和成绩记录"。

五、获得资助权

在德国，学生获得资助的形式也包括直接资助和间接资助两种。直接资助如提供奖学金、助学金，间接资助如提供学生低息贷款或学费减免等。在法律框架设计上，《联邦职业教育培训法》对于学生获得资助的规定并不丰富，该法案在第14条规定，"雇主必须免费向学徒提供学习资料和工具，提供的区间包括实训期间以及结业考试之时"。相较于联邦法案，鉴于德国的竞合立法与专属立法相结合的立法传统，学习者获得各种形式资助的规定更常见于地方制定的相关法律政策文本之中。例如，根据《柏林学校法》第50条的规定，"学生可以无偿地在柏林的公立学校读书，与此相关联的学校活动一律免费"。不过对职业学校免费有一定的限定，如果学生个人负担学费或者已有第三方提供资助，那么其在职业学校上学时有义务支付一定的学

[①] 《德国手工业条例》第38条。Gesetz zur Ordnung des Handwerks（Handwerksordnung）[EB/OL].（2016-02-04）[2018-09-14]. https://www.gesetze-im-internet.de/hwo/HwO.pdf.

费。也就是说，职业教育学校学费的免除需要符合相关条件，并非无条件免除。同时，地方学校会尽可能采取多种措施减轻学习者的负担。例如，对于课程所必需的学习材料，如教科书、补充性的印刷品和其他课程媒介等，柏林各公立学校均可提供借阅。出于对少数经济弱势群体学生的考虑，《柏林学校法》规定，对于非公有的学习资料，即需要收费的私有学习资料，如没有经济能力承担此项费用的学习者被排除在使用人群范围外，这时学校可以建立学习材料基金来代替自筹，解决贫困学生免费使用私有学习资料的问题，不因学习者的家庭出身和经济情况而剥夺其与一般学生同样的学习机会[1]。从获得资助的频率看，法律倾向于尽可能地为学习者提供多次被资助的机会，赋予能力有限的学生第二次免费接受职业教育与培训的机会[2]。

针对工作场所的培训费用，德国实行政府与企业共担的学徒资助模式。针对职业教育项目的学习者，政府通过法案的形式向学习者个人提供经济资助，以帮助学习者实现教育培训的权利。《德国联邦培训援助法》[The German Federal Training Assistance Act（BAföG）]为个别受训人员提供生活费和培训费，避免其因为不利的社会地位或窘迫的生活现状而失去参与符合其天赋和发展倾向的双元制培训项目的机会。即便是非德国公

---

[1] 《柏林学校法》第50条第2款。Schulgesetz für das Land Berlin－(Schulgesetz－SchulG)[EB/OL].(2004-01-26)[2018-09-14]. http：//gesetze. berlin. de/jportal/?quelle=jlink&query=SchulG+BE+%C2%A7+79&psml=bsbeprod. psml&max=true.

[2] 《柏林学校法》第29条第5款。Schulgesetz für das Land Berlin－(Schulgesetz－SchulG)[EB/OL].(2004-01-26)[2018-09-14]. http：//gesetze. berlin. de/jportal/?quelle=jlink&query=SchulG+BE+%C2%A7+79&psml=bsbeprod. psml&max=true.

民，只要参与双元制项目就有机会获得政府提供的额外资助。从2015年1月起，《德国联邦培训援助法》从联邦层面承担起了对培训项目学习者的资助责任，财政支出集中在学习者学校活动的资助领域，以更好地履行相关责任。

在德国，提供学徒岗位、参与双元制项目对于企业而言既是一项义务，也是一项荣誉，意味着国家对其资质和能力的认可。同时，培养学徒也符合企业对于高素质、强能力人才需要的初衷，有利于企业保持竞争优势。双元制项目工作场所的培训费用主要由企业承担，包括培训设施和培训费用的提供①，这间接减少了学徒参加培训项目的经济支出。

六、知情权

鉴于德国专属立法与竞合立法的传统，在职业教育领域，知情权的法律保护亦涉及联邦和地方两个层面。在联邦层面，公民知情权实现的重要载体是专门机构一年一度发布的"职业教育与培训总报告"（Report on Vocational Education and Training）。发布这一报告对于发布机构来说既是一项权利，更是一项义务。根据法律规定，德国联邦教育与研究部（the Federal Ministry of Education and Research）经由法律授权，在持续对职业教育情况进行追踪的基础上撰写年度职业教育与培训总报告（在每年的4月1日之前），以令各相关主管机构和社会大众知悉每一个自然年度国家职业教育培训的各项指标、发展变化、调查

---

① 高佳. 德国职业教育资助制度的三大支柱[J]. 职教论坛，2011（28）：89-91.

统计的数据结果等①。报告的撰写采取循证的路径，建立在客观全面的调查统计基础之上。法律对于报告生成的各阶段都进行了十分细致的规定。例如，对联邦每年应统计的事项和细节进行了专门规定，统计调查对象包括受教育者、实训教师、职业教育应试者、教育咨询员等②。

在地方层面，权利的保护下沉到地方各学校，具体权利的保护由地方的学校法进行调整。例如，根据《柏林学校法》的规定，学生以及其监护人有权获悉学校基本的、重要的事宜并对其提出建议，包括课程计划、课程内容、课程标准、成绩评定的原则基础、课程归类等。同时，针对成年人和未成年人学习者，由于其监护人法律地位不同，法律对其在校知情权的规定亦有所不同。如果学生已成年，其前监护人（因其已成年，没有监护人之说）在学生书面同意的情况下有权要求学校告知学生在校情况。但如果学生不同意，前监护人仅能够书面了解。知情的范围包括考试是否合格、留级、学校注销等信息，但是并不包括学生的学习行为和社交行为、学生学校类型和教育途

---

① 德国联邦教育与研究部：《德国职业教育培训改革：2005 年职业培训法案》。Federal Ministry of Education & Research. Reform of Vocational Education and Training in Germany: The 2005 Vocational Training Act（Berufsbildungsgesetz）[M]. Berlin: Federal Ministry of Education and Research（BMBF）Publications and Website Devision, 2005: Section 86.
② 德国联邦教育与研究部：《德国职业教育培训改革：2005 年职业培训法案》。Federal Ministry of Education & Research. Reform of Vocational Education and Training in Germany: The 2005 Vocational Training Act（Berufsbildungsgesetz）[M]. Berlin: Federal Ministry of Education and Research（BMBF）Publications and Website Devision, 2005: Section 88.

径的选择等方面的信息①。对不同年龄段的学习者及其监护人知情权的范围进行分别规制，相关法律设计可谓十分细致，对未成年学习者提供了最大限度的保护。类似的，学徒工也分为成年学徒工与未成年学徒工，其本人与监护人知情权的范围依照法律规定亦有所不同，这符合学习者差别化的年龄能力及权利需求，对学徒知情权保护的范围和层次进行了更为周到的区分设置。

七、争议解决与权利救济

德国的争议解决与权利救济与英国类似，主要包括事前参与和事后救济。针对事前参与，德国的相关制度设计、组织建制较为成熟。具体来讲，学习者在教育事务中的参与主要通过地方各学校成立相关共治机构来实现。通常情况下，在地方各学校有三大委员会：教师委员会、学生委员会和家长委员会。他们是各自群体在学校利益的代表，致力于学校各项工作的准备与斡旋磋商。法律对三大委员会的构成、选举方式、职能范围、组织程序等内容均作了规定，保障各利益群体在重要事项上的参与权。另外，在国家承认并授权的私立职业学校中，教师、学生或者监护人的发言人（代表）一旦通过职业学校委员

---

① 《柏林学校法》第2条、第47条。Schulgesetz für das Land Berlin－(Schulgesetz－SchulG) [EB/OL]. (2004-01-26) [2018-09-14]. http://gesetze.berlin.de/jportal/? quelle=jlink&query=SchulG+BE+%C2%A7+79&psml=bsbeprod.psml&max=true.

会代表大会的选举,就可以在当地委员会建言献策①。在高阶中心职业学校(Oberstufenzentrum,职业学校的一种),每个学部都有各自的学生代表机构②,为学习者的权利主张发声。除此之外,职业学校还会成立另一个重要的民主机构,即职业教育咨询委员会。该机构服务于州级学校咨询委员会,为专门负责学校事务的政府管理部门提供建议。咨询委员会由从职业学校委员会中选举出来的代表组成,在所有涉及职业学校的事务决策中发挥重要作用。组成主体涉及职业教育培训各利益相关方,通常雇主和学徒各自产生己方代表,通过代表大会选举主席、教师、学生代表等③,最大限度囊括各利益主体,并通过程序性权利的完满实现保障其实体性权利的落地。因此,职业学校委员会和咨询委员会是学徒工参加业本职业教育过程中实现参与决策权的重要组织保障。

针对事后救济,双元制项目中学习者与教育提供方的争议解决与合同争议解决的路径重合,培训合同是学徒权利保护的重要文本依据及权利依托。培训合同的签订意味着学徒雇用与教育关系的确立。为保证学习者在学徒教育培训过程中的权利,

---

① 《柏林学校法》第 112 条。Schulgesetz für das Land Berlin – (Schulgesetz – SchulG) [EB/OL]. (2004-01-26) [2018-09-14]. http://gesetze.berlin.de/jportal/?quelle=jlink&query=SchulG+BE+%C2%A7+79&psml=bsbeprod.psml&max=true.

② 《柏林学校法》第 91 条。Schulgesetz für das Land Berlin – (Schulgesetz – SchulG) [EB/OL]. (2004-01-26) [2018-09-14]. http://gesetze.berlin.de/jportal/?quelle=jlink&query=SchulG+BE+%C2%A7+79&psml=bsbeprod.psml&max=true.

③ 《柏林学校法》第 113 条。Schulgesetz für das Land Berlin – (Schulgesetz –SchulG) [EB/OL]. (2004-01-26) [2018-09-14]. http://gesetze.berlin.de/jportal/?quelle=jlink&query=SchulG+BE+%C2%A7+79&psml=bsbeprod.psml&max=true.

法律要求企业在招收学徒时必须与学习者本人签订教育培训合同（协议）。通常情况下，由商会（Chambers of Trade and Commerce）负责登记和管理学徒合同。在制度设计上，相关法律政策主要从合同的内容和效力两个方面切入。法律对合同内容进行了十分细致的规定，强制性合同规定事项多达九项，十分全面，包括教育机构以外的教育设施、合同解除的条件等事项。针对合同的效力，法律也进行了详细的规定。首先，必须采用书面协议的形式，雇主不得以电子邮件的方式与受教育者签订教育培训合同[1]，避免雇主通过篡改电子数据以危害学习者权益的可能性。其次，任何限制学徒从事相关职业活动的合同条款无效（在特殊时间段内除外）[2]，为学习者在职业路径上清除了合同霸王条款的制约。并且，如果教育培训不是由雇主亲自提供，则受委托进行实训的教师必须同时在毕业证书上签字[3]，否则合同的效力存在瑕疵。再次，任何要求学徒在工作学习期间

---

[1] 德国联邦教育与研究部：《德国职业教育培训改革：2005年职业培训法案》。Federal Ministry of Education & Research. Reform of Vocational Education and Training in Germany: The 2005 Vocational Training Act (Berufsbildungsgesetz) [M]. Berlin: Federal Ministry of Education and Research (BMBF) Publications and Website Devision, 2005: Section11 (1).

[2] 德国联邦教育与研究部：《德国职业教育培训改革：2005年职业培训法案》。Federal Ministry of Education & Research. Reform of Vocational Education and Training in Germany: The 2005 Vocational Training Act (Berufsbildungsgesetz) [M]. Berlin: Federal Ministry of Education and Research (BMBF) Publications and Website Devision, 2005: Section 12.

[3] 德国联邦教育与研究部：《德国职业教育培训改革：2005年职业培训法案》。Federal Ministry of Education & Research. Reform of Vocational Education and Training in Germany: The 2005 Vocational Training Act (Berufsbildungsgesetz) [M]. Berlin: Federal Ministry of Education and Research (BMBF) Publications and Website Devision, 2005: Section 16 (1).

向雇主提供赔偿的规定均无效[①]，对学徒的财产性权利加以形式上的保障。最后，为了保证培训关系的稳定性，减少争议，针对合同效力的法律条款不溯及既往。根据《联邦职业教育培训法》第二部分第一章第1条第4款之规定，如果某项职业类别被取消，造成对应职业条例失效的，既存的教育培训关系仍然有效，并按照原条例继续进行。

与此同时，合同受到教育法与劳动法的联合保护。也就是说，对于职业教育法未竟的事项，如果劳动法有相关规定的，可直接适用劳动法的相关规定。如果针对某事项，教育法和劳动法均没有具体的针对性规定，劳动法和相关法律原则可直接适用之。并且，受教育者在权利方面的缺失对原始签订的教育培训合同的有效性不产生影响[②]。以上各项措施，通过多层保障确认培训合同的有效性、持久性及广泛适用性，学习者的权利以合同为形式依托，在程序与形式上得到了最大限度的保护。

[①] 德国联邦教育与研究部：《德国职业教育培训改革：2005年职业培训法案》。Federal Ministry of Education & Research. Reform of Vocational Education and Training in Germany: The 2005 Vocational Training Act (Berufsbildungsgesetz) [M]. Berlin: Federal Ministry of Education and Research (BMBF) Publications and Website Devision, 2005: Section12 (2).

[②] 德国联邦教育与研究部：《德国职业教育培训改革：2005年职业培训法案》。Federal Ministry of Education & Research. Reform of Vocational Education and Training in Germany: The 2005 Vocational Training Act (Berufsbildungsgesetz) [M]. Berlin: Federal Ministry of Education and Research (BMBF) Publications and Website Devision, 2005: Section 10 (1) - (4).

第三节　德国业本学习者权利的劳动法保护

德国对于学习者的劳动立法保护起源于 1839 年的普鲁士《在矿山和工厂雇用青少年劳动者条例》，这也是德国现代劳动法的开端。作为大陆法系国家，德国对于各项劳动权利的保护主要体现在其民法典当中，但这样的保护往往是宏观、原则而抽象，具体的劳动标准的执行与适用，主要依据的是各项单行法，如《工作时间法》（Arbeitszeitgesetz）、《最低工资法》（Mindestlohngesetz）等。这些法律大多是由欧盟指令转换而来，一般情况下，雇主与劳动者所订立的劳动合同中约定的各项待遇不得低于这些法律所规定的标准。

针对学习者，德国在各项单行法的基础上，还制定了一系列专门法律保护其劳动权利，这些法律所规定的标准均高于普通劳动者的标准，其中最具代表性的便是《青少年劳动保护法》（Jugendarbeitsschutzgesetz），该法规定青少年劳动者享有更长的休息时间，更细致的劳动保护。不仅如此，相比于《工作时间法》等保护普通劳动者的法律，《青少年劳动保护法》中的各项规定并不能通过集体合同的形式加以排除，具有法定强制性。

正如上文所提及，德国的集体合同（团体协议）具有极强的法律效力。这也催生出了集体谈判中专门保护学习者劳动权利的组织——青少年雇员与学徒代表。学习者可以通过这一代表组织在企业职工委员会中表达自身诉求,从而使职工委员会与雇主或雇主委员会的谈判能体现学习者的意志。

德国劳动法的规定适用于所有领域和所有人群,既包括公法人如公共服务机构中的公务员,也包括农业领域的农民,还包括自由职业者等群体①,并不因其工作场所、工作时间、工作性质的不同而有差别对待,均纳入劳动法的保护麾下②。职业教育学习者作为雇员,也在劳动法的保护之中③。鉴于德国职业教育的"双元制"模式,即以工厂中的实践教育为重点,由职业学校传授与职业相关的专业知识,是工厂端和学校端的结合,职业教育者在工厂端的实践离不开教育提供者的过程性监督与指导。传统意义上,劳动法被称为"规范从属性劳动的法律"④,而师傅与学徒之间有着天然的从属关系。职业教育者一般被视作劳动者,《联邦教育职业培训法》第10条第2款规定,只要从该职业教育合同的本质、目的及从《联邦职业教育培训法》

---

① 迈克尔·洛伦茨,罗兰·法尔德:《德国与中国劳动法》。Michael Lorenz, Roland Falder. Das deutsche und chinesische Arbeitsrecht [M]. Springer Fachmedien Wiesbaden, 2016: 179.

② 德国联邦司法部:《工作宪法》。Federal Ministry of Justice. Work Constitution Act (Betriebsverfassungsgesetz): Section5 (1) [EB/OL]. (1952-10-11) [2018-06-08]. http://www.gesetze-im-internet.de/englisch_ betrvg/.

③ 德国联邦司法部:《实施职业安全与健康措施以促进工人在工作中安全与健康保护的法案》。Federal Ministry of Justice. Act on the Implementation of Measures of Occupational Safety and Health to Encourage Improvements in the Safety and Health Protection of Workers at Work (Arbeitsschutzgesetz, ArbSchG): Section2 (2) [EB/OL]. (1996-08-07) [2018-01-07]. http://www.gesetze-im-internet.de/englisch_ arbschg/.

④ 迈克尔·洛伦茨,罗兰·法尔德:《德国与中国劳动法》。Michael Lorenz, Roland Falder. Das deutsche und chinesische Arbeitsrecht [M]. Springer Fachmedien Wiesbaden, 2016: 179.

的规定来看，无法得出其他结论的，劳动合同适用的法律规范和法律原则同样适用于职业教育合同。如果处于职业教育关系中的是青少年，还应特别适用《青少年劳动者保护法》。德国的劳动法律主要从工资、反歧视、劳动安全与卫生、劳动争议解决、青少年劳动特殊保护五个方面对学徒的劳动权利进行保护。

一、工资权

在教育法相关规定中，2005 年《联邦职业教育培训法》在第 11 条第 1 款第 6 项规定，教育培训合同必须对学徒的工资报酬支付进行规定。学徒的工资要随着其服务年限的增长和技能的进阶相应增长[①]。在工资支付形式上，并不限于货币形式，鉴于学徒教育与培训的特殊性，法案规定学徒可以实物的形式获得报酬和补偿[②]。但即便是在双方事先约定实物报偿的情况下，如果符合法定事由，实物报偿可随时转换为货币形式[③]，最大限

---

① 德国联邦教育与研究部：《德国职业教育培训改革：2005 年职业培训法案》。Federal Ministry of Education & Research. Reform of Vocational Education and Training in Germany: The 2005 Vocational Training Act (Berufsbildungsgesetz) [M]. Berlin: Federal Ministry of Education and Research (BMBF) Publications and Website Devision, 2005: Section17 (1).

② 德国联邦教育与研究部：《德国职业教育培训改革：2005 年职业培训法案》。Federal Ministry of Education & Research. Reform of Vocational Education and Training in Germany: The 2005 Vocational Training Act (Berufsbildungsgesetz) [M]. Berlin: Federal Ministry of Education and Research (BMBF) Publications and Website Devision, 2005: Section17 (2).

③ 德国联邦教育与研究部：《德国职业教育培训改革：2005 年职业培训法案》。Federal Ministry of Education & Research. Reform of Vocational Education and Training in Germany: The 2005 Vocational Training Act (Berufsbildungsgesetz) [M]. Berlin: Federal Ministry of Education and Research (BMBF) Publications and Website Devision, 2005: Section19 (2).

度地保障学习者财产性权利的实现。在时间广度及计算上，该法对学习者进行了加倍关照，这体现在：首先，工资报酬并不是按照每周4天的实际工作时间，而是按照每月30天计算工资总额，即便是在职业学校学习期间，雇主仍需支付当日工资并不得扣减；其次，在正常发放工资的情况下，学徒如果在规定或双方约定的教育工作时间以外为雇主提供服务，则雇主必须按照法定标准向学徒支付相应报酬；最后，对于雇主支付工资报酬的时间有严格的限制。

除了《联邦职业教育培训法》，根据《德国民法典》第611条第1款的规定，"雇主有义务支付约定的劳动报酬"。在这一抽象的表述后隐藏着各种请求权。在2015年以前，德国并没有关于最低工资标准的法律规定，劳动者的工资报酬往往通过集体合同调整。只有少数行业中存在最低工资的标准，而对于其他行业而言，只是在业内存在一条默认的最低工资底线。在司法实践中，德国联邦最高法院认为，如果雇员的工资低于集体合同就类似的工作岗位约定的工资标准的三分之二，则此工资水平之设定有违公序良俗，破坏了法律的基本原则。联邦劳动法院开始并未就此明确表态，后来则表示同意最高法院的"三分之二"标准。针对不同行业的不同岗位，集体合同一般都约定了不同的工资级别[①]。

在2015年1月1日后，德国开始实行最低工资标准，根据

[①] 该级别主要通过劳动者的工龄、工作经验和教育背景来进行区分。此外，有关奖金的制度，企业职工委员会还享有上文所述之共决权。该共决权涉及奖金的计算标准、确定奖金的程序以及奖金与业绩的关联关系。

《最低工资法》（Minimum Wage Act）的规定，每小时的最低工资标准为8.5欧元。法律还对工资支付的截止日期进行了规定，即不得迟于工作月的最后一个银行工作日（以法兰克福银行工作时间安排为准）①。在组织保障方面，联邦政府下设一个常设的最低工资委员会，通过决议完成调整最低工资数额等事项的协商。委员会由一名主席和六名常任理事组成，必须包括一定数量的雇员代表及女性代表，以保证协商的民主性、公平性和科学性，可为学徒工人提供最低水平的工资保护②。同时，根据由雇主代表和工会代表组成的委员会提出的建议，最低工资标准将根据具体经济情况每两年进行调整。并且，最低工资标准的适用不能通过约定限制或排除，若合同约定了低于最低工资标准的报酬，则该约定无效。劳动合同或集体合同中约定雇员未在3个月内主张最低工资将丧失该请求权的，此约定同样无效。如果该雇员在某个月没有拿到工资，则可在除斥期间过后起诉并要求雇主支付每小时至少8.5欧元的最低工资。

在相关规定对"学习者"的适用方面，有部分群体被排除在了最低工资标准制度的适用范围之外。例如，为完成学业而在企业中进行不超过3个月实习的实习生不享有以上最低工资的法律待遇。但如果已完成培训或学业，仍以"实习生"的名

---

① 德国联邦司法部：《最低工资法》。Federal Ministry of Justice. Minimum Wage Act (Mindestlohngesetz, MiLoG): Section1 [EB/OL]. (2014-08-11) [2018-02-28]. https://www.gesetze-im-internet.de/englisch_milog/englisch_milog.html.

② 德国联邦司法部：《最低工资法》。Federal Ministry of Justice. Minimum Wage Act (Mindestlohngesetz, MiLoG): Section1, Section 3-4, Section 7 [EB/OL]. (2014-08-11) [2018-02-28]. https://www.gesetze-im-internet.de/englisch_milog/englisch_milog.html.

义被雇用，则该劳动者可以要求最低工资。此外，18周岁以下的劳动者也不适用最低工资标准。对于学徒的劳动报酬，《联邦职业教育培训法》对其作出了特殊的规定。该法第11条第1款第六项规定："教育培训合同必须对学徒的工资报酬支付进行规定。学徒的工资应随着其服务年限的增长和技能的进阶相应增长"①。

二、平等就业权

德国对于反歧视的规则制定始于第二次世界大战之后。从1949年《德国基本法》的颁布开始，经过近七十年发展，德国目前已经形成了较为完备的反就业歧视制度。在劳动领域，反歧视的法律条款可见于多部法律的相关条款中。总体上，反歧视法案主要以《一般平等待遇法》（General Act on Equal Treatment）和《联邦性别平等法案》（Federal Act on Gender Equality）为框架的主体，并辅以其他法案中关于反歧视和平等权实现的条款规定。具体而言，《一般平等待遇法》对歧视的种类作出了规定，包括直接歧视、间接歧视、骚扰和性骚扰②，并对就业准入平等、就业条件和工作条件（包括工资和解雇理由）平等、

---

① 德国联邦教育与研究部：《德国职业教育培训改革：2005年职业培训法案》。Federal Ministry of Education & Research. Reform of Vocational Education and Training in Germany: The 2005 Vocational Training Act (Berufsbildungsgesetz) [M]. Berlin: Federal Ministry of Education and Research (BMBF) Publications and Website Devision, 2005: Section17 (1).

② 德国联邦司法部：《一般平等待遇法》。Federal Ministry of Justice. General Act on Equal Treatment (Übersetzung durch den Sprachendienst des Bundesministeriums für Gesundheit): Section 3 [EB/OL]. (2006-08-14) [2018-09-08]. http://www.gesetze-im-internet.de/englisch_agg/.

参与工人或雇主等任何组织的机会平等进行了规定①。同时，对学徒工在参与双元制项目中享受反歧视等劳动保护提供了人权方面的法律规定。《联邦性别平等法案》针对雇员在工作就业中的男女平等问题作出了细致的规定。该法案规定雇主不得有任何性别歧视行为，并且在教育培训领域要对女性雇员进行倾斜性保护，如为女性员工提供更多的培训岗位②。该法案也适用于女学徒工，为女性学习者增添了一道法律保障。除此之外，《德国民法典》《联邦残疾人平等法》《兼职和固定期限工作法》《德国社会法典》《劳动关系法》《联邦人事代理法》《雇员保护法》《劳动市场现代服务形式法》和《解雇保护法》也都对各群体的反歧视进行了不同层次与不同侧重的立法③。如《德国民法典》第611条规定，"禁止雇主的性别歧视行为，有特殊情况的除外"；德国《企业委员会法》规定，"雇主与企业委员会应当采取一切措施保证雇员享受平等的对待"④。

德国法律对于反就业歧视的规定贯穿于劳动关系建立的全

---

① 德国联邦司法部：《一般平等待遇法》。Federal Ministry of Justice. General Act on Equal Treatment（Übersetzung durch den Sprachendienst des Bundesministeriums für Gesundheit）：Section 1, Section 2（1）（2）（4）[EB/OL]．（2006-08-14）[2018-09-08]．http：//www.gesetze-im-internet.de/englisch_ agg/.
② 德国联邦司法部：《联邦性别平等法案》。Federal Ministry of Justice. Act on Equality between Women and Men in the Federal Administration and in Federal Enterprises and Courts（Federal Act on Gender Equality）：Section 8 [EB/OL]．（2015-04-24）[2018-02-16]．https：//www.gesetze-im-internet.de/englisch_ bgleig/englisch_ bgleig.html.
③ 蔡定剑.反就业歧视法专家建议稿及海外经验[M].北京：社会科学文献出版社，2010：73.
④ 蔡定剑.反就业歧视法专家建议稿及海外经验[M].北京：社会科学文献出版社，2010：74-75.

过程，为学徒工等兼具学习者与劳动者身份的个体提供了法律保障，涵盖了其可能经历的从求职、试用、工作到解雇各个阶段。具体表现为：

(一) 求职期间

《一般平等待遇法》禁止劳动关系中基于特定理由的歧视，这里也包括招聘过程中。这一过程中，如果雇主询问的事项可能构成法律所禁止的事由，那么雇主对这些信息的获取便缺乏"正当利益"。因此，雇主不得就可能导致歧视的事项询问求职者，诸如宗教信仰、政治倾向、对工会的态度等。这里尤其需要注意工会。《德国基本法》第9条第3款第2项规定，禁止歧视——特别是因积极参加工会而遭受的歧视，雇主不得将劳动者退出工会作为录用的先决条件。但在实践中，劳动者若声称其因工会原因不被雇主雇用，其举证责任往往较重，实施起来也较为困难。

(二) 试用期限

《联邦职业教育培训法》第11条第1款第5项规定，教育培训合同必须对学徒的试用期限进行规定①。鉴于试用期间雇主可随时解除合同关系且没有解除期限的强制性法律限制，为避免雇主过度使用劳动力，迫使学徒的雇用关系处于不稳定的状

---

① 德国联邦教育与研究部：《德国职业教育培训改革：2005年职业培训法案》。Federal Ministry of Education & Research. Reform of Vocational Education and Training in Germany: The 2005 Vocational Training Act (Berufsbildungsgesetz) [M]. Berlin: Federal Ministry of Education and Research (BMBF) Publications and Website Devision, 2005: Section 22 (1).

态,试用期最长不得超过4个月,并且必须以书面形式进行约定。试培训期结束后,培训关系只有在下列情况下才可以解除:(1)出于重要原因而不需要遵守解雇期限规定的解雇;(2)学徒愿意放弃培训或接受其他职业培训的,在遵守4个星期的解雇期限条件下的解雇①。在救济方面,德国主要采取两个方面的措施对学习者的权利进行保障。一方面,对试用期内解除合同有异议的,可以提出申诉,亦可通过法庭外调解达成和解;另一方面,受教育者有权在一定期限内向存在过错的教育提供方提出赔偿损失的要求②。

(三) 工作过程中

在工作过程中,反歧视问题仍主要依靠《一般平等待遇法》进行规制。首先是对于歧视形式的规定。该法第3条对一些重要的概念进行了定义,包括直接歧视、间接歧视、骚扰和性骚扰。其次是对于雇主与雇员的定义。《一般平等待遇法》采用了广义的雇员定义,在这里,为进行职业教育而参加工作的人(学徒)

---

① 德国联邦教育与研究部:《德国职业教育培训改革:2005年职业培训法案》。Federal Ministry of Education & Research. Reform of Vocational Education and Training in Germany: The 2005 Vocational Training Act (Berufsbildungsgesetz) [M]. Berlin: Federal Ministry of Education and Research (BMBF) Publications and Website Devision, 2005: Section 20.

② 德国联邦教育与研究部:《德国职业教育培训改革:2005年职业培训法案》。Federal Ministry of Education & Research. Reform of Vocational Education and Training in Germany: The 2005 Vocational Training Act (Berufsbildungsgesetz) [M]. Berlin: Federal Ministry of Education and Research (BMBF) Publications and Website Devision, 2005: Section22 (4).

也囊括在雇员的范围内①。

《一般平等待遇法》中还列举了几种抗辩的理由，与"学习者"相关的是"基于年龄的抗辩"。该法第10条规定，雇主基于年龄区别对待的理由必须是客观的、适当的、合法的。在职业教育中，由于某些岗位对于培训有特殊要求，那么这就意味着可以在一定的条件下设定一个雇用的最高年龄。除此以外，《联邦性别平等法》还特别提出在教育培训领域要对女性雇员进行倾斜性保护，为女性学徒工提供了法律保护。在企业内部，雇主有义务对雇员进行适当的反歧视培训，制定详细的措施防止歧视行为的发生②。此外，雇主还应在企业内部设立申诉机构，负责受理、审查以及向雇主报告有关歧视的申诉。雇主还应在公共场所告知、说明《一般平等待遇法》的内容及雇员申诉的相关权利。可以说，《一般平等待遇法》不仅要求雇主不得实施歧视行为，还要求每位雇员主动阻止、避免以及预防不平等待遇的发生③。

在遭遇歧视时，《一般平等待遇法》赋予了劳动者相应的权利以维护自身的权益。该法第13条规定，遭遇歧视的人有提出

---

① 德国联邦司法部：《一般平等待遇法》。Federal Ministry of Justice. General Act on Equal Treatment (Übersetzung durch den Sprachendienst des Bundesministeriums für Gesundheit)：Section 6 [EB/OL]．(2006-08-14) [2018-09-08]．http：//www.gesetze-im-internet.de/englisch_ agg/.

② 德国联邦司法部：《一般平等待遇法》。Federal Ministry of Justice. General Act on Equal Treatment (Übersetzung durch den Sprachendienst des Bundesministeriums für Gesundheit)：Section 11 [EB/OL]．(2006-08-14) [2018-09-08]．http：//www.gesetze-im-internet.de/englisch_ agg/.

③ 蔡定剑，刘小楠．反就业歧视法专家建议稿及海外经验 [M]．北京：社会科学文献出版社，2010：78．

申诉的权利。歧视受害人可以向企业或者劳动场所的有关主管机构提出申诉。第14条规定，劳动者如果受到性骚扰，提出异议后雇主没有采取适当措施的，劳动者有权拒绝履行劳动义务直到获得相应的保护，在工作停止期间工资不受影响，且雇主不得因劳动者依法提出的权利要求或就歧视所提出的申诉而对劳动者进行报复。

（四）解雇

如果雇主解雇劳动者的决定符合《一般平等待遇法》第1条所规定的歧视特征，那么雇主的解雇行为构成直接歧视。例如，雇主号称解雇男性或者女性学徒工是因为他或她不具备某种技能却没有事实证据的，那么这种解雇行为就构成了性别歧视。解雇也可能构成间接歧视，如雇主没有直接解雇女性员工，但裁员客观上对于女性员工的影响远大于男性员工，那么雇主的该项行为也构成歧视。雇主只有在拥有严肃的、与性别无关的正当理由时才能够免责。不仅是针对性别歧视，在年龄、宗教信仰等其他方面，法律亦是如此处理。对于培训期满的学徒，《联邦职业教育培训法》第24条规定，在雇主与学徒教育培训关系顺利结束之后，如果双方未就是否建立劳动关系达成明确合意，则按照事实劳动关系已成立进行相关处理，即确立双方的劳动关系，为学徒稳定的劳动者身份提供法律保障。

三、劳动安全与卫生权

（一）对劳动时间的限制

德国实行八小时工作制。根据1994年《工作时间法》第3

条，劳动者每天的工作时间不能超过 8 个小时。这是对于劳动时间的一般原则性规定。对于这一原则，法律还作出了许多扩展性的解读。首先，根据《工作时间法》第 3 条第 2 项，通过 6 个月或 24 周内的补休，允许雇主将每天的劳动时间延长到 10 小时。在这里，八小时工作制更像是满足一种数据统计的需要。其次，根据该法第 14 条第 1 款的规定，在紧急情况或者其他"特别的、不取决于当事人意志且无法通过其他方式解决的"情况下，雇主可以不执行该法第 3 条的规定，甚至可以不规定最高工作时间。就法律规则层面而言，劳动时间的标准是较难执行的，因此企业一般选择执行集体合同标准。

《工作时间法》第 7 条第 1 款规定，工作时间可以通过集体合同进行更为灵活的安排。工会经过不懈的努力，在各行业已基本实现了每周 40 小时的工作制。时至今日，德国集体合同约定的工作时间还在进一步缩减，合同约定的工作时间已全部低于每周 40 小时。但需要注意的是，这里所涉及的仅是文本规定的工作时间，事实上，劳动者的实际工作时间并不止于此。许多集体合同都针对特定雇员或特定情形约定了例外的情况。此外，与劳动时间密切相关的还有劳动强度问题，不同劳动者在相同劳动时间内所要完成的工作量是不一样的，这往往会被集体合同所忽视，其中最具普遍性的便是加班问题。劳动者对于加班一般不持抵触的态度，一方面其不希望惹恼雇主而丧失工作机会；另一方面，加班带来的额外收入可以让劳动者补贴家用。因此，加班问题也是劳资协商的重点问题。工会可以在集体协商中提出约定加班时间上限，也可以要求支付高额的加班津贴。

结合以上问题，集体合同的订立必须注意劳动保护法的规则，包括工间休息时间、周末工作及夜班等情形。首先是工间休息。根据《工作时间法》第 4 条，每天工作时间超过 6 小时的，必须安排一次半小时的工间休息或两次每次一刻钟的工间休息。工间休息时间并不属于劳动时间，雇主无权在此期间给劳动者安排任何工作任务。对于工间休息的具体安排，法律并没有作出明确的规定，在实践中可以由企业职工委员会根据职工的需求作出灵活的安排。其次是周末工作。周末工作对于劳动者而言不仅仅是工作时间的问题，因为周末还有许多额外的意义，包括对于雇员身体和精神上的放松。在集体合同中，周六一般不安排雇员工作，如周六工作则雇主需要按规定支付加班工资。至于周日工作，《德国基本法》第 139 条原则上已将其禁止。针对学徒的相关权益，教育法还有特别规定，《联邦职业教育培训法》第 11 条第 1 款第 7 项规定，教育培训合同必须对学徒的休假期限进行规定。

上述所言问题，不仅仅涉及一般劳动者，学徒也不能幸免。根据调查显示，实践中 82.4% 的学徒反映其劳动时间每周超过 40 小时，其中有 36.6% 的受访者不得不经常性地加班。在行业分布方面，酒店、旅馆、餐饮业的学徒加班时间明显多于从事行政管理及工业的学徒。学徒加班工资支付的情况也不容乐观，仅有 68.4% 的受访者表示雇主向其支付了加班工资。多达 17.1% 的学徒表示其既没有获得加班工资，也没有得到补偿的休息时间①。

(二) 对劳动安全的保护

在劳动保护领域,德国的法律法规主要分为两种,一类负责规范劳动安全卫生,另一类负责管理调整工伤保险。在第一类中,1996年《劳动保护法》有着相当重要的地位。该法负有将欧盟指令转化为国内法的任务,适用于所有领域,包括公共服务机构、农业、自由职业等。此外,针对劳动安全卫生的各项内容,该法也设立了统一的适用规则。

《劳动保护法》第3条从原则上规定了雇主的三项义务:(1) 根据具体情况采取必要的劳动保护措施;(2) 采取预防措施并将其纳入管理,以使工人能够履行其合作之义务;(3) 不得就采取安全措施向劳动者收取费用。该法第4条列举了一系列具体的目标和行为方式,如雇主应尽可能避免对雇员造成任何危险,并将无可避免的危害影响降低到最小。这里的危险和危害既包括身体上的,也包括精神上、心理上的压力。第5条就调查和判断各工作岗位可能面临的危险向雇主提出了要求,雇主对于不同类型的岗位都应对其中潜在的风险有一个较为明晰的判断。在劳动者上岗前,雇主应对其进行充分的有关劳动安全卫生的培训。根据《劳动保护法》第12条之规定,这些培训不仅包括对于工作内容所涉及的风险,还应包括对工作场所的讲

---

① 桑德拉,沃格尔:《德国:学徒培训中的工作条件》。Sandra and Vogel. Germany: Working Conditions in Apprenticeships [EB/OL]. (2013-04-24) [2017-10-14]. https://www.eurofound.europa.eu/observatories/eurwork/articles/working-conditions/germany-working-conditions-in-apprenticeships.

解和说明。

在劳动安全卫生方面，劳动者除享有受到保护的权利外，还享有建议权。根据《劳动保护法》第17条，劳动者有权就所有劳动安全卫生方面的事项向雇主提出自己的建议。此外，企业委员会和人事代表在劳动保护领域还承担着特定的责任，企业委员会应监督并确保劳动保护规定已经得到贯彻，并敦促雇主采取劳动保护措施[1]。同时，还应在制定关于劳动者健康保护规定的过程中参与决策[2]。企业委员会和雇主可以在协议中就预防工伤事故和健康损害的补充措施达成合意[3]。对于制止事故危险，企业委员会还独立承担着监督义务[4]。

在教育法领域，德国对于学徒劳动安全与健康的保护也是十分细致和周全的。《联邦职业教育培训法》规定企业必须保证适当地组织和提供必要的手段，并采取预防措施，保障学徒的

---

[1] 德国联邦司法部：《工作宪法》。Federal Ministry of Justice. Work Constitution Act (Betriebsverfassungsgesetz): Section80（1），Section80（1）[EB/OL].（1952-10-11）[2018-06-08]. http://www.gesetze-im-internet.de/englisch_betrvg/.

[2] 德国联邦司法部：《工作宪法》。Federal Ministry of Justice. Work Constitution Act (Betriebsverfassungsgesetz): Section87（1）[EB/OL].（1952-10-11）[2018-06-08]. http://www.gesetze-im-internet.de/englisch_betrvg/.

[3] 德国联邦司法部：《工作宪法》。Federal Ministry of Justice. Work Constitution Act (Betriebsverfassungsgesetz): Section88（1）[EB/OL].（1952-10-11）[2018-06-08]. http://www.gesetze-im-internet.de/englisch_betrvg/.

[4] 德国联邦司法部：《工作宪法》。Federal Ministry of Justice. Work Constitution Act (Betriebsverfassungsgesetz): Section89[EB/OL].（1952-10-11）[2018-06-08]. http://www.gesetze-im-internet.de/englisch_betrvg/.

工作条件与劳动安全[1]。该法案同时还规定了企业在劳动安全保护方面需要遵守的八项基本原则以及违反原则的相关罚则。这八项原则包括：风险最低原则、风险源头防护原则、现有技术水平原则、社会关系与环境联系原则、个人防护服从原则、特别保护风险考虑原则、强制安全培训指导原则、生物学原因排他原则。如果企业主作为教育服务的提供者违反了这些原则和相关规定，如未对学徒工作环境条件进行事先检查评估、未对工作区域特别风险进行防范和通知，或者未对学徒提供预防性医疗检查，将对企业主施以5000欧元以上的罚款，情况严重时将给予刑事处罚[2]。在劳动安全保护方面，德国法律对义务违反者的处罚是非常严格的。

对于工伤保险领域的规制，学徒工人作为学习者与一般劳动者享有共同的规范框架，德国主要通过各个法定同业工伤事故保险联合会对其进行保护。根据德国《社会保险法典》第七部分的第14条和第15条，联合会有权制定关于监督雇主防范工伤事故的机构、措施和安排的相关规定。工伤防范的规定对于雇主和雇员都具有约束力，同业工伤事故保险联合会的技术监

---

[1] 德国联邦教育与研究部：《德国职业教育培训改革：2005年职业培训法案》。Federal Ministry of Education & Research. Reform of Vocational Education and Training in Germany: The 2005 Vocational Training Act (Berufsbildungsgesetz) [M]. Berlin: Federal Ministry of Education and Research (BMBF) Publications and Website Devision, 2005: Section3.

[2] 德国联邦教育与研究部：《德国职业教育培训改革：2005年职业培训法案》。Federal Ministry of Education & Research. Reform of Vocational Education and Training in Germany: The 2005 Vocational Training Act (Berufsbildungsgesetz) [M]. Berlin: Federal Ministry of Education and Research (BMBF) Publications and Website Devision, 2005: Section 4, Section 25, Section 26.

督部门负责监督这些规定的贯彻和落实。对于违反劳动安全卫生规定的行为，雇主最高将受到不超过1年的刑事处罚。除了刑事处罚，根据违法行为的严重程度，雇主还将被处以5000欧元以下（单次违反）或25000欧元以下（多次违反）的罚款①。

四、劳动争议解决

在德国，国家为劳动争议提供了特别的司法管辖机构——劳动法院。如今，《劳动法院法》构成了德国劳动法院活动的法律基础②。根据《劳动法院法》第2-2a条的规定，劳动法院管辖几乎所有的雇主和劳动者之间、工会和雇主协会之间可能发生的争议。

在基层劳动法院进行审判进程中，劳动者和雇主不一定要聘请代理律师，具体来说，在不同情况与场合下，劳动者有着不同的选择。首先，如果当事人是工会会员，工会可以提供无偿的法律保护服务。劳动者可以请工会下属的劳动保护咨询公司的法务人员做自己的代理人。遇到棘手的问题，工会甚至会帮助劳动者聘请律师。其次，非工会会员的劳动者则需要聘请律师进行代理，此种情况下，若劳动者购买了法律保险，则由保险支付相关费用，若无保险且当事人确实有困难的，可获得法律援助，由国家承担聘请律师的费用。最后，在二审和三审程序中，即在州和联邦劳动法院进行的审判程序中，劳动者必

---

① 德国联邦司法部：《工作宪法》. Federal Ministry of Justice. Work Constitution Act (Betriebsverfassungsgesetz): Section 25 [EB/OL]. (1952-10-11) [2018-06-08]. http: //www. gesetze-im-internet. de/englisch_ betrvg/.

② [德] 雷蒙德·瓦尔特曼. 德国劳动法 [M]. 北京：法律出版社，2014：629.

须聘请律师或工会下属的劳动保护咨询公司的法务人员作为自己的代理人。

在诉讼过程中,根据《德国民事诉讼法》第139条之规定,劳动法院会适当照顾法律经验欠缺的一方,劳动争议中一般来说即劳动者。劳动法院有义务提醒当事人需要递交的材料,并在其陈述不完整时作出提醒。除此之外,若劳动者还有未主张之权利,法院也可适当提示,但这存在着被认定为偏袒劳动者的风险。当出现劳动争议时,当事人可先起诉至基层劳动法院。在基层劳动法院作出判决后,当事人还可根据《劳动法院法》第64条上诉至州劳动法院,根据该条第2款的规定,上诉只能在以下情形中发生:(1)劳动法院的判决允许上诉;(2)标的额超过600欧元;(3)对劳动关系的存在有争议;(4)对缺席判决不服。若州劳动法院的判决还不能使当事人满意,当事人可向联邦劳动法院提起复审。复审只存在于以下两种情形当中:(1)州法院的判决基于《劳动法院法》第72条第2款规定的原因允许提起的复审;(2)联邦劳动法院在《劳动法院法》第72a条第5款第2项规定的裁定中允提起的复审。

雇主和企业职工委员会之间的争议适用裁定程序。《劳动法院法》第80条对此作出了详细的规定。裁定程序主要有两个方面的作用:其一,裁定可用于确定各工厂组织机构的职责、权限和义务,以自愿司法管辖为蓝本[①];其二,裁定程序也可用于裁决法律问题,而不是规则争议。在企业组织领域,和解、调

---

① [德]雷蒙德·瓦尔特曼.德国劳动法[M].北京:法律出版社,2014:630.

解及调停机构负责这种规则争议。当行政法院就联邦人事代表案件作出裁决时，劳动法院有关裁定程序的规定也可适用。各州人事代表法为行政法院规定了劳动法院的裁定程序。

五、青少年特殊劳动保护

针对青少年的特殊劳动保护是德国法律在青少年劳动者权利保护法律机制建设中的一个亮点，对于青少年学徒工的权利实现具有十分重要的意义。早在1960年，德国就颁布了《青少年劳动保护法》，1976年进行了首次修订，法案的宗旨是保护青少年劳动者的基本权利。该法案主要保护青少年在劳动方面的权利，如工作安全、工资报酬、休息休假等，防止其因年龄的限制而受到不恰当的对待和伤害。值得称道的是，该法案还对青少年学徒的教育性权利作出了规定，要求企业必须保证青少年学徒有足够的时间参加校本教育[1]。总体上，青少年学徒的劳动权利主要包括人身性权利和财产性权利。法律对财产性权利的规定并未有过多着墨，而是重点保护青少年的人身性权利。针对人身性权利，法律主要从工作时间、休息与假期、工作安全与健康等方面给予特殊保护。

（一）人身性权利保护

1. 工作时间

根据规定，在招聘阶段，如果青少年的课程是在9点之前开

---

[1] 崔光婕.德国法律和政策对双元制教育模式的保障分析[J].教育观察（上半月），2016，5（11）：120-122.

始，或者一天在职业学校上课的时间超过5节课，并且每节课至少45分钟，每周至少一次以上该强度的课程学习，为其身心健康计，企业不得雇用此类青少年为学徒，避免增加其额外的工作和课业负担。当然，法律也规定了例外情况，如果学习者在一周内按照计划而设定的模块课程（blockunterricht，指课程集中在一段时间内）可以控制在5天之内，且上课时间至少达到25小时，那么额外的每周最多2小时的企业培训活动是可以允许的[1]。在用工阶段，针对未成年人的工作持续时长亦有严格限制，法律规定青少年每天工作禁止超过8个小时，每周工作时长禁止超过40小时。但此时间限制有微小的调整空间，在两种特殊情况下可以适当延长：第一种情况为如果一周内的单个工作日的工作时间被缩减到少于8个小时，那么在这周剩下的工作日里，可以每天工作8.5个小时；另一种情况为在农场工作的超过16岁的青少年，在农作物收获的特殊阶段，每天禁止工作超过9小时并且禁止在双周连续工作超过85小时[2]。针对不同的行业、职业，根据其行业特点，法律灵活弹性地设定了相应的最长在班时间（schichtzeit）。在雇用青少年时，在班时间不应超过10小时，在地下采矿时不得超过8小时，在餐厅企业、农场、畜牧

---

[1]《青少年劳动保护法》第9条第1款。Ein Service des Bundesministeriums der Justiz, Allgemeine Vorschriften, Jugendarbeitsschutzgesetz［EB/OL］.（1976-12-04）［2018-01-28］. https：//www.gesetze-im-internet.de/fl_hg/Fl%C3%BCHG.pdf.

[2]《青少年劳动保护法》第8条第3款。Ein Service des Bundesministeriums der Justiz, Allgemeine Vorschriften, Jugendarbeitsschutzgesetz［EB/OL］.（1976-12-04）［2018-01-28］. https：//www.gesetze-im-internet.de/fl_hg/Fl%C3%BCHG.pdf.

行业、建筑工地、装配厂不应超过 11 小时[1]。根据《青少年劳动保护法》第 10 条第 2 款的规定，如果第二天学徒要在企业场所之外进行书面考试，则企业主不得强迫青少年学徒工在考试的前一天工作，即便这一天是法定的工作日（arbeitstag）。但这并不代表企业利益就一定会受损，当考试结束之后，企业可以要求学徒补齐工作时间。此时又有特殊限制，即青少年劳动者每天的总工作量不得超过 8.5 小时。这一方面照顾了青少年学习者的身心特点，为其赢得了充足的备考时间；另一方面也考虑到了企业的经济和利益平衡。

2. 休息与假期

主要包含工作间隙休息和节假日两个方面的规定。针对工作间隙休息，首先，针对工作总时长，必须保证青少年有合适的工间休息时长。通常情况下，工间休息时间总计至少应达到在连续工作 4.5 个小时、最多 6 个小时的工作时间里休息 30 分钟，以及在超过 6 个小时的工作时间里休息 60 分钟，并且只有至少 15 分钟的工作停顿才能算作工间休息。青少年禁止在超过 4.5 个小时的连续工作后没有工间休息[2]。如此规定的目的是保证青少年能够迅速恢复精力体力，保持身心健康，不因过长的工作时间受到不必要的伤害。其次，法律对工作的起始时间点

---

[1] 《青少年劳动保护法》第 12 条。Ein Service des Bundesministeriums der Justiz, Allgemeine Vorschriften, Jugendarbeitsschutzgesetz [EB/OL]．（1976-12-04）[2018-01-28]．https：//www.gesetze-im-internet.de/fl_hg/Fl%C3%BCHG.pdf.

[2] 《青少年劳动保护法》第 11 条第 1 款。Ein Service des Bundesministeriums der Justiz, Allgemeine Vorschriften, Jugendarbeitsschutzgesetz [EB/OL]．（1976-12-04）[2018-01-28]．https：//www.gesetze-im-internet.de/fl_hg/Fl%C3%BCHG.pdf.

亦有明确规定。青少年仅允许在每天 6 点到 20 点之间被雇用，16—18 岁的青年根据不同行业可有适当调整①。再次，针对下班时间，要尽量避免青少年不必要的等待时间（《青少年劳动保护法》第 14 条第 5 款）。例如，如果青少年 21 点下班，但 22 点可以等到交通工具，那么 21 点到 22 点的一小时为不必要等待时间，应安排青少年在 22 点下班，保证青少年的休息时间。最后，应有适当的休闲娱乐。青少年被允许参与音乐演出、剧院演出和其他类型的演出，收听无线电广播（广播和电视），以及拍电影和拍照活动（直到 23 点），但马戏团节目演出除外（第 14 条第 7 款）。思虑之全面和规定之细致可见一斑。针对节假日，青少年仅被允许一周工作 5 天，每周的两个休息日应尽可能连续②，禁止安排青少年在周六、周日工作③。同时，为了使青少年雇员有更长的空闲时间，工作日与假期连休致使工作日不用上班时，允许把取消掉的工作时间分别分配到五个相连工作周之内，因为唯有如此，才能使这五周的平均每周工作时间不会

---

① 在餐饮企业和马戏团最晚到 22 点；在多班制的公司最晚到 23 点；在农场从 5 点开始或者最晚到 21 点；在面包店和蛋糕店从 5 点起可以被雇用，超过 17 岁的对青少年在面包店可以从 4 点开始上班。详见《青少年劳动保护法》第 14 条第 2 款、第 3 款。Ein Service des Bundesministeriums der Justiz, Allgemeine Vorschriften, Jugendarbeitsschutzgesetz [EB/OL]. (1976-12-04) [2018-01-28]. https：//www.gesetze-im-internet.de/fl_hg/Fl%C3%BCHG.pdf.

② 《青少年劳动保护法》第 15 条。Ein Service des Bundesministeriums der Justiz, Allgemeine Vorschriften, Jugendarbeitsschutzgesetz [EB/OL]. (1976-12-04) [2018-01-28]. https：//www.gesetze-im-internet.de/fl_hg/Fl%C3%BCHG.pdf.

③ 《青少年劳动保护法》第 16 条第 1 款、第 17 条第 1 款。Ein Service des Bundesministeriums der Justiz, Allgemeine Vorschriften, Jugendarbeitsschutzgesetz [EB/OL]. (1976-12-04) [2018-01-28]. https：//www.gesetze-im-internet.de/fl_hg/Fl%C3%BCHG.pdf.

超过40小时①。并且，除了对节假日日期的具体规定，法律还规定企业主必须保证青少年在每一个自然年（从1月1日开始，12月31日结束）都有一个带薪的假期②。

3. 青少年工作安全与健康

首先，法律规定了青少年劳动损害禁令，禁止雇用青少年从事有危险及有悖于青少年保护原则的工作，包括超过其身体或者精神能力范围的工作，违背道德的工作，与事故危险相联系的工作（青少年由于缺乏安全意识或者缺少经验导致不能发现或者不能避免危险事故的出现），由于极端的热度、寒冷或者湿度使青少年的健康受到威胁的工作，使青少年遭受噪音、震动和光线危害影响的工作，使青少年遭受到《危险材料条例》规定的危险材料损害影响的工作，使青少年遭受到《生物材料条例》规定的生物工作材料损害影响的工作③。其次，当青少年在一个公司被雇用时，公司有义务提供一个公司医生或者针对工作安全的专业人员，对青少年进行适当的医疗照顾并帮助其

---

① 例如，星期六、日是法定圣诞节假期，而星期五不在节日范围内，但是为了使青少年有更长、更连贯的假期，周五当天放假。即便在补工的情况下，每天的工作时间也不能超过8.5个小时。详见《青少年劳动保护法》第8条第2款。Ein Service des Bundesministeriums der Justiz, Allgemeine Vorschriften, Jugendarbeitsschutzgesetz [EB/OL]. (1976-12-04) [2018-01-28]. https://www.gesetze-im-internet.de/fl_hg/Fl%C3%BCHG.pdf.

② 《青少年劳动保护法》第19条第1款。Ein Service des Bundesministeriums der Justiz, Allgemeine Vorschriften, Jugendarbeitsschutzgesetz [EB/OL]. (1976-12-04) [2018-01-28]. https://www.gesetze-im-internet.de/fl_hg/Fl%C3%BCHG.pdf.

③ 《青少年劳动保护法》第22条第1款。Ein Service des Bundesministeriums der Justiz, Allgemeine Vorschriften, Jugendarbeitsschutzgesetz [EB/OL]. (1976-12-04) [2018-01-28]. https://www.gesetze-im-internet.de/fl_hg/Fl%C3%BCHG.pdf.

知悉劳动安全技术相关事项①。再次，规定了企业对青少年工作场所的安全保障义务。企业主必须在工作场所的公共设施和娱乐设施包括机器、设备和工具等方面采取预防措施，保护青少年远离生命危险和健康威胁，避免其身体和精神受到损害。企业应考虑到青少年缺少安全意识和经验的问题，并考虑其个人具体情况，在雇用开始之前向青少年充分说明工作中可能遭受的事故危险和健康危险以及避免这些危险所采取的措施②。特殊工种必须接受安全培训，如井下工作。同时，设置强制性健康体检制度，青少年有权在雇用开始前和开始后有规律地进行体检，体检的费用由企业主承担，以监测青少年工作期间的健康状况，并对不利情况及时作出应对③。最后，以德国联邦劳工局为核心组织保障。德国联邦劳工局（Bundesministerium für Arbeit und Soziales）的工作目标之一就是保护青少年远离生命和健康危险，避免青少年的身体或者精神受到损害。劳工局可以在联邦议会授权下颁行青少年劳动保护相关法令，及时下达雇用青少年的禁令或限制，针对社会变化对法律及时更新，动态地保

---

① 《青少年劳动保护法》第 22 条第 3 款。Ein Service des Bundesministeriums der Justiz, Allgemeine Vorschriften, Jugendarbeitsschutzgesetz [EB/OL]. (1976-12-04) [2018-01-28]. https://www.gesetze-im-internet.de/fl_hg/Fl%C3%BCHG.pdf.

② 《青少年劳动保护法》第 28 条、第 29 条。Ein Service des Bundesministeriums der Justiz, Allgemeine Vorschriften, Jugendarbeitsschutzgesetz [EB/OL]. (1976-12-04) [2018-01-28]. https://www.gesetze-im-internet.de/fl_hg/Fl%C3%BCHG.pdf.

③ 《青少年劳动保护法》第 14 条第 6 款。Ein Service des Bundesministeriums der Justiz, Allgemeine Vorschriften, Jugendarbeitsschutzgesetz [EB/OL]. (1976-12-04) [2018-01-28]. https://www.gesetze-im-internet.de/fl_hg/Fl%C3%BCHG.pdf.

障青少年的劳动权利①。同时，监察部门和其他相关部门也可以通过政府指令和政府特例的形式对青少年劳动保护及企业相应义务的履行进行监管②。例如，当青少年的健康受到威胁时，监察部门有权告知家长（personensorgeberechtigte）并且要求其接受指定医生的检查，一切费用由国家承担③。

（二）财产性权利保护

鉴于未成年人的身心特性，青少年法律保护以人身性权利为重点，对财产性权利的规定相对较少。针对青少年的财产性权利保护主要体现在对其工资报酬的特别规定上。学徒工的法律身份在德国是雇员（employee），企业主对雇员有给付工资的义务，青少年雇员亦不例外。对于工资保障，《青少年劳动保护法》主要从工作时间计算（间接保护）和薪酬计算（直接保护）两个方面切入。首先，青少年去职业学校上学时，其报酬禁止被取消，不得克减在学校学习的天数，青少年在职业学校必要的每天8小时学习的天数将被计算进工作时间并应给付相应薪酬。其次，工资报酬计算采取多劳多得的原则，对于计件工作，其薪酬与工作速度相关，工作速度越快，薪酬越高。

---

① 《青少年劳动保护法》第26条。Ein Service des Bundesministeriums der Justiz, Allgemeine Vorschriften, Jugendarbeitsschutzgesetz [EB/OL]. (1976-12-04) [2018-01-28]. https://www.gesetze-im-internet.de/fl_hg/Fl%C3%BCHG.pdf.

② 《青少年劳动保护法》第27条。Ein Service des Bundesministeriums der Justiz. Allgemeine Vorschriften, Jugendarbeitsschutzgesetz [EB/OL]. (1976-12-04) [2018-01-28]. https://www.gesetze-im-internet.de/fl_hg/Fl%C3%BCHG.pdf.

③ 《青少年劳动保护法》第42条、第44条。Ein Service des Bundesministeriums der Justiz. Allgemeine Vorschriften, Jugendarbeitsschutzgesetz [EB/OL]. (1976-12-04) [2018-01-28]. https://www.gesetze-im-internet.de/fl_hg/Fl%C3%BCHG.pdf.

第四章

美国业本学习者权利保护制度

第一节 美国业本学习经典路线、法律政策历史演变及现行法律框架

一、美国业本学习经典路线

美国素来有业本学习的历史渊源和理论基础,杜威的实验教育(experimental education)的概念与业本学习异曲同工。"在做中学"的实用主义信条在某种程度上可以认为是以业本学习为基础的思想元素之肇始,刻画了工作实操经验与知识习得之间的紧密互动关系。1994年《从学校到工作机会法案》(School-To-Work Opportunities Act)首次以法律的形式将"业本学习"(work-based learning)与"校本学习"(school-based learning)作为不同的术语进行了规定①。不同于英、德两国以学徒制作为业本学习的主要实践形式,美国业本学习的主要表现形式是生涯与技术教育,业本学习的要素在学生实习过程当中得以最大化地体现。事实上,美国业本学习在实践中也有多种呈现形式。不同形式间的区分标准主要是考虑到工作场所的经验与学生知识学习联系的紧密程度。具体而言,业本学习在美国的推进主

---

① 瑞林:《美国高等教育政策中的业本学习》。Raelin J A. Work-based Learning in US Higher Education Policy [J]. Higher Education, Skills and Work-based Learning, 2010, 1 (1):10-15.

要以不同的教育项目（programs）为展开方式，形式多样，内容丰富，但项目本身的存续与主管机构以及资金的供给情况有很大关联。在"百花齐放，自由生长"的同时，项目运行也存在诸多不确定因素。因此，无法对业本学习的项目形式进行周延式列举，比较典型的项目有由全球合作教育协会（World Association of Cooperative Education）主管的合作教育项目、由合作教育与实习协会（Cooperative Education and Internship Association）主管的实习生项目等[①]。总体上讲，美国业本学习的主要形式有生涯与技术教育项目（career and technical education, CTE）（包含中等及中等后教育阶段）、学生自发参加的实习项目（internship）、高等教育阶段的专业学习（如法律、医院等专业教育）等。需要指出的是，美国也提供学徒制项目，但与前三种形式相比更为"小众"，与欧洲学徒制虽然名称相同，但内涵存在很大差别。与英国的学徒制和德国的双元制不同的是，美国学徒制的受众除了少部分的青少年，还包括已经参加工作、现有技能水平不适应市场需求、需要转行或提升专业技能的年龄较大的成年人[②]。而英国和德国的学徒制项目则主要是针对未初次就业的年轻学习者。在美国业本教育的众多路线形式之中，以生涯与技术教育项目最为典型。在校本职业教育项目的实习环节，

[①] 瑞林：《美国高等教育政策中的业本学习》。Raelin J A. Work-based Learning in US Higher Education Policy [J]. Higher Education, Skills and Work-based Learning, 2010, 1 (1): 10-15.

[②] 史密斯，肯米斯：《走向模范学徒制框架：对国家学徒制度的比较分析》。Smith E, Kemmis R B. Towards a Model Apprenticeship Framework: A Comparative Analysis of National Apprenticeship Systems [M]. New Delhi: ILO, 2013.

实现工作场景要素，整合学习者受教育和劳动者的双重身份，也是分析学习者权利形态与保护机制的最佳样本。

囿于美国的联邦政治体制，美国的生涯与技术教育供给体系高度碎片化且较为复杂。生涯与技术教育体系与普通国民教育体系松散结合，有相互割裂的趋势。相较于美国引以为傲的学术教育，生涯与技术教育体系及改革被相对被边缘化，其制度设计也相对独立封闭。美国生涯与技术教育改革在整个教育发展版图中处于相对封闭的一隅，脱离整个教育体系和其他政策项目，有自己独立的体系。生涯与技术教育的发展在很大程度上独立于主流教育改革。生涯与技术教育并没有被纳入2001年《不让一个孩子掉队》法案的改革设计之中，也没有在竞争性拨款（如"顶级竞赛"或"投资创新基金"）方面取得重大进展。在制度设计上，政策制定者继续把生涯与技术教育作为一个单独的、分散的教育领域，具有自己的财政拨款框架、评估和问责制度，职业教育被视为主流选择的例外。这种安排不是保护或加强职业教育，而是将其与主流教育改革隔离开来①，具有被边缘化的风险。相应的，对职业教育学习者教育权利的规定也呈现碎片化的倾向。

二、法律政策的历史演变

针对业本学习者，美国的法律政策主要包括教育法和劳动

---

① 美国教育部：《职业技术教育全国评估：向国会的最终报告》。US Department of Education. National Assessment of Career and Technical Education: Final Report to Congress [J]. Landslides, 2014, 11（2）: 225-246.

法两个法律领域。在教育法领域，专门性法案 2018 年《加强 21 世纪生涯与技术教育法案》（其前身为铂金斯系列法案）对生涯与技术教育进行了单独规制，与其他教育性法律相对独立。

联邦立法在美国职业教育发展中发挥着至关重要的作用，职业教育相关法案的颁布与再颁布的过程在某种程度上反映了职业教育在美国的进化历程[①]。美国联邦投资支持劳动力发展由来已久，如 1862 年颁布的《莫雷尔法案》（Morrill Land-Grant Act），旨在为"工人阶层"提供农业和机械技能的相关教育[②]。与后续的《哈奇法案》（Hatch Act）、《史密斯—利弗法案》（Smith-Lever Act）一同构筑了美国联邦规制职业教育法律体系的基础。但这三部法案主要关注的是高等职业教育领域，对中等职业教育鲜有涉及。直到 1917 年《史密斯—休斯法案》（Smith-Hughes Act）的最终出台，美国才完成了对彼时各级各类职业教育的全方位涵盖。联邦通过法律财政政策支持职业教育亦始于 1917 年的《史密斯—休斯法案》[③]。该法案旨在促进高中职业教育的发展，通过法案拨付款项支持高中职教项目的生

[①] 弗里德尔：《职业教育何去何从？联邦法规对职业教育期望、设计和功能的影响——以〈铂金斯法案 2006〉为例》。Friedel J N. Where Has Vocational Education Gone? The Impact of Federal Legislation on the Expectations, Design, and Function of Vocational Education as Reflected in the Reauthorization of the Carl D. Perkins Career and Technical Education Act of 2006 [J]. American Educational History Journal, 2011, 38 (1/2): 37.

[②] 戴顿：《高等教育法：原理、政策和实践》。Dayton J. Higher Education Law: Principles, Policies, and Practices [M]. Wisdom Builders Press, 2015: 40-42.

[③] 多特奇：《职业技术教育初探》。Dortch C. Career and Technical Education (CTE): A Primer [J]. 2014.

成,但效果不彰①。

1929年颁布的《乔治法案》(the George Act)追加了每年100万美元的财政投入,尔后出台《职业教育法案》(Vocational Education Act 1963)②,并于1968年和1970年进行了两次修改。1962年颁布了《人力资源与培训法》(The Manpower Development and Training Act of 1962),紧接着在1963年出台了《职业教育法案》。《铂金斯法案》(Perkins Act)自1984年第一次颁布以来,共进行了三次再授权,分别在1990年、1998年和2006年(Perkins Act II、III、IV)。这三次修订集中反映了美国职业教育对特殊群体的关照、对问责的关注以及对学术与技术并行融合的重视③。除此之外,不能忽视相关的几个起辅助作用的配套法案。这些法案在某种意义上是对铂金斯系列法案的加持,共同发挥作用。他们分别是:《从学校到工作法案》(Shool-to-Work Opportunity Act,该法案在2001年被宣布失效)、《目标2000:美国教育法案》(Goals 2000: Educate America Act)和

---

① 克赖辛:《美国职业教育:改革与成果》。Kreysing M. Vocational Education in the United States: Reforms and Results [J]. Vocational Training: European Journal, 2001, 23, 27-35.

② 弗里德尔:《职业教育何去何从?联邦法规对职业教育期望、设计和功能的影响——以〈铂金斯法案2006〉为例》。Friedel J N. Where Has Vocational Education Gone? The Impact of Federal Legislation on the Expectations, Design, and Function of Vocational Education as Reflected in the Reauthorization of the Carl D. Perkins Career and Technical Education Act of 2006 [J]. American Educational History Journal, 2011, 38 (1/2): 37.

③ 弗里德尔:《职业教育何去何从?联邦法规对职业教育期望、设计和功能的影响——以〈铂金斯法案2006〉为例》。Friedel J N. Where Has Vocational Education Gone? The Impact of Federal Legislation on the Expectations, Design, and Function of Vocational Education as Reflected in the Reauthorization of the Carl D. Perkins Career and Technical Education Act of 2006 [J]. American Educational History Journal, 2011, 38 (1/2): 37.

《国家技术标准法案》(National Skills Standard Act)[1]。

为教育提供财政支持是美国政府公共服务的重要内容，美国政府会通过多个项目来达成对职业教育的财政支持。铂金斯系列法案是众多项目之一，也是最主流、最重要的系列法案（该系列法案在2018年被重新授权并更名为《加强21世纪生涯与技术教育法案》）。根据美国政府问责办公室（Government Accountability Office，GAO）的数据，美国仅在2009财政年度就提供了34个联邦项目来支持职业教育与培训。例如《铂金斯法案2006》（Carls D. Perkins Act of 2006）、《贸易调整援助计划》[2][3]［the Trade Adjustment Assistance (TAA) Program］、《失业工人和青年劳动力投资法案》[4]（Workforce Investment Act programs for Dislocated Workers and Youth Activities）等。《铂金斯法案1984》实际上是对《职业教育法案》（Vocational Education Act）的代替与修改[5]。该法案主要有两个目的：一是增强经济

---

[1] 克赖辛：《美国职业教育：改革与成果》。Kreysing M. Vocational Education in the United States: Reforms and Results [J]. Vocational Training: European Journal, 2001, 23, 27-35.

[2] 柯林斯：《工人贸易调整援助计划》。Collins B. Trade Adjustment Assistance for Workers [C]. Congressional Research Service Reports. Congressional Research Service, Library of Congress, 2012: 239-255.

[3] 博伊德：《贸易调整援助：法律及其实施》。Boyd E. Trade Adjustment Assistance for Communities: The Law and Its Implementation [J]. 2011.

[4] 洛德曼：《劳动力投资法案（WIA）：项目概述及2006年度第一批培训计划经费》。Lordeman A. The Workforce Investment Act (WIA): Program-by-program Overview and FY 2006 Funding of Title I Training Programs [C]. Congressional Information Service, Library of Congress, 2006.

[5] 戈登，舒尔茨：《美国职业技术教育的历史与发展》。Gordon H R D, Schultz D. The history and growth of career and technical education in America [M]. Waveland press, 2020: 128.

发展动力；二是满足特殊人群对职业教育资源的需求①，即"扩大、提升、发展职业教育项目的规模和质量，以满足国民劳动力技能提升、经济进一步增长的需求"②。自《铂金斯法案》第一次颁布以后，经历数次修订和授权，成为美国职业教育制度领域的核心法案。2018年，该法案在总统特朗普的签字授权下正式更名为《加强21世纪生涯与技术教育法案》（Strengthening Career and Technical Education for the 21st Century Act）。

事实上，美国职业教育联邦法案的历次演绎都深植于其当时的社会经济背景。《史密斯—休斯法案》的制定肇始于美国工业革命的战略发展；1963年《职业教育法案》的出炉源于产业结构调整引发的劳动力市场需求结构的重塑以及失业率持续攀升的压力；20年后的《铂金斯法案》的制定根植于对经济复兴的追求和教育振国的战略设想。铂金斯系列法案亦是如此，其每一次修订都与美国经济形势的变化紧密相连。1983年，全国卓越委员会发表"处在危险边缘"（A Nation at Risk）报告，对美国的教育改革产生了深远的影响。报告指出："我们的国家到了极其危险的时刻，我们曾经无与伦比的在商业、工业、科学和技术领域技术创新的优势正在被超越，我们的教育曾经为美

---

① 弗里德尔：《职业教育何去何从？联邦法规对职业教育期望、设计和功能的影响——以〈铂金斯法案 2006〉为例》. Friedel J N. Where Has Vocational Education Gone? The Impact of Federal Legislation on the Expectations, Design, and Function of Vocational Education as Reflected in the Reauthorization of the Carl D. Perkins Career and Technical Education Act of 2006 [J]. American Educational History Journal, 2011, 38（1/2）：37.

② 斯科特，萨奇斯-威辛斯基：《职业技术教育概览（第4版）》. Scott J. and M. Sarkees - Wircenski. Overview of Career and Technical education（4th Edition）[M], American Technical Publishers. 2008：128.

国人民的福祉作出重要贡献,而今正在被平庸的潮流侵蚀,竞争者正在超越我们的教育水平。"①

1990年,《铂金斯法案》迎来了它的第一次修订。条款的修订深植于对经济发展态势转变的深刻认识②。20世纪90年代初,美国计算机信息技术高速发展,经济向以服务为基础的经济(service-based economy)转变。该法案修订的另一原因来源于美国当局对于本国经济趋向落后于其他国家的惶恐③。《铂金斯法案1990》首次强调了职业教育作为终身学习体系之一部分的重要性,并开始关注中等职业教育与高等职业教育之间的衔接性④。《铂金斯法案1990》有许多改进,最为显著的亮点是提出"高科技准备计划"(TECH-PREP)⑤。"高科技准备计划"

---

① 克赖辛:《美国职业教育:改革与成果》。Kreysing M. Vocational Education in the United States: Reforms and Results [J]. Vocational Training: European Journal, 2001, 23, 27-35.

② 弗里德尔:《职业教育何去何从? 联邦法规对职业教育期望、设计和功能的影响——以〈铂金斯法案2006〉为例》。Friedel J N. Where Has Vocational Education Gone? The Impact of Federal Legislation on the Expectations, Design, and Function of Vocational Education as Reflected in the Reauthorization of the Carl D. Perkins Career and Technical Education Act of 2006 [J]. American Educational History Journal, 2011, 38 (1/2): 37.

③ 崔顿:《2006年铂金斯职业技术教育法和职业技术教育教师及教职成员的角色与责任》。Threeton M D. The Carl D. Perkins Career and Technical Education (CTE) Act of 2006 and the Roles and Responsibilities of CTE Teachers and Faculty Members [J]. Journal of Industrial Teacher Education, 2007, 44 (1): 66-82.

④ 弗里德尔:《职业教育何去何从? 联邦法规对职业教育期望、设计和功能的影响——以〈铂金斯法案2006〉为例》。Friedel J N. Where Has Vocational Education Gone? The Impact of Federal Legislation on the Expectations, Design, and Function of Vocational Education as Reflected in the Reauthorization of the Carl D. Perkins Career and Technical Education Act of 2006 [J]. American Educational History Journal, 2011, 38 (1/2): 37.

⑤ 布拉格:《八地联合"高科技准备计划"初步结果摘要》。Bragg D D. Promising Outcomes for Tech Prep Participants in Eight Local Consortia: A Summary of Initial Results [J]. 2001.

（TECH-PREP）是美国教育改革运动中的巨大创新，在《铂金斯法案1990》被首次提出后，于1994年《从学校到工作法案》中被重申和修订①。1998年重新授权颁布的《铂金斯法案》（铂金斯法案Ⅲ），与1998年颁布的《劳动力投资法案》（Workforce Investment Act）合力为各州形成统一一致的职业教育治理计划提供了制度框架②。

根据《铂金斯法案1998》的规定，法案将于2004年到期，但彼时布什政府颁布《不让一个孩子掉队》法案，对美国职业教育的发展情况表示担忧并对《铂金斯法案》的有效性表示质疑。美国国内各利益团体关于此问题的争论直到美国参议院全票通过《铂金斯法案2006》才宣告基本结束③。《铂金斯法案2006》旨在进一步发展中等及高等职业教育，更加注重市场对劳动力的需求，主要将关注的重点放在发展能够提供高技能、

---

① 该计划向各州提供援助，实行"2+2模式"，即由两年中等教育以及至少两年的高等教育组成，计划向参与的教育机构及财团授予补助金，旨在提供技术教育。完成学业的学生获得副学士学位或两年证书，该计划还旨在加强中学和高等教育之间的联系。详见美国教育部：《高科技准备计划教育》。U. S Department of Education. Tech-prep Education [EB/OL]. (2016-10-09) [2017-10-18]. http://www2.ed.gov/programs/tech-prep/index.html.

② 弗里德尔：《职业教育何去何从？联邦法规对职业教育期望、设计和功能的影响——以〈铂金斯法案2006〉为例》。Friedel J N. Where Has Vocational Education Gone? The Impact of Federal Legislation on the Expectations, Design, and Function of Vocational Education as Reflected in the Reauthorization of the Carl D. Perkins Career and Technical Education Act of 2006 [J]. American Educational History Journal, 2011, 38 (1/2): 37.

③ 弗里德尔：《职业教育何去何从？联邦法规对职业教育期望、设计和功能的影响——以〈铂金斯法案2006〉为例》。Friedel J N. Where Has Vocational Education Gone? The Impact of Federal Legislation on the Expectations, Design, and Function of Vocational Education as Reflected in the Reauthorization of the Carl D. Perkins Career and Technical Education Act of 2006 [J]. American Educational History Journal, 2011, 38 (1/2): 37.

高工资的学习项目,尤其是为高需求的新兴职业做准备[1]。在《铂金斯法案 2006》颁布之前,"职业教育"(Vocational Education)仍是通用术语,也被称作 TVET(technical and vocational education)或"技术教育"(technical education)[2],《铂金斯法案 2006》正式将其更名为"生涯与技术教育"(career and technical education),这也是其作为法律术语首次出现[3]。

从 1962 年到 1998 年,美国联邦职业教育培训政策基本上每十年作出一次重大变革[4]。《铂金斯法案 2006》落地后,不乏美国政府及机构对其进行的审视及思考。政府先是发布了《投资美国未来:改革生涯与技术教育蓝图》(Investing in America's Future: A Blueprint for Transforming Career and Technical Education),尔后美国国会研究办公室(Congressional Research Serv-

---

[1] 多特奇:《铂金斯法案 2006:实施问题》。Dortch C. Carl D. Perkins Career and Technical Education Act of 2006: Implementation Issues [C]. Congressional Research Service Reports. Library of Congress. Congressional Research Service. 2013: 63-81.

[2] 多特奇:《铂金斯法案 2006:实施问题》。Dortch C. Carl D. Perkins Career and Technical Education Act of 2006: Implementation Issues [C]. Congressional Research Service Reports. Library of Congress. Congressional Research Service. 2013: 63-81.

[3] 弗里德尔:《职业教育何去何从?联邦法规对职业教育期望、设计和功能的影响——以〈铂金斯法案 2006〉为例》。Friedel J N. Where Has Vocational Education Gone? The Impact of Federal Legislation on the Expectations, Design, and Function of Vocational Education as Reflected in the Reauthorization of the Carl D. Perkins Career and Technical Education Act of 2006 [J]. American Educational History Journal, 2011, 38 (1/2): 37.

[4] 美国在 1962 年颁布《人力开发与资源培训法》(Manpower Development and Training Act);1973 年颁布《全面就业与培训法》(Comprehensive Employment and Training Act);1983 年颁布《职业培训与合作法》(Job Training and Partnership Act);1998 年颁布《劳动力投资法》(Workforce Investment Act)。历次较大规模的法律革新之间相距均是大约十年,详见杰弗里·法兰克尔,彼得·奥萨格. 美国 90 年代的经济政策 [M]. 北京:中信出版社,2003:551.

ice）在该蓝图的基础上发布了《铂金斯生涯与技术教育法2006：实施问题》(Carl D. Perkins Career and Technical Education Act of 2006：Implementation Issues)[①]。2016年，作为对社会经济形势和教育内在发展需求的回应，美国政府加快了《铂金斯法案》的立修进程，提出了对《铂金斯法案》重新授权的修改提案。但法案重新授权的进程缓慢而艰辛。2018年7月，时隔12年之久，美国《铂金斯法案》终于迎来了修订，更名为《加强21世纪生涯与技术教育法案》(Strengthening Career and Technical Education for the 21st Century Act)。在原有《铂金斯法案》的基础上，新的法案作出了很多改进，如增强州一级的领导力，系统性地要求各州对本州内及重点区域的经济需求进行准确识别，职业教育项目运营管理者、行业、企业、学生、家长等利益相关方在支持或参加何种项目的抉择中有效的信息供给等，帮助广大美国青少年做好学术和职业的双重准备。

美国对劳动者的立法保护肇始于19世纪中叶。1848年，加州出台了一项禁止9种工厂使用12岁以下儿童的法律，此即为美国劳动立法的开端。19世纪中叶以后，欧美各国进入自由资本主义阶段。这一时期，随着资本主义经济的发展和各国工人运动的普遍高涨，再加上"工厂立法"的产生，各国对劳动法的作用更加重视。然而这一时期，美国却鲜有颁布相关劳动法律，当时的美国奉行"意思自治"之原则，即劳动关系是建立

---

① 多特奇：《铂金斯法案2006：实施问题》。Dortch C. Carl D. Perkins Career and Technical Education Act of 2006：Implementation Issues [C]. Congressional Research Service Reports. Library of Congress. Congressional Research Service. 2013：63-81.

在双方达成合意的基础上（at will），不需要法律加以不必要的管制与约束。这一现象在进入垄断资本主义时期后尤为突出。最为典型的代表即联邦最高法院在"洛克纳诉纽约州"（Lochner v. New York）一案中作出的裁定，其认为纽约州所制定的"面包房工人一周工作时间不得超过 60 小时"的规定有违契约自由的原则（contract free），因而判定洛克纳胜诉。

在"洛克纳"时代，各州虽然相继出台了保护劳工权益之法律以顺应经济社会发展，但在联邦层面对此依旧置若罔闻。最高法院甚至将保护劳工权益视作"有违宪法的（unconstitutional）"，其认可雇主强制雇员脱离工会组织并宣称联合罢工（strike in solidarity with colleagues of other firms）违法，也不存在对于妇女及未成年人劳动者的最低工资规定。可以说，这一时期美国的司法及立法机关对于劳动者是极为不友好的。

在经历史无前例的金融危机（1929—1933 年）后，罗斯福总统推行了一系列保护劳工权益的法律，自此美国权力机关越发重视劳动者权利之保护。当代美国劳动法大多出现于 1935 年至 1974 年间，这期间通过的一系列法律及最高法院之有关解释是美国劳动法律之基础与核心。例如，1935 年《国家劳动关系法》规定了劳动者有组建工会之权利；1938 年《公平劳工标准法》则对最低工资、工作时间及休息休假等劳动者之切身利益作出了详细的规定；1963 年《同工同酬法》、1967 年《就业年龄歧视法》、1973 年《公平就业机会法》等构成了较为完备的反歧视法律体系。总体来看，当代美国劳动立法始终认为劳动者处于弱势地位，对其安全、工资和福利等作了充分的考虑，有关劳资关系的法律都对劳方利益予以周到保护。另一方面，雇主也有相应的法律赋予其权利，如其招聘与解雇行为，只要基于正当理由，均受法律保护；对于大规模解雇行为，只要提前向劳工部申报即可，不受雇员诉讼和国家干预。

针对与工作相融合的学习中的学习者（以下简称学习者），美国劳动法作出了许多差异化的处理。一方面，先以"劳动者"这一概念对学习者这一群体加以区分，囊括在劳动者范围内的学习者将受到与普通劳动者同等甚至更为特别的保护；而不属于劳动者的学习者，则通过专项立法补充说明其是否能适用一般劳动立法或作出其他具体规定。另一方面，对于劳动者范畴内的学习者，劳动立法会结合其实际情况，在一般立法上作出特殊规定，以维护立法公正，更好地保护其各项劳动权利。

三、现行法律政策的一般性框架

美国调整职业教育学习者权利的法律在效力层级上主要有三个层次：国际法、联邦法和地方法律法规。在国际及超国家区域立法层面，法律主要以公约或国际法的方式呈现。鉴于联邦制的主权由联邦和各州共享，美国国内的立法层次也相对较丰富。如下表所示，针对生涯与技术教育领域，在联邦层面有法律、条例、指令和行政指导四个层次，其中行政指导不具备法律约束力，属于政策的范畴。例如教育部会定期发布相关政策指导，为职业教育绩效评估提供建议方法及模型，各州可参考这一指导意见与教育部工作人员协商制定自己的地方政策，以支持联邦法案的最终实施。各州和地方立法包括法律、条例

(如《弗吉尼亚生涯与技术教育管理条例》，Regulations governing Career and Technical Education）和州计划（state plan）三个层面，其中州计划属于非法律的政策性文件。

表4-1　美国法律渊源层级架构及表现形式

国际法及超国家区域法	公约（conventions） 法律（laws）
联邦层面法律政策	法律（laws） 法规（regulations） 指令（directives） 政策指引（policy Guidance）
州和地方法律法规	州法律（state laws） 州法规（state regulations） 州计划（state plan）

针对业本学习者，相关法律政策的范围也是较为广泛的，主要包括教育法和劳动法两大法律部门。在教育法方面，虽然前有铂金斯系列法案，后有2018年7月颁布的《加强21世纪生涯与技术教育法案》（Strengthening Career and Technical Education for the 21st Century Act），但法案的内容主要以拨款方式和条件为主，对于学习者权利的规定和关照并不全面，需要其他法律的相关规定予以辅助规定和保护。因此，美国教育法与劳动法法域各法案的相关规定尽管以分散的方式存在于不同法案，但各规定间协同作用，保护业本学习者不同侧面的权利。

表 4-2 美国业本学习者权利保护相关法案

教育相关法案	
《加强21世纪生涯与技术教育法案》	Strengthening Career and Technical Education for the 21st Century Act
《每个学生成功法》	Every Student Succeeds Act
《美国未来农业家协会联邦宪章》	National FFA Federal Charter
《人力创新与机会法案》	Workforce Innovation and Opportunity Act, WIOA
《不让一个孩子掉队法案》	No Child Left Behind Act
《高等教育法》	Higher Education Act
《教育与经济安全法》	Education for Economic Security Act
《基础与中等教育法》	Elementary and Secondary Education Act
《家庭教育权利与隐私法》	Family Educational Rights and Privacy Act, FERPA
《教育部门一般性行政条例》	Education Department General Administrative Regulations, EDGAR
《残疾人教育法案》	Disabilities Education Act
《康复法》	Rehabilitation Act of 1973
《残疾人教育促进法》	Individuals with Disabilities Education Improvement Act of 2004
劳动相关法案	
《国家劳动关系法》	National Labor Relations Act
《公平劳工标准法》	Fair Labor Standard Act
《同工同酬法》	Equal Pay Act
《美国老年人法案》	Older Americans Act of 1965
《就业年龄歧视法》	Age Discrimination Act

续表

劳动相关法案	
《职业安全卫生法》	The Occupational Safety and Health Act
《公平就业机会法》	Equal Employment Opportunity Act
《工会法》	Trade Act of 1974
《瓦格纳佩塞法案》	The Wagner-Peyser Act

四、现行核心法律架构

在提案被重新授权之前，《铂金斯法案 2006》是美国职业教育培训体系的基础性、核心性法案，对联邦与州之间的权责分配以及拨款规则进行了规定。2018 年，提案正式更名为《加强 21 世纪生涯与技术教育法案》（Strengthening Career and Technical Education for the 21st Century Act），成为新的职业教育专门法案。与此同时，以《加强 21 世纪生涯与技术教育法案》为核心，职业教育领域还有几部重要法案，与专门法案紧密配合，交叉互动，服务于生涯与技术教育项目的运行及学习者权利保护，它们是：《每个学生成功法》（Every Student Succeeds Act，ESSA）、《人力创新与机会法案》（Workforce Innovation and Opportunity Act，WIOA）、《美国未来农业家协会联邦宪章》（National FFA Federal Charter）。其中，《人力创新与机会法案》（Workforce Innovation and Opportunity Act，WIOA）的立法目的是扫除就业障碍，为年轻人及社会大众提供更多的就业、教育、培训机会和支持服务［section2（1）］，提升其技能水平，帮助其顺利进入劳动力市场。该法案的一大特点是将业本学习视为政策核心之一，要求拨款的至少 20% 要用于青少年的就业机会提升和教育培训项目,如学徒制项目、青年建设计划(youthbuild)、预学徒项目、实习项目、跟岗项目等业本学习项目和计划。通过"统一的战略规划要求、共同的绩效责任以及一站式交付系统"三大措施在联邦、州、地方和部落层面提供协调和支持。《每个学生成功法》(ESSA)签署颁布于 2015 年 12 月 10 日,要求所有在美国学习的学生都能够接受高标准的教育,并促使他们在学术和职业方面做好双重准备并取得成功。该法案通过年度对各州的评估向教育工作者、家庭、学生和社区提供重要信息,监控教育教学进展,支持和发展地区教育创新并给予适当的干预[1]。作为教育体系的一部分,以校本教育为主的美国职业教育也受该法的调整。

美国 FFA 组织(Future Farmers of America,也被称为美国未来农业家协会)根据美国第 81 届国会大会于 1950 年通过的"联邦宪章"(Federal Charter)运行。宪章认为 FFA 是农业、食品和自然资源领域(AFNR)公共教育的组成部分,具有相当的重要性。1998 年,美国第 105 届代表大会审议并通过了第 81—740 号公法修正案(现行第 105—225 号)。美国教育部通过职业、技术和成人教育办公室(OCTAE)进行总体把控,向 FFA 提供指导,为州和地方农业职业教育项目提供服务[2]。美国最

---

[1] 铂金斯合作资源网络:《每个学生成功法》。Perkins Collaborative Network. Every Student Succeeds Act [EB/OL]. (2015-12-10) [2018-08-16]. http://cte.ed.gov/legislation/about-essa.

[2] 铂金斯合作资源网络:《美国未来农业家协会联邦宪章》。Perkins Collaborative Resource Network. National FFA Federal Charter [EB/OL]. (1950-01-01) [2016-08-16]. http://cte.ed.gov/legislation/national-ffa-organization.

早的职业教育立法就肇始于农业和机械技能领域，正是意识到亟需扩展该领域人才的教育培养力度，1862年国会通过了《莫雷尔法案》（Morill Act, 7 U.S.C. 301 et. seq. 1862），紧接着在1887年又通过了《哈特法案》（Hatch Act, 7 U.S.C. 361a et seq 1887），旨在提供农业和机械技能教育，促进农业科学的发展。某种程度上，这两部法律奠定了美国高等教育法律体系的基础[1]。因此，FFA在美国职业教育规制体系中占有重要地位。

第二节　美国业本学习者权利的教育法保护

一、教育质量保障请求权

相较于英国和德国，美国的职业教育供给并不集中，碎片化的同时具有边缘化的特点，与普通学位教育体系相比处于较明显的劣势，二者地位相对失衡。因此，美国生涯与技术教育十分注重项目内容质量的保证，对学生的学习成果有较高的要求，如《铂金斯法案2006》规定，"要确保参与生涯和技术教育计划的学生与其他所有学生一样被传授具有挑战性的知识，培养学术能力"。为了实现职业教育学习者教育质量的高效保障，法律主要从实质内容和形式程序两个方面着手展开。

---

[1] 戴顿：《高等教育法：原理、政策和实践》。Dayton J. Higher Education Law: Principles, Policies, and Practices [M]. Wisdom Builders Press, 2015: 40-42.

(一) 教育与培训内容设计

通读《加强 21 世纪生涯与技术教育法案》可以发现，法案的通篇重复率，较高的词语有："coherent（一致）、rigorous（严格）、challenging（具有挑战性）、aligned（均衡）、integration（一体化）"等。作为教育内容（content）的前缀，生涯与技术教育项目的内容需要满足严谨一致、包容协调、创新性、挑战性、递进性等要求。对于生涯与技术教育的教学内容，法律政策主要有两个层面的要求：非重复性和学术与实践双重结合。

1. 非重复性（Non-duplication）

非重复性的要求旨在为学习者提供有梯度的、高效率的职业教育，保持生涯与技术教育项目运行的持续创新性。在美国，生涯与技术教育项目的非重复性建设效果并不理想。据统计，只有 42% 的地方中等教育机构负责人和 59% 的高等教育机构负责人认为本机构能够提供至少一项非重复性的跨中、高等教育的职业教育项目（POS)[1]。对此，法律要求各州提供协调的、非重复的、能够有效连接中、高等职业教育的课程。具体而言，对于教育内容的"非重复"有两个方面的要求，一方面是纵向上，中等职业教育项目与中等后职业教育项目要体现出梯度变化，课程内容不能简单重复；另一方面是联邦法案资金授权资助的项目计划与其他正在运行的联邦资助项目内容上必须有所区别，体现创新性，且已经与技术发展和市场需求脱轨的项目

---

[1] 美国教育部：《职业技术教育全国评估：向国会的最终报告》。US Department of Education. National Assessment of Career and Technical Education: Final Report to Congress [J]. Landslides, 2014, 11 (2): 225-246.

要及时更新。对于实现这一目标的路径，法律并没有作强制性规定，各州有较大的制度设计空间。例如，南卡罗来纳州采取的做法是规定在地方人力投资董事会中必须有来自技术学院的代表，代表间保持密切的交流与合作，以确保本州各技术学院对已有生涯与技术教育项目内容的充分知悉并避免类似教育项目的重复设置。地方各技术学院每年都会根据法律和政策的相关要求对劳动力市场需求和项目内容进行评估审查，对不符合当下市场形势的项目及时处理，重新对现有项目根据市场需求的有限性进行教育资源的分配，保证项目间的协调性和非重复性①。

2. 学术知识与实践技能的融合

针对生涯与技术教育项目的内容设计，法案还要求每个州要重视项目教育内容中学术与技术的结合，并且强调二者应当是一种强相关的高效融合关系。鼓励教育机构从中等教育阶段就展开与工业行业的积极合作，尽可能地为学生提供工作场所的实操经验，最大限度地接触最新的行业动态和前沿技术技能②。同时，法案要求对于技术技能的学习应最大限度地满足其软件和硬件需求。例如，针对"培训计划"和"工作场所"的

---

① 美国教育部职业和成人教育办公室：《铂金斯法案 2006：州计划提交指南》。U. S. Department of Education Office of Vocational and Adult Education. The Carl D. Perkins Career and Technical Education Act of 2006: Guide for the Submission of StatePlans [EB/OL]. (2022-04-30) [2022-05-28]. https://careertech.org/wp-content/uploads/sites/default/files/PerkinsV_State_Plan_Guide_April2019.pdf.

② 美国教育部：《加强 21 世纪生涯与技术教育法案》。U. S. Department of Education. Strengthening Career and Technical Education for the 21st Century Act: Section 124 (2), (3), [EB/OL]. (2018-07-31) [2018-09-06]. https://www.congress.gov/bill/115th-congress/house-bill/2353.

要求，一方面，专家及技师指导供给必须在"培训计划"（Training plan）中得以明确。培训计划是一种法定文本形式，计划文本中必须对学校产业合作教学中的实操指导相关细节进行明确，保证学生在实际技能学习中获得足够的指导和监管。各州通常会通过政府指引的方式为培训计划提供文本范本。另一方面，对于工作模拟学习场所（work station）的提供，一般规定该教室或实验室要具备所有学习培训所必需的适当环境、设备、学习资料等，以保证学习者知识的获得与能力的培养。但同时法律亦不忽略学校端的课程教授，以课堂为单位，法案确保在课堂授课学习过程中，学生能够获得教师及时的指导以及高质、足量、可持续的学术知识。以学生为中心，关注学生的个体需求及愿景，结合并贴近劳动力市场实际需要，提供学术与技术并重的教育与培训，为学习者的学术与职业发展奠定基础[1]。

（二）对教育提供主体的严格把控

在生涯与技术教育服务的组织提供主体方面，主要从两个方面展开：适格的联邦资金接受机构（提供项目的具体组织机构）以及高水平的教师队伍。首先，严格甄选适格的教育服务提供机构。在以项目制为职业教育运行展开模式的美国，教育服务提供方的适格至关重要，直接关系到职业教育各项目的可

---

[1] 美国教育部：《加强 21 世纪生涯与技术教育法案》。U. S. Department of Education. Strengthening Career and Technical Education for the 21st Century Act: Section 7 (3) (A-E) [EB/OL]. (2018-07-31) [2018-09-06]. https://www.congress.gov/bill/115th-congress/house-bill/2353.

持续性，进而影响联邦资金的使用和整个体系的高效能运行。因此，为保证项目运行质量，《人力创新与机会法案》（Workforce Innovation and Opportunity Act，WIOA）对于职业培训的适格提供者有很严格的要求。根据该法案第122条的规定，所有适格的项目组织机构必须符合州长在州董事会合议中制定的相关项目标准、考核、信息和程序等要求。其次，注重教师队伍水平和素质的提高。实际上，法律政策对此项工作的重视不仅源于教师作为一线教学服务提供主体在保证教育项目质量上的核心重要性，更是具有十分重要的现实意义。在美国，中高等教育机构在职业教育项目实施过程中仍然存在横向衔接不畅的问题。一方面，学术型教师和专门教授职业教育项目课程的教师间存在分歧，无法良好地合作互动。另一方面，很多教师及学校相关人员对重点职业教育项目（如 Program of Study）本身并没有良好的理解和认识，甚至不清楚项目的概念及相应的执行主体。此问题不仅存在于职业教育教师中，教授学术知识的老师对职业教育的相应项目也疏于了解。据统计，有将近一半的职业教育项目负责人认为项目教师及工作人员对项目本身缺乏认识，40%的中学和28%的高等教育机构报告称学术型教师同样存在此问题[1]。另外，2011—2012年度，相关统计指出美国提供职业教育的中学教师相较于教授学术课程的中学教师而言，很少拥有本科学位。决定职业教育项目质量的关键是教师的教学

---

[1] 美国教育部：《职业技术教育全国评估：向国会的最终报告》。US Department of Education. National Assessment of Career and Technical Education: Final Report to Congress [J]. Landslides, 2014, 11 (2): 225-246.

水平，教师本身的学术水平以及将学术知识与技术实践有效融合的能力十分重要。要想提高职业教育项目的质量，教师要对项目本身有准确全面的把握，要能及时把握本专业领域前沿技术的发展更新，更需要将知识和技能有效地传递给学生。为此，美国教育部提出，中学教师和大学教师在未来应在一起工作，综合地教授学术、职业和技术内容，使学生更好地掌握教材，并获得与实际生活紧密相关的职业实践技能和职业选择能力。同时，《铂金斯法案2006》也作出规定，要求各州在"州项目计划"（state plan）中，必须计划并阐释如何提升教师的职业素养、确保实操场所指导老师的技能水平等。教师必须具备高质量、可持续的知识和技能水平，熟知行业的最新动态和相应技能要求，拥有严谨认真的教学态度，不断实现知识更新和自我发展。同时，在2016年关于《铂金斯法案》的提案中，一方面前后4次提出要为提供职业教育学习项目学校的校长、教师及管理人员提供培训及获得学历和职业技能证书的机会，提升其业务水平，确保生涯与技术教育项目的教师及时更新行业知识；另一方面鼓励地方学校实践循证的教学方式方法，与行业协会合作创新，使教学实践更加高效。也就是说，教师教学和技能水平的提高是建立在循证的基础之上的，以研究和大数据为基础。在获取大量数据的基础上，各州指派专门机构开展调查和研究，总结出最优实践方案，为教师教学改进提供研究支持。

（三）特别项目计划的实施：致力于项目质量的提高

"学习项目计划"（Programs of Study）严格来讲是《铂金斯法案2006》的一项政策名称，也是法案的一项重要创新，其目标是促使各州在已有批准项目（《铂金斯法案》1998 授权项目）的基础上，提供更高标准的职业教育培训项目。学习项目计划脱模于"技术预备计划"（TECH-PREP），是在技术预备计划运行出现诸多问题后的一项改良和尝试。根据该计划，在中学及中学后层面，各州必须提供至少一个生涯与技术教育相关计划（也就是至少一项学习项目计划）。引入学习项目计划之后，《铂金斯法案 2006》给予各州一定的选择权，既可以选择将原本获得的运行技术预备计划的资金并入总资金中，也可以继续运行技术预备计划，但必须符合法案制定的相关标准且必须完成开发至少一项学习项目计划的工作指标[①]。学习项目计划涵盖职业教育的各项关键指标：学术标准、职业技能、中学教育与中学后教育的衔接以及普遍承认的文凭。具体来讲，任何一项由州举办的生涯与技术教育项目必须横跨中学及中学后教育，包含能够同时培养高标准知识和技能水平的、内容阶梯递进的课程体系，尽可能提供学生获得学历文凭、业界认可技能证书的通道，为学生提供学业、职业双重准备[②]。通过对学习项目计划的政策设定，法案试图对项目质量进行全方位的监控。

[①] 弗里德尔：《职业教育何去何从？联邦法规对职业教育期望、设计和功能的影响——以〈铂金斯法案 2006〉为例》。Friedel J N. Where Has Vocational Education Gone? The Impact of Federal Legislation on the Expectations, Design, and Function of Vocational Education as Reflected in the Reauthorization of the Carl D. Perkins Career and Technical Education Act of 2006 [J]. American Educational History Journal, 2011, 38 (1/2): 37.

[②] 多特奇：《铂金斯法案 2006：实施问题》。Dortch C. Carl D. Perkins Career and Technical Education Act of 2006: Implementation Issues [C]. Congressional Research Service Reports. Library of Congress. Congressional Research Service. 2013: 63-81.

（四）层层递进的组织机构保障

美国生涯与技术教育的组织机构保障主要有宏观、中观和微观三个层面。宏观层面主要指联邦国家层面，如国务秘书是生涯与技术教育开展的重要义务主体，又如教育部（The Department of Education）、职业、技术与成人教育办公室（Office of Career, Technical, and Adult Education, OCTAE）等机构。其中，职业、技术与成人教育办公室的重要职责之一就是建立生涯与技术教育项目的评估标准体系并完成对项目质量的全方位监管。中观层面主要指各州及相关机构。例如，弗吉尼亚州为了生涯与技术教育的开展专门建立了"教育董事会"（State Board of Education）。作为对相关项目开展的组织支持，州教育董事会的机构宗旨是推进并管理州内各行业的职业教育，尤其是对农业、工商业、家政行业、医药行业等从业人员数量较多的行业的培训进行监管，为青少年等学习者的权利保障提供机制倚仗。微观层面主要指地方教育机构及相关社会组织实体。例如，在美国，很普遍的一种组织实践形式是"职业与技术学生会"（Career and Technical Student Organization），又如在职业教育领域十分活跃的美国未来农业家协会（Future Farmers of America, FFA）、美国未来商业精英协会（Future Business Leaders of America, FBLA）、未来教育家协会（Future Educators Association, FEA）等。该类组织的建立需要通过国家或各州授权批准，个人可以通过注册加入不同行业的学生组织，其诉求和权益可以通过注册组织的综合运作得以传达和保障。同时，制度设计还试图通过加强地方层面各利益相关方的合作伙伴关系来提高教育质量，《加强21世纪生涯与技术教育法案》要求各州采取措施支持当地教育机构之间的合作伙伴关系，如高等教育、成人教育机构，以及其他实体，如雇主、劳工组织、中介机构、家长和社区之间的合作伙伴关系，以使项目的教育内容达到国家学术标准，提供学术知识与职业技术技能融合的"全课程"[①]。在具体实践中，有的州会专门撰写"行业必备技能明细"（workplace readiness skills），明确罗列从事某行业所需要的个人资质、社交技能、专业知识、技术技能。所有的这些要求和标准都是经过本州企业雇主协商、统一认可之后向大众提供的。综上所述，组织保障从层层递进的微观、中观、宏观三个层面同时进行搭建，为生涯与技术教育项目的运行提供组织依托。

（五）及时有效的质量评估与监控

质量评估与监控是项目质量保障的重要环节，也是最后一道关卡。为此，美国在制度设计上主要从有效评估、州项目运行计划强制性提交、建立标准和核心绩效指标以及专项用途联邦资金的使用监控四个方面着手。

1. 有效评估

评估主要由独立的第三方进行，由其他相关机构协助执行。法律规定，国务秘书（The Secretary）有义务通过独立的第三方对职业教育项目进行考核评估与监督问责。其中，针对学徒制

---

① 美国教育部：《加强21世纪生涯与技术教育法案》。U. S. Department of Education. Strengthening Career and Technical Education for the 21st Century Act: Section 124 (6), [EB/OL].（2018-07-31）[2018-09-06]. https://www.congress.gov/bill/115th-congress/house-bill/2353.

项目，美国劳动部负有专门的评估标准制定和考核责任。

2. 州项目运行计划强制性提交

州项目运行计划（state plan）是对项目运行质量预监控的重要手段。《加强21世纪生涯与技术教育法案》要求在所有的州项目计划当中，确保本州所有的生涯与技术教育项目都能够包含协调一致、标准严苛的项目内容，该内容必须兼具挑战性的学术标准和与市场强相关的生涯与技术内容，在中等职业教育与中等后职业教育之间进行梯度设计，根据学习者的年龄和能力水平设计层层递进的课程内容，为学习者的学术发展和生涯成功提供保障[1]。为此，各责任主体必须做出坚持不懈的持续努力。

3. 建立标准（criteria）和核心绩效指标（core indicators of performance）

针对标准的建立，法案规定，申请拨款的州不仅要制定本州内部的项目运行计划，而且为了问责的标准化，每个对象州必须预先制定问责标准，该标准应能够衡量并证明项目运行质量及相应指标（如学生的知识技能获得水平、就业机会、应聘率等指标)[2]。关于核心绩效指标，对于中等和中等后职业教育

---

[1] 美国教育部：《加强21世纪生涯与技术教育法案》。U. S. Department of Education. Strengthening Career and Technical Education for the 21st Century Act: Section 122 (c), Section 113 (3) (Ⅱ) [EB/OL]. (2018-07-31) [2018-09-06]. https://www.congress.gov/bill/115th-congress/house-bill/2353.

[2] 美国教育部：《加强21世纪生涯与技术教育法案》。U. S. Department of Education. Strengthening Career and Technical Education for the 21st Century Act: Section 122 (f), [EB/OL]. (2018-07-31) [2018-09-06]. https://www.congress.gov/bill/115th-congress/house-bill/2353.

有不同的指标要求。中等职业教育阶段的核心指标主要包括学术课程学习效果、技能习得效率、中学毕业证书或同级毕业证书（GED）获取率、毕业率、非传统行业参与率等。在中等后教育阶段，核心绩效指标主要包括学术与技术技能习得成效、技能评估通过率、留级率、毕业参军情况、参加学徒制项目比率等。除此之外，各州还可以根据本州情况在法定绩效指标条目基础上增加相应的绩效指标①。

4. 专项用途联邦资金的使用监控

联邦资金的重要用途之一就是为学习者提供指导和辅助支持服务，辅助支持服务（support services）是指生涯与技术教育过程中教育机构针对课程调整、设备供给、教室调配、师资配备、救助设施建设等方面为学习者提供的服务②。目的是在整个教育培训过程中提供硬件、软件基础保障，保证教育培训高质量地运行。政府会对此项资金使用是否到位进行全面监控，同时各州也会通过各种措施保证财政资金的持续供给，并不得无故减少或中断上一个财政年度审批拨付的用于生涯与技术教育项目的联邦专项资金。

---

① 美国教育部：《加强 21 世纪生涯与技术教育法案》。U. S. Department of Education. Strengthening Career and Technical Education for the 21st Century Act: Section 113 (b) 2 (A) [EB/OL]. (2018-07-31) [2018-09-06]. https://www.congress.gov/bill/115th-congress/house-bill/2353.

② 美国教育部：《加强 21 世纪生涯与技术教育法案》。U. S. Department of Education. Strengthening Career and Technical Education for the 21st Century Act: Section 135 (c) (6), Section 3 (31) [EB/OL]. (2018-07-31) [2018-09-06]. https://www.congress.gov/bill/115th-congress/house-bill/2353.

二、平等权

美国教育法律政策对学习者平等权的保护主要体现在对其权利的积极保护，即对少数不利群体的倾斜性保护之中。当代美国是一个移民国家、外来人口众多，但其本土的少数族裔（native American 或称 indigenous people）也是不容忽视的群体，如阿拉斯加人、印第安纳人和夏威夷少数部落等。"人人生而平等"的理念更是嵌刻在公民意识之中，形塑了美国的法律体系并造就了其立法精神。在无差别的消极保护方面，美国有深厚的宪法保护传统，公民的机会平等权已经得到了较好的落实。因此，美国的教育法律政策主要着力于对残疾人等少数不利群体的保护，对其积极特殊关照渗透于法律文本的方方面面，对于特殊群体受教育权的维护更是美国法案在制度设计时要考虑的重要事项。少数及弱势群体在美国的法案中通常被称为"特殊人群"（special populations），词汇本身包含多种类型的人群，包括残障人士、处于经济不利地位的家庭成员（含被收养儿童）、非传统领域从业人员、单亲父母（含单身妊娠期女性）、流浪者、英语读写能力欠缺者等[1]。美国职业教育学生群体呈现强烈的多元性特征，对于少数不利群体学习者的权利保护是多方面的，如规定特殊群体的学生应获得公平参与生涯与技术教育的机会，充分的导师指导和职业辅导，时间灵活、内容弹性

---

[1] 美国教育部：《加强21世纪生涯与技术教育法案》。U. S. Department of Education. Strengthening Career and Technical Education for the 21st Century Act: 3（22）（35）（36）[EB/OL].（2018-07-31）[2018-09-06]. https：//www.congress.gov/bill/115th-congress/house-bill/2353.

的课程设置与安排，获得额外的咨询、设备等支持与服务，与普通学生一样有机会按照自己的兴趣和能力特点作出职业选择等。

针对教育和工作机会平等权积极保护的法律政策框架设计，美国联邦与地方立法面向少数不利群体提供保护的内容可见诸多项法案和政策指引，如《1964年美国民权法案》（Civil Rights Act of 1964）、《1972年教育法修正案》（Education Amendments of 1972）、《残疾人法》（Individuals with Disabilities Education Act）、《就业年龄歧视法》（Age Discrimination Act of 1975）、《人力创新与机会法案》（Workforce Innovation and Opportunity Act）等。不同法案对禁止歧视的规制范围有所不同，但其基本法条款渊源都是《美国联邦宪法第十四修正案》第1款。该修正案第1款是一项综合条款，同时规定了公民权、平等保护、正当程序和特权及豁免等方面的权利，其中的公民权条款对公民的基本权利进行了概括性、基础性、综合性的全面规定。同时，《康复法案》（Rehabilitation Act of 1973）是美国第一部对残疾人各项权利进行保护的法案，也是后续法案在制定针对残疾人权利保护相关规定以及法官对相关诉讼案件进行裁判时的重要依据，可谓是美国残疾人保护的先驱法案[①]。在业本教育领域，《人力创新与机会法案》、《加强21世纪生涯与技术教育法案》都对残疾人学习者在教育培训过程中所享有的权利进行了规定。其中，《人力创新与机会法案》主要针对残疾人等少数不利群体的就业

---

① 克伦茨：《康复法案第503条》。Krents H E. Section 503 of the Rehabilitation Act of 1973 [J]. Hearing and Speech Action, 1975, 43 (3): 12-4.

平等进行了规定，根据法案第 188 条第 a（2）款的规定，"不得由于种族、肤色、宗教、性别（除非根据 1972 年教育法修正案第九条另有许可）、国籍、年龄、残疾、政治派别或信仰而被剥夺被雇用的权利和自由，或者被排除在就业门槛之外"。法律要求各州项目计划中必须包含明确的针对特殊人群即弱势群体的方案战略，保证处于不利地位的个体能够获得均等的进入生涯与技术教育项目的机会，不会因为其身份而遭受歧视；提供旨在使特殊人群达到或超过国内技能平均水平的培养方案，并提供因材施教的个性化教学设计，切实为特殊群体学习者进一步学术发展和技能提高、获取高工资岗位作准备[1]；向残疾人、少数族裔、偏远农村地区学生等少数群体从不同层面进行不同程度的保护，如向偏远地区学习者提供远程教育和经费资助；专项开展和支持针对高技能、高工资或高需求职业的特殊人群计划等[2]。

具体而言，对于少数不利群体在教育培训中享有的教育权利保护内容及具体措施，相关法律制度设计主要涵盖财政资助、权利救济、地方保护、远程教育提供、特别政策支持五个方面：

第一，财政资助的方式多种多样，如常规的直接资助、奖

---

[1] 美国教育部：《加强 21 世纪生涯与技术教育法案》。U. S. Department of Education. Strengthening Career and Technical Education for the 21st Century Act: Section 122（9）[EB/OL].（2018-07-31）[2018-09-06]. https://www.congress.gov/bill/115th-congress/house-bill/2353.

[2] 美国教育部：《加强 21 世纪生涯与技术教育法案》。U. S. Department of Education. Strengthening Career and Technical Education for the 21st Century Act: Section 124（8）[EB/OL].（2018-07-31）[2018-09-06]. https://www.congress.gov/bill/115th-congress/house-bill/2353.

学金、减免学费等。与此同时，获得资助扶持的方式还可以是获得"支持服务"（support service），如支付学生由于参加职业教育项目而发生的交通费用，或者学习者的其他个人开销，如免费或低价午餐①。对于少数群体学生权利的保护，在《每个学生成功法》（Every Student Succeeds Act of 2015）中也有较为细致和全面的规定。法案对美国本土少数族裔、偏远农村地区、无家可归者以及具有特殊需求的学生权利给予了特殊保护，如对其进行财政资助、费用减免等②。在美国教育部2016年的政策回顾中，为残疾人提供助学贷款是年度政策制定和工作重点之一。为了达成这一目标，教育部和社会保障局（SSA）部际联合，共享数据并相互匹配，简化了残疾学习者的贷款程序，针对残疾学生的贷款发放变得更为便捷。并且，在对少数不利群体进行常规资助的同时，法案还通过"土著居民计划"（Native American Programs）向少数族裔提供资助，帮助其有机会参与生涯与技术教育，资助范围涵盖了中等与高等教育阶段的受教育人群，年龄跨度较大。

第二，提供充分的争议解决与权利救济路径。《人力创新与机会法案》不仅规定了残疾人等少数群体在劳动就业和教育培训领域反歧视的权利，还对其权利救济作出了深入而细致的规定，如根据该法第188条（b）款的规定，当国务秘书发现州或

---

① 苏尔洪，特诺，亨松诺等：《提供与选择》。Surhone L M, Tennoe M T, Henssonow S F, et al. Offer Versus Serve [J]. Betascript Publishing, 2010.

② 铂金斯合作资源网络：《每个学生成功法》。Perkins Collaborative Resource Network. Every Student Succeeds Act [EB/OL]. (2015-12-10) [2018-08-16]. http://cte.ed.gov/legislation/about-essa.

其他资金接受机构违反了反歧视原则,侵犯残疾人等少数群体的权利时,国务秘书有责任也有权力启动监督问责程序①。不仅如此,根据第188条(e)款的规定,国务秘书还应当在法案颁布一年之内出台相应的法规,对反歧视的程序和内容作出配套规定②。

第三,下沉到地方的充分保护。各州将反歧视视为基本立法原则,如根据《铂金斯法案》配套制定的《弗吉尼亚州生涯与技术教育条例》规定,教育经费应平等拨付和可供所有人使用,并明确禁止基于性别、种族、肤色、国籍、宗教、年龄、政治派别或退伍军人身份的歧视。有些州会开展针对残疾人等特殊人群的"个人定制学习项目"(individualized education program, IEP),根据残障学习者的教育需求提供个性化的教育方案和教育服务。对于缺乏英语语言学习与表达能力的学习者,法律也会提供适当的特殊关照。为了保证课堂授课的质量与效果,各州会通过限制课堂人数的方式来对特殊人群接受教育培训的质量进行管控。例如,根据《弗吉尼亚州生涯与技术教育条例》的规定,专为残疾学生设计和批准的生涯和技术教育课程,每堂课平均人数为10人,不能超过12人,每10人要配备一名课堂助理。

---

① 该程序主要分为两个部分,首先,国务秘书可以通知并要求州和地方相关主体修正此前的违法违规行为;其次,如果相关主体在60天的合理期限内拒绝遵守和履行该义务,国务秘书可以将这个问题提交总检察长并提出建议或采取法律规定的其他行动,总检察长可以提起民事诉讼,对权利进行司法救济。

② 美国劳工部:《人力创新与机会法》。U. S. Department of Labor. Workforce Innovation and Opportunity Act [EB/OL]. (2018-04-15) [2018-09-13]. https://www.federalregister.gov/documents/2016/08/19/2016-15975/workforce-innovation-and-opportunity-act.

第四，加强远程教育供给。《加强21世纪生涯与技术教育法案》第135条要求教育培训组织和提供方必须使用现代技术如远程教学，以保证偏远地区学习者最大限度的项目参与。

第五，为少数族裔学生的学分转换提供特别政策支持。法律规定，如果印第安学生通过为本部落特设的生涯与技术教育项目获得学分（但尚未获得中等教育学历证书），在其申请高等教育机构入学时，其已经修得的职业教育课程学分可以作为优势被入学委员会列入考虑范围之内①。同时，任何印第安学生在由中等后生涯与技术教育机构开展的"部落继续教育计划"中获得的学分，应按照学校标准通过学分转换制计入学生所有学分的总和之中②。

可见，美国主要是通过倾斜性保护对少数不利群体学习者在接受教育培训过程中的权利进行关照。针对工作场所的平等权，法律规定并非空白，尽管在教育法案中体现并不明显，但在宪法和劳动法中已有较为全面的规定，美国的《加强21世纪生涯与技术教育法案》等教育法案主要对教育资金的投入及使用等方面进行规定。

---

① 美国教育部：《加强21世纪生涯与技术教育法案》。U. S. Department of Education. Strengthening Career and Technical Education for the 21st Century Act：Section 115 [EB/OL]. (2018-07-31) [2018-09-06]. https：//www.congress.gov/bill/115th-congress/house-bill/2353.

② 美国教育部：《加强21世纪生涯与技术教育法案》。U. S. Department of Education. Strengthening Career and Technical Education for the 21st Century Act：Section 115 [EB/OL]. (2018-07-31) [2018-09-06]. https：//www.congress.gov/bill/115th-congress/house-bill/2353.

三、终身学习发展权

鉴于美国职业教育法律政策主要以《加强21世纪生涯与技术教育法案》作为政策文本载体，法律政策主要关注生涯与技术教育项目学习者在纵向上的学习上升机会的保障与促进，对于职业教育与普通教育切换融通的相关规定相对较少。《铂金斯法案》的立法宗旨就是通过中等与中等后生涯与技术教育，为个人提高知识和技能提供终身学习的机会。终身学习的理念贯穿法案的始终，以学习者为中心，关注其各个阶段的自我发展。制度设计主要通过四项举措达成政策目标，分别是衔接协议制度，副学位项目，替代性方案和上升路径的供给，以及"职业路径"（career pathway）的政策设定，以下分而述之。

（一）中等与中等后职业教育之间的纵向衔接：衔接协议

中等与中等后教育的连贯衔接对职业教育学生终身学习发展权的实现至关重要，也是其题中之义。中高等职业教育间的有效衔接包含多个方面：中等及中等后职业教育课程设置的统一设计及体系化，学生学费及财政支持的连贯性，确保中高职教师资质符合教学项目的需求，中高等职业教育间的学分转换及接纳是否顺畅，学生信息获取的及时性、准确性等[1]。铂金斯系列法案非常注重中等教育与中等后教育之间的顺利过渡，从多个角度作出努力。如提供资金提高中等教育的毕业率，向高

---

[1] 多特奇：《铂金斯法案2006：实施问题》。Dortch C. Carl D. Perkins Career and Technical Education Act of 2006: Implementation Issues [C]. Congressional Research Service Reports. Library of Congress. Congressional Research Service. 2013: 63-81.

等教育机构宣传生涯与技术教育项目从而使中等职业教育学生顺利进入高等教育阶段，向高等教育及成人教育或参加在职培训的学习者提供资助，发展副学位项目及促进副学位向更高层次教育过渡，对地方教育机构开展支持等。其中一项非常重要的措施为"衔接协议（articulation agreement）"。

衔接协议是一种在中等教育和中等后教育机构之间订立的、经由州批准的书面承诺，最终目的是在不同机构间实现学分转移，为学生提供有效的技术培训，帮助其顺利获得学位及证书。也就是说，协议本身是一项双方主体签订的书面承诺。协议的适格主体既可以是州中等或中等后教育机构，也可以是提供副学位或学士学位项目的教育机构。具体而言，衔接协议包含三方主体：学习者、派出方和接受方。衔接协议的初衷是实现一个多赢的局面，派出学生的教育机构可以通过对派出项目及相应课程设置的市场营销获得广泛的认可度，从而提高知名度；接收方（通常是四年制教育机构）可以削减招生成本、填补流失生源；学生本人可以最大限度地利用学分，接受有针对性的知识传授和技术培训，在最短的时间内做好学业和职业的双重准备[1]。理想状况下，衔接协议能够最大限度地支持完成注册学徒项目和行业培训项目的学生，为学生提供获得相关融合项目（dual or concurrent）学分的机会，帮助他们以最快的速度进入职

---

[1] 转学服务：《合作协议如何帮助转学生？》. College Transfer. How Do Articulation Agreements Help Transfer Students? [EB/OL]. (2017-11-23) [2018-09-08]. http://www.collegetransfer.net/AskCT/WhatisanArticulationAgreement.

业轨道、获得相关学历或证书①②。

在美国,中等职业教育和中等后职业教育是两个相对独立的体系,两种机构体系间的合作一直被联邦教育所提倡,但二者衔接不畅的问题一直十分突出,仅衔接协议本身就存在诸多问题。首先,有相当比例的地方教育管理者(42%的地方教育机构领导负责人和35%的高等教育负责人)不清楚本机构提供的职业教育项目是否囊括中、高等职业教育要素,也不确定其课程项目是否包含前后连贯、内容不机械重复的系列课程安排③。其次,2008—2009年度,有大约三分之二的地方教育机构及高等教育机构报告在中等及中等后教育之间采用衔接协议,但是仍有大约五分之一的机构管理者并不清楚本机构在实践中是否采用了衔接协议的机制。④ 也就是说,衔接协议适用的普遍性有待提高。因此,2016年针对《铂金斯法案》的提案针对衔接协议提出了诸多修改建议,以便最大限度地保障学生在不同教育阶段间的上升可能。一方面,研发衔接协议模板并将其向

---

① 休斯:《双重注册:为学生做好准备的高等/中等教育合作伙伴关系》。Hughes K L. Dual enrollment: Postsecondary/Secondary Partnerships to Prepare Students [J]. Journal of College Science Teaching, 2010, 39 (6): 12.
② 达尔,诺维基:《融合项目概念化:为什么高成就的学生选择这样做》。Dare L, Nowicki E. Conceptualizing Concurrent Enrollment: Why High-achieving Students Go for It [J]. Gifted Child Quarterly, 2015, 59 (4): págs. 249-264.
③ 美国教育部:《职业技术教育全国评估:向国会的最终报告》。US Department of Education. National Assessment of Career and Technical Education: Final Report to Congress [J]. Landslides, 2014, 11 (2): 225-246.
④ 美国教育部:《职业技术教育全国评估:向国会的最终报告》。US Department of Education. National Assessment of Career and Technical Education: Final Report to Congress [J]. Landslides, 2014, 11 (2): 225-246.

地方推广，通过签订谅解备忘录的形式支持地方学校及教育机构，助力职业教育中等教育与中等后教育的有效衔接；另一方面，强调中高等职业教育间教学及培训内容的有效衔接，禁止内容的变相重复。

(二) 副学位项目的提供

在美国，副学士学位与学士学位之间是可以相互转换、双向互动的。从副学士学位到学士学位的过渡关系到学生的顺利上升发展，从学士学位向副学士学位的转换也可以帮助学习者打开职业生涯发展的新通道。在制度设计上，此过渡目前在实践中主要是通过"转换协议"（transfer agreement）这一措施实现，力图达到无缝链接。例如，在南卡罗来纳州，地方技术学院与合作公立大学可以通过地方转换协议的形式令特定专业的学生（如计算机、工程、医学专业）进入四年制学士学位的学习；所有的公立高等教育机构都建立转换协议机制，提供八十六项课程项目，通过这些项目可以实现从四年制向两年制的转换。除此之外，还鼓励大学开展新的动议来促进副学士学位向四年制学士学位的进阶，如南卡罗来纳大学创立的"桥梁课程项目"（Bridge Program）就是州政府支持开发的促进职业教育学生在学术轨道上进一步上升、实现个人学术发展的项目之一[①]。

---

① 南卡罗来纳大学：《通往南卡罗来纳大学哥伦比亚分校的途径》。University of South Carolina. Pathways to USC Columbia [EB/OL]. (2017-04-28) [2018-06-26]. https://sc.edu/about/offices_and_divisions/undergraduate_admissions/pathways_to_usc/index.php.

（三）替代性方案和上升路径的供给

帮助学生顺利发展过渡的政策设置有多种形式，如双注册项目、两年或四年学院项目、"准学院项目"（Early College High School）等。除了联邦法案提供的已有项目之外，对于项目的设计与开展，各州拥有较大程度的自主发挥空间，可自行开发符合本州实际情况的过渡或教育水平提升项目。在各州计划中，应预先采取措施提供并尽可能扩展中等教育学生参加双学位课程或双注册入学课程或以其他方式获得高等教育学分的机会，以及提供参加职业教育项目获得行业认可的高等教育学位证书或副学士学位的可能性[1]。除此之外，有些州还提供替代性课程方案，如在南卡罗来纳州，法律政策要求所有的高中都必须实施一个或多个以证据或研究为基础的方案措施，为无法进入劳动力市场或进入下一级教育机构接受学术教育的学生提供备选方案，为学习者提供更多的可能[2]。对于所有有助于实现学生发展的项目，法律都尽可能地予以支持。

（四）"职业路径"（career pathway）的政策设定

《人力创新与机会法案》（Workforce Innovation and Opportunity Act，WIOA）详细规定了"职业路径"（Career Path）的政

---

[1] 美国教育部：《加强21世纪生涯与技术教育法案》。U. S. Department of Education. Strengthening Career and Technical Education for the 21st Century Act：Section 122 [EB/OL]．（2018-07-31）[2018-09-06]．https：//www.congress.gov/bill/115th-congress/house-bill/2353.

[2] 南卡罗来纳州教育部：《南卡罗来纳五年计划》。The South Carolina Department of Education. South Carolina Five-Year Plan [EB/OL]．（2018-07-01）[2018-02-08]．https：//cte.careertech.org/sites/default/files/SouthCarolina5YearStatePlan.pdf.

策理念与其具体意涵。"职业路径"特指一系列高水平、高质量的教育培训活动以及其他政府和相关机构提供的教育培训服务。对于相关教育培训活动的开展法案有一系列的规定，如在第3条第7款中要求符合行业技能要求；组织教育、培训等服务以满足个人的特殊需求、加速教育和职业发展；帮助个体进入具体职业或职业群等。在法案规定的七项关于"职业路径"的内容要求中，有将近百分之五十的内容均明确强调要通过"职业路径"的政策设定来帮助实现个人教育和培训目标，为学习者准备全方位的中等和高等教育项目，包括《学徒制法案》规定的学徒制相关项目的提供。为学习者在教育体系内部的纵向发展以及在教育与职业市场的顺利过渡提供便利和服务，实现个体在学业和职业路径的双重发展。

四、获得评价、证书权

考试是学习者获得评价的重要方式。在美国，实习生在实习项目过程中获得评估的比例并不高，尤其是中等职业教育阶段的学生，其考试评估参与率在有的州只有10%左右，高等教育阶段的资质框架和证书体系的评估参与率也很低[1]。总体上看，联邦法案中涉及学习者获得学位和资格证书的针对性规定很少，大部分散见在各州和地方主管部门的年度计划或部门规定之中，主要是关于考试组织与评分标准的规定。联邦层面的立法主要

---

① 南卡罗来纳州教育部：《南卡罗来纳五年计划》。The South Carolina Department of Education. South Carolina Five-Year Plan [EB/OL]. (2018-07-01) [2018-02-08]. https://cte.careertech.org/sites/default/files/SouthCarolina5YearStatePlan.pdf.

是关于职业教育的目标宗旨以及联邦资金的拨付使用，具体性的规定在联邦层面的法案中并不充分，主要是由州等地方教育提供主体进行更进一步的差别性规定。具体而言，在联邦层面，法案主要对资金拨付、过程控制和问责进行规定；在地方层面，对于获得评估和证书的具体程序和要求，由各州通过条例具体制定和执行。如根据《弗吉尼亚州职业教育与培训条例》之规定，该州开展的生涯与技术教育计划应以能力为基础，并提供适当的评估标准体系，记录和评估每位学习者的能力表现情况，实现对个人能力和成就的客观、正当评价。并且，生涯与技术教育项目计划必须提供经教育委员会批准的行业认证体系建设方案，对能力的认证、执照的颁发以及学位证书的授予作出具体的规定。

总体来看，针对学习者的考试评价，美国的相关制度设计主要具备两个特点。首先，给予地方各州极大的自主权。鉴于联邦层面关于考试评价的规定较为匮乏，美国各州相关机构对于考试的组织和评估工作的开展十分重视。作为项目运行质量核心指标的重要内容，许多动议在州和地方也被广泛开发和实践。对于考试的费用，法律并没有给予明确的规定，通常由各州自主决定。州计划一般倡导考试费用的减免，但未作强制性规定[1]。考试的组织通常有多个时间节点，并不只是项目结束时的期末评测，还包括中期考核或者阶段性考核（interim assess-

---

[1] 南卡罗来纳州教育部：《南卡罗来纳五年计划》。The South Carolina Department of Education. South Carolina Five-Year Plan [EB/OL]. (2018-07-01) [2018-02-08]. https://cte.careertech.org/sites/default/files/SouthCarolina5YearStatePlan.pdf.

ment），所有的考试以正式测评为其考评形式①。其次，相对于评估考试组织的程序性、架构性规定，相关规定更加倾向于个体宪法权利的保护及程序正义，注重程序上的公正透明。法律政策倾向于保护学习者在评估和考试当中的个人权利，如个人的隐私权保护、知情权保护等。根据《1974年隐私权法案》，所有的评分表格（evaluation form）都必须在该法案的监督下对学生的成绩予以保密，对所有的以书面形式进行的考试考核（writing assignments），相关指定机构都会在内容和技术上进行综合评估，并且必须以打印的形式（be typed）予以呈现，以保证后续的成绩复议和问责的顺利进行。同时，项目协调官必须进行备案，并以星期为单位提供咨询和其他相关服务。

五、获得资助权

总体上看，由于《加强21世纪生涯与技术教育法案》本身主要是针对拨款的法案，是对适格联邦资金获得者的甄选和监督问责，以及对生涯与技术教育项目宏观运行的把控。对于学生个体的具体资助等财政帮助形式的执行，主要依据州或地方的相关机构制定的条例，以及散见于其他法案中的相关条款，呈现出较为松散和碎片化的状态。但相对而言，在众多政策支持手段中，对业本学习者进行经济支持是美国立法者较为倾向使用的政策手段。

---

① 南卡罗来纳州教育部：《南卡罗来纳五年计划》。The South Carolina Department of Education. South Carolina Five-Year Plan [EB/OL]. (2018-07-01) [2018-02-08]. https://cte.careertech.org/sites/default/files/SouthCarolina5YearStatePlan.pdf.

美国对职业教育培训学习者的资助有多种形式，鉴于联邦法律本身即为拨款法案，直接资助亦是题中之义，因此法律文本更多着墨于间接资助的形式和相关要求，如学费减免、书杂费减免、交通费用补贴、个人支出的报销、设备购置报销、免费的生涯与技术教育相关服务等；又如支持服务（support service）的方式，包括为少数族裔学生提供交通费用或免费午餐等①。基于对人本主义理念的高度贯彻，历次铂金斯法案都对处于弱势地位的特殊学生群体给予特殊关怀，通过资金使用的偏好对弱势群体学生予以支持和帮助。如《铂金斯法案2006》就对偏远地区学生、少数族裔学生、残疾学生、贫困学生等学生群体预留了一定比例的资金。2016年针对《铂金斯法案》提出的修订提案延续并完善了这一做法，作为生涯与技术教育计划的一部分，不仅提出要为特殊群体学生支付学杂费、书费等相关费用，还要预留费用为偏远地区教育机构，特别是任职人数不足的学校（包括农村地区）学生的远程学习或视频会议提供资金支持（包括交通费用）。除了铂金斯系列法案和《加强21世纪生涯与技术教育法案》以外，其他政策文本也对业本学习者获得资助进行了相关规定，如《每个学生成功法》（Every Student Succeeds Act of 2015）也有为少数族裔学生提供交通费用

---

① 美国教育部：《加强21世纪生涯与技术教育法案》。U. S. Department of Education. Strengthening Career and Technical Education for the 21st Century Act：Section 131 [EB/OL]. (2018-07-31) [2018-09-06]. https：//www.congress.gov/bill/115th-congress/house-bill/2353.

或免费午餐等类似的规定①。在各行业领域，也有针对行业内从业或即将从业的职业教育学习者的资助规定。例如，根据《美国未来农业家协会联邦宪章》（National FFA Organization Federal Charter）（Public Law 105-225）的规定，美国未来农业家协会作为法律授权成立的公法人机构，应采取一切措施加强青年人对自身和工作的信心，鼓励成员机构发展个性化农业教育项目，敦促各常设机构提高奖学金，提供能力认可相关的奖励，对30岁以下参加农业职业教育项目并成绩斐然的学习者提供优惠贷款或直接资助。

政府及相关机构针对学习者的财政资助的政策制定也一直处在动态的关怀与设计之中。与中国类似，美国也面临着学业成绩的群体差距。在美国，来自最富有的家庭的高中毕业生几乎肯定选择继续接受高等教育，而在最贫困的家庭中，只有一半以上的高中毕业生能够上大学。虽然一半以上的大学生在六年内毕业，但低收入家庭学生的完成率约为25%。这种不公平只会助长日益增长的收入差距。因此，为了避免贫富差距的代际传递，公平对待学生、保证所有学生有公平的机会接受高质量的职业教育被摆在了十分重要的位置（鉴于平等、无差别对待、反对歧视等是美国社会的核心信念，对女性、非白种人、低收入家庭学生、残疾人学生的差别对待违反了美国社会的核心信念）。美国生涯与技术教育协会（Association for Career and Tech-

---

① 铂金斯合作资源网络：《每个学生成功法》。Perkins Collaborative Resource Network. Every Student Succeeds Act [EB/OL]. (2015-12-10) [2018-08-16]. http://cte.ed.gov/legislation/about-essa.

nical Education，ACTE）在 2017 年对《美国高等教育法案》提出的修改提案中，也建议对正在工作或兼职且参加不以获得学分为目的的职业教育项目的学习者取消经济援助的相关处罚，并增加其获得财政支持服务的机会；以针对正在研修副学士学位学生的信贷等经济援助的相关规定为管理对象，进行定期审查并及时清理和更新不合时宜的条款规定[①]。

六、知情权

在美国生涯与技术教育领域，向学生、家长、管理人员、教师、职业指导和学术顾问提供信息和计划资源，以改善学术与职业技术教育的连贯融通，实现学生职业与学术的双重准备是学习者知情权的重要权利目标。总体上看，美国教育法律政策针对知情权的规定主要包括两个方面：知情权的内容（包括具体范围及核心指标）和知情权的权利义务主体。

（一）知情权的内容范围及其三重特性

知情权所保护的对象范围主要涵盖向各权利主体提供所需的知识、技能和职业信息、非传统领域所需信息、学位证书信息等。权利保护的目标为帮助父母和学生，特别是特殊人群进行职业探索、教育提升，获得教育经费，接触高技能、高工资或高需求职业，实现其职业和学术发展，并为这种实现提供制

---

① 职业和技术教育协会：《高等教育法重新授权优先事项》。Association for Career and Technical Education. Reauthorization Priorities: Higher Education Act [EB/OL]. (2016-04-19) [2017-10-18]. https://cdn. uncf. org/wp-content/uploads/PDFs/HEA_ Reauthorization_ Priorities_ 4. 19. 2016. pdf.

度支持和现实可能。

保证学习者及相关个体知情权的一项重要措施是建立有效的数据收集及处理系统。通过高相关性和结构化的数据收集和相关数据共享机制，以及数据库的建立运行能够提供生涯与技术教育的多方面信息，如学生短期及长期培训的学习成果信息，获得的证书，执照的信息，教育、劳动力市场和就业信息等。知情权的内容范围十分广泛，相关规定也较为详细具体。首先，各州及地方的项目运行机构向联邦提供的不同级别的项目计划必须同时向大众开放。不仅如此，国务秘书还需将各州的信息进行对比、筛选、分析、总结并向大众公布。计划书的公布要有多种文本形式供个人选择，包括纸质版和电子版等形式[1]。信息的内容范围也十分广泛，涵盖财政资助、行政管理、地域差异、学生表现、项目信息及数据等多个方面。同时，信息的载体形式多样，不仅包括书面形式和电子形式，口头语言形式也可以具备合法性，成为具有法律效力的信息载体[2]。其次，《加强21世纪生涯与技术教育法案》不仅仅要求责任机构进行信息公开，而是选择更进一步，以义务主体向大众主动提供信息服务为导向。例如，地方教育机构有义务向学生及家长提供职业指导与学术咨询。在服务咨询过程中，一切与此服务相关的信

---

[1] 美国教育部：《加强21世纪生涯与技术教育法案》。U. S. Department of Education. Strengthening Career and Technical Education for the 21st Century Act: Section 113, 114 [EB/OL]. (2018-07-31) [2018-09-06]. https://www.congress.gov/bill/115th-congress/house-bill/2353.

[2] 例如弗吉尼亚生涯与技术教育相关州立法就确定了口头形式数据的合法性，详见美国教育部发布的《弗吉尼亚生涯与技术教育管理条例》。

息细节都必须向学生及家长全面提供,范围囊括职业选择、财政资助、学术发展、学位项目等多个方面。既强调信息提供渠道的多样性,也重视信息内容的多元化。

在美国生涯与技术教育领域,政策设计和社会实践一般要求相关信息的提供需要具备三重特性:可获得性(availability)、传播性(dissemination)以及信息提供的可指导性(guidance)。"可获得性"和"传播性"主要指项目注册的最新信息要能全面准确地在学校以及劳动力市场被广泛获取,要保证相关机构主体如各协会、父母、学生、学校等教育机构、雇主、雇员等有充分的获取相关信息的可能和渠道,并注重信息的广泛、有效传播。信息提供的"可指导性"主要要求信息的准确性和易感知性。为此,信息的提供一方面要尽量在内容上通俗易懂,易于学生及家长感知理解;另一方面要及时提供相关的咨询服务,帮助提高信息获取方对信息的处理效率[①]。

(二)知情权的义务主体

在美国,知情权的义务主体是国家、相关部门及相关适格机构(接受联邦拨款的州及地方教育机构),项目运行适格机构(eligible agency)必须向利益相关方提供参加听证会的具体程序和相关信息,公布获取此类信息的有效途径,增强公共决策过

---

① 美国政府信息:《美国学徒法案》。U. S. Government Information GPO. American Apprenticeship Act [EB/OL]. (2017-04-06) [2018-09-12]. https://www.congress.gov/bill/115th-congress/senate-bill/862? q =% 7B% 22search% 22% 3A% 5B% 22apprenticeship%22%5D%7D&r=1.

程的民主性①。另外，作为主管机构之一，国家教育统计中心（the National Center for Education Statistics）负责收集和报告全国生涯和技术教育工作情况的相关数据，并及时向大众公布。项目实施方也有义务向国家教育统计中心提供关于学生、教师、成人教育等方面的数据信息②。同时，国务秘书（The Secretary）也是信息公开的重要义务主体。国务秘书应定期收集生涯与技术教育的绩效信息，并形成报告。报告的内容应包括州、地方及少数族裔等不同层面及机构对项目的执行、服务的提供、相关活动的开展质量与效率、对特殊人群的关照情况等。国务秘书收集信息并进行分析后，形成年度报告，提交给国会并向大众公布③。

七、争议解决与权利救济

针对生涯与技术教育项目学习者的争议解决与权利救济，相关制度主要包括事前参与、事中规制和事后救济三个方面。

---

① 美国教育部：《加强 21 世纪生涯与技术教育法案》。U. S. Department of Education. Strengthening Career and Technical Education for the 21st Century Act：Section 124 ［EB/OL］. （2018-07-31）［2018-09-06］. https：//www.congress.gov/bill/115th-congress/house-bill/2353.

② 美国教育部：《加强 21 世纪生涯与技术教育法案》。U. S. Department of Education. Strengthening Career and Technical Education for the 21st Century Act：Section 113 ［EB/OL］. （2018-07-31）［2018-09-06］. https：//www.congress.gov/bill/115th-congress/house-bill/2353.

③ 美国教育部：《加强 21 世纪生涯与技术教育法案》。U. S. Department of Education. Strengthening Career and Technical Education for the 21st Century Act：Section 113 ［EB/OL］. （2018-07-31）［2018-09-06］. https：//www.congress.gov/bill/115th-congress/house-bill/2353.

"事前参与"主要指各州适格机构（eligible agency，即资金接受方）通过建立相关委员会的方式将学习者纳入决策过程，使其在生涯与技术教育项目运行的重要事项中参与政策制定，将可能产生的分歧早期"消化"，降低未来争议产生的可能。"事中规制"主要指在雇主等教育服务提供方与学习者之间，通过签订学习合同（协议）的形式将双方权利义务以文本的形式固化，作为争议产生时诉诸的文本依据和裁判基础。"事后救济"主要指法官以判例的方式向当事人赋权，解决争议。

（一）事前参与

为学习者参与教育事务决策提供机会的责任落在各州适格机构的肩上，通过建立相关委员会的方式将学习者纳入委员会组成。例如，根据《弗吉尼亚州生涯与技术教育条例》规定，州内所有的地方教育机构或地区必须建立生涯与技术教育咨询委员会（Career and Technical Education Advisory Committee），委员会向当地教育机构（或董事会）提供关于当前职教工作需求、教育方案、行业相关性建议，并协助开发、实施地方教育培训规划及实践评估。咨询委员会应由公众成员组成，包括学生、教师、家长、劳工代表、少数种族的适当代表以及在委员会所服务的学校、社区或地区中的少数族裔群体。利益相关方不仅参与公共决策，还参与项目的实施审查监督。资金的适格接受方必须在计划方案决策、项目实施、监管评估三个不同阶段均将学习者及家长纳入其中①。

通常情况下，学习者及其监护人的参与主要以参加听证会的形式实现。具体来讲，各适格机构必须面向大众举行听证会，征询生涯与技术教育所有利益相关方的意见，包括家长、学生等相关主体；各主体必须有机会来表达他们的观点并对州项目计划的制定提出建议；听证会上提出的建议及针对建议作出的答复必须备案。学生及学生家长本人是参与公共政策决议过程并提出质询和建议的重要主体②。

(二) 事中规制

合同是争议解决所倚仗的重要法律文本形式，也是权利需要救济时权利主张者的重要依托。在美国，提供教育服务也是一种默认的合同关系，但是合同内容的规定较为自由。只要双方在平等自愿的基础上达成合意，法律一般不会介入或干涉。学习者拥有一项很重要的权利即合同签署资格权（contractual rights）。学校与学生的关系可以视为是一项合同关系，学生的多项权利都可以通过与高校各部门间的合同得以保障，如住宿、饮食、医疗、资料和后勤供给等。合同签署的适格学习者通常都是已成年的完全民事行为能力人，权利的内容被蕴含在各种

---

① 美国教育部：《加强21世纪生涯与技术教育法案》。U. S. Department of Education. Strengthening Career and Technical Education for the 21st Century Act：Section 122 [EB/OL]. (2018-07-31) [2018-09-06]. https：//www.congress.gov/bill/115th-congress/house-bill/2353.

② 美国教育部：《加强21世纪生涯与技术教育法案》。U. S. Department of Education. Strengthening Career and Technical Education for the 21st Century Act：Section 122 [EB/OL]. (2018-07-31) [2018-09-06]. https：//www.congress.gov/bill/115th-congress/house-bill/2353.

形式的合同文本中。也就是说，高校与学生之间的权利义务内容可以见诸学生手册、合同、其他官方文件等多种文本形式之中。这种合同关系可以是显性的，也可以是隐性的或者被默认为合同的关系，如一种常见的默认合同关系为只要学生按照相关要求完成课程学业就有获得相应学位证书的权利，但同时也默认学生应当遵守学校关于纪律及学术方面的各项具体要求[①]。

生涯与技术教育中的争议主要集中在实习这一环节，争议点众多，且相关权利保障较为欠缺。例如，在业本学习过程中，实习生的工资薪酬权利保护并不完美，制度设置和运行十分松散。实习生从获得岗位到服务结束，法律均没有针对企业雇主的强制性规定，学生是否能实习、是否有薪资、是否享有其他劳动权利都取决于双方能否达成合意，签订劳动合同并建立正式劳动关系。诚然，这样的制度现状具有一定的社会理性。意思自治是重要的民事法律原则，在某些情况下，实习生本人反而希望通过放弃部分财产性权利（如工资报酬）来换取长远的劳动利益（如被雇用）。但是，这也具有一定的制度风险，企业主容易打着自由主义的旗号，过分强调意思自治。但实际上，并没有中间组织为实习生争取权利和谈判优势（如雇员有工会），其在谈判过程中处于明显的弱势。在生涯与技术教育的实操阶段，学生会到企业或专业相关的行业进行实习，目前在此过程中主要有两个方面的制度设置：一方面是"项目协调官"（CTE Program Coordinator）的设置，负责在企业、学校、学生之

[①] 戴顿：《高等教育法：原理、政策和实践》。Dayton J. Higher Education Law: Principles, Policies, and Practices [M]. Wisdom Builders Press, 2015: 67-68.

间进行协调；另一方面是形式文本的签署，包括两种协议，一种是学生签署的"学生实习协议"（Internship Program Student Agreement），另一种是企业签署的"雇主实习协议"（Internship Program Employer/Supervisor Agreement）。在莫伯利区社区学院（Moberly Area Community College）提供的协议样本中，实习生协议中的学生分为有薪和无薪两种，无薪实习生还要额外签署一份放弃相关权利的补充条款协议①。事实上，虽然名义上是双方在意思自治基础上形成的自由合意，但学生在实际谈判过程中并没有太多的斡旋余地。

（三）事后救济

就当前实践而言，对于学习者权利保障的程度及权利保护种类的多寡取决于学习者与雇用者间是否建立合同关系以及合同所规定的具体内容。法律在此方面保持一定的谦抑性，对于介入保持克制。制度设计对于学习者权利保障救济的规定较为松散。究其原因，美国对于实习生权利如此自由的管制模式和美国的判例法制度有关。法庭审判是法律创制的渊源之一。也就是说，法官的判决与制定法具有同等的司法效力，可以为学生提供终极保护。对于实习生的法律身份和工资报酬给付问题，2013年出现了一个里程碑式的判决。在纽约联邦法院格拉特诉福克斯探照灯影业公司案（Glatt VS. Fox Searchlight Pictures

---

① 莫伯利区社区学院．《职业和技术教育：实习手册》．Moberly Area Community College. Career and Technical Education：Internship Handbook ［EB/OL］． （2021－08－05）［2022－04－06］． https：//www.macc.edu/wp－content/uploads/employment/pdfs/internshiphandbook.pdf．

中，法官威廉·保利（William H. Pauley III）作出了对学生格拉特有利的判决，即认定了实习生在本案中受训者（trainee）的身份，学习者与企业间构成劳动关系，因此企业应当依法向实习生支付一定的报酬。同年，俄勒冈州州长约翰·基兹哈柏（John Kitzhaber）签署了关于保护无薪实习生的法令，使得俄勒冈州无薪实习生也可以在就业法的保护下免受歧视、性骚扰、不正当解雇等不公平待遇[①]。虽然福克斯探照灯影业公司提出了上诉，但法官本次的判决和州长的立法举措令美国职业教育界大受鼓舞。然而这仅是各州的零散化实践，并不具有普遍性和长期性，更不意味着实习生的权利保护自此"后顾无忧"。目前仅有少数州和城市（如俄勒冈和纽约）承认实习生的劳动者身份，还有很多州和地方的实习生缺乏法律层面的保护，面临无薪和权利被侵害但法律救济阙如的窘境。

第三节　美国业本学习者权利的劳动法保护

一、工资权

美国保护工资权的有关法律首推《公平劳动标准法》（Fair

[①] 霍华德·鲁宾，唐·斯泰特：《俄勒冈州通过为无薪实习生制定的工作场所保护法》。Rubin Howard, Don Stait. Oregon Passes Workplace Protection Law for Unpaid Interns [EB/OL]．（2013-06-21）[2018-05-08]. https：//www.littler.com/files/press/pdf/2013_06_ASAP_OR_Passes_Workplace_Protection_Law_Unpaid_Interns.pdf.

Labor Standard Act），该法自1938年通过以来历经多次修改，受其影响的劳动者颇众。《公平劳动标准法》在联邦层面确立了最低工资标准，且针对不同的行业及群体均作出了特别规定。如该法第207条b款规定了从事大宗商品交易或石油产品交易的公司，若该公司年销售规模超过100万美元且75%的销售收入均在本州取得，并有不到25%的以美元计的销售额的商品是转卖给大批经销该商品的客户的，若其雇用的员工周工作时间超过40小时，则该公司付给的报酬不能低于该法第206条所规定的最低工资标准的1.5倍。

（一）权利主体

针对学生员工（student employee）、学徒（apprentice）及20岁以下之青年等领域，《公平劳动标准法》均就工资方面作出了详细的规定。总体来看，为保障上述群体之就业机会，法律在最低工资方面作出了一定的妥协，允许雇主支付的工资在最低工资标准之下（限定在法定的比例内），但从另一方面也规定了企业不得因雇用上述员工而解雇或拒绝雇用其他员工。针对不同的群体，具体规定也有所不同：

1. 学生员工（student employee）

对于学生员工的工资，《公平劳动标准法》第214条b款从比例和具体数额两个方面作出了规定。比例方面，各行业学生员工的最低工资均不得少于其他员工的85%；具体数额方面，不同行业规定的数额各不相同，如零售及服务行业和高等教育机构为不得低于1.6美元/小时，对于农业领域则规定得略低一些，为不得低于1.3美元/小时。在针对各行业的具体条款中

（农业除外），均规定劳工部长应根据规定制定标准或发出命令，避免出现全日制普通员工的就业机会因学生员工较低的工资标准而减少的可能性。

此外，中小学校雇用学生的行为并不适用于上述有关学生员工的规定。《公平劳动标准法》第214条d款就此作出了专门的规定，我们可以从中看到，中小学校雇用学生的行为必须是基于课程之需要，且应为"常规教学中必不可少的环节"，这里所应适用的是该法关于雇用童工的有关规定。就上述规定来看，美国劳工部在为学生提供更多就业机会的同时，对其工资权提供了较为完善的保障。不仅如此，该法也积极避免了过度保护造成的对其他全日制劳动者的不公平对待，通过劳工部的规章和部长命令，在保护少数群体与不损害大多数群体的利益间取得了平衡。

2. 学徒（apprentice）

就学徒制而言，《公平劳动标准法》的规定具有相当大的可操作性。第214条a款中明确指出学徒之工资可低于最低工资，且并未像学生员工（student employee）一样另行规定一个比例或具体数额。其具体工资数额受到劳工部长所规定的时间、人数、比例和服务年限的限制，体现出相当大的随意性。

事实上，美国劳工部工资及工时司出台的《公平劳动标准参考指南》中明确指出，学徒并不在《公平劳动标准法》的调整范围之内，所应参照的是各州的具体法律之规定，但这里也提到所获得之工资应为最低工资之一定比例，即各州之学徒工资必然是低于最低工资标准的。从这里我们也可以认为，劳工部长可就学徒之最低工资标准给出一个参考性的规定，该规定不同于《公平劳动标准法》有关学生员工的工资规定，不具备强制力，各州可视具体情况制定本州的学徒工资标准。

相较于学生员工，《公平劳动标准法》对于学徒制的规定显得极为简练，除原则性地规定不能因学徒工减少全日制普通员工的就业机会外，并未对工资标准作出详细规定。其考量在于，学徒工在获得工资报酬以外还获得了日后工作所需的专业技能，而后者可助其在日后获得更多的工资回报，因此法律更注重保障其获得专业技能的机会，在工资报酬方面制定了更为灵活的规定。通过对学徒与学生员工的对比，我们不难发现，法条点滴区别的背后是对现实因素的理性分析，对于工资权的区别保护是为最大限度地维护不同主体之利益。

3. 20岁以下之青年

《公平劳动标准法》第206条g款对于新雇用的20岁以下青年之最低工资作出了特别的规定，被称作"青少年最低工资"（youth minimum wage）。该工资标准为4.25美元/小时，低于联邦最低工资标准7.25美元/小时。然此"青少年最低工资"仅适用于雇用关系发生的最初90日，可视作培训期工资，且法律规定不能用此类雇员来替代普通雇员，即超过20岁的一般雇员。

不同于学徒工和学生员工，此处的青年雇员为正式的、全日制的普通雇员。《公平劳动标准法》对这类群体作出特别规定亦体现了法律的社会功能。相较于年长一些的劳动者，20岁以下之青年劳动者在社会经验、劳动技能等方面还存在一定的劣势，在雇用初期支付较低的工资不仅能鼓励企业给予青年劳动者更多的机会，也是对企业可能存在的对这些劳动者所付出的教导与培训成本的一种弥补。此外，《公平劳动标准法》还规定不能用青少年雇员来替代普通雇员，避免了损害大多数不受第206条g款保护的群体的利益。

（二）权利救济

尽管《公平劳动标准法》以法律强制力规定了最低工资标准，但其处罚力度在当下来看则显得过轻了。一方面，根据该法第216条之规定，如果企业支付的工资没有达到最低工资标准，劳工部将要求企业支付（实际支付金额与最低工资之间的）差额，此外，企业还需支付违约金，违约金的数额就等于差额部分。如果企业不是故意使工资低于最低工资标准且又是初犯，那么企业可以免于罚款。当然，对于恶意违反的企业，法律还可以要求刑事处罚，但是在司法实践中，这样的处罚非常少。另一方面，劳动者需要自行检举企业违法，这无疑会对其现有工作岗位造成威胁。对于这一问题，需要联邦和各州政府在立法层面进一步健全反雇主报复性解雇的相关立法；此外，借助工会的力量与企业谈判或诉诸法律，在当下来看是一种更为稳健的维权方式。

二、平等就业权

（一）相关法律制度及评析

美国劳动法的平等保护主要以反歧视为主要制度切入点。在反歧视立法方面，各国既有针对所有就业歧视的基本法，也有针对某种具体歧视的单项法律。基本法如澳大利亚1907年

《反歧视法》。单项法律有英国 1970 年《同酬法》、1975 年《性别歧视法》等。同上述国家反歧视立法类似，美国的反歧视立法也兼有基本法和单项法律两种。基本法层面如美国《民权法案》第七章，后修改为 1973 年《公平就业机会法》；单项法律则十分丰富，包括 1963 年《同工同酬法》、1967 年《就业年龄歧视法》、1978 年《怀孕歧视法》、1990 年《残疾人法》和 2008 年《反对基因信息歧视法》等。

可以看到，以上立法几乎囊括了反歧视的方方面面，对于避免就业歧视起到了极为重要的作用。但我们也不难看出，这些立法所禁止的均为劳动关系中所产生的歧视行为，而对于仅与雇主存在"培训关系"的个人，似乎并未纳入上述反歧视立法的调整范围内。但实际上，此种"培训关系"也是受到反歧视立法调整的。《人力创新与机会法案》（WIOA）第 188 条 a 款中对此作出了详细的规定，明确指出接受联邦财政资助的一系列培训项目，同样适用《就业年龄歧视法》、《残疾人法》、《公平就业机会法》等，学习者不应受到年龄、残疾、性别、种族等方面的歧视。值得注意的是，该款中使用的均为"参与者（participants）"、"个人（individuals）"的表述，而非"雇员（employees）"，从这里也印证了《人力创新与机会法案》将反歧视的"保护伞"延伸到了参与职业培训的"准劳动者"上。

（二）就业歧视控诉解决程序

一般来说，美国的就业歧视诉讼由平等就业机会委员会（EEOC）受理，在其受理就业歧视控诉后，会进行证据调查，包括查阅相关文件，询问相关人员及涉案单位。在此期间，委员会可在双方自愿的前提下进行调解，若调解失败，且双方一致同意，可在保证对结果保密的前提下，对雇主和雇员进行仲裁，仲裁不成立或失败的，证据调查继续进行[1]。

证据调查结束后，委员会将根据调查结果作出撤销案件或起诉的决定。受害人在收到撤销案件通知起90日内，有权自行提起民事诉讼，如果受害人胜诉，委员会将监督企业采取补救措施[2]。平等就业机会委员会对歧视成立的补偿规定分为两种情况[3]：（1）雇主在非故意情况下的歧视。雇主应补发所欠工资，重新为雇员提供工作，支付律师费及诉讼费用。当雇主无法恢复原来的工作状态时，应向雇员补发未来一部分时期的工资。（2）雇主在故意情况下的歧视。在此种情况下，雇主首先要向雇员支付惩罚性赔偿，该惩罚性赔偿包括雇员的实际损失、未来损失、精神损失。委员会应要求雇主在工作地点的明显之处张贴公告，向雇员告知受到就业歧视时可在平等就业委员会获得帮助的具体路径。

三、劳动安全与卫生权

（一）工作及休息时间

与当今世界绝大多数国家相同，美国也实行8小时工作制，

---

[1] 平等就业机会委员会：《公共卫生与福利法》2000e-4条款。Equal Employment Opportunity Commission. 42 U. S. C. § 2000e-4 - U. S. Code - Unannotated Title 42. The Public Health and Welfare § 2000e-4. [EB/OL]. (2018-01-01) [2018-09-28]. https://codes.findlaw.com/us/title-42-the-public-health-and-welfare/42-usc-sect-2000e-4.html.

[2] 卿石松.美国反就业歧视立法 [J].中国劳动, 2008 (03): 1007-8746.

[3] 蔡定剑.反就业歧视法专家建议稿及海外经验 [M].北京：社会科学文献出版社, 2010: 129.

根据《公平劳动标准法》（FLSA）第 207 条 a 款规定，劳动者每个工作周工作时间为 40 小时，超过 40 小时的，雇主应支付正常工资 1.5 倍的加班工资。此外，与工资制度相同，该法也规定了许多其他工作时间超过 40 小时/周的情况，如烟草业从业者、存在季节周期性高峰工作的劳动者等，该法并未规定支付加班工资，而是规定了更高的基本工资，即其所得劳动报酬不得低于该法第 206 条所规定之最低工资的 1.5 倍。

《公平劳动标准法》对于工时之规定囊括了几乎所有的劳动者，根据其第 207 条 q 款的规定，仅有一种类型之劳动者不在其最高工时规定调整范围之内，即接受辅导教育（remedial education）的劳动者，该辅导教育特指为 8 年级水平的缺乏高中文凭或教育程度的劳动者提供的辅导，或为 8 年级水平及以下劳动者提供的阅读和其他基础技能的辅导，而这些辅导并不包括专项的职业训练。对于未成年劳动者这一群体，《公平劳动标准法》对其工作时间作出了较为详细的规定。不仅如此，该法还对这一群体作出了进一步的细分，分类依据包括年龄、工作性质（农业和非农业）等，几乎囊括了未成年劳动者工作的所有途径和方式。

1. 非农业工作（non-agricultural jobs）

（1）16 岁及以上劳动者

根据联邦劳工部工资及工时司在《公平劳动标准法》下出台的《未成年劳工规定》，16 岁以上的未成年劳动者可从事任何非农业、对未成年人无害的工作（non-hazardous for child labor），其工时规定与成年劳动者无异。这里的"对未成年人无害"，根据《公平劳动标准法》之定义，是指不属于劳工部长认定的对于青少年身体健康构成损害的工作。

(2) 14 岁及 15 岁劳动者

根据《未成年劳工规定》，14 岁及 15 岁劳动者的工作时间受到了极为严格的限制——在学习日每日不得超过 3 小时，一周不得超过 18 小时；在非学习日每日不得超过 8 小时，一周不得超过 40 小时。除此以外，其工作时间不能早于 7 点开始，亦不能晚于 19 点结束，但在 6 月 1 日至劳工节（Labor Day，即 9 月的第一个周六）期间，结束时间可推迟至 21 点。倘若该未成年劳动者参与了工作经验及职业探索项目（WECEP），在学习日的工作时间可达 23 小时/周（包含学习时间）。此外，学术方向的上述劳动者可以在学习日参与勤工俭学之工作。

2. 农业工作（farm jobs）

与非农业工作相比，《未成年劳工规定》没有限制未成年劳动者的农业工作时间，任何课余时间都可以参加劳动，工时调整制度与成年劳动者别无二致。此外，农业工作并没有最低法定劳动年龄的限制，但对于 14 岁以下的未成年人从事农业工作，法律则特别强调了父母及监护人的作用——必须是在父母或监护人的农场工作或者是在父母与监护人知情并同意的情况下工作。

总体来看，《公平劳动标准法》及其下属的《未成年劳工规定》对未成年人工作时间的限制是极为严格的，相较于成年劳动者一周 40 小时、向上几乎不封顶地延长工作时间（在劳动者与雇主达成合意的基础上），未成年劳动者的工作时间是极少的。14周岁至17周岁本就是青少年成长发育的重要时期，限制其工作时间一方面是为了保障其健康成长；另一方面，对于绝大多数未成年人来说，工作只是其接触社会、磨炼品质的一种手段，不能因工作而影响学习。不仅如此，《公平劳动标准法》对于未成年劳动者这一群体的进一步细分也十分值得称道，不同年龄层次的劳动者有不同的劳动能力与工作需求，这样细致的规定更体现了法律保护的差异性与针对性。

（二）劳动安全

美国的职业安全立法在20世纪60年代以前均是由各州政府自行制定的。直到1970年，国会通过了《职业安全卫生法》（The Occupational Safety and Health Act of 1970），才在全美逐步形成了适用于所有雇主和雇员的统一的职业安全卫生法规。《职业安全卫生法》在保护劳动者的工作环境权益方面发挥了极为重要的作用，其通过后，美国职业伤害事故发生频率大大降低，为劳动安全提供了强有力的保护。

除此以外，在《公平劳动标准法》中，针对未成年劳动者群体，作出了一些有别于一般劳动保护的规定——限制未成年劳动者可从事的工作类型，进而对其身心健康提供保护。具体规定包括：（1）14岁及15岁的劳动者不能从事任何建造业（manufacturing）、采矿业（mining）和有危险（hazardous）的工作；（2）18岁以下、16岁及以上的劳动者可以从事任何有危险的工作以外的工作［Section 213（6）（D）（ii）］。《公平劳动标准法》第203条将"有危险的"工作之定义权赋予了联邦劳工部长，任何劳工部长发现或宣称是"有危险的"工作，就是法律所规定的有危险的工作。

劳动保护关乎每一位劳动者的生命与健康，劳动保护之相关法律应秉承任何工作性质的劳动者都应获得同等程度的劳动保护的原则，即尽可能将劳动者与劳动中存在之危害隔绝。而未成年人还处于生长发育阶段，针对其制定更多专门规定亦无可厚非，实际上也是对上述原则的充分贯彻。

四、劳动争议解决

诚如上文所提到的"培训生"，还有一部分"学习者"并不属于劳动者。一直以来，对于"培训生"（即无薪实习生）的劳动关系的界定，都是一个充满争议的问题。对此美国劳工部与各级法院都形成了一些相应的原则和方法。只有符合具体要求的案例，才能判定实习生与雇主不存在劳动关系，这在现实中是非常少的，而且相关要求是以建议书的形式发布，并不具备真正意义上的法律效力。因此，在具体案件的审理上，各级法院发展出了多种判断标准。

（一）"受益对象"原则

在"培训生诉波特兰码头公司案"中，联邦法院发展出了受益对象原则。在该案中，实习生以在波特兰码头公司进行了一周培训为由，要求公司支付其最低工资。法院对这一诉求并不支持。法院认为：支付最低工资的前提是存在劳动关系，但调查发现，培训生在公司工作期间，受益人为培训生自己，公司并未在其工作中获得任何利益，因此二者并非雇用关系，而是一种培训关系。

（二）"潜在的经济现实"依据

这一依据是美国最高法院在《公平劳动标准法》框架下进一步提出的劳动关系测试依据。其主张劳动关系的存在可以通过审查"潜在的经济事实"来确定。若有证据显示，实习生在公司的劳动行为是"期望得到报酬的"，则该实习生便与工作单位存在劳动关系。这一原则并不是对单个因素进行考察，而是综合考虑所有的实习活动因素。

（三）"主要受益人"依据

在"多纳万诉美国航空"一案中，美国第五巡回法庭运用了"主要受益人"测试依据。在该案中，多纳万在实习期间，主要学习了飞机机舱、安全程序及设备、顾客服务等方面的知识技能，且实习生并未取代任何正式员工。法庭在调查后认为，由于实习生并未替代正式员工进行工作，而且培训费用十分高昂，航空公司也未从其实习中获得任何即时利益，因此法院认为二者之间不存在劳动关系。

综合以上原则和方法来看，相关劳动保障标准极为严苛，难于执行，因而在司法实践中产生了其他判定原则和依据。其中，"潜在的经济现实"依据可以算作最为清晰、不易引起歧义的一种依据，但单独依照此依据的实际意义不大，难以合理地判定实习生之劳动关系是否存在。对于"受益对象"和"主要受益人依据"，两者最大的优点在于其灵活性，而且应用这一测试还可以引导雇主在雇用实习生时，确保实习生成为最大的受益人，这样可以避免与实习生产生劳动关系。但不可否认的是，灵活性所带来的另一面是难以从这两种依据中抽象出具体的操作标准，无法成为明确的法律规范。

"学习者"这一群体，因其所具备的工作与学习双重性质的融合，对于其权利的保护难免较为复杂与特殊。美国的立法与司法实践，侧重于对其劳动关系的确认，只要其属于劳动者之范畴，便可享有与其他劳动者同等的权利（有特殊规定的按照特殊规定）。对于那些非劳动者的"学习者"来说，一方面，需要更多的措施如专项立法来保障其权利不受侵犯，如前文所提《人力创新与机会法案》中的相关规定；另一方面，作为普通法系国家，需要法院对相关案例作出一贯的、有一定标准可循的判决，以更好地维护司法的公正性。

第五章

英、德、美业本学习者权利保护法制文本比较

为了更好地发掘英、美、德三个国家对业本学习者各项权利保护之异同，本研究选择分别从教育法和劳动法入手，以权利为单位展开一个横向的比较。三个国家的法律传统和制度环境各不相同，在业本学习领域的权利设定出现差异实属必然，但其共同之处更是值得深入分析。业本学习是各国政府着力建设的领域，其内在逻辑和运行方式存在共性之处，各国采取的类似的调整模式，可以提炼出一定经验供我国政策制定者进行参照。与此同时，各国对每一项权利保护设定方式之间的差异也不容忽视，本研究力求找到其背后的原因，以便为我国融入中国特色提供理论和实践支撑。

第一节　英、德、美业本学习者教育权法律保护之比较

一、教育质量保障请求权

教育质量之保障是任何职业教育项目的根本，关系到职业教育体系的发展潜力以及国民劳动力的整体水平，因此，各国都将业本学习的质量视为项目运行及治理的重中之重。教育质量保障请求权是业本学习者权利体系中的核心子权利。

总体上，英国对学徒制项目质量的把控主要通过教育培训内容、工作学习比例限制、组织机构保障、监督问责等方面实现。德国的规定比较落地和细节化，主要通过时间限制、内容

把控、工学场所协调、师生比例、师资水平五个方面的细节化操作来完成对教育质量的严谨把控。美国法案对职业教育质量的保证和实现主要从五个方面完成，包括教育服务提供者遴选、教育培训内容把控、支持性政策措施供给、组织机构保障和质量评估监控五个维度。综合来看，三个国家的法律政策设计都从教育培训服务供给主体把控、教育内容设计、实践技能与学术知识融合、组织机构保障和监督问责等方面入手。

教育培训服务提供主体把控方面，英、美、德三国都将其作为质量保证工作的重要方面，对于师资水平都有较为严格的要求，制定了一系列标准、程序和考核要求对教师资质提供制度保障。从个别观察的角度，德国更注重事先的准入限制，而英美更注重事中和事后的监管与问责。美国主要是从资金接受机构和教师主体两个方面着手，其他两个国家则选择直接从教师资质水平切入。这与美国联邦立法样态和职业教育项目运行方式有关。在美国，教育服务提供以项目制为政策推广方式，以联邦资金拨付为项目启动驱策力。因此，教育培训服务提供者首先是接受拨款的适格机构，联邦对机构主体适格与否主要是通过对其提交的项目计划进行严格审核以及事后的监督问责予以把关。对于教育培训的直接提供者——教师，不同于德国事前对教师资质的严格把控，美国联邦主要是通过拨付资金为教师提供培训的方式保证教师教学质量及资质水平的进一步提升。另外，对于工作场所的指导老师或"师傅"的资质，美国在联邦法案中并没有具体的规定。

与德国、美国不同，英国在教师资质方面的规定在法案中体现得并不明显，对于教师的业务培训及水平提升也未作大篇幅的规定。德国有专门的《企业教师资质条例》对双元制中培训提供者的资质和考核进行综合规定。同时，在刚性规定中见弹性，在严守教师和指导者能力、素质、水平底线的情况下，对于实际教授主体的选择任用，雇主或学校有一定的自主权，可以授权或雇用其他虽然资质形式上有瑕疵，但在业务上拥有绝对能力、能够胜任教育指导工作的个人对学徒进行培训。《企业教师资质条例》在事前、事中和事后对教师资质水平实现动态监控。美国在联邦层面颁布的法案则是从资金拨付使用着手，强调地方教育机构接受的联邦资助应重点用于校长、教师、生涯与技术教育项目行政人员的培训活动和专业素质的培养提升，引导项目负责方通过后期培训的柔性方式提升教师水平。但法案的规定重点主要是针对校本教师，对于工作场所的教师或师傅着墨甚少。总体上，在对于教师资质水平把控方面，三国的法案在着墨与否、规定细致程度和监控严密程度上，英国不及美国，而美国又不及德国。

在内容把控方面，英国对学徒制项目有合理性、完整性、多样性和可传递性四个维度的要求。德国主要是通过各行业的培训条例进行规定，以强制性的形式安排来确保教学内容的适切。而美国法律在教育培训内容把控方面主要关注四个维度：不同阶段和不同项目间课程内容的非重复性梯度设计，学术知识与实践技能的融合，贴近劳动力市场需求，加强利益相关方在内容设计方面的共同参与和决策。综合来看，三国都极其重视教育培训内容的合理性和正当性，都强调工作实训（working

和理论知识学习（learning）的结合，都要求尽可能地贴近市场对劳动力的需求，培养学习者在职业发展过程中所必备的业务能力和知识技能，实现可持续的个人发展，秉持一种面向终身和未来的教育培训观。具体而言，英、德、美三国都强调工作端与学习端紧密结合的重要性，强调工作场所实践技能与学校教育知识储备的双具备。尽管在时间比例上对工作场所和校本学习的要求有所不同，但各国对于实操经验和理论学习的融合并重都是十分重视的。在英国，在岗培训（on-the-job training）和离岗培训（off-the-job training）被放在同等重要的位置，二者紧密结合、缺一不可。德国则更强调企业与学校的紧密互动与高度协调，该协调主要通过法律对企业主施加积极和消极两方面的义务实现。美国与德国均强调不同阶段间的教育培训内容必须呈现一定梯度变化。其中，美国更强调不同项目间的非重复性。这是因为，美国的项目展开是以州为单位，以项目申请为遴选方式，因此只有在既有项目与申请项目之间保持内容各具特色、不重复雷同，才能最大限度地丰富教育培训的内容域并实现联邦资金使用的最优化。同时，英国和德国在教学方案内容设计上都比较强调各利益相关方的多方参与和共同设计。这与两国职业教育项目的运行方式密切相关，英国的学徒制以企业主为中心，强调教育与劳动力市场的最大贴近以及以企业为主导的项目运行与设计模式。与此同时，强烈的人文主义传统驱使政策设计重视个体需求和制度关怀，因此在教学内容设计上，尤其注重企业主、学习者及限制民事行为能力人监护人（在学习者未成年或有残疾的情况下）的意见发声及共同参与。

在德国，教育培训内容设计上的多方参与以另一种方式进行，权责向中观层面下放，即以行业为单位确定教学方案的具体内容与评估标准，高度标准化和程序化，对于个体多元化需求的满足相对于英国较不明显。而美国主要是通过州年度计划（state plan）和定期报告（reporting）的制度模式对教学内容加以审核和把控。

针对教育培训内容，各国通过法律管控的广度和深度也有所差异。英国法律对学徒制项目的质量要求主要从合理性、完整性、多样性和可传递性四个方面入手。合理性目标主要是为了满足国内多元学习主体的不同需求，强调不同客观条件的学习者应该获得高度个性化的方案设计，具有特殊教育需求的学习者的适当要求不得被漠视。英国对于学生的个体化尊重与关照的精细化程度很高。不仅体现在权利主体的精准划分，还体现在对需求的满足程度上，即最大限度地满足每位学习者的选择偏好。这造就了英国学徒制内容设计灵活性强、自由度高的特点。但与此同时，也容易造成监管难度增加、标准化程度低等问题。在标准化与灵活性的衡平问题上，英国和德国选择了不同的方向。相对而言，美国对于少数群体学习者的规定在联邦层面的职业教育相关法案中体现并不明显，主要是通过其他相关法案（如《民权法案》）或散见于特别法案中的个别条款对少数不利群体或对教育有特殊需求的学习者的权利保护和倾斜性关怀进行规定。

在组织机构保障方面，英国相关负责机构较多且较分散，机构的更迭也较为频繁。法律赋予英国资质与考试办公室（The

Office of Qualifications and Examinations Regulation, Ofqual)督导监督的执法权, 授予其监督、命令相关主体, 处理投诉, 运行并修订资格管理框架的权力。同时, 学徒制协议的签订对内容保障起到了较强的约束作用, 对于雇主和学徒的约束力较强。这与英国的自决主义传统和君子协定文化有很大的关系, 双方主体合意的约束力并不亚于成文法律的强制性。同时, 这也与英国政府的治理方式和治理习惯有关。在英国, 政府较为相信市场, 但交付市场的同时为了最大限度地保证质量, 政府通常会同时设置、委托多个机构来完成相同的任务, 适应市场并经过考验生存下来的机构会获得政府的继续授权和拨款, 被淘汰的机构则自动退出舞台, 法律会通过新的机构完成其需要达成的政策目标。这也是英国法案授权机构频繁更迭的原因之一。

德国的组织机构保障体系十分完善, 监管问责自上而下的贯彻十分彻底, 从联邦职业教育培训研究院到各行业协会, 对教育质量的监管问责如同一台精密的仪器有秩序地进行着。具体体现在:首先, 工作场所实践时间与学校教育时间的比例在刚性规定中融入弹性空间, 尊重个体的多样性和特殊需求。其次, 针对工作场所的实践学习和学校的理论学习, 法律分别规定了雇主的积极敦促义务和消极准允义务, 保证学习者在双元场所中的合理学习、工作安排。在教育培训进行过程中, 法律主要是通过保障学习者获得充分指导和足够工作场所实践时间的方式确保学徒接受知识和技能培训的质量。再次, 严格限制师生比例, 并十分注重因材施教的个性化设置。最后, 对于师资水平不仅有极严格的事前把控, 在事中和事后也都有即时的动态评估与监控，多方位保证教育培训质量。相较于英国和德国，美国主要从宏观、中观、微观三个层面实现官方机构与组织协会通力合作，提供组织保障和供给。在评估监控方面，主要通过定期评估、州和地方项目运行计划强制性提交和建立核心绩效指标体系三个层面来实现。质量监控尤其注重教育服务供给主体的评估与提高，教育培训服务供给主体的适格包括机构的适格和教师的适格两个方面。作为联邦资金的接受者和教育培训项目一线运营方，必须重视适格机构的主体作用，对其遴选之公平、高效至关重要。对此，法律主要是通过申请—审批的形式予以保障。针对教师资质，美国联邦法案并未进行针对性规定，而是选择以提供培训的方式提高教师和相关学校机构工作人员的素质水平。

　　三国组织保障负责机构的权责集中程度有所不同。英国的机构较为分散且更迭比较频繁，不同的机构又负责质量把控的不同层面。虽然各质量把控机构的权力均来自法案授权或国务秘书行政指令授权，但是各部门之间仍存在职责交叉、职能重复、行政效率较为低下等问题。相比之下，德国的相关机构则较为集中且确定。从2005年《联邦职业教育培训法》颁布以来，德国职业教育的监管机构设定一直保持极为稳定和高效运行的状态。在联邦职业教育研究所的总体把关与监控下，各行业具体负责对教育培训的质量进行把关，包括课程内容方案设计、工作与学习比例设置、程序与考核评估等多个方面。美国较为温和，以地方、州与联邦间自下而上提交计划—审批监督的方式进行组织监管，由微观、中观向宏观层面层层递进，政府机构和协会组织协调互动，形成纵横交错的监督管理网络。其中，核心绩效指标制是美国对职业教育项目采取的主要监控手段。具体而言，联邦政府对核心绩效指标体系提出政策指引，拨款申请人（州或地方相关机构）提出申请并提交项目运行计划提案。拨款后，资金接收方要持续申报项目运行情况，联邦及州和地方进行自上而下的监管。问责是对项目质量的最后管控环节，对于质量不合格的项目，根据程序在整改不达标的情况下予以取缔。

在保证措施使用上，英国主要通过双方合意签订学徒协议的形式予以保障。此种方法表面上看自由度过高且缺乏政府管控，但却是适应英国本国国情的。英国有悠久的君子协议传统，公民个体间的横向约定具备相当的约束力，合意的执行效力不逊于民事法律之强制约束力。德国对于教育内容设计的把控主要通过职业教育培训条例（training regulation）的路径予以实现，法律政策明确规定职业教育内容的最低标准，包括技能、知识以及资质等，以自上而下的强制性形式安排来确保对教育内容设计、运行的监管。美国则是不断"推陈出新"，通过阶段性政策方式试图对质量保障加以干预。例如，《铂金斯法案2006》推出的"POS"项目（Program of Study），其前身是"TECH-PREP"政策项目。该政策项目涵盖学术标准、职业技能、中等教育与中等后教育的衔接和普遍承认的文凭等核心内容板块和关键指标，目的均是提高并监管所有政府拨款的生涯与技术教育项目的运行质量及成果水平。

在最低工作时间限制方面，英国和德国对于工作场所培训时间的比例有严格的要求。英国的最低工作场所培训时间累计时长为一年，德国要求通常不得低于两年。美国则没有具体的规定，相关管控较为"随意"和自由，只要双方或多方达成合意或项目计划符合核心绩效指标并已经得到审核批准，则具体事项由项目资金接收方自主进行具体规定，可以与学习者达成多种形式的合意。法律对此并没有一刀切、格式化的相关规定。也就是说，在管控程度和形式要求上，美国最为自由，德国管控最为严密，英国处于中间的位置。

在教育设施创建方面，英国主要强调四个方面：（1）学徒教育培训设施数量充足；（2）以就近原则为基础，设施位置适中；（3）学校设施利用不因任何紧急情况而中断；（4）在保质保量的基础上，对不同学习者给予多样化的、有针对性的设施提供。在德国，对于职业教育培训服务提供机构的种类及相关设施的提供有十分严格的要求，各州法律和主管部门的审批起着重要的审核监管作用。为了提高教育设施的利用率，更好地满足学徒对教育培训设施的需求，德国还专门建立联合培训中心，为设施供给不足的学徒培训机构提供设备援助，保证学徒在工作场所的教育培训质量。美国目前并没有明确具体地将教育设施创建请求权作为一项子权利写在职业教育相关法案中，而是通过一种间接默示的方式将适当设施的提供作为一种生涯与技术教育项目运行所必须具备的硬件基础和实施条件，这也是联邦拨款支持某个项目的题中之义。该举措与联邦立法模式有关，联邦法案在某种程度上是"拨款法案"。作为联邦制国家，立法上联邦对美国各州的约束力相对于大陆法系国家较弱。

联邦法案通常以拨款的形式实现与各州之间的决策沟通与政策引导。例如，根据《铂金斯法案2006》对资金使用的规定安排，国会每年会向各州拨付大约1.1亿美元的生涯与技术教育项目运作资金，如果是跨州的项目还可以获得额外的2500万美元的特许拨款。

同时，对教育培训项目提供组织保障与监管问责是保障教育培训质量的重要环节。组织保障和国家监督的形式与各国的治理体制和立法体系有着密切的联系。在英国，囿于其政治体制，英格兰和威尔士采取相对一致的治理和立法模式。针对学徒制等职业教育培训项目，国家会通过法案建立一个半官方的机构来专门负责项目的运行与监管，大部分责任落在该机构的肩上，如2009年经法案授权建立的国家学徒服务局（National Apprenticeship Service），国务秘书对其负有形式上的指导和总把控责任。事实上，之所以选择一个半官方机构来进行组织管控，取决于英国政府与市场的互动模式。相对于德国，英国政府更加依赖和相信市场的作用，政府通常会授权一个到多个相关机构来试图达到政策目标，该机构需要接受市场和政府的双重检验，生存的同时还需要通过政府的相关监管和绩效考核。这种模式优点和缺点并存，优点是充分利用市场的杠杆作用，自动筛选优势机构，效率较高；缺点在于市场的不确定性和高度自由使得机构的设置较为繁杂且更换频繁，机构的职能很容易存在交叉甚至冲突，机构的设定和运行结构不稳定。

这与德国的双元教育组织机构体系形成了鲜明的对比，德国职业教育项目的运行监管体系像是古老精细的时钟，精密、严谨、稳定地运行着。源自中世纪的手工业协会和商会制度经过温和的改革和实践形成稳定的制度结构，国家法律政策很少发生较大的调整，通常只是根据具体需要进行细微调整和温和的改革。在德国，教育主管机构如商会（Chambers）在双元学徒制运行当中起着十分重要的作用，其与英国的国家学徒服务局一致，都是通过国家法律授权建立，享有法律授权的国家权威。德国的主管机构按照行业来划分，分别问责，由联邦机构如联邦职业教育研究所（Federal Institute for Vocational Education and Training）提供咨询和监管服务。每个行业协会都会设置独立的职业教育委员会对本行业的职业教育培训项目进行监管督查，形成一个由上至下纵横交错的组织网络。与英国相比，德国的职业教育培训服务提供组织与监管模式较为远离市场，选择了一种更为贴近政府权威、封闭内敛的组织方式对职业教育培训项目的运行提供机构支持和问责监督。

三个国家中，美国相对来说最为贴近市场，职业教育项目组织模式更为松散和自由。在生涯与技术教育项目组织运行与监管方面，联邦层面扮演的角色相对单一，主要负责监督和问责。该模式的形成主要有两个方面的原因：一方面是囿于美国的政治体制，各州享有较大的自主权，且提供教育制度的主力军是各州和地方机构，联邦主要发挥政策性指导作用；另一方面源自美国的纵向立法模式及联邦职业教育立法所扮演的角色。联邦职业教育法案主要通过拨款来吸引和指导各州及地方相关机构参与到职业教育项目的提供与创设中，以资金拨付的形式对教育服务提供者形成激励，监管问责主要通过核心绩效指标设定和州、地方定期报告审核的方式进行。只要符合指标框架要求并且报告审核通过，联邦政府不会对州政府、地方相关机构等教育提供者进行过多的干预和管控，而是更多地依赖于市场的自我选择与淘汰机制。因此，在组织保障与监管问责方面，有着强社会伙伴关系的德国管控力度最大，组织结构最为集中；英国选择半管控、半依赖市场的模式；美国则选择更多地发挥市场的自主调节作用，依赖市场的自由发展。

二、平等权

从整体上看，三个国家对于教育培训平等权的保护工作均主要包含两个方面：消极的机会平等之保护和积极的对少数不利群体的倾斜性保护。首先，在教育培训机会平等方面，英国法律政策主要通过2009年《学徒制、儿童、技能及学习法案》来强制性要求地方教育培训机构为学习者提供公平的进入学徒制体系学习的机会。法案还强调和关注男女平等，新的现代学徒制改革路线将纳容更多的女性学习者作为工作重点之一，新的学徒制框架设计建立也努力消除女性在职业准入和发展方面的障碍。同时，重视因性别因素遭遇的欺凌、歧视和骚扰，对该类不利群体通过立法进行特殊保护。在德国，从联邦立法到地方立法均对学生的多样性予以肯认并强调对个体的尊重与平等权利的保护。法律还关注到了年龄歧视问题，如《德国手工业条例》对于年长学习者参加考试的平等权利进行了规定。美国与德国相似，从宪法到联邦基本法，再到地方法律政策，都将反歧视作为其立法的基本原则并积极贯彻落实，保障生涯与技术教育学习者不因单个或多个不利因素而受到不公平的对待。

其次，针对少数不利群体的倾斜性保护以积极的方式开展。在英国，作为平等权实现的重要途径，对特殊人群的倾斜性保护一直是英国法律的调整重点，政策设计为此付出了较大的努力。这种积极的特殊保护主要从两个方面展开：一方面是对残疾人教育和工作权利的保护；另一方面是对有学习障碍的学习者，在定义分类的基础上尽可能地有针对性地满足其个体化诉求，采取措施为其未来的职业与学术发展提供上升的通道并扫除可能存在的歧视性制度障碍。例如，对学徒制项目中有学习障碍的学徒制定个性化备选教育培训方案，保障其在学徒制内部阶段性上升的可能。在德国，一方面注重残疾人士在职业教育培训领域的参与权以及对其提供额外的教育支持和协助；另一方面也非常注重青少年学徒在工作场所的人身权和财产权保护，防止雇主对青少年学徒员工的压榨和其他不正当对待，如对工作、学习时间比例的安排以及保证离职进修培训权利的实现等。美国生涯与技术教育相关法案更关注对少数族裔及偏远贫困地区职业教育培训学习者的资助、学分转换的特殊支持以及远程教育供给的加强。

由此可以看出，在针对群体及措施方面，英国主要是针对学徒框架男女平等和对有特殊需求学习者的特别支持展开规制；德国则在保护残疾人学习者的基础上注重对青少年学徒的特殊保护；美国法案的平等保护措施则主要包含财政资助、程序性管控、远程教育以及对少数族裔学生的特别政策支持四个方面。在倾斜保护方面，三个国家的工作重点都包括对残疾人学生的特殊关照。除此之外，关注的群体各有不同：英国更关注女性学徒，德国强调青少年的权利保护，美国则在法案中对偏远地区和少数族裔学生有更多着墨。一国所关注的特殊群体与国家法律运行模式和本国国情有密切的关系。英国国内学徒制框架男女比例悬殊，且在劳动力市场中女性处于弱势地位的现象较为普遍；德国的职业教育体系尤其是双元学徒制中，有相当一部分学习者是青少年；作为以拨款为主要手段的铂金斯系列法案，就对经济不利的学生群体予以了更多的关注和支持。

英国和美国都是多民族国家，德国相对来说种族比较单一，但是对于平等、自由和个体的关照都有强烈的向往与追求。在英国，自由主义与人权思想的盛行使得个体的权利意识苏醒，在不断的权利声张过程中形成了一种重视多样性、保护个体权利的政治文化氛围与制度设计传统。美国更是一个典型的移民国家，外来移民和本土少数族裔在人口总数中都占据相当的体量。《独立宣言》是美国自由平等之大宪章，托马斯·杰斐逊（Thomas Jefferson）的"人人生而平等"是每一个美国人的座右铭。德国民族构成相对单一，绝大部分是日耳曼人，但是"二战"的伤痛令人们对自由与平等的追求执着而坚定，这也直接反映在了制度设计与民众意识之中，有了"平等分子之地位贡献世界和平"之愿景。

三个国家都有平等权的宪法保护传统。在平等权实现的制度架构方面，三个国家都包含消极性预防和积极性保护两个方面。即一方面，任何人不论民族、种族、性别、残疾与否、宗教信仰、年龄、经济地位与出身，均需受到平等的对待，国家和机构不得对其有任何形式的歧视。在教育培训方面，保证任何人都有参与相关职业教育培训项目的机会。另一方面，对少数不利群体进行倾斜性的积极保护，如对残疾人、有学习障碍的学习者、经济弱势群体等。

三国也都注重对个体的尊重与关照，强调重视学生的个人能力特质与选择偏好，并根据其兴趣和能力特点提供有针对性的、因材施教的教育培训服务。英国认为学徒制框架应当具有包容性，注重学习者的多样性分布，并尽可能地满足其对教育培训在不同层面的选择偏好，保证学习者不因自身劣势因素而被拒在教育培训门槛之外。法律还强调制度设计要与学习者的个人天赋与能力相对等，实现因材施教的个性化教育服务供给，同时也特别关注针对具有学习障碍的学习者的照顾。美国则在为职业教育学习者提供时间灵活、内容弹性的课程设置与安排的同时，强调针对个人能力特质提供额外的、有针对性的教育支持与服务。德国更是尊重每个人的能力特点和选择偏好，相关制度设计主要通过商会等主管机关来完成对本行业内学徒培养的个性化设置。

三、终身学习发展权

三个国家均不约而同地关注职业教育内部以及职业教育与学术教育的贯通，将其作为教育权利的重点保护方面，不仅努力形成一个职业教育体系内部的纵向上升通道，也致力于探索学术教育与技术教育间的横向互动融通，终身教育与个人全面、可持续发展的理念贯穿始终。虽然各国采取的具体措施与切入方式有些许差别，但其政策目标都是为学习者在学术和技术两条道路的选择上提供更多的便利，在制度设计上为学习者的职业与学术上升乃至个人的终身发展提供可能。

在职业教育与普通国民教育的关系上，英国和美国的职业教育都有相对被轻视的现象。其中，英国的学徒制与学术教育间较量的天平明显偏向于后者；美国的生涯与技术教育呈现碎片化供给状态，且相对于高等学术教育处于较劣势的地位。在德国，双元职业教育是国家教育体系的重要组成部分和骄傲，职业学习培训与学术教育没有优劣之分，在社会大众眼中亦一视同仁。德国对技术人才的肯认和尊重程度极高，对于高技术人才的尊重与对高学历精英的尊崇并重，对他们向社会作出的贡献同样认可，在某些情况下前者更甚。德国的历史与国情促使其形成了独特的教育观。

上述状况的形成与各个国家的历史传统和文化演进历程有很大关系。在英国，贵族精神和精英主义占据文化主流，"通才"与"全人"（well-rounded）成为教育的至高标准，只有在文法学校这样的"贵族学校"学习才是进入上流社会、改善自我命运的不二法则。并且，当代英国的高等学术教育世界闻名，历史悠久且有着强大的现实发展基础。而学徒制初始就是为无法进入高等学府等学术教育机构、无法从业或失业的人设计的，某种程度上是一种"教育救济"，这种情况直到20世纪90年代以振兴国民人力资源为目标的现代学徒制的复兴才有所改善。因此，"学术"与"学徒"，"精英教育"与"职业教育"两厢对垒，无论是在已有发展基础还是社会观念中的地位上，高下立现。同时，英国的等级制度森严，且由贵族阶级制定的法律制度更是倾向于强化和固化这一现状与思维模式。如在《主仆法》中将主人与仆人的天然阶级差别和二者间服从与被服从关系合法化。因此，"工匠"、"手艺人"与贵族、精英之间有天然的阶级差别。

德国素有崇尚"工匠精神"的传统，对于手工业者和有一技之长的从业者有着天然的崇敬与尊重，这为职业教育在国家教育体系中的重要地位打下了基础。历史上，德国手工业十分发达，社会分工细致而明确，各行各业的从业者都受到尊重并有强烈的职业归属感。经过层层训练和考核获得"师傅"（master）称号是一项极高的荣誉，代表其职业能力素养达到了相当的高度。因此，师傅（master）代表着一种权威。这种传统深深根植于德意志民族的观念模式中，即对具有高职业资格和能力的追求和向往。这种"重手艺"的传统也形成了德国独特的人才观。对于何谓人才，德国人有着自己的理解与信仰。1973年，北莱茵—威斯特法伦州颁布的职业教育规章对什么是人才是这样描述的："当一个个体有能力并且真诚地做下列事情的时候，可以被称为人才：在社会中占据一席之地并扮演某项社会角色；批判性地认知自己的地位与社会角色；对社会的当下有理智的认知，批判性地检验、理性地改善并合乎人道地生存；合理地解决冲突。"[1] 因此，成才与否与学历并没有必然的强相关关系，只要一个人能够以一己之力为社会作出贡献，真诚地与社会和

---

[1] 顾明远.民族文化传统与教育现代化［M］.北京：北京师范大学出版社，1998：206.

他人合作并付出努力，对当下现实在冷静判断的基础上作出力所能及之改善，就可以被称为人才。因此，学历不高但对经济社会发展作出各方面贡献的技术技能型人才同样受到社会的认可和高度尊重。具有某种职业资格是一种能力的证明，甚至是一项荣耀。有学者认为该人才观的形成与德国的宗教改革有密切联系，新教笃信个人的智性充分发展和"与上帝对话的能力"，强调个人的能力和选择偏好，因此个人的选择被充分肯认，选择职业教育的，也是个人在对自己能力和爱好充分评估之后作出的自主选择，是应该被社会尊重的[①]。

在教育体系内部设计方面，英国的学术教育与技术学习通道是两个相对较为独立的设计，在普通中等教育证书考试高级水平课程阶段（general certificate of education advanced level，A-level）之前，学术与技术教育间都是互不交叉的，但是在各自体系内都设置了过渡区间（transition year），为年轻学习者设置了准备和缓冲空间。从 A-level 阶段开始至高等教育阶段，制度试图在二者之间建立互相过渡融通的桥梁，终极目标是使学习者具备贴近劳动力市场需求的技能（skilled employment），实现从教育培训向工作的转换。

德国的学术教育与职业教育之间的契合较为紧密，二者杂糅在一起，啮合程度非常高。德国的教育体系按照年龄阶段共分为五个梯度，分别是初级阶段（elementary level），基础阶段（primary level），中等教育一阶段（secondary level I），中等教育

---

① 胡劲松.20世纪德国的文化特质及其教育特征［J］.比较教育研究，2004（03）：1-6.

二阶段（secondary level II）和高等教育阶段（tertiary level）。职业教育主要集中在中等教育二阶段和高等教育阶段，与学校教育都是国家正式教育（formal education）的一部分，其中技术教育与培训体系横跨正式教育与非正式教育。职业教育与学历教育并没有明显的界限，各自也并非独立的体系，融合程度非常高[①]。

在中学阶段，美国的生涯与技术教育项目服务主要由综合中学、职业技术学校等机构提供；在高等教育阶段，主要以社区学院、高等教育机构开展的某些项目的形式进行，并不占据国内教育体系的主流。学术教育与职业教育之间的边界较为模糊，且职业教育的开展比较碎片化和边缘化。呈现碎片化的一个主要原因是美国的多层治理结构及各个层面所扮演的角色的差异。美国的纵向治理结构主要包括联邦、州和地方三个层面，而"搭建"教育制度的主力军是各州，且各州可以根据本地区和当地的需要制定一套自己的标准，联邦各法案的规定也都相对较为原则和宽泛，这就给各州很大的自主空间。因此，各州在职业教育与培训服务的提供上也大都在已有教育制度体系的基础上进行，从而使得各州的实践也存在很大的差异。相应的，职业教育培训的开展也较为碎片化。相对于普通国民教育，美国的职业教育也相对边缘化，尤其是在中等职业教育阶段。有些群体也视职业教育为成绩较差的学生的选择。学术教育得到一些家长特别是中产阶级的支持，职业教育的社会声望较低，

[①] 欧洲职业培训发展中心：《德国：2011年欧洲职业教育培训国别报告》。CEDEFOP. Germany: VET in Europe: Country Report 2011 [R]. Refernet Germany, 2011.

家长通常希望子女为大学生涯做好准备。高中职业教育课程也往往是低收入和少数族裔学生的首选,通常被视为"小高中毕业文凭"①。

在职业发展政策措施方面,英国对学徒制的上升路径和与学术教育的融通切换作出了具体的强制性规定。在学徒制框架标准内部的纵横向通道设计中要求必须首先确保学徒有进入高级阶段学习的机会;要满足学徒在不同行业专业跨部门自由切换的需求;提供更多的机会并加强学徒制与高等教育间的互通。法律还对员工培训学习权进行了规定,雇主对员工合理的进修培训,在没有正当理由的情况下不得无故拒绝②。

在德国,《联邦职业教育培训法》等职业教育相关法律政策主要通过提供高层次职业培训机会、考试证书等值换算和承认国外资格证书效力并实现与国内资质认证转换等措施来确保双元制学习者在职业教育体系内部的提升。从文本规定内容上可以发现,法案对于校本教育以及与学术教育的融通等内容并未作出具体规定。这一方面是由于《联邦职业教育培训法》主要调整的是双元学徒制在工作场所的权利和义务;另一方面是由于已有的教育体系设计与实践已经将学术与技术教育有机地融合在了一起,二者没有明显的界限和优劣之分,学习者在职业

---

① 克赖辛:《美国职业教育:改革与成果》。Kreysing M. Vocational Education in the United States: Reforms and Results [J]. Vocational Training: European Journal, 2001, 23, 27-35.

② 英国议会:《学徒制、技能、儿童与学习法案》。UK Parliament. Part 1, chapter 1, 63D (1) (2), Apprenticeships, Skills, Children and Learning Act 2009 [EB/OL]. (2009-11-09) [2018-08-03]. https://www.legislation.gov.uk/ukpga/2009/22/contents.

教育与学术教育轨道之间可以完成自由切换。

在法律政策设计上，美国的职业教育法律政策供给与学术教育法律政策供给相比也不占优势，相关法案虽然经过历次修改，但是长期处于一个独立封闭的状态，主要以拨款这一单一的手段来实现调控和监管，单方性突出。同时，在具体政策措施上也较为多变，不同专项政策（如 TECH-PREP）运行较为不稳定，在不断的尝试与探索中完成自我更新与淘汰。总体上，职业教育相关法案自成体系，与国民教育的其他法律政策架构互动较少。奥巴马政府曾经试图通过拟订新的法案来代替铂金斯系列法案，以改善其在调控美国生涯与技术教育中的独立封闭状态。美国职业教育法律政策当前比较关注两个方面：一方面是中等和中等后职业教育之间的纵向链接；另一方面是学术与技术教育横向上的进一步融合。在纵向链接方面，主要以衔接协议（articulation agreement）作为主制度设置，在中学阶段和中学后阶段教育机构之间形成一种具有约束力的书面承诺，为职业教育学习者的阶段性上升提供强制性形式保障。在横向融通方面，主要从副学位项目、"职业路径"政策设定、替代性方案和上升路径的供给三个方面入手，其中副学位项目是美国法律政策中较为独特的一项实践。

四、获得评价、证书权

作为教育培训完结的标志和进入下一步技术或学术发展的敲门砖，证书的获得对职业教育学习者至关重要，证书既是一个阶段的结束，亦是新的开始。结业证书是对既有知识和能力的认证，其前提是公正、有效的考核评价，一个科学合理的评价体系至关重要。评价活动包含不同的形式，并不只限于结业考试，还包括中期考核，课程学分授予等。

德国关于双元制受训者的评估考核和证书授予有一系列严密周全且人性化的措施规定。在联邦职业教育培训研究院的监管下，以考试条例为依据由各行业成立专门的考试委员会负责评价考核，对考试的内容与形式进行把关。内容的设计注重反映学习者真实的知识技能水平，形式上保证学习者考核的公正性、合理性和适当性。在平等适用考试许可决定的同时，打破经济地位和性别的门槛，不因受试者各种主客观情况而影响其获得评价和证书权利的适当实现。在组织机构方面，德国的考试组织一般由各行业负责机构自主掌控，考试的内容是在联邦职业教育研究院的监管下与多方主体共同商议决定的，以行业考试条例作为法律政策依据，考试委员会作为组织和程序保障。

在英国，法律政策设计主要有系统合理的证书框架标准、科学严格的考试评分设计、独立过硬的第三方评估机构三个着力点。法律指定专门的机构完成学徒制的考试和评估，考试的内容由多方利益相关主体共同参与制定完成，强调评估标准的体系化及其可靠性、有效性，通过评分等级制度的设立以及多项评估模型的适用构建精准的评分体系。学徒制的考核评估组织为独立的第三方，并力图保证该第三方机构的独立性与中立性。因此，在英国，考试的组织由独立的第三方单独完成，比较强调评估的可靠性和可问责性，以及评估机构的绝对中立。评估机构中立的地位要求其不能参与到培训或学徒注册管理之中。

美国在联邦层面不对评估考试和证书授予作具体规定，而是交由各州和地方相关机构自主决定，各州之间的规则设定也会有所差别。注重在评估考核过程中对个人相关权利如隐私权、知情权等的保护，遵循透明公正原则，力求实现程序正义。在美国，学分的评定和授予在生涯与技术教育中是比较常见的考核评估形式，最终评定甚至可以与平均学分绩点（GPA）直接挂钩。这是因为，美国的职业教育提供者主要是学校等教育研究机构，其最常运用的考核方式就是平时的学分给予和期末的结业考试。

尽管措施和重点有所不同，三个国家在法律政策设计上都比较关注教育评估考核过程的科学性与结果的公正性。首先，任何形式的考核评估和证书授予都要真实客观地反映学习者的能力和知识水平；其次，强调考核标准的体系化，以增强评估结果的可靠性与可验证性。

五、获得资助权

对于教育培训项目学习者的资助主要有直接资助与间接资助两种方式。直接资助一般以奖学金、助学金、学生贷款的方式进行；间接资助一般体现为减免学费、免费学习资料的发放、免费设施的使用等形式。在职业教育领域，三个国家的法律政策都选择对学习者给予一定的财政资助，以帮助其完成教育与培训。

从获得资助权的实现方式和内容上来看，德国主要是通过间接资助的形式实现学习者该方面的权利，一般通过允许学习者免费使用学习资料或工作场所设施的形式减轻学徒在教育培训过程中的支出，打消其顾虑。因此，学习者主要获得的是间接资助而非直接资助。这和学徒本人的法律身份有很大的关系，一旦进入双元学徒制开始接受教育培训，学习者与企业雇主之间就是劳动合同关系。也就是说，学徒的法律身份是雇员（employee），雇主需要向学徒定期支付酬劳，一般酬劳是正式员工的三分之一，并逐年增长，该增长受法律强制性保护。学习者在接受培训过程中处于经济上受益的状态，法律也就选择以间接资助而非直接资助的方式帮助学习者减轻不必要的支出和负担。

英国则是直接资助与间接资助的方式兼备。在直接资助方面，以往是采取学生贷款的资助方式，2017年的政策调整选择直接向学徒提供财政资助。在间接资助方面，以宏观辅助制度设计为切入方式，即培训券制度和培训税制度。培训券制度和培训税制度的实施可同时达到多项政策效果：一方面可以普及学徒制项目，发挥企业在学徒制项目中的主导作用；另一方面可以间接减少学徒在参加教育培训过程中的部分支出，或促进工作酬劳的间接增加。

美国对教育培训学习者的资助方式和资助主体都较为多样化。从资助方式上看，主要是以直接资助为主，以间接资助为辅。资助主体方面，除联邦通过法案直接拨款外，相关行业领域的组织也有内部的资助措施，如美国未来农业家协会对参与农业教育培训项目的学习者根据本行业的规定（National FFA

Organization Federal Charter）进行资助。关于资助的具体规定，联邦法案并未过多涉及，而是交给各州和相关适格机构自主规定。因此，美国关于学生获得资助权的规定较为分散，且州与州之间的规定与执行情况也各有不同。

三个国家中，美国的资助方式最为直接，力度较大；英国的资助方式较为综合，直接资助与间接资助相结合；德国则以间接资助为主要手段。在调控和管制方式上，根据学习场地的不同，德国双元制培训学习者获得资助权的实现包含两个部分，即工作场所获得的资助及在学校获得的资助。不同场所的资助由不同的法律加以调整，在工作场所主要是由《联邦职业教育培训法》进行调整，而在接受校本教育时由各州制定的学校法的调整。但不论是联邦法律还是学校法，都尽可能地在制度设计上为双元制培训学习者提供更多的获得资助的途径和机会。英国直接通过职业教育与培训相关法规对学徒获得财政资助的方式和途径进行规定，如2017年《技术与继续教育法》、《企业法》等。美国采取较为自由的管制方式，职业教育的提供者以教育机构为"主力军"，以工作场所的实践进修为主要教育手段。企业并不是生涯与技术教育的主要参与者，学生很难以雇员的身份直接获得一部分经济利益。对学生提供资助也主要是通过拨款或免费的形式进行，且各州和地方的相关机构享有较大的自主决定权。

六、知情权

三个国家都有深厚的信息公开及公民知情权保障的法律基

础，同样适用于业本学习知情权的保障当中。英国在此方面也有良好的政治文化根基和发育土壤。君主制、贵族制和民主制三制合一，融为一体，形成一种独特的平衡，其独特的发展历程为信息公开和公民知情权保障制度的确立和发展提供了有利的区域和国际法律生态环境。但相对于其他国家，保密主义的文化传统促使英国信息公开制度发育较晚，1911年的《官方保密法》成为公众获知政府工作细节的最大障碍。这种状况一直持续到20世纪90年代。在国际人权法和欧盟精神的推动下，英国颁布《公民宪章》，确立了信息公开的合法性基础，2000年的《信息自由法》更是为公民知情权的实现提供了进一步的法律基础。在德国，公民知情权主要通过立法过程公开、政府事务公开、司法审判公开及情报信息公开四个方面实现①。德国历来有信息公开和公民知情权保障之传统，《德国基本法》不仅规定了公民知情权的基本内容，还在第17条规定了"请愿权"，承认了公民以书面形式向政府和议会提出请愿请求的权利，并在第45条设立请愿委员会，负责处理公民基于第17条向联邦法院提起的请愿请求，充分保障公民的请求权②。美国宪法第一修正案以对言论及出版自由进行肯认的方式间接昭示了信息公开制度和公民知情权保障，《信息自由法》和《隐私权法》进一步提供

---

① 刘兆兴. 德国的知情权制度 [C]. 郭道晖. 岳麓法学评论 (2). 长沙：湖南大学出版社，2001：53-62.
② 德意志联邦议院：《德意志联邦共和国基本法》。Deutscher Bundestag. Basic Law for the Federal Republic of Germany. Section 5, Section 17, Section 45 [EB/OL]. (1949-05-23) [2018-08-08]. https：//www.btg-bestellservice.de/pdf/80201000.pdf. 又见刘兆兴. 德国的知情权制度 [C]. 郭道晖. 岳麓法学评论 (2). 长沙：湖南大学出版社，2001：53-62.

了相应的法律框架①。美国目前已经形成了非常完善的信息采集分析与公开体系，信息公开已经成为一种自然而然的社会实践。而且美国信息产业高度发达，公众知情权的实现程度较高，政府的信息公开也一直不是一个政策难题②。

权利主体方面，英国知情权权利主体主要包括学习者、家长、企业等；德国的知情权主体主要指向学习者及其监护人；美国则强调要向学生、家长、教师、管理人员、职业指导和学术顾问提供信息资源，权利目标是实现学习者职业和学术的双重准备。

在知情权权利内容方面，英国的法律和政策规定对学徒信息内容有五个方面的要求，即信息的明确性、准确性、完整性、细节性和可获得性，强调信息必须清楚明确、通俗易懂、细致全面、及时即时、完善易得，不仅保障了学徒制各利益主体知情权的顺利实现，同时也提升了学徒制在社会中的影响力和公众参与度。在德国，大众知情权的内容主要包括工作场所的教育培训和学校相关事宜两个方面，前者由联邦立法规制，后者由各州学校法调整。社会大众有权知悉国家每年职业教育培训的各项指标、发展动态及各项调查统计数据结果。由联邦教育与研究部进行的全国范围的调查统计是信息提供的主要来源。美国生涯与技术教育学习者知情权的内容对象主要包括知识技

---

① 周汉华. 美国政府信息公开制度 [J]. 环球法律评论, 2002 (03): 274-287.
② 瑞莱亚:《美国政府信息获取》. Relyea H C. Access to Government Information in the United States [C]. Congressional Research Service Reports. Library of Congress. Congressional Research Service. 2003; 499-503.

能培训信息、教育经费、职业选择、岗位报酬、资质证书信息、学术发展、行政管理、学生表现、地域差异、各州项目计划等内容，集中规定在联邦法案中。法案不仅强调信息的多版本形式提供，还强调责任机构必须主动提供信息服务，保障信息渠道的畅通和内容的可获得性、传播性和指导性。可见，三个国家对于信息的完整性和可获得性都尤为重视。

在义务主体和信息提供机构方面，三个国家都不约而同地选择建立一个第三方专门机构作为信息获取和传递的媒介，如英国的学徒协会（Institute for apprenticeship）、德国的联邦教育与研究部（The Federal Ministry of Education and Research），以及美国的国家教育统计中心（The National Center for Education Statistics）。相关机构或以年度教育与职业培训报告的方式（德国、美国），或以建立专门信息线上平台的方式（英国）向大众提供各种版本和层面的信息。这一方面是为了提高信息收集与分析处理的效率；另一方面也有效地保持了信息处理的中立性和客观性。

一部分人知情权的实现是通过让渡另一部分人的隐私权获得的，二者博弈的本质是个人利益与公共利益的平衡，三个国家知情权与隐私权的博弈机制略有不同。在英国职业教育培训领域，国家对企业和个人的隐私权均加以保护。企业的隐私权主要受2016年《企业法》和《税收与海关委员法》（Commissioners for Revenue and Customs Act 2005）中针对不当信息泄露（wrongful disclosure）部分规定的保护。个人隐私保护受多个法案同时规制，如2015年《放权法案》、2005年《消费者权益法》和 2017 年《技术与继续教育法》。针对高度个人化的私密信息（如人事、医疗信息），未经允许严禁泄露，否则将按照相关规定进行处罚。在德国，联邦每年都会对职业教育培训领域进行大规模的调查统计，形成年度职业教育与培训报告，公布相关工作细节及数据统计分析结果，满足大众在该领域知情权的实现。因此，知情权的实现是以让渡一部分个人信息为基础和代价的，这也使得法律格外注重个人信息的保存及删除时限。为了保持个人利益与公共利益的平衡，德国法律除了规定公民和法人有义务提供调研所需信息、保证资料的机密性和完整性之外，信息机构也必须妥善处理相关信息并在合理时间段内尽早删除。各州的《资料保护法》也均强调学徒名单的严格封锁保密及最高 60 年的法定信息存储时间。在美国，隐私权与知情权的博弈中，前者占有绝对的优势，以基础性权利的地位受法律的绝对保护，信息公开不得与个人隐私保护相抵触。因此，学生及家长在教育培训过程中的信息受到绝对保护，不受第三方的侵犯。法律要求数据库的开发与信息采集力度间保持严格的边界。三个国家中，美国对隐私权的保护最为严格，这与长期的隐私权保护传统有关。德国和英国在强调学习者隐私权的同时，也重视企业方的信息保护，概因两国的职业教育培训项目都是以企业为主导的。

七、争议解决与权利救济

业本学习者权利保护中，争议的解决与权利的救济根据时间节点的不同可以分为事先的约定和事后发生争议时的诉诸途径，前者主要是通过合同和协议，预先以一种法律肯认的形式将双方的权利义务和责任内容以书面的形式确定下来，在发生争议时，合同和协议将是评判的最重要的依据；后者主要指司法及替代性争议解决方式（如仲裁）等。

学徒制是英国业本教育的主要表现形式，在学徒项目启动之前，学徒协议的签订是必要前提，也是法律对雇主的强制性要求之一。其主要目的是将学徒的权利以文本的形式固定下来，并且为雇主的义务责任提前设置底线，防止雇主利用天然的优势地位"压榨"学徒，避免学徒的权利主张在伊始就处于被动地位。除了需要签订学徒协议（apprenticeship agreement），法律还要求在企业、教育培训机构和学习者之间附带签署一份三方承诺书（commitment statement），内容主要涉及培训内容、课程设置、问询及争议处理方式三个方面。在救济方面，英国教育相关法案选择直接将其纳入劳动争议解决途径之中，学徒有权向就业法庭（employment court）提起诉讼，概因学徒的身份在英国就是劳动者。

在德国，根据《联邦职业教育培训法》的规定，企业（教育培训提供者）与学徒（接受教育培训者）之间必须签署职业教育培训合同。合同的内容同时受《联邦职业教育培训法》和《劳动法》的调整。也就是说，两部法律的条款均可以适用于合同内容、目标的设立，如果针对某个事项，《联邦职业教育培训法》与《劳动法》规定不一致，以前者的特别规定为准，如对于合同解除条件、试用期、无效协议、学徒竞业禁止的规定等。《劳动法》对雇用合同的规定及劳动法律原则同样对职业教育合同有约束力。因此，在教育培训过程中，学徒是以劳动关系乙方的姿态出现的，与企业的其他员工一样享有《劳动法》规定的所有劳动权利（《联邦职业教育培训法》有特别规定的除外）。这就意味着合同履行过程中，双方有关劳动关系的争议均可以通过《劳动法》的争端解决机制获得解决。针对合同的签署，为了最大限度地保护教育培训接受者在争议解决过程中的权利，《联邦职业教育培训法》主要从两个方面入手：一方面，为了防止雇主利用合同的强势地位过分压榨学徒，法律对于合同涵盖的内容有底线性的规定。强制性合同规定事项包括：职业教育培训的内容、时间和实现形式，起止时间、报酬、试用期、休假、合同解除条件等。并且合同必须在教育培训开始前签署，最大限度地避免由于合同签署产生争端的可能，为学习者权利的主张提供依据。另一方面，法律还规定职业教育合同不允许适用电子版本的形式，而只能以书面合同形式签署，防止进入司法途径或替代性争端解决渠道后不必要的形式隐患[①]。

在英国和德国，企业是学徒制项目中重要的参与主体，某种程度上起主导作用。不论是在英国学徒制还是德国双元制项目中，项目开始前学习者和雇主之间都会缔结培训合同或培训协议，也就是说学习者是以雇员的身份开始工作和学习的，其合同义务就是在工作中学习、遵守岗位规定、为雇主创造价值。因此，雇主为学徒支付一定的报酬亦是题中之义。而在美国，

---

① 德国联邦教育与研究部：《德国职业教育培训改革：2005年职业培训法案》。Federal Ministry of Education & Research. Reform of Vocational Education and Training in Germany: The 2005 Vocational Training Act (Berufsbildungsgesetz) [M]. Berlin: Federal Ministry of Education and Research (BMBF) Publications and Website Devision, 2005: Section 11.

学生的身份是不固定的，可以是学生，也可以是雇员。也就是说，在职业教育培训中未必会形成劳动法律关系。企业和实习生双方根据自由意志在自愿情况下达成合意，签订实习协议，法律并没有强制介入作出底线性规定。实习生与雇主间是否形成劳动关系全凭合同中约定，如果合同中约定双方是劳动关系，则实习生享有和普通员工一样的劳动权利，如工资报酬、休息休假、反歧视、反骚扰和不正当解雇保护等；如果合同约定实习生仅为学生身份，则其在法律上不享受与雇员同等的劳动权利。虽然近期有些判例作出对无薪实习生有利的判决，承认通过实习行为缔结劳动关系，但并不具有全国通行性。因此，三个国家中，德国对于学员身份高度管制，英国适当介入，而美国最为松散。

第二节　英、德、美业本学习者劳动权法律保护之比较

一、工资权

（一）最低工资保障

三个国家最低工资保障制度各不相同。在法定最低工资确立的时间方面，美国早在1938年便通过《公平劳动标准法》在联邦层面确立了最低工资标准。在此之后，全美各州均制定了各自的最低工资标准。在德国和英国，工资报酬长期以来均是

通过集体协议进行调整，法律对此并没有作出明确的规定。1998年，英国出台了第一部覆盖全国劳动者的最低工资法——《国家最低工资法》，以法定形式确定了最低工资标准。德国是三个国家中最晚制定最低工资标准的国家，直至2015年，德国才根据欧盟指令颁布了《最低工资法》。

但在工资标准制定方面，英、德两国有着共通之处，两国都是通过"委员会"这一机构，就最低工资标准的制定向国家提供意见。英国的低收入委员会并不是一个政府部门，但却直接掌握着制定最低工资标准的权力，德国亦是如此。德国的最低工资标准是根据雇主代表和工会代表组成的委员会提出的建议制定出来的。美国与英、德两国不同，最低工资标准的制定方即为劳工部下属的工资和工时司，是一个完全的政府机关。三个国家的相应立法均对最低工资标准的制定机构作出了规定。从调整周期上看，德国和英国都在法律中规定了调整的时间，德国是每两年调整一次，英国则是每年调整一次。美国《公平劳动标准法》并未对最低工资标准调整周期作出规定，其一般是由参众两院通过法律修正案的形式加以调整。

（二）对于"学习者"的特殊规定

就"学习者"而言，英、美两国对其最低工资标准作了降级处理。英、美两国均针对不同年龄段的劳动者制定了不同的工资标准。美国在一般工资标准项下，划分了三种劳动者：20岁以下青年、学生员工和学徒，三者的工资标准均不相同，但都低于一般最低工资标准。美国并没有在联邦层面规定学徒的最低工资，学徒甚至不在《公平劳动标准法》的调整范围内，具体规定因各州而异。英国的分级方式与美国相类似，除一般劳动者外还分为四类。相较于美国，英国的分类更为详细，其分类不单是以年龄为依据，还结合了职业性质。

与英、美两国不同，德国对于最低工资并没有作出进一步的细分，但允许通过集体协商的方式来确定工资数额，其标准往往低于同行业的一般标准。德国对于学徒工资主要规定在《联邦职业教育培训法》中，德国也是三个国家中对学徒工资规定最为详细的国家，但其并没有制定具体的工资数额标准。学徒的工资数额还是通过集体合同的形式进行调整，集体合同由青少年雇员和学徒代表与企业职工委员会协商一致后，由企业职工委员会与雇主签订。该法规定学徒工资必须随着其服务年限的增长和技能的进阶相应增长，这一点在英国和美国的劳动法中都未作出规定。

即便存在关于学习者的最低工资标准，各国对于广义的学习者能否享受最低工资待遇都存在着争议，从某种侧面反映了政府对学习者工资水平提升的消极态度。就美国而言，前文所提到的一系列标准和原则在近期又得到了新的发展。美国劳工部结合先前出台的认定标准和联邦法院的判断原则，于 2018 年出台了最新的标准。新标准采纳了联邦法院的"主要利益"原则，着重考察获得利益更多的主体是实习生一方还是雇主一方[1]。在具体的规定中，美国与其他两国有着异曲同工之妙。美国劳工部 2018 年的标准中，第 3 条规定的判断依据即为实习工

---

[1] 美国劳动法观察. 美国无薪实习生的法律问题 [EB/OL]. (2018-01-09) [2018-04-06]. https://uslaborlawob.com/2018/01/news/971/.

作与正常教育的捆绑程度（即实习是否和课程相结合或者获得学分），若实习工作是课程的一部分，则实习生便不属于劳动者的范畴。英国与德国也有类似之规定，英国《最低工资法》第3条规定，若学生在雇主单位实习，且该实习属于其高等教育的一部分，则该实习生不适用国家最低工资标准。德国《最低工资法》规定，为完成学业而在企业中进行不超过三个月实习的实习生，不适用最低工资标准[①]。以上是无法适用最低工资标准的情况，但在特定情形下，实习生也可以适用最低工资标准。具体特殊情形，如英国实习生参与的实习课程是由联合王国大学或学院（即公立院校）所提供，德国实习生在培训完成后仍被以实习生的名义雇用等。总体上来说，实习生的实习工作主要在于提升劳动技能、获得劳动知识，因而实习生常常被排除在劳动者的范畴以外。

（三）支付保障

在对"学习者"的支付保障方面，三个国家不约而同地作出了纳入性的规定保障。三个国家均以法律规定，禁止任何形式的对于工资的扣押，如《德国民事诉讼法》第850条规定，其指导思想是向雇员提供最低的生活保障，对其收入采取一定的保护措施。该条第4款规定，所有用货币支付的工资收入都享受扣押保护。英国则就支付保障的问题专门制定了《工资法》（后被1996年《雇用权利法》所吸收），其第1条便明确指出工

---

① ［德］沃尔夫冈·多伊普勒．德国劳动法［M］．上海：上海人民出版社，2016：237．

资扣减的前提是基于法定的事由，并且从程序上保障劳动者的知情权和意思自治，不允许雇主自己克扣工资。美国之规定与英、德两国较为相似，在此不再赘述。总体上来看，三个国家对工资支付的保障都全面覆盖了工资的各项内容，形成了较为完善的工资支付保障机制。

二、劳动安全与卫生权

（一）充分的休息时间保障

与世界上大多数国家一样，英、美、德三国都颁布法律规定了最高工作时间，即每周工作时间不得超过 40 小时，且三个国家在此基础上都允许通过集体合同缩短工时长度。与工资制度相类似，三个国家的工时立法产生的时代也截然不同。美国对于最高工时的规定同最低工资一样，来自 1938 年出台的《公平劳动标准法》。德国相对较晚，在 1994 年颁布了《工作时间法》。三国之中规定制定最晚的是英国，1998 年英国根据欧共体《工作时间指令》出台了《工作时间条例》，才对最高工时进行了规定。

三个国家都在法律上给予了集体合同一定的灵活性，在一定参考周期内，只要集体合同所规定的工作时间平均每日不超过 8 小时，也是法律所允许的。从具体规定上来看，美国允许集体合同约定在 26 周内劳动者的工作时间不超过 1040 小时。英国则是在一个 17 周的参考期内，规定劳动者周工作时间不得超过

48小时①。值得注意的是，英国也是三个国家中唯一一个将加班时间规定在了最高工时中的国家。德国则是将参照期定为6个月（或24周）。根据德国《工作时间法》的规定，通过6个月或24周内的补休，雇主可将每天的劳动时间延长到10个小时。从参考的标准上来看，英、美两国法律着重考察的是周工作时间，而德国更注重日工作时间。从规定的详细程度上看，美国相对简略，英、德两国各有其特点。如前文所述，英国将加班时间也纳入了法律规定当中，而德国则是限定了每日工作时间的上限（即10小时/天），对于加班时间的限制，法律并没有加以规定②。事实上，加班问题也是劳资双方协商的重点问题。在三个国家中，工会均可在集体协商中提出约定加班时间的上限，如英国有关每周48小时工作时间上限的规定也可以在集体协商中加以排除。

三个国家对于休息时间的规定大同小异，均对工间休息、周末休息及夜间休息等问题作出了规定。其中，规定最为详细的是英国，针对特定职业和夜间工作的劳动者，英国不仅对每一种情况规定了相应的工时标准，还要求雇主为夜间工作的劳动者提供周期性的免费体检。但就法律效力而言，英国的规定在三个国家当中法律效力是最弱的，绝大多数有关休息时间的规定都可以通过集体合同加以排除。作为补偿，雇主应"尽可

---

① 英国议会：《工作时间条例》. UK Parliament. Regulation 4（3），The Working Time Regulation 1998 ［EB/OL］.（1998-07-30）［2018-01-26］. http：//www.legislation.gov.uk/uksi/1998/1833/contents/made.

② ［德］沃尔夫冈·多伊普勒. 德国劳动法［M］. 上海：上海人民出版社，2016：189.

能"地确保劳动者可以享受等量的休息时间和保护机制。相较于英国,德国与美国相关规定的效力要强上许多,在订立集体合同时,雇主必须注意到有关休息时间的规定。

在休假方面,尽管三个国家均规定了劳动者享有年假、病假等休假权利,但具体规定存在较大的差异。以病假劳动报酬标准为例,英国《法定患病工资法》规定,劳动者因身体原因请假超过3日的,从第4日开始可以适用病假制度,此时劳动者需要向雇主提供医生出具的证明。这一规定在德国《工资继续支付法》中也有所体现。但英国的病假工资是一个具体的数额——89.35镑/周,即无论劳动者正常劳动时所获报酬为多少,只要其周薪超过113镑,其病假工资均为每周89.35镑[①];德国的规定与英国完全不同,劳动者在病假期间获得的劳动报酬即为其正常劳动时所获得的报酬。相较于英、德两国,美国的规定比较简略。美国的病假制度并不要求雇主继续支付劳动者报酬,这一假期不仅包括病假,还包括其他与家庭有关的假期。

在学习者适用一般劳动者休息权保护相关法律规定的基础上,美国与德国主要针对青少年劳动者作出了一些特殊的规定。两国均明确规定青少年劳动者每天工作不得超过8小时,每周工作时间不得超过40小时。这一规定在两国都不能通过任何方式加以排除,此规定适用于非学习日的情况。对于学习日,两国法律还进一步缩短了青少年劳动者的最高工作时间。除了上述

---

① 英国政府:《工作、职位和养老金,法定病假工资法》。U. K. Government. Working, Jobs and Pensions, Statutory Sick Pay [EB/OL]. (2015-03-09) [2018-01-18]. https://www.gov.uk/statutory-sick-pay/what-youll-get.

对于最高工时的相似规定，两国的规定也有着各自的独特之处。美国对于青少年劳动者开始工作的最早时间和结束工作的最晚时间均作出了规定，还以每年的劳工日为节点，实行两套"作息时间"；德国则是针对青少年劳动者的职业教育时间作出了特殊规定，如果该未成年劳动者在当日已学习超过 5 小时，则该日青少年劳动者不得再被雇用劳动，该日以每天 8 小时计入工作时间。与德、美两国不同，英国并未对学习者的休息权作出任何特殊保护，与一般劳动者一样，学习者的工时及休息时间主要依靠集体合同调整。此外，三个国家当中，只有德国对学习者的休息时间作出了特别规定，该规定主要还是针对青少年劳动者。在德国的《工作时间法》中，青少年劳动者拥有更长的休息时间。

综上所述，三个国家对于学习者的休息权保护在一般劳动者的基础上都作了进一步的加强。这与学习者在劳动者群体中所处的年龄层次有着密切的关系。学习者以青少年劳动者居多，大多处于 16 周岁到 25 周岁之间，且基本上还处于受教育阶段。通过法律赋予其更多的休息权利，可以更好地保证学习者的健康成长，避免过度劳动影响其学习，从而使教育真正发挥作用。

（二）劳动安全保障

三个国家就保护劳动者的劳动安全均出台了专门的法律。相较于德国，英国和美国的法律出台时间较早，在 20 世纪 70 年代，两国分别颁布了《劳动健康与安全法》和《职业安全卫生法》，德国则是在 1996 年颁布了《劳动保护法》。总体来看，三个国家的法律均作出了保护劳动安全的原则性规定，主要包括：

第一，赋予所有雇主保护劳动者安全与健康的法定义务；第二，赋予劳动者在生命安全受到侵害时拒绝执行雇主指令的权利；第三，规定了雇主和雇员应当相互合作，以获得安全卫生的劳动条件；第四，对违反法定标准、侵害他人劳动安全权的行为作出处罚。

具体来看，三个国家当中，英国《劳动健康与安全法》和美国《职业安全卫生法》具有颇多相似之处，两者皆通过法律创设了专门负责劳动安全权保护的机构——英国健康与安全委员会（Health and Safety Executive，HSE）与美国职业安全卫生署（Occupational Safety and Health Administration，OSHA）。两者均是独立法人，均有依法制定劳动安全卫生标准、进行检查、保障劳动者劳动安全权的权力。在制定标准过程中，OSHA 和 HSE 都广泛地采纳了社会各界的意见。根据美国《职业安全卫生法》的规定，OSHA 制定劳动安全卫生标准委员会的成员中，必须有一人或多人由卫生、教育和福利部长指派。同样，HSE 也吸收了大量工会作为咨询对象，并成立了 13 个行业指导委员会针对其各自行业的特点制定相应的劳动安全规范。相较于 HSE，OSHA 不仅是标准的制定者，更是监督雇主实施标准的执法者，其有权就雇主违反标准的行为作出处罚性措施；而 HSE 所制定标准的施行，还有赖于另一个机构——健康与安全执行局发挥其职能。执行局与委员会相互独立，相互之间并不存在名义上的隶属或指导关系。

德国《劳动保护法》与上述英、美两国的法律相比，无论是结构还是内容都存在较大的不同。《劳动保护法》是德国将相关欧盟指令转化而来的产物，适用于所有领域，包括农业、自由职业等。对于学习者来说，该法保护除青少年劳动者以外的所有学习者。《劳动保护法》并没有从法律层面设置类似OSHA和HSE的机构，其条款涉及劳动保护领域的各个方面，对于各项标准所应达到之目的作出了明确的规定。较之英、美两国的相关法律，《劳动保护法》的内容更为详细与具体。

从工会对劳动安全权介入的程度上来看，三个国家的工会作用各有差异。在英、德两国，工会对于劳动安全与卫生标准的制定发挥着重要作用。在英国，一些工会力量较为强大的行业中，工会可直接与雇主协商制定劳动安全标准并监督其实施，取代了HSE下设的行业指导委员会的职责。德国更是如此，各企业的劳动安全卫生标准均是由企业委员会与雇主协商一致所订立的。对于预防劳动事故危险，企业委员会还独立承担着监督职能。三个国家当中，美国的工会在劳动安全权保护方面所做的较为有限，其对于劳动安全标准的制定并没有参与权，仅能就其制定提供建议。此外，在劳动者认为其劳动安全权利受到侵害时，工会还可帮助劳动者向OSHA投诉，请求OSHA前往其工作场所进行检查。

与休息权保护相类似，三个国家对于大多数学习者的劳动权利保护均适用保护一般劳动者的规定，但对于青少年劳动者，三个国家均作出了特别规定。尤其是德国，针对青少年劳动者的劳动安全权保护，专门出台了《青少年劳动保护法》。美国在青少年劳动者劳动安全权方面的特殊保护主要体现在《公平劳动标准法》当中，英国则是体现在1999年颁布的《工作健康和安全管理条例》中。对比三国法律之规定，可以看到三个国家均禁止青少年劳动者从事危险工作。在此基础上，美国还禁止16周岁以下劳动者从事采矿业和基建业的工作，德国则是禁止所有青少年劳动者从事地下工作和计件工作。对于危险工作的定义，美国主要是基于劳工部长的认定，英国则在《工作健康和安全管理条例》中列举了所有的种类，德国对此并未作出规定。针对青少年劳动者对工作性质和自身认识不足的情况，德国还引入了医生检查制度，只有在通过医生检查的前提下，青少年劳动者才可以继续从事劳动。美国则是结合不同年龄青少年劳动者的劳动能力差距较大的实际情况，将青少年劳动者按照年龄再细分为三个层次，年龄越大的劳动者所受限制就越小，年龄越小的劳动者所受限制越大。与美国类似，英国对于青少年劳动者也基于年龄分成了两类，未成年劳动者禁止从事一切存在法律所列举的风险的工作，但若该劳动者已经成年，且工作是其职业培训的一部分时，法律对其限制有所放宽，允许其从事有风险的工作。

  三个国家对于劳动安全权的保护基本一致，劳动保护涉及劳动的方方面面。从劳动立法的角度，只能就保护的宗旨和保护应达到的效果作一个宏观的规定，具体标准的制定和实施还需要许多专业知识。因此，三个国家对于劳动安全标准的制定，无一例外地交给了专门的机构或工会，由它们结合行业内部情况制定更有针对性的保护标准。对于学习者而言，从青少年劳动者切入，均为年龄较小的学习者提供了高于一般标准的保护。

三、劳动争议解决

在劳动权利救济方面，英、美、德三国均采用了诉讼替代模式与诉讼相结合的方式。替代诉讼的解决方式主要包括调解与仲裁。就劳动争议的类型而言，三个国家的分类基本相同，主要包括：个体劳动者与雇主之间的争议、集体合同方面的争议、工会与雇主之间的争议。实践中，个体与集体劳动争议均适用调解程序，在调解失败的情况下，个体劳动争议一般采用诉讼方式解决，而集体劳动争议则更多地采用仲裁的方式解决。

在劳动争议方面，三个国家对于学习者并未作出特殊规定，涉及学习者的劳动争议解决与普通劳动者相比并无区别，在此不作单独介绍。三个国家中，除德国外，英国与美国都设置了专门的机构进行劳动争议咨询与调解。英国设有劳动咨询调解仲裁委员会（ACAS），美国设有联邦调停调解局（Federal Mediation and Conciliation Service，FMCS）。前者为非政府性质的独立组织，后者则为联邦政府下属的独立机构。针对集体劳动争议，二者均遵循平等自愿的原则，即当集体争议出现时，法律并不直接规定争议解决措施，而是允许双方依照集体谈判协议规定来加以解决，只有当双方无法通过内部调整机制处理集体争议时，才由上述机构介入进行调解。

德国的调解模式与英、美两国全然不同，德国并没有设置专门的调解机构。调解主要由企业内部设置的调解处进行。调解处并不完全是一个常设机构，可以在争议发生时再行设立。当然，也可以通过与企业签订协议设立常设调解处。相较于半官方组织 ACAS 和官方机构 FMCS，德国的调解处完全是一个企业的内部组织，在其正常运作的情形下，国家对于劳动争议调解不存在任何介入，仅在劳资双方就调解处成员的数量和主席人选无法达成一致时，由劳动法院出面裁定。

就仲裁制度而言，三个国家各不相同。第一是机构的设置不同。美国的仲裁机构即为上文中所提到的 FMCS，英国的仲裁机构主要是中央仲裁委员会（Central Arbitration Committee, CAC），ACAS 虽然也有仲裁的功能，但并不常被适用，德国的仲裁机构则是仲裁法院。

第二是仲裁人员组成不同。在仲裁人员组成方面，FMCS 的仲裁庭一般由一名雇主代表、一名工会代表和一名中立人士组成，仲裁员必须证明其具有解决集体争议决策时所需的经验、能力。仲裁员资格由 FMCS 局长任命的审核委员会审核。CAC 通常会设立一个三人组成的专家小组来处理案件，专家小组的成员均为 CAC 的成员，在成为委员以前都是劳资关系领域的高级从业人员。德国仲裁法院的仲裁庭则是由同等数目的雇主和劳动者组成，另外也可以有中立人士参加。法律对于成员资格并没有明确的规定，但其成员基本都是劳资关系领域的专业人士。

第三是机构性质不同。从三个机构的不同性质就可以看出，三者仲裁的效力也不尽相同。FMCS 的仲裁并不是解决集体争议的法定必经程序，但由于争议双方基于集体协商或者临时合意达成一致，裁决对于劳资双方均具有约束力；CAC 所作出的裁决在判例法上不具有效力，仲裁的结果会呈现在劳资双方所签订的合同当中，然后依托合同发挥其效力；德国的仲裁法院作为法院系统的一部分，其作出的裁决与其他法院作出的判决一样，都具有强制力，双方必须依法遵守。

就审判机构而言，在三个国家中，除美国外，英国与德国均设置了专门的劳动法庭（院）来审理劳动争议案件。由于两国分属不同法系，其劳动法庭（院）的设置也不相同。英国设有劳动法庭和劳动上诉法庭两级劳动争议案件审判机关，其中劳动上诉法庭仅对不服劳动法庭所判决案件的法律适用和程序瑕疵进行审查，而不再重新就案件事实进行认定。德国设有基层、州和联邦三级劳动法院。其中，州劳动法院可就不服基层劳动法院判决的案件重新进行事实认定，作出驳回上诉或改判的决定，联邦劳动法院则仅对法律适用问题进行审查，同英国劳动上诉法庭一样，不再就案件事实进行认定。就审判与调解的关系来看，在英国劳动法庭立案的案件，必须先由 ACAS 进行调解，调解不成的，再由劳动法庭进行审理；德国在此方面并没有类似的规定，但劳资双方一般都会在合同中约定发生争议时优先适用调解程序。

第六章

英、德、美业本学习者权利保护法律机制比较

业本学习者的活动既有接受教育的元素也有参与劳动的元素，自然有权获得教育法与劳动法的双重关照。但业本学习者也有别于全职劳动者和在校学生，其权利诉求与关切也非仅靠教育权与劳动权的简单叠加所能解决。劳动法与教育法本质上都是保护人权、以人为本、体现人文关照的法律。虽然二者关注的内容和侧重点不同，但亦有交叉的部分，如教育法对于学习者工作时间的规制体现了教育法一定的劳动法属性；而劳动法针对职工培训制度、工作场所指导等方面的规定又体现了劳动法的部分教育法属性。

各国对业本学习者的保护，也并非直接将其认定为受教育者或者劳动者，从而不加区别地赋予其相应的权利。在业本学习者的权利谱系当中，各国都从教育权和劳动权两个方面进行了深思熟虑的取舍，并进行了谨慎的配置，既体现了劳动法与教育法的功能性分野，也体现了业本学习者之核心诉求。

第一节 英国业本学习者权利保护法律机制

一、教育质量保障请求权

教育质量保障请求权作为一项重要的教育权利，其实现主要依靠教育法的调整，如对培训方案内容的把控，学校和企业两端的教育培训设施和指导等硬件、软件的要求等。2009年

《学徒制、技能、儿童与学习法案》在此领域进行了专门性规定，涉及方案设计、时间限制、教育设施、资金使用、学徒协议、组织保障等多个方面。

英国教育法对于学徒项目教育质量的调控主要从实质内容和形式程序两个方面着手。一方面，对学徒培养方案的内容有四个维度的强制性要求，分别是合理性、完整性、多样性和可持续性，保证培训方案的科学合理、学徒知识与技能的双重提升、学习者的个性化发展以及知识技能的可自由切换；另一方面，在程序上要求不同指标的共同达成，包括时间指标、设施提供、资金使用、学徒协议以及组织保障与监督问责等，为项目的顺利运行提供软、硬件供给。

教育法作为该项权利的调控主导并不排斥劳动法的适当介入。对于教育质量的保障，劳动法的相关规定相对较少，主要是针对工作时间的关照。英国对于周最高工作时间只是笼统地限定为48小时，具体制度设计根据本国"君子协定"的传统和"集体自治"的氛围鼓励学徒与雇主之间进行协商，协商的结果往往高于法律设置的底线，对学徒更加有利。

劳动法与教育法在某些相关事项上的规制并非无差别化，而是从不同的角度出发各有侧重。例如，针对工作场所的工作时间这一指标，两个部门法的规制重心不同。在该事项上，教育法的立法初衷是对教育质量的保障，因此充分的工作时间和指导是不可或缺的。相应的，教育法关注的是学习者是否有足够的时间参与工作场所的实践，以及能否通过最低时限的设定帮助学习者获得充分的工作场所的指导。而劳动法则是从劳动者的人身权利出发，保障其劳动安全与健康，避免其因过长的工作时间而损害身心健康。相应的，劳动法关注的是避免劳动者过长的工作时间以及保障充分的工间休息的权利。在英国的学徒制中，学徒既是学习者也是劳动者，具备双重法律身份。教育法与劳动法在此问题上看似相反的规定实际上是从不同的侧面保护个体的权利，二者相互配合、相辅相成。

二、平等权

在英国，将国际法和区域法内化为国内法既是一项法律传统，也是一项业已成熟的立法实践。在平等保护领域，有十分丰富的国际立法和欧洲区域立法先例，如《世界人权宣言》、《残疾人权利公约》、《欧洲人权公约》等。教育立法和劳动立法关于平等保护的规定都是国际法和区域法在国内部门法的进一步延伸。

英国教育法上的平等保护立法主要是以《世界人权宣言》、《取缔教育歧视公约》等国际法和区域法为蓝本，根据国内实际情况将其加以内化而形成。针对学徒平等权的实现，英国教育法的设计具备场所和手段的"二重性"。第一重特性是指在保护场所的范围上，教育法从教育场所的平等权和工作场所的平等权两个方面同时入手；第二重特性是指在保护手段上，教育法兼顾积极与消极保护两种手段，主动出击，以积极保护为主，消极保护为辅。

劳动法上的平等权保护主要通过反歧视的方式进行，即以消极保护为主。英国主要通过《平等法》（Equality Act）实现对该领域的调控，通过机制消除歧视来保证平等的实现。在立法技术上，劳动法更倾向于罚则的设定与权利的救济。一方面，对于违反反歧视规定的雇主的责任以及雇员的权利义务都有十分明确的规定，处罚条款亦十分细致和明确；另一方面，针对雇员提供工会救济，雇员依法可以通过集体协商的形式与雇主议价，保护和实现自己的权利。

鉴于学徒制在项目进行中的双场所设定，其平等权的实现需要学习场所与工作场所合力完成。因此，教育法与劳动法保护领域的交叉部分在于对学徒同时作为学习者和劳动者在工作场所平等权的保护，制度设计主要针对学徒在工作场所的机会平等，创造公平竞争的环境土壤，使学徒不因种族、民族、性别、宗教信仰、年龄、残疾、社会地位等因素的差别而受到不公平的对待。

二者相较而言，在调控方式和保护重点上均有所差别。首先，教育法更多地倾向于积极保护，如对少数不利群体的特殊关照以及对于有特殊需求的学习者的额外规定；劳动法更多地倾向于消极保护，即以反歧视的形式禁止任何不正当的差别对待。其次，在保护重点上，相对于劳动法更注重"可雇用力"（employability and workability），教育法更加温柔，对学徒的"学习力"（learning ability）进行充分关照。

三、终身学习发展权

终身学习发展权在英国主要依靠教育法来保护，需要国民教育体系设计以及相关领域制度建设的紧密配合。在英国，学徒此项权利的实现除了依赖政府相关部门各项政策动议的推动[如"青年技能计划"（Post-16 Skills Plan）]以外，还主要受《英格兰学徒标准规范》的调整。该法案同时从"纵向上升"和"横向切换"两个维度为学习者学业、事业上升发展的可能提供制度支持，对学徒的上升路径及其与国民教育的融通作出了强制性规定，并配套规定了实现该路径的职业资格体系与整合方案。

终身学习发展权的核心为一种自我积极成就与发展的可能，内容包含学习发展权和在职员工培训学习权两部分，以前者为主要内容，后者为补充性内容。在对学习者的学习发展进行关照的同时，教育法也照顾到了年龄层次较高的学习者的员工培训学习权。2009年《学徒制、技术、儿童与学习法案》作为专门法案对员工的培训学习权作出了法律上的肯定，规定了在员工提出合理要求的情况下雇主提供相应培训的义务。

劳动法主要调整劳动者的岗前培训活动，主要指在员工正式上岗之前，雇主必须针对上岗需要的具体技能及安全注意事项向劳动者提供培训。虽然劳动法关于岗前培训的规定有可能与教育法的相关规定出现交叉，但其出发点与教育法关于培训的规定有所不同。后者对培训权利进行保护是为了向学习者提供可持续发展的可能，而劳动法关于岗前培训的设定是为了保护劳动者在工作过程中不受伤害。一个是为了实现学徒的教育性权利，另一个是为了实现其劳动安全与卫生权。

教育法和劳动法在保护终身学习发展权上存在交叉部分，但以教育法为主，以劳动法为辅。学徒虽然同时具备学习者和劳动者的双重身份，与雇主之间形成雇用关系，但仍以学习者的身份为重，毕竟学徒制项目本质上是国家提供的一种教育服务。一方面，终身学习发展权的实现离不开教育法通过制度体系构建，帮助个体实现纵向上升和横向融通；另一方面，法律也关注到了同时作为学习者和劳动者的学徒的员工培训学习权。针对员工培训学习权，教育法和劳动法的规制重点各有不同，教育法强调学徒作为员工时请求雇主提供工作场所培训的权利，而劳动法上的培训权更强调在职员工脱产培训的权利。

四、获得评价、证书权

获得正当评价并被授予证书是一项典型的教育权利。学徒在此方面的权利包含两个阶段：学习培训阶段及结业阶段，分别强调过程的正当性和结果的公正性。针对此项权利的规制，法律政策较为丰富，以2009年《学徒制、技术、儿童与学习法案》和2015年《放权法案》的规定为主体，辅之以多项政策零散的相关规定，如《英格兰学徒制的未来：实施计划》（The Future of Apprenticeships in England: Implementation Plan）和《技术的严谨性与市场适应性2013》（Rigour and Responsiveness in Skills 2013）等。

针对学徒获得评价权的实现，英国的制度主要从三个方面进行保障：通过开发高水准的评估路径构建科学合理的证书框架标准体系，保证评估的精准、有效；通过科学的考试评分设计和严格的评判考试过程，力图真实地反映学徒的技术与能力水平；通过独立过硬的第三方评估机构"资格与考试管理办公室"的设置，确保评判机构绝对的中立性、客观性与公正性。

针对学徒的证书获得权，制度从多个方面进行了规制，包括证书发放机构、证书内容范围、证书文本形式等。同时，法律还提供了证书发放的框架体系和规范路径，将证书获得的一系列规范统一纳入"学徒制框架"（apprentice framework）。作为规范的集合，框架为证书发放的方方面面提供了细致而有针对性的规范依据。

作为一项典型的教育权利，获得评价、证书权由教育法来调控。虽然劳动法上有"上岗证书"的规定，但此"证书"与学徒结业获得的证书有所区别。尽管二者都是一种对资质的认定，但两种制度的出发点有所不同。获得评价、证书权中的证书是对学徒通过知识的学习与技能的培养达到一定标准后授予的结业认可与一定技能水平证明；而劳动法上的上岗证书是为了保障员工的劳动安全与健康、使其免受劳动伤害而设计的一种门槛性证明形式。因此，本处所指获得评价、证书权是由教育法来调控的，教育法上的"证书"并不在劳动法的关注范围之内，故而劳动法在此项权利的保护上基本未加介入。

五、获得资助权

获得资助权是一项教育性权利，也是一项财产性权利。学徒的获得资助权是指其在学习培训过程中有机会获得奖学金、助学金、贷款等直接或间接形式经济资助的权利。在英国，法律政策同时以直接资助和间接资助的形式实现学徒在此方面的权利。直接资助主要以向学徒提供贷款的方式进行，对此英国政府已有十分成熟的设计，并不断地在实践中改革创新；间接资助主要通过学徒培训券制度和学徒培训税制度的方式实现。相对于直接资助，间接资助涉及的法案较为分散，配合运行的相关机构也来自不同的政府部门。

针对直接资助，英国目前采取的是梯度性的分档设计，根据学徒年龄的不同层次给予不同水平的资助。目前资助的年龄段分为三个层次（16—18岁，19—23岁，24岁以上），年龄越小，获得的资助越多（100%，50%，50%以下）。这是符合实际情况和公平原则的，且与英国当下的最低工资设计相契合。年龄越小、工作年限越少的学徒，其最低工资也越低，其劳动能力和经济能力通常都弱于年龄较长的学徒。因此，梯度性的资助设计是合理且科学的。

针对间接资助，英国政府"两条腿走路"，通过培训券制度和培训税制度两种政策手段，实现学徒在经济上的间接受益。两种制度的政策对象都是雇主，但二者在切入方式和制度运行路径上有所区别：培训券制度是通过积极的"奖励"方式鼓励企业雇主加入学徒制项目、提供更多的培训岗位；而培训税制度则是通过消极地向企业征税、经济杠杆的使用令学徒在工资待遇方面间接获益。前者直接受2015年《放权法案》的调控，培训券的兑换机构为技能基金处（Skills Funding Agency, SFA）。后者的法律渊源为《产业训练法》，统一管理机构为数字学徒服务中心（Digital Apprentice Service）。

毫无疑问，获得资助是一项财产性权利，但学徒的获得资助权主要由教育法调控，劳动法基本不介入。原因在于，虽然劳动法关注的是劳动者的人身性权利和财产性权利，但该财产性权利的内容范围与教育法上的"获得资助权"这一财产性权利的内容范围并不重合。劳动法针对财产性权利的关注重点在于工资权的实现。工资的本质是劳动力与市场的一种等价交换，是一种双向进程；而获得资助权的实现是单向的，并不遵从市场逻辑。况且二者的实现方式也有所不同，向学习者个人提供积极资助需要国家运用多种直接或间接的调控手段，而工资的议价主要是通过工会的集体协商，以及法律设置的最低工资底线来保障权利的实现。因此，学习者的"获得资助权"主要由教育法来进行关照，劳动法并未参与其中。

六、知情权

知情权是一项基本人权，不仅得到《国际人权宣言》的确认，也成为各国国内法的重要宪法性权利。学徒项目中知情权的主体不仅指学徒本人，还包括企业雇主，概因英国实行的是以雇主为主导的学徒制项目运行机制，保护雇主对项目信息的知悉权是其参与并主导项目开展的重要前提。对于隐私权的保护，英国有深厚的法律基础和成熟的制度实践，针对学徒的知情权，法律和政策从不同的侧面和层次进行规制，多部法律和政策的相关条款形成合力，从权利对象范围到救济与罚则，相关法律政策涵盖内容十分全面。

针对知情权的权利内容，法律政策明确要求信息的提供必须同时满足明确性、准确性、完整性、可获得性和即时性五个方面的要求，保证学徒在项目参与前后知情权的顺利实现，包括在参与项目前对项目信息的全方位准确了解、在参与项目过程中及时获得信息更新与置换。对此，教育法的相关规定主要来自《英格兰学徒标准规范》和《英国学徒制的未来：实施计划》等法律政策文件。在组织机构保障方面，英国专门设立学徒协会并通过建立网站等信息门户，保障雇主和学徒个人知情权的实现。与此同时，法律反向规定，对信息的不正当发布进行了规制。相关规定虽然散见在不同单行法案中，但相互配合，促进相关机构正当发布信息，为个体知情权提供了更为健康的制度环境。

知情权本身是教育法和劳动法都有所涵盖的一项权利，但学徒的知情权主要是由教育法来进行调整和保护的，劳动法介入有限。原因在于，学徒知情权的实现主要是指学徒对项目信息的充分、有效了解，强调主管机构的信息发布义务和信息获得途径的提供。而劳动法上的知情权在内容和表现形式上与教育法有所不同，关于知情权的规定较为分散。例如，在劳动安全卫生、集体谈判领域，劳动者都有相关的知情权，学徒作为劳动者，对企业基本信息的了解也是题中之义，该项信息也属于学徒项目信息的一部分，教育法上已经有所调整。因此，在对学徒知情权的调整上，英国法律以教育法为主，劳动法为辅。

七、争议解决与权利救济

针对争议解决与权利救济，教育法的保护体现在"事前预防"和"事后救济"两个阶段，其中以事前预防为主，保护形式为雇主与学徒间学徒协议的强制性签订。通过雇用双方的协商，将合意的内容以文本形式固化，辅以法律规定的相关事项（如最低工资）的底线性条款，在双方发生争议时提供文本依据，并将分歧产生的可能性降至最低。

学徒的争议解决主要是由教育法来完成的。综合来看，教育法为学徒可能产生的权利诉求与争议解决提供了两条路径。针对学校场所发生的争议如教育质量保障和证书发放等，一般通过合同法等民事途径解决；对于学徒在工作场所关于工资报酬等劳动事项的争议，通过诉诸劳动法庭的途径解决。

对于学徒的劳动争议，教育法和劳动法提供的解决机制有所差别。首先，教育法关注的劳动争议的范围较为有限也较为集中。其中，学徒协议的签订主要是从学徒的权益保护出发，关注如何预防雇主对学徒进行劳动力压榨并帮助其获得培训指向的证书或相关资质；而事后争议解决的相关法律规定主要针对学徒与雇主间关于工资报酬产生的争议。相较而言，劳动法的争议解决机制针对劳动领域的所有权利侵害和争端，涵盖工资、反歧视、劳动安全与卫生、集体协商、员工培训等多个领域，不仅关注劳动者的权利，同时也关注雇主合理的权利保护。其次，劳动法规定的争议解决途径及机制更为体系化，除了劳动法庭（又称就业法庭）的设置外，劳动法还提供劳动咨询调解仲裁局和劳动上诉法庭等司法机构设置。前者主要提供劳动咨询与调解服务，可以作为进入劳动法庭的前置程序；后者为劳动争议的司法救济提供更高层级的处置程序。劳动咨询调解仲裁局、劳动法庭和劳动上诉法庭三级机构结合，为争议解决提供了更为系统化的路径。某种程度上，教育法直接借用了劳动法提供的已有机制，在劳动法庭的环节切入，诉诸司法。总体上看，在工作场所的争议解决，事前的预防主要由教育法来完成，事后的救济则是以劳动法为主力，二者相互辅助，互为补充。

八、工资权

在学徒制项目中，学徒有很大一部分时间是在工厂或其他工作场所接受培训指导并工作的，且其已然具备劳动者的身份，付出劳动并获得工资也是题中之义。在英国，学徒的工资主要由劳动法来调整，法律渊源主要是《全国最低工资法》和《雇用权利法》，法律对学徒的工资进行了梯度性设计。同时，英国鼓励学徒通过工会与雇主协商获得更有利的待遇条件，为学徒作为劳动者的权益获得提供了另一条路径。

针对学徒的最低工资水平，根据英国劳动法的相关规定，学徒每小时的最低工资为3.5磅，低于全国一般性最低工资（25岁以上劳动者每小时最低7.5磅；18岁以下劳动者每小时最低4.05磅）。表面上看，学徒的最低工资水平相对较低，但同样具备合理性。原因在于，学徒的劳动技能低于一般劳动者，为企业创造的价值也不可同日而语，况且雇主还要支付一部分成本提供培训。因此，学徒的低工资水平是符合市场理性的，与英国学徒项目以企业为主导的运行模式和市场化操作也是契合的。同时，学徒的低工资水平并非静止不变，会根据学徒的年龄和工龄有所变化，随着其服务年限的增长和技能的提高，工资水平也会相应提高。

最低工资水平的规定只是学徒工资权实现的底线，学徒还拥有实现其工资权益的其他路径。鉴于英国的集体自治传统，工会的作用十分强大，学徒在英国也被纳入工会的服务范围，可以通过工会强大的议价能力与雇主协商，获得超过最低工资水平的薪酬待遇。即便集体协商和最低工资水平保护两条路径都未达成，法律还为工资权益受侵害的学徒提供了救济，权利人可根据《雇用权利法》向法庭起诉雇主，维护权益。

针对学徒等学习者的工资权，劳动法的调整占据绝对主导，教育法鲜有介入。这与劳动法的性质是密不可分的。劳动法主要调整的是劳动者的人身、财产关系，工资是权利人的重要财产性权利，是劳动法关注的重点。在英国，学徒与雇主之间形成劳动关系，学徒的工资也被纳入劳动法的调整范围之内。

九、劳动安全与卫生权

针对劳动安全与卫生权，英国的法律供给并不集中在某一个法案中。关于劳动安全的技术性规定主要散见在各行业标准与集体合同之中。法律对于劳动安全与卫生的规定主要针对休息权。对此，英国主要依靠1998年出台的《工作时间条例》进行规制，对于一般劳动者、学徒、实习生、未成年劳动者等不同群体规定了以不同时长为单位的连续休息时长。同时，法律还特别提出对于在特殊时段工作的员工，雇主应定期提供免费体检，并根据体检结果调整工作时间。这样的规定更为人性化并具备一定的灵活性。

相对于工资权的双路径保护（最低工资限制和集体协商议

价），劳动法试图为人身性权利的保护提供更丰富的路径选择。具体而言，学徒作为劳动者可以通过三条路径维护自己的休息权利：以《工作时间条例》为依托，保障最低休息时间；通过工会的集体谈判修改或排除法律的强制性规定，获得更多的休息时间；劳动者可以与雇主签订个人协议，排除最高工作时间的限制。就后两条路径而言，制度安排的初衷是注重人身性权利的保护，赋予个体处理相关问题的灵活性，尊重意思自治。尽管学徒在工会中容易受到排挤，在与雇主的个人谈判中也往往处于弱势，最终效果未必尽如人意，但是相对于工资权，法律确实对于休息权的保护给予了更多的考虑和更复杂的设计。

劳动安全与卫生权是一项人身性权利，英国的教育法案并没有作出具体技术性规定，主要由劳动法来调整。法律调整的重点是工作时间与休息时间。英国对业本学习者在该领域的权益并没有特别的立法保护，学徒休息权的保护与一般劳动者一样，按一般劳动法的标准处理。事实上，劳动法的规定已经覆盖了学徒在劳动安全与卫生方面可能遇到的特殊问题，如《工作时间条例》对于未成年人的工作时间已经进行了特别规定，学徒直接适用条例的相关规定即可。因此，该项权利的保护以劳动法为依托就不足为奇了。

第二节　德国业本学习者权利保护法律机制

一、教育质量保障请求权

针对德国双元制项目的运行质量管控，相关规定主要集中在联邦层面的教育法案之中。2005年《联邦职业教育培训法》对于教育质量的方方面面规定得较为详尽，其他相关辅助规定散见在其他单行条例或规范性文件中，如《德国手工业条例》、《企业教师资质条例》和各行业的培训条例等。总体上看，制度主要从实质内容与形式程序两个方面完成对双元制教育培训质量的把控。

横向上，教育培训内容紧紧围绕"双元"展开，兼顾学校端与企业端，平衡学习者学术知识的习得与实践技能的获得。一方面，法律要求培养方案中工作场所的培训时间和学校场所的授课时间必须兼顾且保持一定比例的平衡，具备梯度性、合理性和适当性；另一方面，制度设计通过对雇主积极敦促与消极准允义务的设定，保证学员有充分的时间在学校接受知识，避免其劳动力被过分压榨。同时，雇主还必须给予学习者充分的工作指导。

纵向上，联邦与地方立法分级规制、分工合作，以《联邦职业教育培训法》为教育基本法，辅之以地方各州的学校法。

前者主要调整学习者在工作场所的教育培训，后者主要负责对学习者在学校的活动加以规定。具体来说，针对教育质量，联邦法案从双元培训内容、工作场所指导、时间保障、教育培训设施硬件保障、组织机构与问责监督等方面进行把控；地方学校法则从师资质量、师生比例、授课时间等方面保证双元制学习者在学校端接受教育的质量。

综合来看，双元制项目中学习者的教育质量保障请求权主要仰仗教育法的专门规定，劳动法在此领域基本不介入。一方面，教育质量保障请求权是一项典型的教育性权利，不在以保护人身、财产性权利为己任的劳动法的调整范围之内。另一方面，作为职业教育的专门法案，2005年《联邦职业教育培训法》对双元项目的方方面面都规定得极为细致，对于教育质量方面的管控细致入微，包括对青少年学习者的特殊关照等。同时，行业协会在此间作用十分强大，各行业制定的行业条例也对业内学习者的双元教育培训发挥了十分重要的作用。

二、平等权

平等保护是教育法和劳动法同时关注的领域，也是两个部门法的调控重点之一。在德国，以宪法为基础，教育法和劳动法各自形成了相应的平等保护法律法规子体系，规制范围各有倚重。在教育法领域，以宪法为纲领，形成了从中央到行业，再到地方的纵向平等保护体系；劳动法则选择以本部门法律规定为中心，横向上与其他法律的相关规定联合对劳动者进行平等保护。具体而言，教育法选择宪法—行业条例—地方学校法的纵向模式；劳动法则倾向于以《一般平等待遇法》、《联邦性别平等法案》为部门基本法，联合《民法典》、《社会法典》、《联邦人事代理法》、《雇员保护法》等其他单行法相关规定的横向规制模式。

德国教育法对学习者的保护体现在消极保护和积极保护两个方面。平等权的消极保护在教育法上主要表现为教育机会的无差别对待，即受教育机会平等，不因种族、性别、经济地位等因素而遭受区别对待或被剥夺任何参与教育培训项目的机会；针对平等权的积极保护，德国的教育法律中相关内容较为丰富。以"联邦反歧视署"为机构依托，除了对残疾学生进行特殊保护，还特别对青少年群体提供额外关照。概因在双元制项目中，未成年学徒的权利处于较为脆弱的状态，其人身性权利需要法律的额外保护，以避免企业主对学徒的过度压榨。

在德国，学徒作为劳动者也被纳入劳动法的调整范围，其从求职、试用、工作到解雇的平等保护与一般劳动者享有相同的劳动法待遇。主要体现在求职阶段，雇主在信息获得和录用先决条件甄选中不得歧视；试用期间，学徒可通过和解、诉讼等方式维护个人平等权；工作过程中，禁止多种歧视与骚扰，对弱势群体进行倾斜性保护；对学徒的解雇保护及期满后劳动关系稳定之维护。

平等权是教育法和劳动法共同关注的领域。在学习者的平等保护上，教育法与劳动法各有"涉猎"、相互合作，有交叉亦存在不同。在学校等教育场所，教育法对个人接受教育、加入教育培训的机会平等进行保护。在工作场所，教育法与劳动法合力保护，但二者关注的阶段有所不同。教育法主要针对学徒在试用期以及学徒期满两个节点的权利保护，而劳动法的保护贯穿劳动关系建立的全过程。综合来看，在宪法的指导下，教育法与劳动法的平等保护各成体系，相互配合，相辅相成。

三、终身学习发展权

在德国，技能与学术并重，具备高技能的人才与高学历人才同样受到尊重，终身教育培训的理念更是深入人心。作为学徒等学习者，无论是技能培训的纵向上升还是技能与学术的横向切换，都能够在已有制度设计上寻找到适当路径，相关制度框架与政策实践已然十分成熟。总体上，法律体系自上而下，形成了联邦法案（《联邦职业教育培训法》）—行业条例—地方法令（各州学校法）的垂直结构，内容上主要包括职业技能的纵向升级和技能与学术间的横向融通两个方面。

针对职业技能纵向上升，除了资格水平层级递进的常规设计（包括培训阶段节点、相应技能升级及职业发展上升渠道的提供），德国相关制度呈现出的一大亮点是提供了极其灵活的证书等值转换机制。为了鼓励个人尤其是青少年劳动者的多层次、多面向发展，个人在不同职业、行业部门取得的证书可以通过认证完成等值转换，为个人在不同行业间的自由切换与提升提供了更为顺畅的路径设计。同时，在2017年《认证法》中，规定了国外资格证书的效力认定与等级转换。如此，制度秉持"证书是形式，能力是实质"的信念，为个人完成在职业间、行业间、国内外的自由切换和进一步发展提升提供了保障。

在德国，职业技术教育与国民学历教育具有同等重要的地位，技能与学术并重，高技能工人与高学历人才受到同样的尊重。为此，教育体系与相关制度设计已经十分成熟。与此同时，政策实践不断创新，呈现旺盛的制度生命力，严谨传统与创新革新的结合使德国的教育制度实践越发丰富。最新的"双元学习项目"（dual study programs）的政策尝试就为职业教育与学术教育的进一步横向融通提供了新的途径与可能。

终身学习发展权强调个人所有人生阶段的持续性学习和提升，终身学习的理念贯穿其中，具有极强的教育性。这与德国联邦教育与研究部的宗旨和目标是一致的，即教育研究与发展的目标之一就是为个人从年幼到年老的学习发展、成就自主人生提供助力①。劳动法上的证书获得主要作为一种上岗资格的前置门槛，是基于劳动安全考虑的一种岗前培训要求，教育性并不明显。对于资质的认可，德国的行业条例起到非常重要的规制作用，既包括岗前的资质要求，也包括培训后能力水平的认可和证书的发放。在证书环节，教育法与劳动法高度配合，以教育法为主，劳动法为辅。

四、获得评价、证书权

学徒获得评价、证书权是在项目进行过程中和过程结束后获得公正评价并获得相应资质、成绩证明的权利。这与终身学

---

① 德国联邦教育和研究部关于 BMBF 的介绍。Federal Ministry of Education and Research. BMBF [EB/OL]. (2010-10-23) [2018-01-18]. https：//www.bmbf.de/en/objectives-and-tasks-1409.html.

习发展权一体相连，为了实现动态的终身学习与发展，在静态的教育培训节点上接受考核并获得公正评价、证书授予，获得学业和职业上升发展的"敲门砖"显得弥足关键。对此，德国的制度设计精细高效，从联邦、行业到地方，形成了纵贯相通、相互呼应配合的体系。相应法律渊源分别来自联邦层面的法案、中观层面的各行业条例以及微观层面的各州学校法。除了对教育培训周期节点的规定，制度的规制重点主要落在考试内容的严格把关以及组织和程序保障的完善两个方面。

针对考试内容，不同层级的法律和相关规定分工合作，联邦法案和行业条例主要对工作场所的考试考核内容进行了规定，且各有侧重。其中，联邦法案针对考试的规定较为原则性，而各行业条例针对考试的规定则由于行业间的差别更为具体，具备相当的技术性。地方各州的学校法主要针对学校举办的考试进行规制，学徒在学校的考核评价受本州学校法的调控。同时，德国学徒制项目考试考核的内容非常广泛，不仅提供对项目内的教育培训的考核评价，还对学徒额外习得的其他行业的知识和技能予以评价肯认，并发放相关证书。

针对考试的组织及程序保障，一方面，设定"结业考试许可决定"这一前置程序，在保证有效筛选有资格参加考试的学徒的同时，亦通过消除对弱势群体、女性等不利群体的歧视保障学徒公平参与考试的机会，及时启动考核评价并实现其获得相应证书的权利；另一方面，在考试的组织方面，法律要求考核评价必须成立相应的考试委员会，委员会的任命及组成在联邦法案的指导下由各行业以培训条例的形式具体规定。

在德国，学徒的获得评价、证书权主要由教育法的相关规定来加以调节和规制。学徒的获得评价、证书权是一项典型的教育权利，是受教育完成阶段的结果权。职业教育过程中的评价和过程完结后的证书发放又有一定的特殊性。资质证书的授予一方面是对学生教育培训计划完成的肯认，另一方面也是社会和企业对其资质、技能和个人价值的认可。过程中的评价和过程末的考核与证书授予是学徒项目设计的重要部分，不仅关系到学习者该阶段教育培训的完成质量，也关系到学习者能否顺利进入下一个阶段的教育培训之中。证书的获得代表着教育培训计划的完成与对技能习得的认可，与劳动法意义上的岗前证书获得并非同一概念，也非劳动法所能规范的。

五、获得资助权

从资助方式上看，德国法律对学习者的资助分为直接资助和间接资助。直接资助如向学生提供培训费用、生活费用、部分或全部费用减免；间接资助如向学生提供贷款或企业承担部分培训费用等。相关立法如《德国联邦培训援助法》[The German Federal Training Assistance Act（BAföG）]规定，对参与职业教育培训项目的适格主体提供培训费用和生活费用的资助，不让处于经济弱势地位的学习者失去参与项目培训、实现个人进步发展的机会。从场所上看，资助可分为学校场所的资助和工作场所的资助，工作场所的资助主要由联邦法案调控，发放资助的主体主要为联邦政府和参与培训的企业；学校场所的资助主要由各州学校法加以规定，如对学生助学金、奖学金、学费减免等方面的规定。联邦与州立法各司其职，负责学习者不同视域的经济援助的管制和调控。

获得资助权是一项典型的教育权利，是国家制度对学习者进行的单向的倾斜性保护。实践中，教育法上的财产性权利主要指受教育者有获得奖学金、贷学金、助学金等直接资助或间接资助的权利。劳动法关注的财产性权利主要是工资权益等，是劳动力商品化的结果，强调劳动力交换价值的物化呈现。对学习者的资助关系到人的发展乃至公共利益的实现，关系到教育资源的合理配置与教育公平，遵循教育规则，主要由教育法进行调控。劳动法虽然也强调劳动者的财产性权利，但其保护更倾向于以市场理性为基础，遵循市场规律。

六、知情权

总体上，对于双元制项目中学徒知情权的保护，德国的法律框架纵向上主要包含中央和地方两个层面，横向上包括工作场所的知情权和学校场所的知情权。在联邦层面，知情权的实现主要受《联邦职业教育培训法》的规制，主要对工作场所的知情权的内容及实现方式进行规定；在州层面主要依靠各州制定的学校法对参与课程学习的学徒知情权进行保护。

在联邦层面，制度采取了一种更为务实的态度与方式。法律并没有选择在文字上简单、间接地要求信息内容应该具备哪些特质（如信息应具备完整性、可获得性等），而是直接规定国家每年发布"职业教育与培训总报告"（Report on Vocational Education and Training），以循证的方式对每一个自然年度国家职业教育培训的各项指标进行追踪分析，并将分析统计的结果及职业教育未来发展的趋势向大众公布。并且，法律不是简单地对报告发布机构（德国联邦教育与研究部）课以信息发布的义务，而是对报告生成的每一个阶段都进行了具体的、技术性的规定，力图达到联邦层面知情权保护的"落地"。

在地方层面，知情权保护的相关规定由各州学校法根据本州情况与实际需要制定。学校场所知情权的内容主要与课程和考核相关，如课程内容计划、标准归类、成绩结果等。对于学习者在学校的知情权，法律根据年龄进行了划分，知情权的权利主体与内容范围会有适当区分。该设计也同样适用于不同年龄阶段的学徒工，年龄越小，学徒工本人的知情权会被更多地让渡，学徒工监护人的知情权范围就越大，这符合学徒的差别化年龄层次与权利需求。

总体上看，学徒的知情权属于一项教育性权利，所谓的"情"主要包括职业技术教育信息和学校课程成绩信息等。同时，权利的义务主体都是教育机构，在联邦是德国联邦教育与研究部（The Federal Ministry of Education and Research），在地方，义务主体主要是学校。知情权在劳动领域的出现形式比较碎片化，学徒作为劳动者在集体协商、工资、劳动安全等方面都享有知情权，作为一条权利的暗线贯穿劳动权益的各个方面。因此，劳动法上的知情权与学徒知情权所指涉的内容存在差别，无论从学徒知情权的实现主体还是从其内容范围观察，学徒的该项权利都由教育法调整，劳动法起间接的辅助作用。

七、争议解决与权利救济

学徒作为学习者和劳动者的双重身份决定了其争议解决路径的多重性。争议解决与相关权利救济是教育法和劳动法共同"涉足"的领域。二者相较，前者更注重事前的预防，后者则更多地着墨于争议解决的具体司法路径。具体来说，教育法主要通过学徒的事前参与和签订学徒协议的方式预防和解决争议，《联邦职业教育培训法》对此有详细的规定；劳动法则提供以劳动法院为最终诉诸途径的司法建制，法律渊源主要是德国《劳动保护法》。

德国教育法对于学徒与雇主间的争议解决兼顾学校场所和工作场所，事前参与和协议签订"两条腿走路"。事前参与主要是指学徒在学校参与学校事务决策的权利，将可能出现的分歧"消灭"在萌芽之中，法律通过教师委员会、学生委员会、家长委员会的建立为其提供组织保障。学徒可以与普通教育的学生一样，通过参加委员会会议的形式参与学校事务的决策。另外，针对学徒，还特别建立了职业教育咨询委员会，学徒可以作为代表参与决策。协议签订主要指项目伊始学徒与雇主签订的学徒培训合同（协议）。合同（协议）是法治社会双方达成合意后的文本依据，在教育培训过程中或结束后，一旦学徒和雇主发生分歧、产生争议，学徒培训合同是争议解决的重要文件依据，是定分止争的形式载体。为此，《联邦职业教育培训法》对学徒培训合同的签订、内容、形式、效力等各个方面进行了详细的规定，对学徒的人身、财产、教育权利进行保障。

德国劳动法对劳动争议直接以司法方式解决。虽然没有设置劳动仲裁为前置程序，但德国劳动法为争议解决提供了特有的司法解决途径——劳动法院。根据德国《劳动法院法》第2-2a条的规定，劳动法院对绝大部分的劳动争议都有管辖权，劳动权利受侵害者可通过诉诸劳动法院实现权利救济。学徒作为劳动者，与雇主之间的争议解决也接受劳动法的调整，不仅可以个人名义提起劳动诉讼，还可通过企业职工委员会与雇主进行司法博弈与抗衡。

争议的解决与权利救济是各部门法关注的重点之一，学徒在此方面权益的实现同时受教育法和劳动法的保护，二者相互配合。针对学徒的权利救济，教育法和劳动法相互呼应，形成一个缜密的权利保护网。首先，在保护内容上兼顾工作场所与学校，各州学校法对学徒在学校事务上可能出现的争议进行调整，联邦法案与劳动法共同调整学徒工作场所的权利救济诉求。其次，在调整"权限"上二者紧密配合，教育法和劳动法之间"交接"，对争议解决中的教育法未竟之事项可直接诉诸劳动法的相关规定。

八、工资权

德国劳动法的保护范围十分广泛。劳动法承认学徒的劳动者身份，双元制项目中的学徒既是学习者也是劳动者，通过支付劳动力的形式交换报酬是其正当权利。在德国，学徒的工资权由多部法律共同保障，既有一般性规定，亦有特殊性规定。规定的内容范围广泛且细节精致，包含工资报酬是否支付、支付额度、支付方式、支付日期、特别规定等多个方面。

德国教育法对学徒的工资作出了强制性规定，《联邦职业教育培训法》要求教育培训合同必须包含学徒工资支付的内容及梯度性增长的安排。此规定源于《德国民法典》的原则性规定，即该法第611条关于"雇主有义务支付约定的劳动报酬"的抽象性原则规定。作为一般法与特别法的关系，教育法对学徒工资的支付进行了更为细致的规定，如学徒工资多样的支付形式、灵活的计算方法和严格的支付截止日期等，根据学徒的学习与劳动特性进行有针对性的规定和额外关照。

德国劳动法对学徒工资的调整具有阶段性，其调整方式在2015年前后有所不同。在2015年之前，德国并没有出台《最低工资法》等底线性法律规定，关于劳动者最低工资的给付以集体合同的方式予以调整，普遍适用最高法院的"三分之二"标准，即集体合同议价后的工资最低不得低于类似工作岗位工资标准的三分之二。在2015年之后，德国出台了《最低工资法》，提供了明确的底线性法律规定。但该最低工资限制的适用有一定的局限性，未成年劳动者以及实习不超过三个月的学习者不在保护范围之内。也就是说，在该范围内的学徒工不受最低工资限制的保护，但这并不意味着其不能得到任何工资报酬。此时，其报酬的给付更多地依赖于教育培训合同的约定与集体协商。

工资权是一项财产性权利，鉴于学徒的双重身份以及《联邦职业教育培训法》规定的全面性，教育法在对双元制项目的规制过程中必然会涉及该项内容。因此，德国针对学徒的工资给付，由教育法和劳动法共同调整，二者相互勾连又有所区别。首先，教育法和劳动法都以《德国民法典》对报酬的基本规定为依托，确立了"有劳动必有报酬"的基本立场。其次，二者在调整方式上有所不同，教育法主要通过法案的全面细致规定规制学徒报酬的方方面面；劳动法主要通过集体合同的议价方式和最低工资的底线性规定实现学徒的工资权益。

九、劳动安全与卫生权

德国的劳动者与企业间的人身依附性较强，国家对劳工保护采取极高标准，其劳动法规定基本以欧盟对劳动条件的最高标准进行相应设定。对于劳动安全与卫生权，德国的法律主要从两个方面进行调控：劳动安全健康条件和工伤保险的覆盖。劳动法与教育法均根据调整需要对该领域作出了相应规定。

学习者的劳动安全与卫生权的义务履行主体是提供学徒岗位的企业。劳动法对企业主要课以五个方面的义务：采取劳动保护措施义务、管理义务、免费提供保护的义务、工伤防治及定期提供体检的义务和监督义务。关于工伤保险，德国有专门的《社会保险法典》进行调整和保护，并且在组织资源上通过法律设定同业工伤事故保险联合会，作为专门的自治组织对劳动者进行保护，并将学徒纳入一般劳动者的规范框架。德国的教育法对于学徒劳动安全和健康亦十分重视，在规制重点和范围上与劳动法保持一致，规定了企业在该方面对学徒的保护义务并规定了具体的罚则，具有很强的操作性。

对于青少年学徒群体，除了享有一般劳动者的基本权利，德国《青少年劳动保护法》对未成年学徒的劳动安全及卫生权提供了更高标准的保护。本着对青少年人身权利进行额外特殊保护的原则，法律对于青少年学徒可能遇到的工作风险和隐患进行了列举式的规定，不仅关注其生理健康，更是考虑到了青少年工作中可能受到的心理伤害，对青少年学徒的体检权利进行了强制性规定。在组织资源保障方面，保护青少年的劳动安全是德国联邦劳工局和监察部门的重要法定职责。

劳动安全与卫生权是一项劳动权利，亦是一项重要的人身性权利，劳动法和教育法都对学徒的这一权利进行了细致而全面的规定，且劳动法与教育法之间的逻辑链条完整、缜密。对于学徒的工作安全与健康，劳动法与教育法提供了双重保护，在内容上相互呼应，偶有重复但不冲突。尽管劳动安全与卫生是一项典型的劳动权利，但鉴于学徒的年轻化和权利的脆弱状态，教育法亦提供了充分的保护。

第三节　美国业本学习者权利保护法律机制

一、教育质量保障请求权

在美国，对于以拨款为主的联邦法案，对拨款项目提出质量指标要求并进行问责是其核心。在生涯与技术教育项目中，对于质量的把控更是项目运行的灵魂，法律依据主要来自联邦层面的法案，法案中关于保证并提高项目教育质量的规定占据很大比重，包括直接的集中性规定和间接的零散性规定。除了常规的铂金斯系列法案之外，《人力创新与机会法案》作为晚近的立法，也是重要的法律渊源之一。总体上，整个运行机制形成了一个从中央到地方、自上而下的体系。联邦提出总要求并提供资金，地方各州（下沉至部落）及相关机构根据本州的州情开展项目，以州计划（state plan）的形式作出承诺，并作为问责的依据。制度运行以问责（accountability）为倒逼手段，以结果为实施导向。

相对于英国和德国，美国对教育质量把控的制度设计与要求有一定的独特性。首先，在教育培训内容设计方面，由于各州差异较大，联邦给予了各州充分的自主空间，对各州项目内容设计的要求也相对较为原则，如"创新性、挑战性、递进性"等。鉴于生涯与技术教育横跨中等教育与中等后教育两大阶段，二者之间的递进和连贯性需求凸显。因此，除了对培养方案应兼顾学术与实践的常规要求，法律还进一步强调了不同阶段教育培训内容的非重复性。其次，制度对"教育提供主体"的指向范围较为广泛。一方面，范围囊括中观的各州及相关机构和地方学校内部各主体；另一方面，学校内部主体不仅仅指在一线提供教学及实践指导的教师，还包括作为整个"教师教学队伍"（teaching force）组成部分的校长和相关行政人员，对其个体素质的培训和提升也是法律的关注点和政策着力点。再次，问责条款的高比重。鉴于联邦体制导致的联邦与地方的松散联结，在项目启动前期以拨款为主要互动方式的情况下，后期项目运行的监管问责成为质量把控的核心环节。因此，相关法案具有大量问责监管方面的规定。规定自成体系，以建立标准与核心绩效指标为前置制度设计，过程中州和地方项目计划的强制性向上提交和第三方机构的向下有效评估双向互动，兼之以资金使用监控等辅助手段。

职业教育质量的保障向来是联邦职业教育法案关注的重中之重，对于质量的把控和问责几乎占据了职业教育立法的"半壁江山"。法案通过多种制度设定保障教育质量，在生涯与技术教育的各个阶段对教育培训的质量进行把控。对于该项权利的实现，美国的劳动法发挥的作用有限，联邦层面的法律并没有对工作场所的实践时间和指导时间作出特别强制性规定，是否作出规定、如何规定很大程度上取决于各州的自治安排。因此，美国生涯与技术教育质量的保障主要由教育法进行规制调整，劳动法对此发挥的作用甚微。

二、平等权

无论是劳动法抑或教育法领域，美国对于反歧视都十分重视，平等保护是各部门法的重点规制事项。总体上，在国际人权法的原则性指导下，美国的反歧视法律框架为基本法与单项法律结合，以《民权法案》为基本法，配合以《残疾人法》、《性别歧视法》、《就业年龄歧视法》、《康复法》等多部单行法。在生涯与技术教育领域，相关单行法案主要有《教育法修正案》、《加强21世纪生涯与技术教育法案》和《人力创新与机会法案》等。

美国的平等保护法律规定已经十分全面和成熟，对于反歧视的消极保护，教育法很少着墨，直接适用已有规定。教育法相关规定主要集中在对目标人群的积极保护上。目标人群也被称为"特殊人群"（special populations），其内涵较为广泛，除常规少数不利群体类别（残疾、经济不利地位等）以外，教育法还特别关照少数族裔（如印第安族裔）和处于偏远地区的学习者。在保护手段上，法律尽可能地采取具有针对性、多样性的关照措施，除了常规的经济资助以外，还包括为残障或有其他特殊需求学习者定制个性化培训方案、为偏远地区学生提供远程教育、为少数族裔学生提供特别优惠政策等措施。

美国劳动法的平等保护主要体现在就业关系建立过程中的歧视禁止，注重机会的平等。为此联邦法律已有较为成熟全面的规定，以《民权法案》为基本法，配合以《公平就业机会法》、《怀孕歧视法》等单行法律。针对处于培训关系中的学习者，能否受到劳动法的反歧视保护很大程度上取决于学习者与雇主间是否建立了劳动关系。但实践中作为劳动关系乙方的学徒，其权利地位越发脆弱和敏感，司法界逐渐开始关注劳动关系保护范围的延伸。《人力创新与机会法案》将反歧视的保护领域扩展到了参加培训的学习者之上。不仅如此，学习者还可以通过平等就业委员会获得平等权受侵害后的多种程序性救济，如调解、诉讼等。劳动法从实体和程序两个方面保护处于培训关系中的学习者的就业平等权。同时，劳动法对学习者的保护还体现在种族和性别平等、反性骚扰方面，其关于年龄歧视、孕期妇女歧视的规定在生涯与技术教育项目中的适用空间非常有限。

在学习者的平等保护领域，教育法与劳动法共同调整，各有侧重、紧密配合。二者的高度协调配合性主要体现在：首先，以共同的反歧视基本法为母法，秉持共同的法律原则与精神，形成各自领域平等保护法律子体系。其次，在调整内容和方式上，教育法更强调积极保护，虽然相关法案中也不乏反歧视消极保护的规定，但政策手段仍以积极保护为主要方式；劳动法更强调消极保护，即通过禁止歧视的方式保证培训关系中的学习者的机会平等。最后，教育法更强调实质平等，劳动法更侧重机会平等，二者配合"默契"、高度协调。

三、终身学习发展权

终身学习的理念在美国教育法律政策中尤为凸显，甚至成为生涯与技术教育专门法案的立法宗旨。《铂金斯法案2006》在第2条就开宗明义，确立了终身学习理念的原则性地位。综合来看，法案的侧重点在于生涯与技术教育与学术教育的融合，强调在已有普通教育体系的基础上发展适当的职业技术教育项目。从政策手段上看，主要以特别项目（special programs）的形式传递政策意图，有较强的针对性，但往往政策项目间较为分散，协调度欠缺。

美国关于终身学习发展权保护的政策手段主要有四项。首先，"衔接协议"（articulation agreement）的制度设计，其本质是一种中学（secondary）与中学后（post-secondary）教育间的学分转换机制，目的是帮助生涯与技术教育项目参与者实现教育水平的纵向升级。其次，提供副学位项目，为学习者更高阶的上升提供路径。再次，其他替代性项目的提供。在联邦法案提供的项目形式基础上，各州可指定本州相关项目，更有针对性地推广生涯与技术教育，促进其与已有国民教育体系的互动和融合。最后，"职业路径"（career pathway）的政策设定。与副学位项目等特殊项目不同，该政策动议由《人力创新与机会法案》提出，强调职业教育服务的提供以及学习者在职业技能提升方面的促进。

综合来看，美国的法律政策更加侧重和强调职业教育项目与已有学历教育的融合，这与目前美国职业教育碎片化和边缘化的形势密切相关。法案相关项目的推介很大程度上是通过与学历教育的"绑定"来增加生涯与技术教育项目的社会认知度和公众吸引力。因此，相关特别项目中，促进二者横向融通的内容占据很大比重，而关于技能教育自身内部提升的政策动议相对较少。

终身学习发展权的教育性较为突出，该项权利由教育法和劳动法共同调整，以教育法为主、劳动法为辅。前者的法律渊源是《加强21世纪生涯与技术教育法案》，后者的规定主要来自《人力创新与机会法案》关于"职业路径"的规定，制度设定的重点是生涯与技术教育项目与既有学校教育的融合以及学历教育体系内部水平和层次的提升。

四、获得评价、证书权

生涯与技术教育的获得评价、证书权包括过程中的评价和过程末的考核。学位证书以及相应资格证书的发放，不仅涉及学分授予及转换和考试的组织，还涉及国家资质体系的有效配合。对于生涯与技术教育的考核，联邦层面的法律鲜有规定，具体的考核方式由各州根据自身情况酌情规定。鉴于职业教育与产业结构、劳动力市场的强相关关系，企业、行业协会均参与考核标准的设定和评价体系的建立，各行业的内部规定也起到一定的规制作用。在受教育过程中获得评价和证书是一项教育权利，主要由教育法调整。

五、获得资助权

针对学习者的经济资助，联邦法案提出了原则性的规定和指导建议，如资助的目标人群和总预算等，具体的金额比例和发放方式等细节性问题由各州进行更进一步的规定。美国的学生资助体系较为完善，学费减免、学生贷款、奖助学金资助等多种政策手段并行，并且尤其关注对少数不利群体（如少数族裔和偏远地区学生）的经济扶助。在联邦层面，有多部教育法案对学习者的资助进行了规定，如《加强21世纪生涯与技术教育法案》、《每一个学生成功法案》等，以直接或间接的方式对学习者提供经济帮助。

学生获得资助的权利属于教育性权利，是一种单向的、不以市场规律为导向的国家干预。该权利的设置是为了公共利益的提升。建立联邦教育资助政策并监测资金发放与使用是美国教育部的四项职责之首①，其终极目标是为处于经济不利地位的学习者提供参与教育培训项目的机会，不使其因家庭出身和贫困的生活状况而被剥夺个人发展的可能，实现教育平等。

六、知情权

在美国，生涯与技术教育项目中学习者知情权的实现相对较为顺畅。联邦法案对于生涯与技术教育项目是一种自上而下的引导和推介，以联邦资金的影响力来贯彻自己的政策意图并实现政策目标。因此，对生涯与技术教育的充分宣传是提高项目吸引力的重要方式，对于项目信息的发布更是有利于大众知情权的实现。相较于被动的信息发布，美国的相关制度设计更倾向于信息的主动供给。《加强21世纪生涯与技术教育法案》对于知情权的规定主要包括权利的内容范围和义务主体两个方面。

法案赋予学习者的知情权的范围非常广泛，涉及项目运行的方方面面，包括信息知悉的内容、知悉的方式、信息提供的途径、信息的核心指标等，通过数据库的建立为学习者提供信息池，以文本、网络、口头等多种形式提供课程计划、职业探索、教育经费、行政管理、参与企业、学习者表现等多方面的信息。信息提供需同时满足可获得性、传播性和指导性三项指标。多方主体均负有信息提供义务，从国务秘书、国家教育统计中心到州政府、地方各学校等适格机构均负有该义务。除了

---

① 美国教育部关于教育部的信息。U.S Department of Education. About ED [EB/OL]. (2006-10-08) [2018-02-18]. https://www2.ed.gov/about/landing.jhtml?src=ft.

常规的信息发布，地方相关机构还负有主动定期开展活动向少数不利群体提供生涯与技术项目信息的义务。

在美国，知情权是一项重要的宪法性权利，对权利的保护和实践体现在美国制度运行与公民生活的方方面面，如消费者知情权、金融从业者知情权、新闻界知情权、社区知情权等不同领域和群体的知情权。学习者的知情权强调对生涯与技术教育项目内容、目标、方式、途径的知悉和相关信息的获取。劳动者的知情权也体现在劳动过程的始终，如对企业信息的知情权、集体协商中的知情权等。学习者的教育培训既涉及学校生活也包含工作场所实践。在知情权的保护上，教育法与劳动法并不冲突亦不分散，而是相互结合共同保护学习者在不同场所、不同教育培训阶段的知情权的实现。

七、争议解决与权利救济

总体上，针对争议解决与权利救济，美国的相关制度运行呈现自由、有序、松散、"冷漠"的特点和样态。法律对于争议的解决持保守态度，法院更是秉持"不诉不理"的立场，充分尊重意思自治，司法介入始终保持谦抑。对于学习者，其与雇主间的争议时常发生，以关于工资报酬等的财产性权利争议为主要类型。在崇尚意思自治的判例法环境下，美国教育法和劳动法对学习者争议解决和权利救济的制度供给有限，较为原则性且缺乏确定性。法律渊源主要是联邦法案、部门政策规定、司法判例及相关准则依据。

教育法对学习者争议解决与权利保护的规定相对较为全面

和完整，包括事前参与、事中规制和事后救济三个方面，相关规定较为柔性。事前参与是在项目的酝酿阶段便将学习者纳入分歧产生的最初环节即决策进程，将可能的争端以学习者质询建议的方式进行第一道处理。在事中，除了以培训合同为争议解决和权利保护依据外，制度还提供"项目协调官"的机构设置，促进学习者与雇主和相关主体间矛盾的"软性调解"。如果前两道程序设置皆无效，则可诉诸司法。作为判例法国家，美国的法官可以解释并"创造"法律，对于争议解决的能动性要高于大陆法国家。在判例法与联邦制的法律与政治环境下，案件的裁判与分歧的解决和权利救济方式的采用具有很大的随机性和偶然性。

针对学习者的争议解决，较之教育法，劳动法采用"一刀切"的模式，对学习者在工作场所劳动权利的保护采取"全有"或"全无"的模式，力度有限。具体来讲，如果能够认定学习者与对方存在劳动关系，则可依据劳动法律相关规定获得所有的劳动保护，反之学习者的权利诉求则缺乏依托。也就是说，核心是对是否存在劳动关系的认定，这关系到学习者的权益是否纳入劳动法的羽翼之下。在业本学习中，分歧的类型主要是针对工资报酬发生的争议。对于是否存在劳动关系的认定，各机构的解决方式有所不同，争议处理存在多重依据，如美国劳动部"负面清单"的模式，联邦法院的"受益对象原则"、"潜在经济现实依据"和"主要受益人依据"。对于依据的选择取决于当事人的诉讼策略，没有强制性规定，较为松散，缺乏明确性且可援引度有限。囿于联邦与地方的松散联结以及各州实践的巨大差异，现有的制度对学习者工资权益等劳动争议的解决力度较为有限，很多时候力有未逮。

学习者的知识习得场所既包括学校，也包括工作岗位，其争议解决和权利救济由教育法和劳动法共同调整，教育法为主，劳动法为辅。该主辅关系以对学习者争议解决的影响力大小为标准，这主要体现在两个方面：首先，针对学习者，教育法关注的争议类型多样，包括学习场所和工作场所可能出现的争端；而劳动法关注并解决的争议类型很单一，以是否存在劳动关系为核心，以工资报酬分歧为主要争议呈现形式。其次，教育法规定的内容和手段较为全面，跨越项目运行的事前、事中、事后整个过程；而劳动法的争议解决处理依据较为零星分散，缺乏强制性，适用性较低。

八、工资权

对于学习者而言，工资权是一项财产性权利，是其所付出劳动力的交换价值的体现。对此《加强21世纪生涯与技术教育法案》没有进行特别规定，法案的内容主要是关于项目运行的原则性指导和指标要求。对于各州提交的计划书，也没有将此项内容纳入计划的强制性规定。遗憾的是，业本学习者的工资权并非劳动法的保护重点，除了最低工资标准的相关规定，法律并没有进一步保证其工资收入的规则供给。

在联邦层面，《公平劳动标准法》对工资水平的调节起主要作用，调节手段主要为对最低工资标准的限制。法律针对不同的群体作出了区别化的、针对性决定，这对生涯与技术教育项目的学习者意义重大。参与生涯与技术教育项目的学习者大多数是未成年人，且项目中的业本因素更多地体现在其实习环节，法律对该部分群体的最低工资作出特殊规定是具备社会理性和公共意义的。技术上，根据《公平劳动标准法》第214条和第206条的规定，学生员工以及20岁以下青年的最低工资都是低于一般员工标准的。也就是说，法律对青少年等就业不利群体的工资水平作出了妥协，让渡一部分财产利益来博取更多的就业机会。在权利的救济方面，法律的规制仍有不足。一方面，对于违反最低工资标准强制性法律规定的雇主，法律规定的处罚过轻。另一方面，未建立正式劳动关系的学习者难以通过工会的议价保护自己的工资权益，维权成本高昂。

总体上，美国业本学习者的工资权主要由劳动法调整，但法律的触角并未触及权利保护的各个角落，存在制度"死角"。如前文所述，劳动法继续保持"全有或全无"的策略，能否获得劳动法保护、加入工会取决于其与雇主间是否存在一纸合同、建立劳动关系。因此，未建立或未被承认正式劳动关系的学习者就处于非常不利的地位。虽然工资给付本身是一种等价交换，是劳动力价值与就业机会间的博弈与平衡，但其又直接关系到业本学习项目的圆满完成，教育法应当作出适当指导。

九、劳动安全与卫生权

美国在劳动安全与卫生方面，除了针对所有劳动者的一般性规定，还有针对未成年劳动者的专门性规定。鉴于参加生涯与技术教育项目的学习者中有相当比重是未成年人，该特别规定具有重要的调整意义。法律规定涵盖中央和地方两个层面。在联邦层面，关于未成年人劳动安全的条款并非集中在某一个专门法中，而是分散在各个法案中，如《公平劳动标准法》、《危险职业条例》、《职业安全卫生法》等。

对于该项权利，美国的教育法案并没有提供专门性的特别规定，已有相关规定主要从学习者的休息时间和工作风险防范两个方面入手。对于学习者的休息时间，法律区分成年与未成年工作者，对未成年人给予特别的规定和照顾，并对未成年人按照年龄段进行了更为细致的区分。年龄越小，保护程度越高。在劳动安全方面，《职业安全卫生法》对青少年的劳动保护进行了规定，尽可能地使其远离劳动中存在的危险和伤害。未成年学习者当然地被纳入以上法律的保护之中。

劳动安全与卫生权是一项人身性权利，是劳动法的重要调整领域。在美国，联邦层面的劳动法对于该项权利的调整已经进行了相对基础性的规定。无论是否建立正式的劳动关系，均不影响公民此项权利的享有。相应的，学习者在工作场所的活动也属于劳动法关于劳动安全与卫生相关规定的覆盖范围。教育法案对劳动安全与卫生权的保护主要以拨款安排和对教育培训质量的问责为主。对于具体的学习者的人身权利，联邦法案并没有进行相应规定。在联邦层面已有劳动安全与卫生相关规定的情况下，学习者人身性权利保护的广度和深度很大程度上取决于各州的具体情况。

从上述三国的情况不难看出，业本学习者的权利诉求体系并非简单地与劳动者和受教育者的权利体系完全重合。因此，各国在构建权利供给体系时，应充分考虑需求侧的情况，从教育权利库和劳动权利库中谨慎选择，充分照顾到教育质量保障请求权、平等权、终身学习发展权、获得评价证书权、获得资助权、知情权、争议解决与权利救济、工资权和劳动安全与卫生权中的细微之处。

不可否认的是，上述三国由于在治理结构、传统和理念方面的不同，在综合供给劳动权利和教育权利之时作出了不尽相同的取舍。但总而言之，实用主义系各国对业本学习者进行保护的指导原则，避开非此即彼的单边主义或不加区分的统合主义，按需配置以为学习者提供精准的保护。

第七章

英、德、美业本学习者权利保护制度的综合比较

英、德、美三国对业本学习者的权利保护既有类似的制度安排，也有各自的特点。这些类似的制度安排体现了业本学习活动自身特性引发的共性的运行机理，面对类似的问题，呼唤同类的解决方案，也体现了三个国家在治理理念和传统上的共通之处。基于对三个国家的研究，发现了四个较为明显的规律性特征：第一，基于横向信任的自力救济方式发挥重要作用；第二，政府与社会力量间保持良性协作，专门机构、行业协会等社会力量发挥作用；第三，多种手段国家干预，维系、探索自由与管制间的平衡；第四，学习者权利保护制度构建与法律、教育、文化传统等已有制度资源紧密相关。而在这些规律性特征当中，各国又根据各自的情况进行了个性化的微调，从而提升制度构建的适应性。

一、广泛运用基于横向信任的自力救济方式

劳资关系一直以来都是市场经济活动中一项基本的社会关系。劳动力的商品化使其具有了交换价值，雇主与劳动者之间形成了议价空间。集体协商的英文名称为"collective bargaining"，而"bargaining"本身就有"讨价还价之义"。雇主组织与工人组织之间进行平等的议价，相互博弈，形成平衡并达成最终合意。集体谈判强调当事人双方的平等关系，是基于合理信赖对协议双方产生的约束，本质上是公民个人间产生的横向信任。工会作为一种自组织，协调劳资双方利益关系，保护劳动者个体经济权益，在集体议价活动中发挥了十分重要的作用。在对学习者的权利保护中，尽管在不同国家工会扮演的角色和

发挥的作用有所差异，但都是表现较为突出的制度行动者。工会通过集体协商发挥强大的议价能力，斡旋于工会成员与企业雇主之间，代表工人向雇主争取权益。

工会在英国是实现劳动者权益的重要组织。作为现代劳动法诞生之地，很长一段时间内，英国不仅是世界工厂，更是劳动法的输出国[1]。秉承着一如既往的普通法传统，英国法律最初对于劳资关系的形成所发挥的作用是极为有限的。国家仅对"需要保护的群体"进行立法保护，如未成年劳动者。劳动者权利的实现主要依靠工会与雇主所进行的集体协商。由于缺乏法律的"庇护"，以学徒为主的学习者无疑处于弱势地位，其权利缺乏必要的保障。这样的情形一直持续到20世纪90年代。随着"第三条道路"的开辟，英国出台了大量劳动标准方面的法律，取代了原本属于集体协商的部分领域，但仍为集体协商保留了相当的空间。由此，对于个体劳动权益的保护，英国形成了国家法律管制与工会集体协商相辅相成的协作模式。

集体协商是公民自治的一种工具形式，在英国有深厚的文化传统土壤——君子协定。英国素有君子协定的传统，意指两个或两个以上当事人明示约定的非契约性协定[2]。君子协定并不具有法律上的强制力，概因当事人之间并无建立法律上权利义务关系之意图[3]。个人之间基于道义信守承诺并予以履行，从而在双方间产生非法律的约束力。传统上，君子协定并不是一种

---

[1] [英] 史蒂芬·哈迪. 英国劳动法与劳资关系 [M]. 北京：商务印书馆，2012：3.
[2] 张平华. 君子协定的法律分析 [J]. 比较法研究，2006（06）：69-81.
[3] 王泽鉴. 债法原理 [M]. 北京：中国政法大学出版社，2001：199.

契约，所以不产生法律强制力①。工会代表劳动者与雇主谈判，达成以集体意志为基础的君子协定。工会作为公民的自组织，代表个体劳动者与企业雇主进行协商谈判，签订的集体合同是劳资双方在充分意思表达的基础之上，"讨价还价"达成的合意，该合意在当事人之间具备较强约束力，是雇员集体意志的选择②。

在英国，君子协定甚至可以成为合同的替代品③。法律尊重意思自治，对其干预较为消极。但同时，是否具有法律约束力与能否违反法律强制性规定并非等同关系。法律是道德的底线。基于对个人道德风尚的非确定性，法律对于违反公序良俗的个人间的合意是持否定态度的，对于损害他人及社会利益的合意，法律也会介入干预并实施管制。在英国，集体合同在某种程度上能够排除法律的强制性规定。如虽然最低工资标准不能被集体协商排除，但在工时方面，集体协议可以修改或排除适用法令中关于夜间工作、休息时间以及班中休息时间的规定。鉴于君子协定的传统，合同的签订、法律权利义务的建立并不是个体间维护承诺、保障信赖的唯一工具，司法裁判也并非深入到社会生活的各个领域。只要不违反公序良俗，在某些司法裁判无法介入的领域，法律的功能范围主动限缩，公民意思自治与个体间协定的范围扩大。法律的强制力来源于国家的强制力，是

---

① [英] 艾伦·沃克. 牛津法律大辞典 [M]. 北京：光明日报出版社，1988：371.
② 胡晓东. 集体谈判制度在公共部门中的应用——谈美国公共部门集体谈判制度 [J]. 中国劳动关系学院学报，2014，28（06）：54-59.
③ 张平华. 君子协定的法律分析 [J]. 比较法研究，2006（06）：69-81.

国家机器利用其自身的威慑力量实现的对国家的治理和对社会关系的调控。集体协商达成的合意的约束力是意思自治的双方基于对道德的崇尚和合理信赖产生的。也就是说，法治与自治间存在相互勾连的动态平衡。

在学习者的权利保护中，德国的工会也发挥着十分重要的作用。在工作时间、劳动报酬及劳动安全等方面，劳动者与雇主通过集体协商所达成的结果具有相当强的约束力。与英国相比，德国法律的强制性规定与集体协商制度在保护学习者劳动权益方面发挥的作用要相对较强。在工会与法律的配合上，德国的法律更加"积极主动"，对于劳动者（尤其是青少年劳动者）在事前提供基础性法律保障。工会的集体协商在已有法律保护的基础上为劳动者个人争取更优厚的待遇。

德国工会在学习者权利保护中的重要作用建立在德国劳动法传统和基本架构之上。德国对于学习者的立法保护起源于1839年的普鲁士《矿山和工厂雇用青少年劳动者条例》，这也是德国现代劳动法的开端。作为大陆法系国家，德国对于各项劳动权利的保护主要体现在《德国民法典》之中，但这样的保护往往是宏观、原则且高度抽象的。具体劳动标准的执行与适用，主要依据的是各项单行法，如《工作时间法》、《最低工资法》等。这些法律大多是由欧盟指令转换而来，一般情况下，雇主与劳动者所订立的劳动合同中的各项待遇不得低于这些法律所规定的标准。针对学习者，德国在各项单行法的基础上，还制定了一系列专门法律保护学习者的劳动权利。这些法律所规定的标准均高于普通劳动者的保护标准，其中最具代表性的便是

《青少年劳动保护法》。该法规定青少年劳动者享有更长的休息时间，提供了更细致的劳动保护。不仅如此，相较于《工作时间法》等保护普通劳动者的法律，《青少年劳动保护法》中的各项规定并不能通过集体合同的形式加以排除，具有法定强制性。在法律保护的基础上，学徒可以通过工会的团体议价为自己争取更有利的工作待遇。正如上文所提及，德国的集体合同（团体协议）具有极强的法律效力。这也催生出了集体谈判当中专门保护学习者劳动权利的组织——青少年雇员与学徒代表。学习者可以通过这一代表组织在企业职工委员会中表达自身诉求，从而使职工委员会与雇主或雇主委员会的谈判能体现学习者的意志。

美国集体协商在劳资关系调整方面所起到的作用相对有限。美国劳动法对学习者的保护相对消极和克制。在《公平劳工标准法》出台以前，在国家层面，美国对于劳动者是非常"不友好的"，不仅缺乏必要的保护性法律，最高法院更将保护劳工权益视作"有违宪法的"。直至罗斯福新政的出台，这一情况才得到改观，新政时期颁布的《公平劳工标准法》就劳动者的工作时间、最低工资等标准作了一般性规定，并且要求各州的标准不得低于该法的规定，这极大地改善了劳动者的劳动条件。

但是，在经历了19世纪20年代到40年代的蓬勃发展后，层出不穷的腐败丑闻及过分集权的制度缺陷导致美国工会组织不可避免地走向衰落，特别是在2008年全球金融危机后，集体协商的人数急剧下降。时至今日，参与集体谈判的私营企业雇员数量锐减①，涉及集体协商的法案数量也显著下降。况且，对于学习者能否受到工会的"庇护"并通过工会保障其权益，取决于学习者事先是否通过合同的形式与雇主达成建立劳动关系的合意。而针对是否签订合同并明确双方的劳动关系，法律认为属于意思自治的范畴，并不强行介入干预。同时，在雇主与学生间不存在明确的建立劳动关系的合同文本证明的情况下，对于实习学生劳动者身份的认定标准也存在一定争议，实践中存在诸多问题。因此，国家更多地将个体的权益保护交付给了市场，法律通常持消极的保留态度。立法规制与公民自治各守边界，和谐并行。法律针对公民间权利义务关系的建立并非完全"置身事外"，而是以司法裁判的方式为权利提供最后的救济和保障，避免公民自治突破边界、违反公序良俗。法律功能的扩张与个体自治范围的限缩保持相对自如。

二、借助社会组织打造社会化治理结构

社会组织的发展、公共事务社会化是三个国家在社会治理方面的共同特点。政府囿于规模和能力的限制，为了更好地实现社会公共利益，将一部分公共事务的管理权交给社会组织，从而使公共事务社会化。社会组织与政府都可以成为公共服务的供给主体，具备公共性②。

在业本学习者权利保护制度中，常见的行动主体有政府、

---

① 刘军伟. 美国企业工资集体谈判制度变迁及其启示 [J]. 求索, 2017 (10): 108-115.

② 郭道久. 第三部门公共服务供给的"二重性"及发展方向 [J]. 中国人民大学学报, 2009, 23 (02): 93-99.

企业、行业协会、第三方质量评估机构、联合协会等。在政府与市场之间，社会组织是非常重要的行动力量，在各国业本教育制度运行中发挥着重要作用。不同国家起核心作用的社会组织有所差别，与政府的联结程度亦有不同，但在产教融合中均扮演着重要角色。政府与社会组织协同运作、优势互补、良性互动。

行业协会是德国业本学习制度中重要的行动主体，在各利益主体中起桥梁作用，也是德国双元制教育的鲜明特色之一。在德国，行业协会具备公法人的地位[1]，某种意义上代表着一定的政府权威。行业协会核心主体作用的形成有一定的历史原因。德国政治自由主义的实施比法国要温和许多，19世纪下半叶，德国政府采取与法国严格控制法人团体完全不同的做法，鼓励"公会"的建立，以促进共同的工业利益。这种代表行业利益的自组织受国家支持，发挥咨询、协调等功能，协助国家和政府提供公共服务。以19世纪30年代为界点，"公会"与"商会"两种模式合并为一种模式——普鲁士商会，既代表经济利益，也发挥咨询作用，成为德国公法自组织的典型代表，在欧洲一枝独秀。这种特殊的组织安排对德国的职业教育发展影响深远。

除了历史制度的沿袭积淀，职业教育中行业协会与政府、企业等主体间的强社会伙伴关系与角色布局的形成还和本国的意识形态有关。在意识形态方面，政府与行业协会等第三部门

---

[1] 邓志军，李艳兰. 论德国行业协会参与职业教育的途径和特点 [J]. 中国职业技术教育，2010 (19)：60-64. 郑春荣. 德国商会与协会制度的若干经验 [J]. 德国研究，2001 (01)：38-41、77.

之间的张力还受法团主义的影响。德国法团主义作为一种意识形态和治理理念发端于19世纪，先锋代表人物之一是菲利普·施密特，他复活了法团主义的概念。他认为，"典型的法团主义由一些组织化的功能单位构成，它们被组合进一个有明确责任（义务）的、数量限定的、非竞争性的、有层级秩序的、功能分化的结构安排之中。它得到国家的认可（如果不是由国家建立的话），并被授予本领域内的绝对代表地位。作为交换，它们在需求表达、领袖选择、组织支持等方面受到国家的相对控制"[1]。国家法团主义赋予行使公共职能的社会组织实体以合法性，通过授权交托部分公权力职能获得对该组织的控制权[2]。

在英国，制度设有专门机构学徒协会（Institute for Apprenticeships），是英国现代学徒制体系中一个非常重要的公共机构，承担多项职能。学徒协会是一个非部署公共机构（non-departmental public body）[3]。在英国，承担公共职能的实体除了政府部门，还有大量受政府委托的非部署公共机构。在这种独特的组织制度背景下，政府部门与非部署公共机构间保持一定的联结，公共机构在行使公共职能的同时也享有较大程度的自主权（如人事权自主），但同时向主管机构负责[4]。学徒协会作为英国学

---

[1] 张静. 法团主义 [M]. 北京：中国社会科学出版社, 1998：24.
[2] 吴建平. 理解法团主义——兼论其在中国国家与社会关系研究中的适用性 [J]. 社会学研究, 2012, 27（01）：174-198、245-246.
[3] 英国教育部：《学徒协会》. Department of Education. Institute for Apprenticeships [EB/OL]. (2016-04-21) [2018-06-08]. https://www.gov.uk/government/organisations/institute-for-apprenticeships.
[4] 刘新凯, 闫冬. 英国事业单位法律管理制度研究——以非部属公共机构为例 [J]. 人民论坛, 2013 (20)：246-247.

徒制运行的专门负责机构，承担的相应公共管理职能包括多个方面，如标准制定、质量评估、咨询等功能，其主管部门是英国教育部。教育部通过参与并主导机构董事会的方式实现对机构的主导性干预[①]。

英国政府对机构的弱管制和"远程操作"与20世纪80年代新公共管理运动的兴起密不可分。新公共管理运动也被称为"政府再造运动"，本质上是在政府与市场、公平与效率间的一种博弈与权衡，目的是公共服务效率和有效性的提升。市场机制在公共服务提供中发挥作用，如利用竞争机制来完成公共事务管理社会化的推进。政府通过公共服务购买的方式将一部分教育、医疗等国家职能交由市场，借由市场的配置功能更高效地提供公共服务[②]。因此，对政府公共服务力有未逮的正视、政府再造运动的盛行共同促使英国公共事务管理市场化的不断深入，政府力量与市场、社会组织的力量之间在博弈中协作。

在美国，各协会在保护生涯与技术教育学习者的权益方面扮演着不可小觑的角色，通过与教育部，生涯、技术与成人教育办公室等官方机构的密切互动与合作，发挥着十分重要的作用。某种程度上，社会组织的蓬勃发展与积极参与塑造了业本

---

① 英国教育部：《学徒协会》。Department of Education. Institute for Apprenticeships [EB/OL]. (2016-04-21) [2018-06-08]. https：//www.gov.uk/government/organisations/institute-for-apprenticeships.

② 朱贺玲，袁本涛.新公共管理及其对大学治理的影响——德、英、美三国的经验 [J]. 中国高教研究，2018（03）：24-30.

学习在美国的基本面貌，影响着美国教育的公共决策进程[1]。以美国未来农业家协会（Future Farmers of America，FFA）为例，在美国生涯与技术教育规制体系中，FFA发挥着重要的能动作用。作为培养青少年农业职业技能的专业非营利性公益组织，FFA不仅在行业内发挥着重要的培训与监督职能，在生涯与技术教育领域亦是自治先驱。FFA共有六百多万学生成员加入其中[2]，规模可见一斑。美国有坚实的公民自治基础，在生涯与技术教育领域，有相当数量的非政府组织等公民自组织在背后承担治理职能，如美国生涯与技术教育协会（ACTE），美国未来商业领导者组织（FBLA），美国商业专家联合会（BPA），美国家庭、职业与社会领导者组织（FCCLA），未来教育者联合会（TEA），美国技术产业协会（Skills USA）等。这些非政府组织参与职业教育管理公共事务并发挥重要作用，且不断地自我更新完善。

美国发达的社会组织与其社会治理传统和公共精神有很大关系。美国公民在重视个人自由的基础上亦强调个体间的融合，尊重个体参与公共事务的权利。个体间横向"结盟"，参与公共生活。美国地方自治和结社艺术的社会实践背后是美国人公共

---

[1] 瑞林：《美国高等教育政策中的业本学习》。Raelin J A. Work-based Learning in US Higher Education Policy [J]. Higher Education, Skills and Work-based Learning, 2010, 1 (1): 10-15.

[2] 美国未来农民协会：《关于美国未来农民协会的信息》。National FFA Organization.. About FFA [EB/OL]. (2009-10-09) [2018-09-12]. https://ffatest.ffa.org/about/.

精神的民族性格①。托克维尔关于美国社会的整体观察揭示了公共精神的内涵,即"每个人都通过自己的活动积极参加社会的管理","每个人都在社会管理中发挥积极作用"②。如同契约精神,公共精神也已经深深地植入了美国的国民性格。2016年,在美国产生较大影响的哈佛大学研究生工会事件就是一个很好的例证③,再次证明了学生组织等在美国公共事务决策及个体权利保护中的重要作用。

由上述各主体在本国业本学习中发挥的不同作用可以看出,各国在政府与市场间分担部分公共职能的核心组织实体可能会有名称、组织形态、功能性质上的不同,政府与社会力量的关系也与一国独特的政治、历史、文化等制度背景密不可分,是长期社会实践和历史积淀的结果。但不可否认的是,社会组织在业本学习制度中发挥了重要的公共或准公共物品提供、协调、

---

① 丁世林. 论公共精神的习得——以托克维尔《论美国的民主》为中心的分析[J]. 中共南京市委党校学报, 2016 (01): 78-84.

② [法] 托克维尔. 论美国的民主 [M]. 董果良译. 北京: 商务印书馆, 1988: 270.

③ 一直以来,低收入都是普遍存在于哈佛大学研究生院的现实问题,这也是研究生院成立工会的主要原因。2016年11月,哈佛大学的研究生助教、助研曾就是否成立工会举行过一次投票,但在那次投票中,哈佛大学校方将大量原本有投票资格的研究生遗漏在投票名单之外。因此,美国全国劳动关系委员会(National Labor Relations Board)在2017年裁定,投票应重新举行。最终全体研究生雇员投票决定成立工会。在工会成立后,工会成员立即成立了集体协商委员会,与校方就工资待遇、医疗福利等方面展开了协商。就全美范围来看,成立研究生工会的高校,各方面劳动权益均得到了一定程度的提高和改善。以康涅狄格大学为例,在扣除工会会费后,三年中研究生实得薪水一共增长了8.08%。对于研究生群体来说,学校既是其学习的场所,亦是其工作的场所,因此其与工作单位存在的依附性也更加紧密,这也是"学习者"群体普遍存在的特点,使"学习者"个体与用人单位处于不平等的地位。因此,在美国集体协商日趋式微的大背景下,其对于"学习者"群体依然具有极大的作用。

辅助、监管、维权等功能，是学习者教育、劳动权利保障和维护的重要行动力量。

三、通过综合机制来实现自由与管制间的平衡

制度设计在秩序、自由、效率、公平的价值追求之间必然无法兼得，制度的构建亦必然有所侧重。纵观各国的历史，国家管控与市场自由在博弈间拉锯摇摆，根据本国的制度传统和即时的社会客观条件与发展需要动态调整、有所侧重。市场虽然在资源配置与各行动主体间利益诉求的协调上起基础作用[1]，但自身无法克服市场失灵的缺陷，国家的干预必不可少。业本学习制度涉及多方行动主体，充斥着复杂的权利义务关系与利益冲突。

"国家干预"最早由经济学领域的学者提出，而后被其他学科移植并使用，从而成为学科间的共同概念而被广泛使用。"干预"一词的内涵是十分丰富的，包含协调、调控、调节、调制、管理等多项内容[2]。针对业本学习者的权利保护，国家的干预具有天然的正当性。首先，学习者的权利涵盖教育权和劳动权双重要素，涉及教育法和劳动法等不同法律部门。教育法与劳动法作为部门法，其共性在于调整的社会关系的不对称性。无论是受教育者还是劳动者，都处于权利关系的弱势地位。教育法强调国家教育资源的公平分配，劳动法旨在改善劳资双方主体

---

[1] 李俊. 德国职业培训市场的分析——兼谈对我国现代学徒制建设的启示 [J]. 德国研究, 2015, 30 (04): 109-120, 144.

[2] 李昌麒. 论经济法语境中的国家干预 [J]. 重庆大学学报（社会科学版）, 2008 (04): 85-92.

博弈中劳动者的不利地位。面对市场失灵，社会公共利益的维护和权利主体的权益保护都需要国家的外力干预才能实现。其次，在理想情况下，学习者的教育性权利包含教育质量保障请求权、平等权、获得评价证书权、获得资助权、知情权等权利；学习者的劳动性权利包含工资权、集体协商权、劳动安全与卫生权、争议解决与权利救济等实体性和程序性权利。纵观权利束的权利种类可以发现，学习者享有的权利都是请求权，对应的义务主体很多情况下都是国家。也就是说，业本学习者的权利构成以请求权为主，需要国家履行给付义务以实现权利的受益权功能。单凭市场的资源配置功能不足以调动相关利益主体，尤其是企业作为市场理性人的积极性，也不足以实现对正义的重新分配，无法有效避免过度自由导致的社会问题。因此，要实现教育培训资源的公平合理分配，维护市场竞争并对市场主体进行适应性干预，调动企业等利益主体参与的积极性，国家的积极作为和干预介入是题中之义。

国家干预的手段类型多种多样，其分类方式亦有所不同，既有刚性干预与柔性干预之分[1]，又有经济干预与行政干预之别。刚性干预如国家通过立法、强制性行政命令介入市场活动，柔性干预如国家通过行政指导的方式对市场主体进行鼓励、引导。行政干预更加强势直接，经济干预更加委婉间接[2]。

企业的行动逻辑是业本项目的运行主线之一。培训岗位的

---

[1] 薛克鹏. 国家干预的法律分析 [J]. 法学家, 2005 (02): 87-95.
[2] 吴双. 国家干预中经济手段与行政手段的比较 [J]. 经济研究导刊, 2016 (04): 195-196.

提供、实习学生的管理、工作场所中的实践指导都离不开企业能动性的发挥。企业主接受学徒和实习生的动力遵循市场运作的基本规律。雇主对于参与开展教育培训服务的态度通常在消极与能动之间徘徊，主要基于两个方面的原因：成本和收益。成本方面，学徒工资的提高会使企业丧失接受学徒的积极性甚至是不堪重负；收益方面，并不仅仅限于接受和培养学徒能够带来的直接经济利益，学徒的质量是雇主关注的焦点。因此，一方面，学徒培训的期限过长、效率过低、质量欠佳等因素都会令企业主丧失对接受和培养学徒的动机和热情[1]。但另一方面，学徒制对于雇主又有着一定的吸引力，学徒是廉价劳动力的重要来源[2]，且由紧密的师徒关系完成的技能传承使得学徒通常对师傅及企业具有一定的人身和情感的依附性。

对于业本学习者在工作场所的权利保护，国家干预需要通过作用于企业而间接传导惠及学习者个人。干预手段主要包括刚性干预和柔性干预。刚性干预如通过立法、行政命令等方式重新安排主体间的权利义务，再次分配资源与正义，调和个人利益与公共利益。柔性干预如通过行政指导、税收优惠、财政资助等诱导鼓励性干预方式，最大限度地调动目标主体的积极性。立法等强制性干预是各国采取的较为常见的干预手段。以业本学习者工作场所的权利保护为例，鉴于雇用和教育培训双方地位的不对等和法律关系的不对称性，法律和政策命令通过

---

[1] 吴雪萍. 国际职业技术教育研究 [M]. 杭州：浙江大学出版社，2004：5.
[2] 翟海魂. 发达国家职业技术教育历史演进 [M]. 上海：上海教育出版社，2008：12.

调整企业和学习者在工作场所实践中的权利义务，对企业课以一定的义务，使学习者享受某些权利和待遇，从而将干预的最终效果传导给学习者个人。对于学习者人身性权利和财产性权利的保护，法律可以通过不同的进路进行干预，如对工作场所劳动安全条件等劳动基准问题进行立法规范、将学习者纳入工伤保险等社保范围、前置劳动关系的强制性建立等[1]。

观察三个国家的相关实践，各国针对企业的干预方式形式有别，各有侧重，或鼓励，或协调，或保守，或能动。

（一）英国：温和的管制路线

对于如何通过法律和政策制度的调整来实现学徒制各主体间合作机制的引导和规范，英国也经历了自由放任——政府干预——企业起主导作用的过程。作为老牌资本主义国家，英国却是在德国双元制的基础上发展了带有本国特色的现代学徒制。在现代学徒制复兴伊始，政府对职业教育的态度在自由主义传统和精英教育观的影响下相对消极，企业对学徒培训学习的责任也相对较弱[2]。但是随着对技能人才需求度的提高以及对通过人力资源发展促进经济改善的渴求，尤其是在2009年《学徒制、技能、儿童与学习法案》颁布后，国家的态度发生了转变，政府对职业教育培训开始进行干预。由此，形成了以企业为主导、国家间接辅助干预的学徒制运行机制。英国学徒制的相关

---

[1] ［德］沃尔夫冈·多依布勒，何旺翔. 德国劳动法的基本架构及其在全球化影响下的发展前景［J］. 中德法学论坛，2006（00）：98-105.

[2] 戴辛格：《学徒制背后的文化模式：德国与英国》。Deißinger T. Cultural Patterns Underlying Apprenticeship: Germany and the UK［J］. Peter Lang, 2008：34-55.

主体结构是一个由单一走向多元的过程。以企业为主导的学徒制运行模式既是一项理性选择，也是长期制度变迁和积淀的结果。一方面是因为英国产业结构的升级和社会分工的细化；另一方面也与全球化浪潮的席卷和治理理念的发展密切相关。各利益相关主体之间的平等协商、积极合作和有效协同直接决定了学徒制的进展状态和实施成效。

英国政府笃信只有企业最了解学习者真正需要的实践技能，企业应参与行政管理、标准制定、事务决策。国家的制度设计并没有以直接对企业课以学徒培训义务的方式对企业加以控制，而是选择以间接的经济杠杆的使用为引导，将企业拉向学徒培训项目运行的中心。为此，政府"刚柔并济"地采取培训税制度和培训券制度。为了提高企业招收学徒的积极性，创造足够的学徒岗位，英国政府效仿丹麦、法国，引入并完善了培训税制度。培训税—拨款制度早已在《产业训练法》中得以确立。随着现代学徒制度的不断调整改进，英国政府也于2017年对学徒培训税制度进行了完善更新。行业培训征税是英国《2007年继续教育与培训法案》的构成部分之一。制度设计同时兼顾大、中、小企业的利益，纳税对象范围仅限于年收入较高的部分企业，企业获得的拨款一般高于纳税额。培训税制度实际上是政府对职业教育培训的一种政策性干预，以成本分担为原则，试图通过经济杠杆的作用提升企业接受学徒的积极性，为学徒制的发展和改革提供一个强大、可靠、可持续发展的基础①。除了对企业征收培训税，政府还采取了相对柔和的培训券制度，对企业发放培训券，支付循环的末端可向英国技能基金处（Skills Funding Agency，SFA）兑现，间接惠及学徒。该制度给予了企业在培训服务上完全的主导权，既吸引企业参与、提高其自觉性和积极性，又审慎地将教育培训的主导权交给市场，充分发挥市场的资源配置调节作用，惠及学习者个人。

（二）德国：强势的政府干预

在德国，培训服务市场是协调学徒制各培训参与方利益的重要手段，是实现学生到学徒身份转换的重要途径②。企业对学徒培训高参与度的形成既有内因，也有外因。德国企业拥有重视人力资源的优良传统，雇主与员工之间高度忠诚，施行"高福利"的劳工政策，鼓励员工终身学习。德国学徒制教育以企业投入为主，企业支出大量成本提供场地、设备，支付学习者工资和社保等费用，亲自进行或委托实训教师进行培训。其内在驱动力是参加学徒培训能够提供用工选择平台，满足自身保持市场竞争优势、对高水平劳动力的强劲需求，并且符合"成本—收益"的考量。学徒工的工资一般是低于正式员工的，概因培训学徒的企业需要在人力、物力方面支付不菲的成本。降低学徒劳动力的商品价值以提高企业提供学徒岗位的积极性是

---

① 英国政府．《英国学徒制：2020年愿景》．HM Government. English Apprenticeship: Our 2020 Vision [EB/OL]．(2015-12-07) [2018-06-08]．https://www.gov.uk/government/publications/apprenticeships-in-england-vision-for-2020.

② 关晶，石伟平．西方现代学徒制的特征及启示 [J]．职业技术教育，2011，32(31)：77-83.

一项理性的选择。此为企业参与学徒培训的内因，是符合市场经济一般规律和企业"理性人"假设的。

除了上述内因，政府的干预是企业参与学徒培训的强大外因。在德国，参与职业教育对企业而言既是一项荣誉，亦是一项义务。参与培训需要主管部门的认可和审批，不是所有企业都有资格成为学徒培训服务的提供者，为学徒提供培训岗位某种程度上代表了国家和行业对该企业的肯定。国家以公权力逐级授权下放的方式层层传导至企业，对其加以间接约束，形成强大的外部推动力。对于强劲外部动力的来源，有学者认为德国企业的参与源于国家法律规定的强制效力，亦有学者认为企业与双元制相互依赖的共生关系在起主要作用，以企业业务过程导向的组织结构为支撑[①]，企业的社会责任也是其参与学徒培训的推动力之一[②]。

社会权力，特别是市场程序的自我规范很难有效运作，公共福祉与社会正义的实现需要更高层级强制力的规范、疏导与协调[③]。德国国家干预的重要手段之一是立法干预。德国不仅将企业参与学徒培训的相关义务纳入法律框架，对于违反相关义务的罚则也规定得十分具体，可操作性极强[④]。诚然，德国的法

[①] 陈德泉. 德国双元制职业教育的重新审视[J]. 中国高教研究, 2016 (02): 92-96.

[②] 李俊. 德国职业教育的想象、现实与启示——再论德国职业教育发展的社会原因[J]. 外国教育研究, 2016, 43 (08): 14-27.

[③] [德] 齐佩利乌斯. 德国国家学[M]. 赵宏译. 北京: 法律出版社, 2011: 308.

[④] 杨红荃, 崔琳. 法制视域下德美日三国职业教育校企合作模式探析[J]. 教育与职业, 2016 (06): 20-24.

律、行政命令、公权力的行使对企业形成了强大的外部推动力，企业也有高度服从的文化传统，但实际上，德国企业参与职业教育也并非全凭自觉，国家对企业的干预也并非一味"施压"。国家针对企业的干预手段亦是多元化的，既有法律手段，也有经济手段，既有刚性的惩罚性干预，也有柔性的鼓励性引导。除了靠强制性行政命令来令企业服从和妥协，也会采取税收和补贴等措施对企业进行政策性引导[1]。税收政策包含两个方面，即对不参与职业教育培训企业的惩罚性税款征收[2]，以及对积极参与企业的奖励性税收减免[3]。直接性的财政补贴是政府的另一种有效干预手段，德国联邦设立中央基金，以资金池的方式为企业提供补助[4]。同时，政府也建立了行会组织，发挥其强大的组织协调能力，对企业强势介入，将政府的强制力通过行业协会的影响间接传导至企业。

因此，德国政府对企业主体的干预手段并非单一化的命令式主导，而是结合多种措施，各行动主体间共生依赖、相互促进，形成有效的联动。国家秉持市场自由与社会平等相结合的态度[5]，但对公共价值的追求始终为主线。

---

[1] 刘春生，柴彦辉. 德国与日本企业参与职业教育态度的变迁及对我国产教结合的启示 [J]. 比较教育研究，2005 (07)：73-78.

[2] 党洁. 欧洲一体化形势下德国双元制发展趋势——访教育部职教中心研究所德国顾问君德·瓦格纳博士 [J]. 职业技术教育，2002，23 (15)：58-62.

[3] 罗丹. 德国企业参与职业教育的动力机制研究——基于"双元制"职业教育模式的分析 [J]. 职业技术教育，2012，33 (34)：84-88.

[4] 高佳. 德国企业参与职业教育的内在动力研究 [J]. 外国中小学教育，2011 (08)：16-18.

[5] [德] 迪特里希·狄克特曼，[德] 维克多·威尔佩特·皮尔，魏华. 德国社会市场经济：基础、功能、限制 [J]. 德国研究，2001 (02)：49-54+80.

(三) 美国：对市场高度依赖

对于行动主体的国家干预，美国亦是采取多项宏观调控政策，提高企业参与职业教育、提供实习岗位的积极性。国家既动用常规的立法手段，也采取经济政策进行支持。1963年美国《职业教育法》确立了企业在职业教育中的主体作用，并明确了各州提供财政资助的义务[1]。在美国，在对市场高度信任的同时也不可避免地要面对"市场失灵"所带来的副作用，企业在提供实习岗位、培养管理实习学生的问题上亦不可避免地存在某些追逐短时利益的短视行为，如将学生作为廉价劳动力以弥补企业暂时的劳动力短缺、对于高昂的培训成本望而却步、逃避培养实习生的社会责任等[2]。此时，需要国家的"有形之手"进行强有力的干预，弥补市场的不足。对此，美国以法律或行政命令、行政指导的形式强化了企业在学习者实习岗位提供方面的主体地位。法律规定各州有支持企业参与职业教育、提供财政资助的义务[3]，具体的政策由各州根据本州实际情况酌情规定，力图实现区域劳动力市场的对接。国家通过立法保护和经济杠杆调控，如税收优惠政策、财政补贴，减轻企业在学生管理中的法律责任等措施手段[4]，尽可能打消企业顾虑，为企业提

---

[1] 杨红荃，崔琳．法制视域下德美日三国职业教育校企合作模式探析［J］．教育与职业，2016（06）：20-24．

[2] 张凤娟，陈龙根，罗永彬．美国企业参与职业教育的动机与障碍探析［J］．比较教育研究，2008（05）：86-90．

[3] 杨红荃，崔琳．法制视域下德美日三国职业教育校企合作模式探析［J］．教育与职业，2016（06）：20-24．

[4] 张凤娟，陈龙根，罗永彬．美国企业参与职业教育的动机与障碍探析［J］．比较教育研究，2008（05）：86-90．

供直接或间接的制度支持，创造企业参与的友好环境。

对于教育培训服务的提供，美国对市场高度依赖，但并非绝对的自由放任，而是市场自由与政府管制共存，国家外部干预与市场自我调节并举。学习者作为行动主体与企业的互动和利益的协调展现出一定的市场依赖性，市场运作的手段充分运用于教育服务提供。价格机制、标准化设计、绩效考量均体现了市场资源配置在职业教育培训中作用的发挥[1]。除此之外，美国教育培训服务的市场性还体现在竞争性拨款与非强制性劳动关系建立两个方面。首先，联邦职业教育法案以向教育服务提供主体拨款的方式影响、引导各行动主体，各州通过"竞标"的方式获得联邦"青睐"、争取款项的拨付。因此，州与州之间属于教育培训服务市场的竞争关系，采取市场化运作。其次，在劳动力供求方面，美国更加自由化，也更依赖市场。这体现在对于劳动关系建立的充分的意思自治上，实习生与雇主间是否正式建立劳动关系取决于双方是否达成合意并签订合同，法律并不强制雇主与实习生建立劳动关系。

综合三国的制度实践情况可以看出：首先，市场在业本学习者权利保护中的作用可善可恶。一方面，市场的资源配置能力与效率可以增强职业教育培训的灵活性与多样性，满足对不同层次劳动力的需求，协调各行动主体的利益诉求表达。另一方面，各行动主体间权利义务关系复杂，利益诉求冲突凸显，企业追求短时利益而牺牲学习者权益的短视行为不可避免，市

---

[1] 冯孟. 美国职业教育国家制度的构建及其启示[J]. 职业教育研究，2015(01): 83-87.

场的负外部性带来的副作用需要国家干预。

其次，业本学习者权利保护体现了教育规则与经济规则的碰撞，呈现不完全市场属性。该不完全市场属性同时体现在企业的行动逻辑与学习者的权利议价逻辑中。对于企业而言，参与教育培训的动力一方面来自对劳动力短缺的填补，或对人力资源的获取以及其他"成本—收益"方面的考量；另一方面来自国家干预，企业脱离经济理性，作为履行企业社会责任的一部分，参与职业教育培训，为学习者提供实习岗位和培训指导。如在德国，企业所履行的教育培训责任是国家权威经由行业协会层层传递的结果，企业责任的行使同时也是肩负国家授权的表现。

对于学习者而言，学习者本身也是市场的交易主体，是培训服务市场的消费者。同时，学习者在工作场所的劳动力商品化，通过付出劳动力获取等价的报酬。报酬虽然低于一般员工，但财产利益的减损并非毫无缘由：一方面，遵循市场理性，学习者在技能水平上低于正式员工，为企业提供的服务有限，且企业需为学习者的教育培训支付大量人、财、物成本。另一方面，学习者对工资等财产权益的让渡是为了其他性质权利的获取。权利意图主要体现在劳动就业权和教育培训机会的获取两个方面。企业对学徒等实习者有一定的留用率，学习者对工资的让渡可以部分换取未来被留用就业的可能。同时，财产性权益的减损换取的是受教育权益的实现，学习者获得了参与真实工作场景实践、获得知识技能的机会。

最后，在国家干预企业参与职业教育培训服务的机制问题上，各国在干预手段选择上对市场的依赖程度不同，体现了国家在管制与自由天平间的价值取舍。德国与英国、美国采取的是不同的制度安排，德国的双元制倾向于强制性的行政命令模式，而英国和美国则更相信市场，以企业的自愿参与为机制运行前提[1]，美国处理国家与市场关系的自由放任主义特色最为突出[2]。无论是自上而下的行政命令推动，还是依托市场形成参与机制推进动力的倒置，不同制度安排的选择都与一国的经济、法律、文化、教育等已有制度环境情势密不可分。

四、制度设计通过利用已有制度资源进行调整

制度设计者的思维方式必然深受所处国度国民性格之影响，其特有的法律、教育文化传统形塑了权利保护制度的根骨。业本学习权利保护不仅涉及多元行动主体、包含多重制度逻辑，其制度设计与运行模式也扎根本土已有制度资源。

（一）权利保护的法律制度设计与法系及民族性格紧密相连

大陆法系与判例法系两大法系并存，不同法系国家法律的呈现方式也不同。大陆法系的法律主要以法典和法规的形式出现，而判例法系国家的法律则主要以法院判决的方式呈现[3]。大

---

[1] 瑞安：《英国的学徒制度：传统与创新》。Ryan P. Apprenticeship in Britain - tradition and innovation [J]. Berufliche Bildung zwischen nationaler Tradition und globaler Entwicklung, 2001: 133-157.

[2] [德] 彼得-克雷斯迪安·弥勒-格拉夫, 刘旭. 国家与市场关系的法治化——德国、欧共体以及美国思路的比较 [J]. 经济法论丛, 2010, 19 (02): 1-25.

[3] [法] 勒内·达维. 英国法与法国法：一种实质性的比较 [M]. 潘华仿, 高洪钧等译. 北京：清华大学出版社, 2002: 23.

陆法系国家和判例法系国家拥有迥然的法律性格，前者注重逻辑、体系严整，后者注重经验、灵活开放。这也体现在各国业本学习法律制度的构建之中。

观察学徒制的立法史就可以看出，英国对学徒权利的保护并非"始终如一、一以贯之"，而是"断断续续、出尔反尔"，直到2009年《学徒制、技能、儿童和学习法案》的颁布才首次完成了对学徒制的综合性立法[1]，令英国现代学徒制彻底摆脱了法律规定模糊、零散的尴尬。除了2009年《学徒制、技能、儿童和学习法案》，对学徒制的规定还散见于多项法案和政策指引当中，如2016年《企业法》（Enterprise Act）、《放权法》（Deregulation Act）、教育部《英格兰学徒标准规范》（Specification of Apprenticeship Standards for England）等。但有趣的是，关于学徒的法律在零散中又保持着一定的连续性，这与其本国的判例法模式密切相关。英国普通法由法院发展而来，呈现一种"开放性"的体系特征。"新的法律被设计出来，而旧法律的含义或被限制，或被扩大"[2]。英国颁布的法案通常是综合性、阶段性的规定，包含多项内容，对以往法案的修订占据了新法案的很大篇幅，或修改，或补充。形式上，英国法案的名称与其规定的内容并不绝对地一一对应，其内容具有继承性和连贯性。此时，学徒制立法在松散中又保持着前后内容上的连贯一致。

英国的法律发展具有持续性、渐进性、保守性等特征，很

---

[1] 关晶. 英国《学徒制、技能、儿童和学习法案》述评 [J]. 全球教育展望，2012，41（10）：68、76-80.

[2] [法] 勒内·达维. 英国法与法国法：一种实质性的比较 [M]. 潘华仿，高洪钧等译. 北京：清华大学出版社，2002：27-28.

多古老的法律文件至今仍保持效力①。除此之外，崇尚经验主义并习惯于"面对具体问题具体解决"的英国立法还呈现出片段化的特点。法律条文围绕特定社会问题或诉求松散地联结在一起，有学者将其称为"拼盘式"的非系统化立法方式，概因英国的立法者笃信经验、反对重复的逻辑推演的国民性格②。英国有悠久的判例法传统，信奉经验主义③，颇有"兵来将挡，水来土掩"，"船到桥头自然直"的乐观做派④。区别于德国对于抽象理论和规则的"迷恋"，英国更习惯于"就问题解决问题"，天然地将判例法作为本国的法律选择⑤。作为判例法国家，尽管英国现代法律也逐渐开始越来越多地融入成文法的元素，但相对于其他成文法国家，其立法体系化、整体化的法律规制起步较晚。相应的，关于学徒权利保护的法律规定也相对零散和碎片化，但同时又伴有成文化、体系化的趋势。

在对业本学习者的权利保护中，德国法律设计之精密、逻辑之严谨令人叹服。德国对于学习者与相关主体间法律关系的构建、权利义务的分配进行了细致而周到的规定，体系严整、臻于细节。在劳动法与教育法无缝链接的同时，各行动主体谨守法律课以的相关义务，遵从法律对权利义务的处分。严密的

---

① 何勤华. 英国法律发达史[M]. 北京：法律出版社，1999：66-70.
② 滕毅. 从英国民族性看英国法特征[J]. 比较法研究，2000（02）：219-223.
③ [英]帕克斯曼. 英国人[M]. 严维明译. 上海：上海译文出版社，2000：209.
④ [德]茨威格特，[德]克茨. 比较法总论[M]. 潘汉典，米健，高鸿钧等译. 贵阳：贵州人民出版社，1992：468.
⑤ [德]茨威格特，[德]克茨. 比较法总论[M]. 潘汉典，米健，高鸿钧等译. 贵阳：贵州人民出版社，1992：133.

法律设计、顺畅的法律运行和颇佳的制度适用效果与德国的法律传统和社会价值信仰有深厚的联系。首先，德国是大陆法国家，对事前的规则设定与体系化有着天然的追求。德国法发端于罗马法，是对罗马法形式和内涵的继受。法律设计深受优士丁尼《学说汇纂》的影响，强调概念的精确与体系的完整[①]。德国立法恪守逻辑的严谨、体系的严整，注重通过先验的权利义务的精细设定对规则进行创设。因此，业本学习的相关法律制度设计精致缜密，臻于细节且井然有序。其次，德国立法对于平等有着极致的追求与尊重，对个体权利无微不至地关照并强势保护。法律是确认国民基本权利的重要形式，体现一国社会的基本价值观。德国是一个对个体权利及其发展十分重视的国家，崇尚对个体的尊重和社会正义，始终秉持自由和社会正义之要义[②]。法律正是通过赋予公民权利以合法性来实现其正当性。一系列平等保护法案的颁布奠定了公民权利实现的制度框架，并且立法也在根据社会经济的发展对相关法律政策进行升级更新。德国一直遵循权利保护的最高标准，对超国家立法十分重视，国内立法努力与欧盟人权最高标准保持一致。德国的很多联邦法案都肩负着将欧盟框架性指令内化为国内法的任务，比如1996年颁布的《劳动保护法》，又如《贯彻落实职业安全卫生措施及鼓励职工安全与健康保护工作法案》等。其劳动保

---

① 谢冬慧．从民族性格看德国的潘德克顿法学［J］．法学评论，2015，33（02）：181-189.
② 欧洲职业培训发展中心：《德国职业教育与培训（简要介绍）》。Cedefop. Vocational Education and Training in Germany: Short Description [M]. Luxembourg: Publications Office, 2020.

护标准都竭力与国际劳动组织及欧盟相关立法的最高标准保持一致甚至更为严苛。最后，德国素来有守法的良好品性与传统。德国人忠于传统、信仰规则、崇尚服从，对法律的忠诚与绝对服从，对"秩序赛过生命"的坚守将德国近乎完美的法律设计不断延长，立法与守法互为支撑、相互成就。

（二）法律作为治理工具介入和保护的程度与本国制度传统紧密相关

法律对公民个人生活介入的态度决定了法律对个体权利保护干预的程度。通常情况下，法律干预越积极，立法、司法提供的权利保护框架就越完整，权利救济途径就越丰富。英国、德国、美国法律对介入公民生活的态度不一，这与本国相关制度传统和价值理念有着紧密的联系，从而也影响了学习者权利保护的广度与深度。

在英国，契约意识根深蒂固，法律对公民生活的介入比较保守。孟德斯鸠认为，英格兰是一国"自由的人民"，"他们的法律不为某一个人量身定制"，事实上，"彼此之间与其说为臣僚，毋宁说为盟友"[1]。在20世纪90年代以前，政府对学徒制的干预和介入基本保持克制的态度，在某些阶段甚至走向刻意的放任，也曾一度过于依赖市场而撤销了培训税制度。政府并不过分干预个人生活，社会行为规则运行模式反而较大程度地依赖于个体间自由缔结的契约。在契约文化盛行的英国，契约

---

[1] ［法］孟德斯鸠. 论法的精神（第1卷）[M]. 张雁深译. 北京：商务印书馆, 1961：307-314.

是社会建立稳定结构的基础，是人与人之间建立联结的行为准则。因此，在英国对业本学习者的权利保护制度中，横向信任的建立、合同文本的运用、集体协商效力的充分发挥以及学习者个体诉求的充分表达有较为突出的体现，国家的干预相对保守。

在德国，宪法的基本权利理论对于权利保护法律制度的运行模式与国家参与和义务的积极给付倾向产生了深远影响。法律对公民权利的实现积极介入。国家对公民的要求、需要和愿望可以通过法律的形式加以控制、干预和实现[1]。德国宪法规定的基本权利包含自由权和社会权两个面向，自由权的实现要求国家消极地不干预，主要体现为对权利的承认和尊重；社会权的实现则要求国家积极作为。传统上自由权和社会权分别对应了国家的消极义务和积极义务。消极义务是一种国家的不作为义务，即不干预公民的某项自由或避免公民遭受某种伤害；积极义务是指国家需要积极主动地作为向公民提供某种利益或服务，为公民权利的实现创造条件。国家有义务为公民基本权利的实现提供条件并为此作出努力。针对公民教育权利的实现，国家同时负有消极和积极两个面向的义务，以积极义务为主，消极义务为辅。消极义务如国家不得干涉公民选择教育的自由。大部分情况下，教育权的实现仰赖国家对积极义务的履行，如提供教育制度、对受教育者进行资助、提供公平的教育机会与条件等。也就是说，对于基本权利（如教育权），国家负有相应

---

[1] ［美］罗斯科·庞德. 通过法律的社会控制 [M]. 沈宗灵译. 北京：商务印书馆，2013：41.

的积极给付义务。该给付义务是指国家以作为的方式为公民提供某方面利益的义务[1]。同时,传统的基本权利中,"社会权—积极义务"和"自由权—消极义务"的一一对应关系随着制度的变革和社会生活形态的丰富开始交叠[2],一一对应的模式被打破,公民权利的自由权面向可以通过国家的积极作为实现,通常要求国家积极供给的社会权的某些方面也可以通过国家的不作为得以实现[3],形成了多层次、多领域的交叉互动。

几乎每一项教育权利都对应国家的义务。在德国,国家对公民基本权利的实现过程中,国家义务的履行具有强烈的给付冲动。受教育权作为德国宪法规定的一项重要基本权利,国家对其实现充分介入。为了实现个体权益,国家义务的给付内容体现在多个层次和多个方面。首先,国家构建并维护教育权利所仰赖的教育制度,如基础教育制度、高等教育制度等。其次,鉴于权利只有在一定的组织程序背景下才能实现[4],国家建立相关的组织运行机构来配合权利的实现,如建立专门的负责机构或监管委员会等。再次,程序的保障不可或缺,司法救济程序的提供是权利实现的最后救济途径,对职业教育的可诉性或替

---

[1] 张翔.基本权利的受益权功能与国家的给付义务——从基本权利分析框架的革新开始[J].中国法学,2006(01):21-36.
[2] 亨利·舒:《人权义务中的权力与美国外交政策》。Henry Shue, Rights in the Light of Duties in Human Rights and U. S. Foreign Policy [M], Peter G. Brown &Douglas Maclean (eds.), Lexington MA: Lexintong Books, 1979: 263-264.
[3] 张翔.基本权利的受益权功能与国家的给付义务——从基本权利分析框架的革新开始[J].中国法学,2006(01):21-36.
[4] 萨宾·米哈洛夫斯基:《德国宪法法律:保护公民自由》。Sabine Michalowski. German Constitutional Law: The Protect ion of Civil Liberties [M]. Ashgate Publishing Ltd and Darmouth Publishing Ltd, 1999: 77.

代性争议解决提供途径十分重要。最后，国家帮助处于生存弱势的群体实现其教育权益、维护教育公平，如向受教育者提供经济资助和财政扶助。整体上，德国法律体系秉持以《德国基本法》为核心的社会共同价值理念，个人权利被认为是"先于国家和高于国家的存在，法律要从保障基本权利中获得正当性"①。受此理念的影响，德国对通过法律制度构建实现公民基本权利有着天然的冲动，同时达到社会控制与促进公共福利的双重目的。

美国对于法律干预公民生活的态度是十分审慎的，"法非必须不干预公民正当自由"是美国司法裁判的基本立场。该立场的形成很大程度上来源于美国的法治精神及对正当程序的坚持。美国的法律十分强调"正当程序、既存原则的良好遵守"②。对正当程序的信奉是美国司法体系的一个重要特征。"正当程序"是拥有悠久历史渊源的法律短语，是一种古老的常识性的公平原则，也是任何公正制度的必要基础。所有公平的诉讼程序都需要包含对有关指控和证据的合理通知，并且提供申辩的机会，这是正义的基本和普遍前提。早在《汉谟拉比法典》中就有对无故被指控之人可以通过法律程序保护权利、恢复正义的规定，被后人奉为圭臬。在英美法律传统中，正当程序的要求早在1215年"大宪章"中就已被提及。"大宪章"禁止使用政府权力来惩罚任何人，"不会否认或推迟任何人的正义"。这些理念

---

① 张翔. 基本权利的双重性质 [J]. 法学研究，2005 (03)：21-36.
② [美] 格兰特·吉尔莫. 美国法的时代 [M]. 董春华译. 北京：法律出版社，2009：166.

通过"美国宪法"第五修正案而被纳入美国法律，该修正案规定，"非经正当程序，任何人不得被剥夺生命、自由或财产"。除了第五修正案，美国宪法第十四修正案第1款的重要内容也是关于正当程序的规定。同时，健全的法治体系使得美国的宪法性权利能够落地，得到落实和保障。程序正当包含实质性正当程序和程序性正当程序两个方面，前者主要针对隐私权保护，而后者主要指政府在保护公民人身财产权利过程中必须遵守相应的程序，如公民有申诉的权利，犯罪嫌疑人未经第三方审判不得被剥夺生命、财产的权利等。也就是说，法律与公民自由间有绝对界限，这在某种程度上催生造就了美国法律干预公民生活的审慎态度。因此，美国对于业本学习者的法律保护持相对保守的态度，对于雇主与学习者的权利义务分配并不进行过多干预，崇尚缔约自由，以平等自愿、意思自治的自由处分为主要衡平方式。

（三）权利保护的广度和深度深受本国法律、文化传统影响

以德国对学习者教育质量保障请求权的保护为例，该项权利的实现和落地与其独特的社会文化背景密不可分。德国人对"职业"有着自己独特的理解和诠释。"guilds"一词对于理解德国职业教育至关重要，"guilds"字面上是指职业。它与另外两个词汇——自我修养和美学智力，撑起了德意志意识形态的整个骨架。与职业密切相关的另一个概念是"buruf"。该词在其他欧洲各国语言中几乎没有一个对应的词汇。"buruf"上可以表达医生，下可以代表钢铁工人，同时还包括一些道德意涵，比如

指诚实、尊重，还可以指专家、大师。因此，职业教育作为一种教育路线在德国具有整体性价值和意义。"buruf"的概念体现了德国职业教育与培训的逻辑，学徒的培养不仅仅是知识的习得和技能的培养，更代表着学习者进入职业生涯和个人发展的途径，具有重要的社会化意义[1]。职业教育与普通国民教育紧密地联系在一起，本质上都是对人的全面培养，只不过侧重点有所不同。职业教育不仅注重真实工作场所技能的培养和提升，同时也强调理论学习对于工作实践的重要意义。

德国人之所以重视并肯定职业教育，注重人力资源培养、尊重人才的文化传统是重要原因。同时，职业教育人才培养本身的高水准又反向强化了该社会印象与文化传统。德国学者罗纳（Rauner）认为德国的职业教育是"为职业而教育"，并非简单地以获得职业资格证书、增进就业为目标，而是对人的全面培养，理论素养的提升亦是职业教育的重要部分[2]。双元制教育还重视公民个人素质的培养和学习能力的提升，以人的终身发展乃至经济、社会的发展为终极目标[3]。职业教育与国民教育融为一体，培养成果得到社会大众的认可也是题中之义。因此，特殊的教育文化背景在塑造国民权利意识的同时也影响了权利保护的广度和深度。

---

[1] 李俊.德国职业教育的想象、现实与启示——再论德国职业教育发展的社会原因[J].外国教育研究，2016，43（08）：14-27.

[2] 弗朗茨·劳纳：《职业教育：欧洲视角》．Rauner F. Berufliche Bildung-die europ ische Perspekive [C]．P Grollmann, G Sp ttle & F Rauner（Eds）Eupropisierung Beruflicher Bildung-eine Gestaltungsaufgabe, Hamburg, Lit Verlag, 2006：127-153.

[3] 陈德泉.德国双元制职业教育的重新审视[J].中国高教研究，2016（02）：92-96.

五、小结

三个国家对业本学习进行调整的方式充分结合了市场经济国家的制度传统和已有资源积淀。在权利和利益厘定方面，放手以市场的形式开展，尤其发挥集体谈判的作用和优势平衡各方利益。在规范业本学习活动之时，政府也并非以一己之力而为之，而是充分借助专业协会和社会组织形成合力。三个国家所运用的调整工具也是多样化的，彼此相互配合并达到保护和发展之间的平衡，确保对学习者的保护和行业性规制不成为业本学习发展的障碍，让市场动力推动业本学习模式强化和壮大。所有上述方式的落地都离不开对业本学习运行机理的深度认识和对其本土制度资源的充分利用，这也正是中国推行业本学习的重要维度。

第八章 英、德、美业本学习者权利保护制度对我国的启示

2022年4月，第十三届全国人民代表大会常务委员会第三十四次会议对《中华人民共和国职业教育法》进行了修订（以下简称《2022年职业教育法》），该法构建了全新的职业教育体系，其第5条明确规定"公民有依法接受职业教育的权利"，并通过一系列的规定细化了职业教育受教育者的权利内容和保障措施，为公民接受职业教育的权利提供了高位阶的法律依据与支持。《2022年职业教育法》将职业教育的立法层级进行了提升，依循我国《宪法》关于"国家鼓励集体经济组织、国家企业事业组织和其他社会力量依照法律规定举办各种教育事业"的规定。由此，以宪法为法律保障，职业教育权利的实现获得了更高的合法性基础，受教育主体有权依法参加职业教育并获得相关权利。

首先，在职业教育的地位上，《2022年职业教育法》将职业教育的立法层级从教育法和劳动法上升到了宪法层次，从法律地位上明确了职业教育和普通教育同等重要，直接依据国家根本大法的立法表达，增强了职业教育法地位的重要性和效力的权威性[1]。不仅如此，新法还明确提出"职业教育是与普通教育具有同等重要地位的教育类型，是国民教育体系和人力资源开发的重要组成部分，是培养多样化人才、传承技术技能、促进就业创业的重要途径"。这些规定不仅有利于打破社会对于职业教育和职校学生的刻板印象和成见偏见，也有利于缩小职业教育和普通教育在资源待遇上的差距和隔阂，为促进职业教育发

---

[1] 刘成杰.中国职业教育法的立法革新与实践进路论纲[J].华中师范大学学报（人文社会科学版），2023（62）：184-188.

其次,《2022年职业教育法》提升了职业教育的管理层次,实行"政府统筹、分级管理、地方为主、行业指导、校企合作、社会参与"的管理体制。国家建立职业教育工作协调机制,统筹规划全国的职业教育工作,各级政府也应把发展职业教育纳入国民经济和社会发展规划当中,并且要依赖社会力量的参与。长期以来,我国的职业教育包括三种类型:职业学校、技工院校和职业培训。《2022年职业教育法》大大拓宽了职业教育治理体系主体的范围和边界。职业学校由教育行政部门管理,而技工院校和职业培训则由人力资源社会保障部门管理。这样的划分导致技工院校和职业培训缺乏统筹管理[1],产生了很多问题和矛盾。新法将职业教育的统筹协调提升到国务院级别,有利于协调三者之间的矛盾,也可以让技工院校和职业培训得到更好的发展。这为提升职业教育治理体系的运行效率提供了重要的机制基础。

再次,《2022年职业教育法》对职业教育的内部和外部体系都进行了进一步完善性设计。在内部,建立职业教育的升学机制,形成初中、高级有效贯通,服务全民终身学习的现代职业教育体系,甚至将职业启蒙提前,鼓励普通中小学根据实际需要增加职业教育的教学内容;在外部,构建职业教育与普通教育的衔接机制,实行"学分银行"制度,促进和普通教育成果融通、互认。新法取消了"普职分流"的表述,改之以"普职

---

[1] 王思杰. 职业教育法的立法精神与规范体系[J]. 教育发展研究, 2023 (17): 25-32.

协调发展"的目标，同时明晰了多主体的权责关系①，在分轨的基础上促进普职融合发展。

与此同时，职业教育的培养方案也是建成高质量职业教育体系的重要组成部分，《2022年职业教育法》对于学校设立、培养方式、评价指标和教师培养等方面都作了更详细的安排。新法十分重视"产教融合"的理念，在办学上鼓励并支持有条件的企业单独或联合组办职业学校、职业培训机构；培养方式以校企联合培养为主，推行"学徒制"，以工学结合的方式对学生进行培养；教育评价突出就业导向，把受教育者的职业道德、技术技能水平、就业质量作为重要指标；教师培养除了注重理论知识的学习，还强调教师要有一定的实践经验，规定"产教融合型企业、规模以上企业应当安排一定比例的岗位，接纳职业学校、职业培训机构教师实践"。

最后，尤为重要的是，《2022年职业教育法》细分了权利主体，明晰了权责分配，丰富了权利内容。不仅规定了学生的相关权利，对教师等主体的权利内容也予以了明确。同时，进一步细化职业教育受教育主体的类型，规定"国家采取措施，组织各类转岗、再就业、失业人员以及特殊人群等接受各种形式的职业教育，扶持残疾人职业教育的发展"，对于不同年龄、不同阶段、不同类型、不同需求的受教育主体进行了较为全面的关照；划分了政府、企业、学校、社会力量的权责边界，重塑了各方主体的角色；对学生等职业教育的受教育主体的权利进

---

① 高洋. 规则重构与隐秘挑战：我国《职业教育法》修订的权益趋向与困境回应[J]. 清华大学教育研究，2023（44）：142-148.

行了进一步的设计，权利的内容和边界均获得了极大的拓展。例如，对就业平等、学生休息、安全保护、劳动报酬获取、知情权、接受职业技能指导、发展权（学业证书和职业技能等级证书相互融通制度）等多方面的权益保障进行了进一步的完善和细化。

以人为本，促进"人的发展"，《2022年职业教育法》关于立法目的的规定开宗明义："为了推动职业教育高质量发展，提高劳动者素质和技术技能水平，促进就业创业，建设教育强国、人力资源强国和技能型社会，推进社会主义现代化建设，根据宪法，制定本法"，"公民有依法接受职业教育的权利"，"职业学校学生的合法权益，受法律保护"。新法同时涵盖了职业教育受教育者的教育性权利和劳动性权利，对职业教育学生权利保护提供了全面设计。

在《2022年职业教育法》颁布后，国家也陆续出台了许多相关政策对新法进行补充和完善。在人才培养方面，中共中央办公厅、国务院办公厅于2022年10月印发了《关于加强新时代高技能人才队伍建设的意见》，提出到"十四五"时期末，高技能人才制度政策更加健全、培养体系更加完善、岗位使用更加合理、评价机制更加科学的要求；制定了"技能人才占就业人员的比例达到30%以上，高技能人才占技能人才的比例达到1/3，东部省份高技能人才占技能人才的比例达到35%"的目标；构建"八级工"职业技能等级（岗位）序列，使得技能人才评价机制更加完善。教育部办公厅等五部门也发布了《关于实施职业教育现场工程师专项培养计划的通知》。"专项培养计划"主要面向先进制造业、战略性新兴产业和现代服务业重点领域的人才紧缺技术岗位,通过汇总企业岗位需求,对接匹配职业教育优质资源,以中国特色学徒制为主要培养形式,多方合作培养一大批具备工匠精神,精操作、懂工艺、会管理、善协作、能创新的现场工程师,推进我国工程教育改革发展和职普融通,助力建成具有中国特色、世界水平的高水平工程师队伍。

在职业教育体系构建上,中共中央办公厅、国务院办公厅于2022年12月印发《关于深化现代职业教育体系建设改革的意见》,针对社会对于职业教育存在的刻板印象,强调坚持服务学生全面发展和经济社会发展,要求建立健全多形式衔接、多通道成长、可持续发展的梯度职业教育和培训体系,让不同禀赋和需要的学生能够多次选择、多样化成才。同时针对人才培养供给侧与产业需求侧匹配度不高等问题,提出打造市域产教联合体和行业产教融合共同体的制度设计,更加注重服务经济社会发展。

在政策实施方面,为统筹解决人才培养和产业发展"两张皮"的问题,推动产业需求更好融入人才培养全过程,教育部办公厅于2023年4月发布《关于开展市域产教联合体建设的通知》,提出以产业园区为基础,打造一批兼具人才培养、创新创业、促进产业经济高质量发展功能的市域产教联合体。国家发展改革委等部门于2023年6月印发的《职业教育产教融合赋能提升行动实施方案(2023—2025年)》对产教融合的实施进行了细化。该方案的目标是统筹推动教育和产业协调发展,创新搭建产教融合平台载体，接续推进产教融合建设试点，并提出"到 2025 年，国家产教融合试点城市达到 50 个左右。试点城市的突破和引领带动作用充分发挥，在全国建设培育 1 万家以上产教融合型企业"，让职业教育人才培养以产业需求为导向，用"金融+财政+土地+信用"的支持政策让职业教育产教融合真正成为产业发展的"助推器"。

同时，《2022 年职业教育法》仍然有可完善和细化的空间，职业教育学生权利保护的体制机制建设仍需要进一步的努力。首先，部门法之间的衔接融通需要进一步加强；其次，教育权与劳动权的保护还需要更为综合性的方案设计；再次，实体性权利与程序性权利保护亟待兼顾；最后，政府、学校、市场等各方利益主体和手段机制有待进一步整合。通过对业本学习权利保护制度的检视，其背后展现的是一国更深层次的政治、经济、文化和民情等社会要素。因此，不能超越我国的社会经济情势而采取拔苗助长式的粗暴借鉴，生硬地用另外一种看似完美的实践来取代当前的社会实践[①]。这就对制度设计者提出两大挑战：其一，具备本土思维。通过对英国、德国、美国三国的观察可以发现，一项社会问题的解决离不开制度设计等先决条件，应遵循"应对社会环境挑战—针对社会问题作出反应—产生制度性安排"的渐进过程。然而，任何所谓的先决条件都产生于独特的社会历史语境，会因为环境的异化而变质，因水土不服而偏离其真谛。一项社会问题能否解决在很大程度上取决

---

① 苏力．制度是如何形成的（增订版）[M]．北京：北京大学出版社，2007：8.

于特殊社会历史环境下（当时当地）的意识形态与组织资源的兼容性。问题的解决方式也不可被直接复制，经验的吸纳与整合需要在具体的社会环境条件下以有限的方式被使用。这就要求制度设计者具备制度设计的本土化思维，高度适应国情并在已有制度资源的基础上发展出具备适应性和绩效性的制度设计，实现与本国现有制度环境的有效嫁接。其二，具备宏观、全局思维。现实社会变动不居，其高度的复杂性要求制度设计者不能仅关注片段而忽略过程和整体。在制度运行过程中，参与互动的不同行动者遵从不同的行为逻辑，多重过程机制相互作用。在职业教育的制度设计中，国家对资源分配控制的逻辑、社会组织的行动逻辑、既得利益集团的行动逻辑、学校等教育教学机构的行动逻辑、市场的逻辑、企业主的行动逻辑、企业内部员工的行动逻辑同时作用，参与主体多元，充斥着复杂的权利义务关系。因此，必须针对我国的现实困扰作出总体性、综合性的制度安排。

国外相关法律政策的制定为我国职业教育学习者权利保护制度的构建提供了重要的逻辑依据与设计灵感。齐白石尝言："学我者生，似我者死"。对于他国经验，我们不仅要对其全貌进行扫描和理解，更要对其本质内核进行分析和审视。为此，我国业本学习者权利保护制度之改进要紧跟本国当时当地的社会情境，尊重制度文化土壤的特殊性，在本土资源的基础上结合他国在相应情境下的经验教训，准确定位权利保护制度框架的瓶颈与疏漏，并实现与其他相关机制体制的协同运作。具体应当做到以下几个方面。

一、法治先行，完善职业教育学习者权利保护立法体系

法治是治国理政的基本方式。《荀子·君道篇第十二》中载："法者，治之端也；君子者，法之原也。"作为治理工具的法律，是人类最为理性的制度发明之一。对业本学习者的权利保护，英、德、美三国都以立法保护为主要方式手段，发挥了重要作用。

在业本学习者权利保护制度语境中，业本学习被概念化为一种"交叠区域"，横跨教育领域与经济领域，需在以人为本的教育体系和以资质要求为基础的工作世界之间进行协调与弥合。这种区域间的交互叠加源于社会高度分化下、具备不同特定功能的社会子系统之间的有序互动。对于制度的创设者而言，这是在教育规则与经济规则间的一次苛刻而冒险的尝试。这种不同逻辑的交叠会引发一系列后续问题，这些后续问题存在于以人为本的教育制度和以经济理性为基础的公司理性之间，也存在于公司个体理性和社会整体理性之中。面对这种局部与局部、局部与整体的冲突，解决问题的钥匙在于提供一个能够平衡各方利益的制度安排——法律。

我国目前针对业本学习者的法律保护对象群体主要聚焦于职业教育实习生，相关法律政策主要包括《教育法》、《职业教育法》、《劳动法》、《劳动合同法》、《安全生产法》、《未成年人保护法》、《职业病防治法》、《工伤保险条例》、《国务院关于加快发展现代职业教育的决定》、《职业学校学生实习管理规定》等。整体上看，法律渊源较丰富且法律层级较高，横跨教育法

和劳动法两大部门法领域。《职业学校学生实习管理规定》针对性地对中高等职业学校学生的实习活动进行了规制。但仍存在进一步提升和完善的空间，例如，一方面，《2022年职业教育法》新增完善了法律责任的部分，在立法内容上更加完善。但同时，权利义务的分配与罚则还可进一步明确和细化，可操作性有待提高。郝铁川认为，我国法律规定过于原则化的原因很大程度上源自中国人的传统模糊思维方式，导致法律规定过于笼统[1]。除此之外，我国国情复杂、地方情势差异大，导致全国性立法很难针对某事项作出具体细致的规定，从而倾向于较为原则性、指导性的规定方式。另一方面，部门法之间割裂，教育法与劳动法之间出现断层。教育法在权利保护机制建构上亟待与其他部门法间的衔接、融合。例如，仅促进、鼓励、引导企业参与教育培训服务、提供实习岗位一项工作，就涉及《教育法》、《劳动法》、《劳动合同法》、《民法典》、《企业所得税法》、《税收征收管理法》、《对外贸易法》等多个法律部门和多项部门法。部门法间亟待协调贯通、形成合力。

因此，针对业本学习者权利的法律保护，立法环节需要处理好人大立法与部门立法的关系、法律与政策的关系、部门法之间的关系、中央与地方立法的关系。建议转变立法思路、结构、内容，推进立法转变，进一步明确法律关系主体间的权利义务分配，增加罚则；增强法律的可操作性，提高法律适用的实效性；注意部门法及规范间的贯通衔接，在已有法律相关规

---

[1] 郝铁川. 中华法系研究［M］. 上海：复旦大学出版社，1997：213-226.

定的基础上进一步延伸和细化、相互呼应，在协调一致的基础上互为补充，发挥法律制度的整体性功能。

二、调整教育权与劳动权保护配比，形成最优权利实现方案

从职业教育学习者权利结构的内部观察，其享有的权利包括人身性权利、财产性权利和教育性权利。通过观察分析他国相关经验可以发现，三种权利的保护比重是法律制度设计的核心，权利的配比公式需要在尊重已有传统法律实践的基础上，紧跟当下社会现实，选择一个最合理、最可行、权利保护效果最佳的方案。其中，不同权利之间的权利位阶客观存在[①]。各项权利的位置和排序是对法律制度设计者的一项挑战，涉及不同价值间的权衡和取舍。对于业本学习者而言，教育权的实现不应被忽视。受教育权的实现是整个业本学习过程的核心目标，人身权的保障是前提和基础，舍本逐末地过度追求财产性权利显然不能在法律的形式理性和实质理性间换取最大交换值。对此，建议调整人身性权利、财产性权利、教育性权利之间的保护比重，加强对学习者人身性权利的保护，适度放松财产权保护，提升教育性权利保护的质量。

（一）加强人身性权利保护

业本学习者年龄结构年轻化，大部分学习者都是未成年人，

---

① 张卓明等. 论权利冲突中的权利位阶——规范法学视角下的透析[J]. 浙江大学学报（人文社会科学版），2003（06）：6-14.

其身体和心理状况较为特殊，应获得足够的关注和保护。一般劳动者的劳动安全与卫生标准不足以对未成年学习者予以妥帖保护，应制定更为严苛的、适应未成年人身心发展特点的劳动标准，如足够的休息时间，合理的工间休息频率，适合学习者的工作环境标准（如对温度、湿度等指标的控制）等。另外，在保障学习者身体健康的同时，亦不可忽视其心理健康的维护，项目的管理者和负责人员应及时跟踪观察学习者的心理状态，并提供咨询、疏导等处理措施。

（二）适度放松财产性权利保护

对于学习者实习期间财产权的保护，应改变思路。具体而言，可从两个方面着手：一方面，给予财产权保护更大的自治空间。在实习协议签订的议价过程中，抛却"同工同酬"的"执念"，尊重当事人间的意思自治，在当事人平等、自愿的基础上，拓宽其议价的空间，如对于实习生最低工资标准的设定可以更为弹性，对于工资报酬的约定底线之判断可以不作为教育执法部门认定协议是否有效的硬性依据。另一方面，允许适度让渡一部分财产性利益以换取教育性权益。给予当事人更充分的议价空间和更灵活的最低报酬标准设计，允许其以部分财产性利益换取教育性权益。被让渡的财产性利益不是简单地分配给企业，而是换取更优的工作环境硬件支持和更充分、专业的工作实践指导。财产性权益的克减是为了教育权益的更好实现。

（三）提升教育性权利保护质量

业本学习是通过真实工作场景习得知识的过程，在"业本"

与"学习"间,前者是过程,后者是目标和结果。因此,不可本末倒置,忽视学习者受教育权实现的核心重要性。为此,建议从两个方面切入:一方面,调整人身、财产、教育性权利的比重,主观上应提升制度各行动主体对教育性权利的重视程度;另一方面,更加务实地为教育质量提升提供制度设计,从教育培训方案、工作实践安排、工作场所指导、实习成绩监督等多个环节同时入手,明确企业、学校在此方面的责任,令学习者的教育权利"落地"。

三、实体性权利与程序性权利保护并重,加强权利救济

没有救济就没有权利,程序正义是实现实质正义的前提和保障。实体性权利与程序性权利同等重要,应避免"重实体,轻程序",在完善学习者实体性权利保护的同时,应着重对其知情权、纠纷争议解决等程序性权利予以充分保障和救济。

(一)完善学习者实体性权利保护

对于学习者实体性权利的保护应从权利的广度和深度两个方面切入。观察学习者实体性权利谱系,主要涵盖教育性权利和劳动性权利,涉及学校端和企业端。从权利的性质看,同时涉及权利主体的人身性权利、财产性权利和教育性权利。总体上,我国已有的法律建制对教育权的保护范围较为广泛,对于学习者的教育质量、机会平等、获得资助、获得评价和证书等实体性权利都有所关照。但对于劳动性权利的保护相对缺乏抓手。目前,法律并没有规定学习者在实习中与雇主构成强制劳动关系,在发生劳动争议时,对是否按照劳动法提供的权利保

护和争议解决途径进行救济，各地的司法判决有所差异，标准不一。劳动权利的实现效果欠佳。

因此，建议进一步加强劳动性权利保护。如果不能一次性纳入劳动法框架，相关法律、规章应给予具体的回应性规定，部分纳入已有劳动法框架或提供其他托底规定。对于财产性权利，应在给予强制性、底线性规定的同时，给予当事人充分的自治议价空间。并且，财产性权利可以适当让渡，进一步加强人身性权利保护，以教育性权利作为核心目标。必须明确实习生的法律身份，建立劳动保护和权利的最低标准。在明确实习生的报酬、工作时间、休息时间和工作条件等方面的强制性最低标准的同时，完善法律的罚则部分，对于劳动相关争议的救济途径予以明确。同时，进一步拓展权利保护的深度，如借鉴英国，加大对特殊弱势群体的识别力度，对有学习障碍或其他不利情势的学习者进行特别关照。权利保护的深度与本国社会经济发展和立法技术的成长密切相关，可作为法律构建的长期目标。

(二) 重视学习者程序性权利保护，加强权利救济

学习者的程序性权利至关重要。目前，我国相关争议的诉讼通道并不顺畅，权利救济缺位。教育法本身就没有独立的诉讼程序规定，需要借助行政法已有诉讼通道迂回衔接，诉讼救济力有未逮。我国目前缺乏针对学习者的多元化纠纷解决方式，在不能确定正式劳动关系的前提下，劳动法提供的劳动仲裁、诉讼等劳动争议解决途径对学习者劳动权益的救济也"爱莫能助"。司法对教育纠纷的解决历来有保持"克制"的传统，教育

纠纷的可诉性也是一个充满争议的议题。因此，在司法保持消极审慎介入的情况下，替代性纠纷解决方式的供给就尤为重要。为此，建议扩展实习生争议纠纷解决的路径范围，对教育仲裁、劳动仲裁、复议、申诉等替代性纠纷解决机制进行探索，探寻教育纠纷并入劳动纠纷解决轨道的可能性；发挥相关主体制度创设的能动性，鼓励学校作为集体权益的维护者与企业合作，创新协调负责机构设置，如参考美国设置项目协调官等专门负责机构。

除了事后的争议解决作为权利救济的后置屏障，事前的规制预防也是保护学习者权利、提高权利救济效率的重要途径。签订实习协议，通过合同进行权利义务的预设分配能够为主体间潜在的争议提供解决方案和形式依托。实习协议的事前强制性签订是英国和德国学徒制共同的制度选择，我国《职业学校学生实习管理规定》也确立了"无协议、不实习"的原则。对于将来权利救济和争议解决的途径，在实习生暂时不能纳入劳动法律规制范围、完全接受其保护的情况下，学习者不享受已有的劳动争议解决途径（如劳动仲裁等），也很难通过学校的庇护获得维权（尤其是人身伤害权的维护）。通过合同走民事路径，借助合同争议的解决机制也不失为折中之道。这就要求合同的制定具备更高的技术性，对于权、责、利的界定更为清晰准确，主体间权利义务合理明确，并且对于违反义务的罚则有明确的规定。具体应当做到：

首先，对于实习合同的三方签订主体，合同的签订意味着主体间法律关系的正式确立，对权利义务的分配是法律关系的核心。因此在协议中，必须对各方主体的权、责、利予以相应明确。在处理学习者、学校、企业三方关系过程中，学习者本人也是关系结构的重要组成部分，也是权利的享有和义务的履行主体。一方面，学习者不再只是被动、消极地接受学校、企业的安排，而是享有权利议价的主动权，如对于劳动力价值与就业机会间的博弈与平衡取舍也应有发言权；另一方面，法律权利与义务一体两面，学习者在享有权利的同时也负有相应的义务，学习者有服从企业管理指导、完成教育培训计划的义务。建议赋予学生在合同签订过程中一定的决策权和合同内容确定上一定的发言权；学校在制定格式合同过程中应建立学生的发声机制，防止合同签订流于形式。

其次，学校的主体义务不可忽视，学校功能的积极发挥在学习者权利的保护中至关重要。实习的教育功能不能被忽视，学校应为学生实习提供良好的管理，以审慎科学的态度制定学生的实习方案（包括课程计划与评估方案），量化学习和评估目标，与企业联合对学习者进行指导，记录评估学生表现，保证学生工作场所知识和技能习得的质量。针对学生的劳动权，学校有对学生即将实习的企业进行尽职调查的义务，将学生和雇主相匹配，严格禁止将学生劳动力外包，并提供适当的安全培训。

最后，表面上看，学徒协议的签订涉及学习者、学校、企业三方主体，但作为在三方主体背后隐形的第四方主体，政府应当起到适当的推进和监督作用，不可缺位。对于实习协议的签订，政府教育部门和人力资源部门应起到对企业和学校的监督把关作用，建议采取实习合同的强制性备案制度。同时应增加底线性规定，确立学习者实习期间劳动保护的最低标准，并对企业的实习管理进行督导。

同时，合同的内容应当完整清晰。针对实习合同的具体内容，《职业学校学生实习管理规定》第 14 条明确规定："学生参加岗位实习前，职业学校、实习单位、学生三方必须以有关部门发布的实习协议示范文本为基础签订实习协议，并依法严格履行协议中有关条款。未按规定签订实习协议的，不得安排学生实习。"第 15 条对实习协议的内容作了规定，要求："实习协议应当明确各方的责任、权利和义务，协议约定的内容不得违反相关法律法规。实习协议应当包括但不限于以下内容：（一）各方基本信息；（二）实习的时间、地点、内容、要求与条件保障；（三）实习期间的食宿、工作时间和休息休假安排；（四）实习报酬及支付方式；（五）实习期间劳动保护和劳动安全、卫生、职业病危害防护条件；（六）责任保险与伤亡事故处理办法；（七）实习考核方式；（八）各方违约责任；（九）三方认为应当明确约定的其他事项。"可见，我国法律对于实习合同的前置性强制签订已经作出了安排，这对学习者的权利保护意义重大。但从立法技术的角度讲，仍有进一步提升改善的空间。

鉴于我国很多职业学校面临"实习难"的窘境，很多实习岗位的获得来自学校管理人的"人脉"，导致学校谈判地位较为被动，在合同制定过程中对于学生权利的保护很难保持强势和中立，很容易沦为"走程序，看形式"。因此，需要通过合同提前对权利义务分配作出更明确的规定。具体而言，首先，合同的内容范围应进一步完善、明确。建议增加约定实习生实习报酬的金额和支付方式、支付时间、违约赔偿的方案。其次,合同应明确学习者在企业实习过程中具体的工作时间及工间休息时间,提供劳动安全培训的具体方案。最后,实习岗位必须能够满足学习者的个人需要,与教育计划相关,能够提升学生的个人素质和工作技能,学习者能够获得充分的指导、适当的监督、及时的评价,确保达到预期学习目标。在实习过程中,学生获得及时充分的指导和监督至关重要,这不仅关系到学生受教育质量的高低,也关系到学习者自身的人身财产安全,涉及学习者受教育权和劳动权的双重保护。有学者曾经一针见血地指出:"教育政策的一个重要教训是:简单地把年轻人安置在工作场所并不能保证他们会学习。政策制定者更需要专注于学生对在工作场所学习活动的反思。"① 因此,如果学生对实习不满意并具备法定或约定的正当理由,应赋予学生辞岗并要求更换岗位以保证实习质量的权利。

四、以政府为制度引擎,正确处理政府、市场与社会力量间的关系

通过前文的观察可以发现,在英、德、美三国业本学习权利制度设计中,市场发挥重要的主体力量,工会、行业协会、非政府组织等社会力量各自扮演着重要的角色。而我国目前还

---

① 瑞林:《美国高等教育政策中的业本学习》。Raelin J A. Work-based Learning in US Higher Education Policy [J]. Higher Education, Skills and Work-based Learning, 2010, 1 (1): 10-15.

不具备相应的强有力的组织资源，组织基础欠缺。行业协会、非政府组织等社会组织能力相对比较薄弱，国家治理结构更倾向于自上而下的纵向信任，公民信服政府的权威，开明善治的政府是制度实施的主要推动力。因此，在对学习者权利保护制度的构建中，强势国家支配是制度运行的核心动力，政府应承担起制度设计和制度推动的重任，发挥核心引领作用，履行协调、管理、监督、保护职能。中央一级应牵头管理部门，划分职责，明确权责，解决多头管理、部门间隔阂等问题，协调相关部门通力合作，实现教育部门、人社部门、税务部门、市场监管部门、司法机构等不同部门的有效联动和资源整合。

但与此同时，政府的调控只是公共治理机制的一部分，在确立其主体地位的同时也不可忽视市场和社会力量在社会公共服务领域所发挥的重要作用。成功的公共治理离不开成熟的市场经济和发达的社会自治。"公共治理模式与其说是一种机制创新，不如说是一种机制综合。市场机制、社会自治机制和政府调控机制应充分协调发展，互补共治。"[1] 易言之，在国家、市场与社会之间，政府的另一重责任是善用市场机制，培育社会力量，建立适合中国国情的治理机制间的互动联结和动态平衡。市场和社会力量都是业本学习制度的有益调节主体，是学习者权利保护可调动的积极力量。政府扮演制度引擎角色，成为制度主要推动主体，市场和社会力量辅助协调，共同发挥作用，实现学习者方方面面的权利。

---

[1] 罗豪才，宋功德. 软法亦法：公共治理呼唤软法之治 [M]. 北京：法律出版社，2009：38-39.

(一) 尊重、善用市场

通过前文观察可以发现，英、德、美三国都选择不同程度地将一部分业本学习者的权利保护"任务"交给市场，令市场的竞争机制、价格机制、供求机制发挥调节和配置作用。2014年《国务院关于加快发展现代职业教育的决定》指出，"充分发挥市场机制作用，引导社会力量参与办学，扩大优质教育资源，激发学校发展活力，促进职业教育与社会需求紧密对接"。市场的作用是客观存在的，不可无视或盲目回避，市场应与政府合理分担职业教育发展的责任[1]。在学习者权利保护制度构建中，应遵从市场的基本规律，更好地利用市场资源配置功能，并通过政府宏观调控的"有形之手"对"市场失灵"加以克服。

要消除传统思维对市场的误解。逐利是市场主体的本能，"利"并不代表必然的"恶"，市场的这一特性客观存在。业本学习制度是柔性的教育规则与理性的经济规则的碰撞，市场是制度运行背景的重要部分，不可回避。必须重视并善加利用市场，纠正市场负外部性的同时加强鼓励引导，为学习者权益保护服务。对于权益保护，市场的优势在于其高效的资源配置能力和调节能力，劣势在于其无法克服自身的负外部性，无法自动自发地追求实现公共利益。因此，在对学习者权利保护制度的设计中，要对"亦正亦邪"的市场善加利用，扬其长、克其短。例如，在对学习者财产性权利的保护中，"廉价劳动力"通

---

[1] 冯孟. 美国职业教育国家制度的构建及其启示 [J]. 职业教育研究，2015 (01): 83-87.

常被赋予负面的含义。但实际上应该辩证地看待"廉价",消除对"廉价劳动力"的误解。对"廉价"的价值判断应是中性的。一方面,对低劳动力成本的追求是世界性的现象,不独发生在我国;另一方面,也源于企业逐利的本能,具备一定的实践理性。某种程度上,企业提供岗位招募实习生的动力之一是劳动力的缺乏,以实习生的短期劳动力供给填补岗位短缺是企业的客观动机。那么,对于权利保护制度的设计就要做好两个方面的工作:一方面,守住底线,防止企业对学生的过度压榨,确保学生基本的休息时间和人身安全保障,防止学生从事机械的、重复性的、无任何教育性的纯体力劳作;另一方面,针对工资报酬等财产性权益的实现,应适当交予市场,意思自治,自行议价,充分发挥市场资源配置、协调各方利益诉求的基础性作用,为学习者争取更有利的待遇条件。

必须明确的是,将一部分社会调节功能交给市场并不代表着放任,而是使市场机制发挥作用,通过市场的资源配置作用更好地实现学习者的相关权益。在教育培训服务市场中,劳动力供求机制、竞争机制、价格机制同时起作用。市场的主体不只有企业,学习者也是教育培训服务市场的交易主体,既是消费者也是权利的享有者。因此,尊重劳动力市场、培训市场的市场规律,法律在提供底线性规定的前提下,应适当审慎地将部分权利的调整交给市场,将对底线性规定以外更优厚的待遇条件的议价权交给市场主体,遵从民事主体间的自由意志表达,平等自愿,意思自治,使制度运行更具活力,实现长效发展。

(二) 注重政府与社会力量的联结与培养，多元主体发挥作用

在现代社会，社会治理机制是多元的。随着我国社会发生的深刻结构变革，公共事务管理逐渐社会化，行业协会等非营利组织在公共事务管理中发挥社会中介作用，在国家与市场主体之间建立起桥梁，促进二者间的协调弥合，集中利益表达，成为社会治理中不可忽视的重要力量。在我国，社会治理仰仗自上而下的纵向信任，政府起决定性影响作用，但同时亦不能忽略对其他社会主体的培养。尽管相关社会组织力量还相对较弱，但政府应有意着力对其进行培养，提供有益的制度环境，促进政府与其他社会力量之间的协调发展。

在业本学习权利保护制度中，我国相关社会组织在组织基础方面与德国较为相似。在德国职业教育体系运行中，法团主义理念促使国家重视对协会的控制与合作[①]。政府与社会组织间保持紧密的互动，公权力被部分下放，行业协会组织受托行使职能，发挥社会性组织的团体公共精神，帮助企业表达和实现自身利益与价值，成为政府与企业间的桥梁。我国政府与行业协会间的互动以公权力为纽带较为紧密地勾连在一起。传统上，我国行业协会一般挂靠于主管行政机关，政府与社会力量之间以公权力为纽带联结互动并以政府为主导，这具备一定的阶段性实践理性。2018 年年初，中共中央办公厅、国务院办公厅印

---

① 张华. 连接纽带抑或依附工具：转型时期中国行业协会研究文献评述 [J]. 社会，2015，35 (03): 221-240.

发《行业协会商会与行政机关脱钩总体方案》，改革传统的行政管理模式，赋予行业协会新的管理模式和发展动力。在明确政府权力边界的同时，为行业协会商会发挥政府与市场间协调弥合作用注入了新的活力，提供了更广阔的角色发挥空间。去行政化之后，行业协会商会独立运行，与政府间的互动关系更加开放、健康，职能发挥更加充分。我国行业众多，行业间差异较大，利益诉求和愿望表达各不相同，需要相应的发声和利益代理主体，行业协会等社会中介组织的利益代理作用不可忽视[1]。因此，可以通过行业协会以点带面，促进政府与企业间的沟通，形成聚力，为教育培训与人才培养提供更有活力的组织安排与制度供给。

针对业本学习权利保护，中国应生成符合中国本土国情的治理力量互动模式。政府需要逐渐将部分服务性职能释放给社会组织，充分发挥社会组织的力量[2]。在众多相关主体中，应重点培养和发挥行业协会在资源整合方面的优势。构建各方利益主体都能够接受的利益分配和激励机制，创造友好、有序的发展环境[3]。行业协会、企业组织、工会等主体统筹协调，合作共生，风险共担、利益共享，实现资源的有效整合与机制的协调运行发展，在政府、市场与社会之间形成精致平衡，实现国家

---

[1] 李俊. 德国职业培训市场的分析——兼谈对我国现代学徒制建设的启示[J]. 德国研究, 2015, 30 (04): 109-120、144.

[2] 张凤娟, 陈龙根, 罗永彬. 美国企业参与职业教育的动机与障碍探析[J]. 比较教育研究, 2008 (05): 86-90.

[3] 程宇. 市场与政府: 经济学视角下职业教育资源配置模式的博弈均衡[J]. 职业技术教育, 2013, 34 (34): 47-52.

和社会协同治理①。创造友好的政策环境，培育各方社会力量，各司其职，形成学习者权利保护的合力。

五、法律适度干预，多重手段合理兼顾

通过法律对业本学习者权利进行保护是英、德、美三国共同的制度首选，但却不是唯一选择。法律是社会治理手段的一种，但并非唯一手段，单凭法律一己之力"单兵作战"无法达到治理的最佳效果。

对于学习者的权利保护，法律手段的局限性主要体现在：首先，法律具有谦抑性，其触角不可能涵盖学习者社会生活的方方面面。其次，过度的法律干预会减损法律规定的实施效果。例如，如果政策违背市场规律，企业自身动力不足，消极违法的行为还是无法杜绝，法律的适应性和遵从度更是会大大降低。最后，法律权利的实现具有一定的渐进性。权利实现与一国经济所处的发展阶段有密切关系②，是市场经济与权利意识发展到一定阶段的产物。囿于资源的有限性，法定权利向实然权利的转换需要时间和资源的积累，不可冒进。因此，对于学习者的权利保护，法律既不能缺位，也需要审慎地介入。在法律是否干预、多大程度上干预的处理上，需要制度设计者精致的设计与平衡。例如，在参与实习学生的日常管理方面，法律对企业

---

① 俞可平. 重构社会秩序 走向官民共治 [J]. 国家行政学院学报，2012 (04)：4-5、127.

② 郝铁川. 权利实现的差序格局 [J]. 中国社会科学，2002 (05)：112-124、205-206.

课以的责任应保留一定限度。过重的学生管理责任会增加企业的日常运营成本，降低企业持续性提供实习岗位的积极性。减轻该方面的责任以打消企业顾虑、吸引企业参与培训也是别国已有的政策实践[①]。此时法律介入的技术需要进一步斟酌和考量。因此，干预手段的综合运用势在必行，应在以法律干预为主要手段工具的基础上，同时采取经济、政策、文化干预等不同干预手段，多重手段并重。

（一）精准、合理的经济手段

经济手段在实现学习者教育性、财产性权利方面发挥着重要作用，可通过直接或间接的方式为学习者争取更优厚的财产和教育待遇。经济手段的作用对象可以是企业，也可以直接针对学习者本人。针对受教育者，可以奖学金、助学金、培训费减免等方式予以干预。针对企业，为了引导、鼓励企业提供更多的实习岗位，建立企业参与的长效动力机制，可以同时采取专项资金拨付、税收优惠、征收培训税等措施。同时，经济手段的实施要综合考虑教育规则与经济规则，利用本土已有制度资源。针对我国特有的社会主义市场经济体制，国有企业占据国民经济主导地位，为创造就业起到不可替代的作用。在为学习者提供实习岗位的事宜上，国有企业应承担比私企更重的社会责任。促进就业是国家义务之一，国企作为国家资源的一部分理应为之分担。为此，国企与私企的干预手段和力度应分类

---

① 张凤娟，陈龙根，罗永彬. 美国企业参与职业教育的动机与障碍探析[J]. 比较教育研究，2008（05）：86-90.

对待，精准把控。如对国有企业考虑采取具有强制力的硬性措施，以行政命令或税收、罚款等规制手段加以引导；对私有企业则更多地以税收优惠、专项拨款等软性措施进行激励。

(二) 高效、科学的政策手段

通过政策的贯彻来实现制度的推进在我国具备强大的实践理性。实践层面上，我国政府部门制定的指导性、促进性、鼓励性、号召性的办法、标准、规划、指南等规范性文件，未必以国家强制力保证实施，有学者将这种非强制力规范称为"软法"①或"政策之法"②。实践中，这种非强制力规范在公共治理中也发挥了重要作用。

法律手段与政策手段的关系微妙复杂。法律的稳定性决定了其相对社会生活的滞后性③，趋向保守的、稳定的法律条文与非固定的、变动不居的社会生活必然会发生冲突。法律与政策并行才能实现原则性与灵活性的完美结合④。此时，灵活机变的政策措施尤为重要。法律与政策间的界限并不明显，有"一体性"特征⑤。二者之间的边界处在动态变化之中，必须以建构性的态度、通过解释的方法予以动态地划定⑥。法律与政策间应适

---

① 罗豪才，宋功德. 软法亦法：公共治理呼唤软法之治 [M]. 北京：法律出版社，2009：2.
② 高鸿钧. 德沃金法律理论评析 [J]. 清华法学，2015，9 (02)：96-138.
③ [美] 埃德加·博登海默. 法理学——法律哲学和方法 [M]. 张智仁译. 上海：上海人民出版社，1992：362.
④ 郝铁川. 中国依法治国的渐进性 [J]. 法学研究，2003 (06)：26-41.
⑤ 肖金明. 为全面法治重构政策与法律关系 [J]. 中国行政管理，2013 (05)：36-40.
⑥ 高鸿钧. 德沃金法律理论评析 [J]. 清华法学，2015，9 (02)：96-138.

时完成切换，提升规范层级，实现政策法律化。新出现的、局部的或需要特别、及时调整治理的问题往往首先运用政策工具加以规制，而后有可能逐渐固定成一项法律，但此转变过程需要严格的规则制定程序的保障。

政策手段与法律手段都具备强烈的规制性。针对学习者的权利保护，政府部门的政策制定与贯彻对于应对新的利益冲突、回应新的权利诉求发挥了重要作用，该干预形式不可或缺。我国政府具备卓越的行政能力和强大的号召力，部门政策的可操作性极强。因此，面对我国现有的组织资源，权利的保护要综合运用良法和善策两种干预手段，法律和政策的实践模式要在不同层面共同发挥作用，二者协调互动，形成合力，最终实现学习者权利实现的顺畅落地。

（三）理性、赓续的文化手段

学习者权利保护制度构建的结构性要素、实体性要素和文化性要素缺一不可。不仅要重视制度的创制，也要注重制度的运行。除了法律、政策、经济手段，文化干预与价值观建构作为社会治理"软手段"，也在潜移默化中培育适宜的文化土壤，培养公民的文化自觉。

在职业教育发达的国家，对人才培养、技能提升的重视以及将职业教育作为教育路线的文化是重要的制度助推器。因此，权利保护制度的整体性构建需要培育适宜的文化价值观。一方面，需要培养公民权利意识，养成各行动主体的法治精神和守法习惯，培育意思自治和契约精神。另一方面，需要培养大职业教育的文化自觉。悠久的历史传统造就了职业教育深厚的文化积淀,这其中有糟粕亦有精华。应发扬已有"崇实黜虚"的文化精华,改变"重学术、轻技术"的已有偏见,培育引导适应职业教育改革大计的文化土壤。培育大职业教育观,为国家经济进步计,亦为学生终身发展计。建议文化干预手段采取"双重心"策略。一方面,传承我国职业教育的灵魂,以"经世致用"为旗帜,要求"储天下之用,给天下之达者","行而后知有道"。另一方面,将职业教育与终身教育紧密结合。受教育者习"切实有用之学",更要关注个体全方位的知识与素养的培养,实现职业生涯的可持续发展,切实保障受教育者人身、财产、教育权利的全方位实现。

因此,法律并非万能,存在其局限性,辅之以政策引导、经济杠杆、文化引导等其他干预手段,实现手段效果的有效叠加,合理兼顾,方为上策。

参考文献

中文著作

[1][英]艾伦·沃克.牛津法律大辞典[M].邓正来等译.北京：光明日报出版社，1988.

[2][美]埃德加·博登海默.法理学——法律哲学和方法[M].张智仁译.上海：上海人民出版社，1992.

[3]蔡定剑，刘小楠.反就业歧视法专家建议稿及海外经验[M].北京：社会科学文献出版社，2010.

[4]茨威格特，克茨.比较法总论[M].潘汉典，米健，高鸿钧等译.贵阳：贵州人民出版社，1992.

[5][英]E.P.汤普森.英国工人阶级的形成（上）[M].钱乘旦等译.南京：译林出版社，2001.

[6]龚向和.受教育权论[M].北京：中国人民公安大学出版社，2004.

[7]顾明远.民族文化传统与教育现代化[M].北京：北京师范大学出版社，1998.

[8][美]格兰特·吉尔莫.美国法的时代[M].董春华译.北京：法律出版社，2009.

[9]何勤华.英国法律发达史[M].北京：法律出版

社，1999.

［10］郝铁川．中华法系研究［M］．上海：复旦大学出版社，1997.

［11］［美］杰弗里·法兰克尔，［美］彼得·奥萨格．美国90年代的经济政策［M］．徐卫宇译．北京：中信出版社，2003.

［12］［德］雷蒙德·瓦尔德曼．德国劳动法［M］．沈建锋译．北京：法律出版社，2014.

［13］［英］勒内·达维．英国法与法国法：一种实质性的比较［M］．潘华仿，高洪钧等译．北京：清华大学出版社，2002.

［14］李伯杰等．德国文化史［M］．北京：对外经济贸易大学出版社，2002.

［15］［美］罗斯科·庞德．通过法律的社会控制［M］．沈宗灵译．北京：商务印书馆，2013.

［16］罗豪才，宋功德．软法亦法：公共治理呼唤软法之治［M］．北京：法律出版社，2009.

［17］［英］罗伊斯顿·派克．被遗忘的苦难［M］．蔡师雄，吴宣豪，庄解忧译．福建：福建人民出版社，1983.

［18］［法］保尔·芒图．十八世纪产业革命：英国近代大工业初期的概况［M］．陈希秦等译．北京：商务印书馆，1983.

［19］［英］莫尔顿．人民的英国史（下）［M］．谢琏造等译．上海：三联书店，1976.

［20］［法］孟德斯鸠．论法的精神（第1卷）［M］．张雁

深译. 北京：商务印书馆，1961.

［21］［英］帕克斯曼. 英国人［M］. 严维明译. 上海：译文出版社，2000.

［22］秦惠民. 走进教育法制的深处——论教育权的演变［M］. 北京：中国人民公安大学出版社，1998.

［23］［德］齐佩利乌斯. 德国国家学［M］. 赵宏译. 北京：法律出版社，2011.

［24］石伟平. 比较职业技术教育［M］. 上海：华东师范大学出版社，2001.

［25］［英］史蒂芬·哈迪. 英国劳动法与劳资关系［M］. 陈融译. 北京：商务印书馆，2012.

［26］苏力. 制度是如何形成的［M］. 北京：北京大学出版社，2007.

［27］［美］托马斯·贝利，［美］凯瑟琳·休斯，［美］戴维·桑顿·穆尔. 工作实践出真知：业本学习与教育改革［M］. 许竞，项贤明译. 北京：中国人民大学出版社，2011.

［28］［法］托克维尔. 论美国的民主［M］. 董果良译. 北京：商务印书馆，1988.

［29］王泽鉴. 债法原理［M］. 北京：中国政法大学出版社，2001.

［30］吴雪萍. 国际职业技术教育研究［M］. 杭州：浙江大学出版社，2004.

［31］谢鹏程. 公民的基本权利［M］. 北京：中国社会科学出版社，1999.

[32][美]约翰·罗尔斯．正义论［M］．何怀宏等译．北京：中国社会科学出版社，1988．

[33]张楚廷．教育哲学［M］．北京：教育科学出版社，2006．

[34]郑贤君．公民受教育权的法律保护［M］．北京：人民法院出版社，2004．

[35]张静．法团主义：及其与多元主义的分歧［M］．北京：中国社会科学出版社，2005．

[36]张静．法团主义［M］．北京：中国社会科学出版社，1998．

[37]翟海魂．发达国家职业技术教育历史演进［M］．上海：上海教育出版社，2008．

中文论文

[1][德]彼得-克雷斯迪安·弥勒-格拉夫，刘旭．国家与市场关系的法治化——德国、欧共体以及美国思路的比较[J]．经济法论丛，2010，19（02）：1-25．

[2]陈步雷．论劳动权利体系及其分析工具——兼论劳动权利的一种新的研究范式[J]．工会理论与实践．中国工运学院学报，2004（03）：6-11．

[3]陈明昆，沈亚强．学徒制在英国沉浮的背景分析[J]．中国职业技术教育，2008（32）：43-46．

[4]崔开云．德国社会服务领域中的法团主义治理模式[J]．社会科学家，2017（3）：69-75．

[5]崔光婕．德国法律和政策对双元制教育模式的保障分

析[J]．教育观察（上半月），2016，5（11）：120-122.

[6] 陈德泉．德国双元制职业教育的重新审视[J]．中国高教研究，2016（02）：92-96.

[7] 程宇．市场与政府：经济学视角下职业教育资源配置模式的博弈均衡[J]．职业技术教育，2013，34（34）：47-52.

[8] 邓妍妍，程可拉．高等教育的新模式：基于工作的学习[J]．外国教育研究，2007（07）：48-52.

[9] 邓蕊．论顶岗实习学生人身伤害赔偿的法律困境[J]．现代商业，2011（05）：280-281.

[10] 丁建定．1870—1914年英国的济贫法制度[J]．史学集刊，2000（4）：48-54.

[11] 多淑杰．德国现代学徒制演变及形成的制度基础[J]．职业教育研究，2017（2）：71-74.

[12] 邓志军，李艳兰．论德国行业协会参与职业教育的途径和特点[J]．中国职业技术教育，2010（19）：60-64.

[13] 丁世林．论公共精神的习得——以托克维尔《论美国的民主》为中心的分析[J]．中共南京市委党校学报，2016（01）：78-84.

[14] 党洁．欧洲一体化形势下德国双元制发展趋势——访教育部职教中心研究所德国顾问君德·瓦格纳博士[J]．职业技术教育，2002，23（15）：58-62.

[15] [德]迪特里希·狄克特曼，[德]维克多·威尔佩特·皮尔，魏华．德国社会市场经济：基础、功能、限制[J]．德国研究，2001（02）：49-54、80.

[16] 笪素林．社会治理与公共精神［J］．南京社会科学，2006（09）：92-97．

[17] 范进学．权利概念论［J］．中国法学，2003（02）：13-20．

[18] 方新军．权利概念的历史［J］．法学研究，2007（04）：69-95．

[19] 丰华涛，耿秀坤．职业教育实习学生意外伤害之法律适用解析［J］．辽宁广播电视大学学报，2014（03）：105-108．

[20] 范国睿，孙翠香．绩效与问责：美国职业教育治理的发展趋向［J］．全球教育展望，2015，44（03）：57-67．

[21] 冯孟．美国职业教育国家制度的构建及其启示［J］．职业教育研究，2015（01）：83-87．

[22] 龚雯．从美英职业技术教育实践的视角解读工作本位学习［J］．职业技术教育，2013，34（07）：83-87．

[23] 关晶．西方学徒制研究——兼论对我国职业教育的借鉴［J］．职教论坛，2010（22）：54-54．

[24] 关晶．英国《学徒制、技能、儿童和学习法案》述评［J］．全球教育展望，2012（10）：76-80．

[25] 高佳．德国职业教育资助制度的三大支柱［J］．职教论坛，2011（28）：89-91．

[26] 胡晓东．集体谈判制度在公共部门中的应用——谈美国公共部门集体谈判制度［J］．中国劳动关系学院学报，2014，28（06）：54-59．

[27] 郭道久．第三部门公共服务供给的"二重性"及发展

方向[J].中国人民大学学报,2009,23(02):93-99.

[28]关晶,石伟平.西方现代学徒制的特征及启示[J].职业技术教育,2011,32(31):77-83.

[29]高佳.德国企业参与职业教育的内在动力研究[J].外国中小学教育,2011(08):16-18.

[30]高鸿钧.德沃金法律理论评析[J].清华法学,2015,9(02):96-138.

[31]高洋.规则重构与隐秘挑战:我国《职业教育法》修订的权益趋向与困境回应[J].清华大学教育研究,2023(44):142-148.

[32]何杨勇.英国高等教育中工作本位学习的特征分析[J].江苏高教,2012(01):152-155.

[33]黄秋明."工作本位学习":抵及高职课程改革的核心[J].中国高教研究,2007(04):59-60.

[34]黄亚宇,雷世平.职业院校学生顶岗实习伤害事故的法律救济研究[J].职教论坛,2014(28):63-67.

[35]黄亚宇.职业学校学生实习管理的立法思考——兼评《职业学校学生实习管理规定》[J].职业技术教育,2016(30):37-41.

[36]郝静,杨永志.高职学生顶岗实习权利实现之各方责任的探讨[J].中国职业技术教育,2013(26):36-39.

[37]黄芳.论大学生的实习权[J].高教探索,2011(03):38-42.

[38]胡劲松.20世纪德国的文化特质及其教育特征[J].

比较教育研究, 2004, 25 (3): 1-6.

[39] 胡晓东. 集体谈判制度在公共部门中的应用——谈美国公共部门集体谈判制度 [J]. 中国劳动关系学院学报, 2014, 28 (06): 54-59.

[40] 郝铁川. 权利实现的差序格局 [J]. 中国社会科学, 2002 (05): 112-124、205-206.

[41] 郝铁川. 中国依法治国的渐进性 [J]. 法学研究, 2003 (06): 26-41.

[42] 李力, 张芸祯. 国外关于工作本位学习的研究述评 [J]. 比较教育研究, 2016, 38 (8): 79-87.

[43] 刘成杰. 中国职业教育法的立法革新与实践进路论纲 [J]. 华中师范大学学报 (人文社会科学版), 2023 (62): 184-188

[44] 罗建河. 职业教育培训与大学教育的渗透：德国的经验与启示 [J]. 外国教育研究, 2016, 43 (02): 35-45.

[45] 鲁运庚. 英国早期工厂立法背景初探 [J]. 山东师范大学学报 (人文社会科学版), 2006, 51 (4): 122-125.

[46] 廖伟伟, 吴波. 德国教育立法权配置的基本逻辑 [J]. 国家教育行政学院学报, 2013 (03): 89-93.

[47] 刘军伟. 美国企业工资集体谈判制度变迁及其启示 [J]. 求索, 2017 (10): 108-115.

[48] 刘杰, 田毅鹏. 本土情境下中国第三部门发展困境及道路选择 [J]. 社会科学研究, 2010, (05): 88-94.

[49] 刘新凯, 闫冬. 英国事业单位法律管理制度研究——以非部属公共机构为例 [J]. 人民论坛, 2013 (20): 246-247.

[50] 李维宇, 杨基燕. 西方公共管理的理论转向及其对中国的启示 [J]. 云南社会科学, 2015 (04): 17-22.

[51] 李俊. 德国职业培训市场的分析——兼谈对我国现代学徒制建设的启示 [J]. 德国研究, 2015, 30 (04): 109-120、144.

[52] 李俊. 德国职业教育的想象、现实与启示——再论德国职业教育发展的社会原因 [J]. 外国教育研究, 2016, 43 (08): 14-27.

[53] 李昌麒. 论经济法语境中的国家干预 [J]. 重庆大学学报 (社会科学版), 2008, (04): 85-92.

[54] 刘春生, 柴彦辉. 德国与日本企业参与职业教育态度的变迁及对我国产教结合的启示 [J]. 比较教育研究, 2005 (07): 73-78.

[55] 罗丹. 德国企业参与职业教育的动力机制研究——基于"双元制"职业教育模式的分析 [J]. 职业技术教育, 2012, 33 (34): 84-88.

[56] 张卓明等. 论权利冲突中的权利位阶——规范法学视角下的透析 [J]. 浙江大学学报 (人文社会科学版), 2003 (06): 6-14.

[57] 潘汉典. 德意志联邦共和国基本法 [J]. 环球法律评论, 1981 (04): 63-81.

[58] 潘晓. 第三部门法的"社会企业"运动——欧美两种路

径下的制度演进［J］．北大法律评论，2012，13（01）：221-240.

［59］卿石松．美国反就业歧视立法［J］．中国劳动，2008（03）：1007-8746.

［60］孙曼丽．国外大学"工作本位学习"教学模式探析［J］．教育评论，2015（06）：165-167.

［61］侍建旻．基于工作的学习模式对高校继续教育的启示［J］．江苏高教，2009（01）：141-143.

［62］滕毅．从英国民族性看英国法特征［J］．比较法研究，2000（02）：219-223.

［63］王锴．论我国宪法上的劳动权与劳动义务［J］．法学家，2008（04）：56-64+32.

［64］王德志．论我国宪法劳动权的理论建构［J］．中国法学，2014（03）：72-90.

［65］王晓慧．实习大学生劳动权益保护的研究［J］．中国劳动关系学院学报，2017（02）：61-66.

［66］吴亚东，冯金丽．高职学生校外实习人身伤害法律责任探析［J］．产业与科技论坛，2012（05）：59-60.

［67］吴志先，郑庆权，林俊．人权视域下顶岗实习学生合法权益保障机制探讨［J］．南阳理工学院学报，2014（02）：46-49.

［68］王玲．高职学生顶岗实习期间权利保障研究［J］．中小企业管理与科技（下旬刊），2015（12）：196.

［69］王志雄．高职顶岗实习生法律身份定位与权益保护研究［J］．中南林业科技大学学报（社会科学版），2013（03）：126-128.

[70] 王淑娟. 对美国教育语境中问责涵义的考察[J]. 比较教育研究, 2007, 28(2): 54-59.

[71] 王思杰. 职业教育法的立法精神与规范体系[J]. 教育发展研究, 2023(17): 25-32.

[72] 吴建平. 理解法团主义——兼论其在中国国家与社会关系研究中的适用性[J]. 社会学研究, 2012, 27(01): 174-198、245-246.

[73] 吴双. 国家干预中经济手段与行政手段的比较[J]. 经济研究导刊, 2016(04): 195-196.

[74] 沃尔夫冈·多依布勒, 何旺翔. 德国劳动法的基本架构及其在全球化影响下的发展前景[J]. 中德法学论坛, 2006(00): 98-105.

[75] 许竞. 英国业本学习路线下的现代学徒制[J]. 职业技术教育, 2003, 24(28): 67-71.

[76] 谢晖. 论法律制度的修辞之维[J]. 政法论坛, 2012, 30(05): 76-89.

[77] 谢增毅. 英国的最低工资制度: 经验与启示[J]. 中国社会科学院研究生院学报, 2008(6): 63-68.

[78] 徐国庆. 工作本位学习初探[J]. 教育科学, 2005(04): 53-56.

[79] 徐瑾劼. 解读工作本位学习视野下的职业教育课程[J]. 职教论坛, 2009(24): 10-12.

[80] 许竞, 史明洁. 英国职业教育中的"业本学习"初探[J]. 比较教育研究, 2003(05): 61-66.

[81] 薛克鹏. 国家干预的法律分析 [J]. 法学家, 2005 (02): 87-95.

[82] 肖金明. 为全面法治重构政策与法律关系 [J]. 中国行政管理, 2013 (05): 36-40.

[83] 印伟. 顶岗实习的法律风险及控制分析 [J]. 湖北科技学院学报, 2013 (01): 20-21、26.

[84] 余文华. 论中职生顶岗实习中受教育权的实现 [J]. 职业时空, 2012 (10): 12-13、17.

[85] 杨杰. 浅析大学生实习期间的劳动权益法律保护问题 [J]. 法制与经济 (下旬), 2014 (375): 58-59.

[86] 杨红荃, 崔琳. 法制视域下德美日三国职业教育校企合作模式探析 [J]. 教育与职业, 2016 (06): 20-24.

[87] 俞可平. 重构社会秩序: 走向官民共治 [J]. 国家行政学院学报, 2012 (04): 4-5、127.

[88] 湛中乐. 公民受教育权的制度保障——兼析《义务教育法》的制定与实施 [J]. 华南师范大学学报 (社会科学版), 2016 (03): 56-62、191.

[89] 郑贤君, 韩冬冬. 论宪法上的劳动权 [J]. 金陵法律评论, 2009 (01): 51-62.

[90] 章剑生. 知情权及其保障——以《政府信息公开条例》为例 [J]. 中国法学, 2008 (04): 145-156.

[91] 周汉华. 美国政府信息公开制度 [J]. 环球法律评论, 2002 (03): 274-287.

［92］张平华. 君子协定的法律分析［J］. 比较法研究，2006（06）：69-81.

［93］朱虹，吴楠. 迈向参与回应型政府——我国第三社会部门的发展与政府治理模式的变革［J］. 山东科技大学学报（社会科学版），2007（03）：32-36.

［94］郑春荣. 德国商会与协会制度的若干经验［J］. 德国研究，2001（01）：38-41、77.

［95］朱贺玲，袁本涛. 新公共管理及其对大学治理的影响——德、英、美三国的经验［J］. 中国高教研究，2018（03）：24-30.

［96］张凤娟，陈龙根，罗永彬. 美国企业参与职业教育的动机与障碍探析［J］. 比较教育研究，2008（05）：86-90.

［97］谢冬慧. 从民族性格看德国的潘德克顿法学［J］. 法学评论，2015，33（02）：181-189.

［98］张翔. 基本权利的受益权功能与国家的给付义务——从基本权利分析框架的革新开始［J］. 中国法学，2006（01）：21-36.

［99］张翔. 基本权利的双重性质［J］. 法学研究，2005（03）：21-36.

［100］张华. 连接纽带抑或依附工具：转型时期中国行业协会研究文献评述［J］. 社会，2015，35（03）：221-240.

［101］周志群，许明. 从学校本位学习到工作本位学习——近年来英国大学本科教学模式的创新［J］. 福建师范大学学报（哲学社会科学版），2008（04）：153-158.

［102］陈靖．英国现代学徒制研究——基于利益相关者视角［D］．杭州师范大学，2016.

［103］樊华强．高等教育视野中的人权研究［D］．湖南师范大学，2007.

［104］范军．2009年以来英国学徒制新进展及启示［D］．华东师范大学，2015.

［105］关晶．西方学徒制研究--兼论对我国职业教育的借鉴［D］．华东师范大学，2010.

［106］胡卉．职业教育顶岗实习劳动伤害防范与救济研究［D］．湖南大学，2014.

［107］刘莎．全日制大学生实习期劳动权益保障研究［D］．首都经济贸易大学，2013.

［108］彭秀英．在校实习生人身意外伤害的法律救济［D］．西南政法大学，2013.

［109］潘彦娜．英国学徒制发展研究［D］．浙江工业大学，2011.

［110］熊苹．走进现代学徒制［D］．华东师范大学，2004.

［111］赵静．英国济贫法的历史考察［D］．河南大学，2007.

外文著作

［1］布德，所罗门：《业本学习：一种新的高等教育?》。Boud D, Solomon N. Work-based Learning: A New Higher Education? [M]. McGraw-Hill Education (UK), 2001.

［2］布德，加里克：《了解工作中的学习》。Boud D E, Garrick J E. Understanding Learning at Work [M]. Routledge, 1999.

［3］艾米·哈里森，利·哈钦斯：《工厂法史》。L. Hutchins and A. Harrison, A History of Factory Legislation [M]. Frank Cass & Co. Third Edition edition 1966.

［4］戴顿：《高等教育法：原理、政策和实践》。Dayton J. Higher Education Law: Principles, Policies, and Practices [M]. Wisdom Builders Press, 2015.

［5］约翰·菲尔登：《工厂体系的诅咒》。Fielden J. The Curse of the Factory System [M]. Cass, 1969.

［6］戈登，舒尔茨：《美国职业技术教育的历史与发展》。Gordon H R D. The History and Growth of Career and Technical Education in America [M]. Waveland press, 2014.

［7］欧洲职业培训发展中心：《德国职业教育与培训（简要介绍）》。Cedefop. Vocational Education and Training in Germany: Short Description [M]. Luxembourg: Publications Office, 2020.

［8］亨利·舒：《人权义务中的权力与美国外交政策》。Henry Shue, Rights in the Light of Duties in Human Rights and U. S. foreign Policy [M]. Peter G. Brown &Douglas Maclean (eds.), Lexington MA: Lexintong Books , 1979.

［9］伊恩·坎宁安，格雷厄姆·道斯，本·贝内特：《业本学习手册》。Ian Cunningham, Graham Dawes and Ben Bennett. The Handbook of Work Based Learning [M]. Gower Publishing Limited, 2004.

［10］利维等：《业本学习术语指南：定义与评述》。Levy M, et al. A Guide to Work Based Learning Terms. Definitions and

Commentary on Terms for Work Based Learning in Vocational Education and Training [M]. Blagdon: Further Education Staff College, 1989: 60-68.

[11] 迈克尔·洛伦茨，罗兰·法尔德：《德国与中国劳动法》。Michael Lorenz, Roland Falder. Das deutsche und chinesische Arbeitsrecht [M] Springer Fachmedien Wiesbaden, 2016.

[12] 约翰·蒙福德：《理解业本学习》。Mumford J. Understanding Work-based Learning [M]. CRC Press, 2016.

[13] 约翰·蒙福德：《业本学习：在工作中学习的结构》。Mumford J. Work Based Learning: A Structure for Learning Through Work [M]. Springer US, 2013.

[14] 内维尔·哈里斯：《教育、法律与多元性》。Neville S. harris. Education, Law, and Diversity [M]. Oxford: Hart Publishing, 2007.

[15] 丽兹·西格雷夫斯，迈克·奥斯本，彼得·尼尔：《小型企业中的业本学习：最终报告》。Seagraves L, Osborne M, Neal P, et al. Learning in Smaller Companies. Final Report [M]. Educational Policy and Development, 1996: 51.

[16] 萨宾·米哈洛夫斯基：《德国宪法法律：保护公民自由》。Sabine Michalowski, German Constitutional Law: The Protection of Civil Liberties [M]. Ashgate Publishing Ltd and Darmouth Publishing Ltd, 1999: 77.

[17] 托马斯·贝利，凯瑟琳·休斯，大卫·摩尔,《实用知识：业本学习与教育改革》，Bailey T R, Hughes K L, Moore D

T. Working Knowledge: Work-based Learning and Education Reform [M]. Routledge, 2003.

[18] 德国联邦教育与研究部:《德国职业教育培训改革: 2005年职业培训法案》。Federal Ministry of Education & Research. Reform of Vocational Education and Training in Germany: The 2005 Vocational Training Act (Berufsbildungsgesetz) [M]. Berlin: Federal Ministry of Education and Research (BMBF) Publications and Website Devision, 2005.

[19] 罗林斯:《学习早期岁月:业本学习指南》。Rawlings A. Studying Early Years: A Guide to Work-based Learning [M]. Open University Press : McGraw-Hill, 2008.

[20] 斯科特,萨奇斯-威辛斯基:《职业技术教育概览(第4版)》。Scott J. and M. Sarkees – Wircenski. Overview of Career and Technical Education (4th Edition) [M], American Technical Publishers. 2008: 128.

[21] 福斯特·伊丽莎白:《相似而不同:学习社会中的业本学习;业本学习项目最终报告1994—1996》。Foster E. Comparable But Different: Work-based Learning for a Learning Society; Work-based Learning Project Final Report 1994-1996 [M]. University of Leeds, 1996.

外文期刊论文

[1] 乔治娜·阿特金森:《业本学习与工作整合学习:促进与雇主之间的合作》。Atkinson G. Work-based Learning and Work-Integrated Learning: Fostering Engagement with Employers [J]. Na-

tional Centre for Vocational Education Research, 2016.

［2］阿什福德：《伟大幸存者的陨落：英国人力服务委员会》。Ashford D E. Death of a Great Survivor: The Manpower Services Commission in the UK [J]. Governance, 2010, 2 (4): 365-383.

［3］艾莉森·富勒，洛娜·安温：《打造"现代学徒制"：对英国多部门社会包容方法的批判》。Alison Fuller, Lorna Unwin. Creating a "Modern Apprenticeship": A critique of the UK's Multi-sector, Social Inclusion Approach [J]. Journal of Education & Work, 2003, 16 (1): 5-25.

［4］阿特韦尔，劳纳：《德国的培训与发展》。Attwell G, Rauner F. Training and Development in Germany [J]. International Journal of Training & Development, 2010, 3 (3): 227-233.

［5］亚当斯：《职业技术教育的现状：对州级职业技术教育标准的分析》。Adams C J. The State of Career Technical Education: An Analysis of State CTE Standards [J]. Education Week, 2013.

［6］泰明娜·巴西特，艾伦·厄德利，罗斯玛丽·博拉普：《英国高等教育机构与业本学习：三方互动关系中的雇主角色》。Basit T N, Eardley A, Borup R, et al. Higher Education Institutions and Work-based Learning in the UK: Employer Engagement Within a Tripartite Relationship [J]. Higher Education, 2015, 70 (6): 1003-1015.

［7］布拉格·德布拉：《美国两年制学院的业本学习》。Bragg D D, Others A. Work-based Learning in Two-Year Colleges in the United States [J]. 1995: 100.

［8］布拉格：《八地联合"高科技准备计划"初步结果摘

要》。Bragg D D. Promising Outcomes for Tech Prep Participants in Eight Local Consortia: A Summary of Initial Results [J]. 2001.

[9] 博伊西:《业本学习手册》。Boise. Work-based Learning: A Manual [J]. Integrated Systems Engineering, 1996: 106.

[10] 联邦职业教育和培训研究院:《培训规定及其制定过程》。BIBB. Training Regulations and How They Come About [J]. Federal Institute for Vocational Education and Training, Bonn, Bibb. 2014.

[11] 卡希尔:《使业本学习发挥作用》。Cahill C. Making Work-based Learning Work [J]. Jobs for the Future, 2016.

[12] 库利:《联邦制与公司制:德国双元学徒制的政策制定和治理方法及其在今天的运作》。Kuhlee D. Federalism and Corporatism: On the Approaches of Policy-making and Governance in the Dual Apprenticeship System in Germany and Their Functioning Today [J]. Research in Comparative & International Education, 2015, 10 (4): 476-492.

[13] 博伊德:《贸易调整援助:法律及其实施》。Boyd E. Trade Adjustment Assistance for Communities: The Law and Its Implementation [J]. 2011.

[14] 大卫·艾伯特:《大学、业本学习及与知识相关的问题》。Ebbutt D. Universities, Work-based Learning and Issues about Knowledge [J]. Research in Post-Compulsory Education, 1996, 1 (3): 357-372.

[15] 达尔,诺维基:《融合项目概念化:为什么高成就的

学生选择这样做》。Dare L, Nowicki E. Conceptualizing Concurrent enrollment: Why High – achieving Students Go for It [J]. Gifted Child Quarterly, 2015, 59 (4): 249-264.

[16] 德里克·波特伍德:《业本学习:连接学术和职业资格》。Derek Portwood. Work Based Learning: Linking Academic and Vocational Qualifications [J]. Journal of Further & Higher Education, 2006, 17 (3): 61-69.

[17] 戴辛格:《学徒制背后的文化模式:德国与英国》。Deißinger T. Cultural Patterns Underlying Apprenticeship : Germany and the UK [J]. Peter Lang, 2008: 34-55.

[18] 邓洛普,丹曼:《英国学徒制与童工:历史概述》。Dunlop O J, Denman R D. English Apprenticeship and Child Labor: A History [J]. Journal of Political Economy, 1912: 27.

[19] 多特奇:《职业技术教育初探》。Dortch C. Career and Technical Education (CTE): A primer [J]. 2014.

[20] 伊丽莎白·福斯特,约翰·斯蒂芬森:《英国的业本学习和高等教育:对当前实践和趋势的回顾》。Elizabeth Foster, John Stephenson. Work-based Learning and Universities in the U. K.: A Review of Current Practice and Trends [J]. Higher Education Research & Development, 1998, 17 (2): 155-170.

[21] 美国教育部:《职业技术教育全国评估:向国会的最终报告》。US Department of Education D O. . National Assessment of Career and Technical Education: Final Report to Congress [J]. Landslides, 2014, 11 (2): 225-246.

[22] 费尔斯, 珀内尔:《政策变化为业本学习和电子学档教学法在其中的应用带来的影响》。Felce A, Purnell E. Changing Policies, Their Impact on the Provision of Work-based Learning and the Development of an E-portfolio Based Pedagogy for WBL [J]. Higher Education, Skills and Work-based Learning, 2012, 2 (1): 45-53.

[23] 费恩伯格, 纳维森:《权利的性质与价值》。Feinberg J, Narveson J. The Nature and Value of Rights [J]. Journal of Value Inquiry, 1970, 4 (4): 243-260.

[24] 菲奥娜·里夫, 吉姆·加拉赫, 罗伯特·英格拉姆:《苏格兰高级国家文凭和英格兰基础学位中业本学习的比较研究: 差异性、复杂性、连续性》。Fiona Reeve, Jim Gallacher, Robert Ingram. A Comparative Study of Work-based Learning Within Higher Nationals in Scotland and Foundation Degrees in England: Contrast, Complexity, Continuity [J]. Journal of Education & Work, 2007, 20 (4): 305-318.

[25] 艾莉森·富勒:《英格兰学徒制的增长: 数字之下的疑虑》。Fuller A. The Growth of Apprenticeship in England: Doubts Beneath the Numbers [J]. Challenge, 2016, 59 (5): 422-433: 1-12.

[26] 弗里德尔:《职业教育何去何从? 联邦法规对职业教育期望、设计和功能的影响——以〈铂金斯法案 2006〉为例》。Friedel J N. Where Has Vocational Education Gone? The Impact of Federal Legislation on the Expectations, Design, and Function of Vo-

cational Education as Reflected in the Reauthorization of the Carl D. Perkins Career and Technical Education Act of 2006 [J]. American Educational History Journal, 2011, 38 (1/2): 37.

[27] 格拉夫, 奥地利:《德国和瑞士业本学术教育的兴起》。Graf L. The Rise of Work-based Academic Education in Austria, Germany and Switzerland [J]. Journal of Vocational Education & Training, 2016, 68 (1): 1-16.

[28] 迈克尔·格斯勒, 福克·豪:《从现实工作到德国职业教育和培训中的业本学习: 背景、概念和工具》。Gessler M, Howe F. From the Reality of Work to Grounded Work-based Learning in German Vocational Education and Training: Background, Concept and Tools [J]. International Journal for Research in Vocational Education and Training, 2015, 2 (3): 214-238.

[29] 欧洲职业培训发展中心:《德国: 2011 年欧洲职业教育培训国别报告》。Germany R N. CEDEFOP. Germany: VET in Europe: Country Report 2011 [JR]. Refernet Germany, 2011.

[30] 汉尼:《能力还是才能: 业本学习与问题导向学习》。Hanney R. Competence or Capability: Work-based Learning and Problem-Based Learning [J]. Journal of Media Practice, 2005, 6 (2): 105-112.

[31] 霍金森:《重新构想基于学院和职场学习之间的关系》。Hodkinson P. Reconceptualising the Relations Between College-based and Workplace Learning [J]. Journal of Workplace Learning, 2005, 17 (8): 521-532.

[32] 海兰德:《职业素养、伦理和业本学习》。Hyland T. Professionalism, Ethics and Work‐based Learning [J]. British Journal of Educational Studies, 1996, 44 (2): 168-180.

[33] 休斯:《双重注册:为学生做好准备的高等/中等教育合作伙伴关系》。Hughes K L. Dual enrollment: Postsecondary/secondary Partnerships to Prepare Students [J]. Journal of College Science Teaching, 2010, 39 (6): 12.

[34] 詹姆斯·艾维斯:《业本学习与社会正义:"学习劳动"与英格兰新的职业主义》。James Avis. Work-based Learning and Social Justice: 'Learning to Labour' and the New Vocationalism in England [J]. Journal of Education & Work, 2004, 17 (2): 197-217.

[35] 詹姆斯,休因斯:《伦敦政治经济学院》。James E J, Hewins W A S. The London School of Economics and Political Science [J]. British Journal of Middle Eastern Studies, 2007, 2 (1): 21-22.

[36] 温克勒:《法团主义》。Winkler J T. Corporatism [J]. Archives Européennes De Sociologie, 1976, 17 (1): 100-136.

[37] 肯尼,梅德维德,迈纳等:《业本学习监督中的角色、责任和关系的定性调查》。Kenny M E, Medvide M B, Minor K A, et al. A Qualitative Inquiry of the Roles, Responsibilities, and Relationships within Work-based Learning Supervision. [J]. Journal of Career Development, 2015, 42 (2): 117-132.

[38] 斯内尔:《英国历史中的学徒制:一种文化体制的瓦解》。K. D. M. Snell. The Apprenticeship System in British History: The Fragmentation of a Cultural Institution [J]. History of Educa-

tion, 1996, 25 (4): 303-321.

[39] 克赖辛:《美国职业教育:改革与成果》。Kreysing M. Vocational Education in the United States: Reforms and Results [J]. Vocational Training: European Journal, 2001, 23: 27-35.

[40] 克伦茨:《康复法案第 503 条》。Krents H E. Section 503 of the Rehabilitation Act of 1973 [J]. Hearing and Speech Action, 1975, 43 (3): 12-4. Krents H E. Section 503 of the Rehabilitation Act of 1973. [J]. Hearing & Speech Action, 1975: N/A.

[41] 布伦达·利特尔,约翰·布伦南:《高等教育中业本学习的文献综述》。Little B, Brennan J. A Review of Work Based Learning in Higher Education [J]. Department for Education & Employment, 1996.

[42] 马克斯-马兰 D J:《走向业本学习的教育学:基础学位中对业本学习的看法》。Marks-Maran D J. Towards a Pedagogy of Work-based Learning: Perceptions of Work-based Learning in Foundation Degrees [J]. Journal of Vocational Education & Training, 2009, 61 (1): 15-33.

[43] 梅森,阿克:《职业培训与生产力表现:英荷比较》。Mason G, Ark B V. Vocational Training and Productivity Performance: An Anglo-dutch Comparison [J]. International Journal of Manpower, 1994, 15 (5): 55-69.

[44] 米切尔,亨利,杨:《职业教育与培训领域中的一种新的业本学习模式》。Mitchell J, Henry J, Young S. A New Model of Work-based Learning in the VET Sector [M]. Reframing the Fu-

ture, 2001.

[45] 尼克松, 史密斯, 斯塔福德等:《业本学习: 照亮高等教育》。Nixon I, Smith K, Stafford R, et al. Work-based Learning: Illuminating the Higher Education Landscape [J]. 2006.

[46] 宝拉·索比乔夫斯卡, 梅尔·迈斯奇:《业本学习: 寻找有效模型》。Paula Sobiechowska, Maire Maisch. Work-based Learning: In Search of an Effective Model [J]. Educational Action Research, 2006, 14 (2): 267-286.

[47] 保罗·吉布斯, 乔纳森·加内特:《业本学习作为一个研究领域》。Paul Gibbs, Jonathan Garnett. Work-based Learning as a Field of Study [J]. Research in Post-Compulsory Education, 2007, 12 (3): 409-421.

[48] 保罗·吉布斯, 波琳·阿姆斯比:《高等教育质量与基于工作学习: 两个尚未完全整合的概念》。Paul Gibbs, Pauline Armsby. Higher Education Quality and Work-based Learning: Two Concepts Not Yet Fully Integrated [J]. Quality in Higher Education, 2010, 16 (2): 185-187.

[49] 瑞林:《美国高等教育政策中的业本学习》。Raelin J A. Work-based Learning in US Higher Education Policy [J]. Higher Education, Skills and Work-based Learning, 2010, 1 (1): 10-15.

[50] 拉菲:《青年培训计划的背景: 战略和发展分析》。Raffe D. The Context of the Youth Training Scheme: An Analysis of its Strategy and Development [J]. British Journal of Education & Work, 1987, 1 (1): 1-31.

[51] 菲欧娜·里夫，吉姆·加拉赫：《雇主与大学的'合作伙伴关系'是业本学习中的关键问题吗？》。Reeve F, Gallacher J. Employer-university 'Partnerships': A Key Problem for Work-based Learning Programmes? [J]. Journal of Education and Work, 2005, 18 (2): 219-233.

[52] 里奇：《学徒薪酬的测量》。Ritchie F. The Measurement of Apprentice Pay [J]. 2015.

[53] 瑞安，瓦格纳，特伯等：《德国、英国和瑞士学徒培训的财务方面》。Ryan P, Wagner K, Teuber S, et al. Financial Aspects of Apprenticeship Training in Germany, Great Britain and Switzerland [J]. Arbeitspapiere, 2011.

[54] 瑞安：《英国的学徒制度：传统与创新》。Ryan P. Apprenticeship in Britain-tradition and Innovation [J]. Berufliche Bildung Zwischen Nationaler Tradition und Globaler Entwicklung, 2001: 133-157.

[55] 理查德·斯威特：《业本学习：欧洲职业培训基金合作国家的政策制定者和社会合作伙伴手册》。Sweet R. Work-based Learning: A Handbook for Policy Makers and Social Partners in ETF Partner Countries [J]. ETF, 2014.

[56] 斯坦·莱斯特，卡罗尔·科斯特利：《高等教育层面的业本学习：价值、实践和批评》。Stan Lester, Carol Costley. Work-based Learning at Higher Education Level: Value, Practice and Critique [J]. Studies in Higher Education, 2010, 35 (5): 561-575.

[57] 斯蒂芬·杰克逊:《业本学习获得学术学分》。Stephen Jackson. Work-based Learning for Academic Credit [J]. Journal of Geography in Higher Education, 2007, 19 (2): 217-222.

[58] 苏尔洪,特诺,亨松诺等:《提供与选择》。Surhone L M, Tennoe M T, Henssonow S F, et al. Offer Versus Serve [J]. Betascript Publishing, 2010.

[59] 崔顿:《2006年铂金斯职业技术教育法和职业技术教育教师及教职成员的角色与责任》。Threeton M D. The Carl D. Perkins Career and Technical Education (CTE) Act of 2006 and the Roles and Responsibilities of CTE Teachers and Faculty Members [J]. Journal of Industrial Teacher Education, 2007, 44 (1): 66-82.

[60] 史密斯,肯米斯:《走向模范学徒制框架:对国家学徒制度的比较分析》。Smith E. Towards a Model Apprenticeship Framework: A Comparative Analysis of National Apprenticeship Systems [J]. International Labour Organization & World Bank Ibrd, 2013: 12.

[61] 林恩·甘宾:《学徒制研究综述最新报告》。Gambin L. Review of Apprenticeships Research Final Report: An Updated Review [J]. 2013.

报告及网站信息

[1] 学院协会:《培训券是否奏效?》。Association of Colleges. Will apprenticeship Vouchers work? [EB/OL]. (2019-06-19) [2019-10-29]. https://www.aoc.co.uk/news-campaigns-

parliament/aoc-newsroom/will-apprenticeship-vouchers-work.

［2］职业和技术教育协会：《高等教育法重新授权优先事项》。Association for Career and Technical Education. Reauthorization Priorities: Higher Education Act［EB/OL］. (2016-04-19)［2017-10-18］. https：//cdn. uncf. org/wp-content/uploads/PDFs/HEA_ Reauthorization_ Priorities_ 4. 19. 2016. pdf.

［3］多特奇：《铂金斯法案 2006：实施问题》。Dortch C. Carl D. Perkins Career and Technical Education Act of 2006: Implementation Issues［C］. Congressional Research Service Reports. Library of Congress. Congressional Research Service. 2013：63-81.

［4］转学服务：《合作协议如何帮助转学生？》。College Transfer. How Do Articulation Agreements Help Transfer Students?［EB/OL］. (2017-11-23)［2018-09-08］. http：//www. Collegetransfer. net/AskCT/WhatisanArticulationAgreement.

［5］柯林斯：《工人贸易调整援助计划》。Collins B. Trade Adjustment Assistance for Workers［C］. Congressional Research Service Reports. Congressional Research Service, Library of Congress, 2012：239-255.

［6］商业、创新与技能部，教育部：《技能的严谨性和灵活性》。Department for Business. Innovation & Skills, Department for Education, Rigour and Responsiveness in Skills［EB/OL］(2013-04-03)［2017-11-08］. https：//www. gov. uk/government/publications/rigour-and-responsiveness-in-skills.

［7］佛蒙特州教育署：《业本学习手册：为学生开发并实施

优质教育的指南》。Vermont Agency of Education. Work - based Learning Manual: A Guide for Developing and Implementing Quality Experiences for Students [EB/OL]. (2016-06-18) [2018-05-26]. http://education.vermont.gov/sites/aoe/files/documents/edu-work-based-learning-manual.pdf.

[8] 商业、创新与技能部,教育部:《英格兰学徒制的未来:实施计划 2013》。Department for Business, Innovation & Skills and Department for Education. The Future of Apprenticeships in England: Implementation Plan 2013 [EB/OL]. (2013-10-28) [2018-03-23]. https://assets.publishing.service.gov.uk/government/uploads/system/uploads/attachment_data/file/253073/bis-13-1175-future-of-apprenticeships-in-england-implementation-plan.pdf.

[9] 佛蒙特州教育署:《业本学习手册:为学生开发并实施优质教育的指南》。Vermont Agency of Education. Work - based Learning Manual: A Guide for Developing and Implementing Quality Experiences for Students [EB/OL]. (2016-06-18) [2018-06-18]. http://education.vermont.gov/sites/aoe/files/documents/edu-work-based-learning-manual.pdf.

[10] 教育部:《对学徒机构的战略指导草案》。Department for Education. Draft Strategic Guidance to the Institute for Apprenticeships [EB/OL]. (2017-01-04) [2018-04-03]. https://consult.education.gov.uk/apprenticeships/government-s-draft-strategic-guidance-to-the-insti/supporting_documents/Governments%

20Draft%20Strategic%20Guidance%20to%20the%20Institute%20for%20Apprenticeships%20%20201718. pdf.

［11］商业、创新与技能部，教育部：《青年技能计划》。Department for Business, Innovation & Skills and Department for Education. POST-16 Skills Plan [EB/OL]. (2016-07-07) [2018-04-08]. https：//assets. publishing. service. gov. uk/government/uploads/system/uploads/attachment_data/file/536043/Post-16_Skills_Plan. pdf.

［12］教育部：《学徒制度运作指南》。Department for Education. Guidance: Apprenticeship: how it will work [EB/OL]. (2015-10-29) [2018-04-29]. https：//www. gov. uk/government/publications/apprenticeship-levy-how-it-will-work/apprenticeship-levy-how-it-will-work.

［13］教育部：《学徒资助：2017年5月起在英格兰的学徒资助提案》。Department for Education. Apprenticeship funding: Proposals for Apprenticeship Funding in England from May 2017 [EB/OL]. (2018-05-17) [2018-10-04]. https：//www. gov. uk/government/publications/apprenticeship-funding.

［14］教育部：铂金斯合作资源网络。Department of Education. Perkins Collaborative Resource Network [EB/OL]. (2017-09-08) [2018-04-04]. http：//cte. ed. gov/grants/about-grant-programs.

［15］英国政府：《英国学徒制：2020年愿景》。HM Government. English Apprenticeship: Our 2020 Vision [EB/OL]. (2015-

12-07）［2018-04-22］. https：//www. gov. uk/government/publications/apprenticeships-in-england-vision-for-2020.

［16］教育部：《英格兰学徒标准规范》。Department for Education. Specification of Apprenticeship Standards for England［EB/OL］（2018-08-16）［2018-08-21］. https：//assets. publishing. service. gov. uk/government/uploads/system/uploads/attachment_ data/file/734414/Specification_ of_ apprenticeship_ standards_ for_ England. pdf.

［17］多特奇：《铂金斯法案2006：实施问题》。Dortch C. Carl D. Perkins Career and Technical Education Act of 2006：Implementation Issues［C］. Congressional Research Service Reports. Library of Congress. Congressional Research Service. 2013：63-81.

［18］少数族裔社群：《欧洲社会基金：平等与多样性良好实践指南》。Ethnic Minority Communities. European Social Fund：Equality and Diversity Good Practice Guide［EB/OL］.（2016-06-24）［2017-10-22］. http：//www. gov. uk/government/uploads/system/uploads/attachment_ data/file/643055/esf-good-practice-ethnic-minority-communities. pdf.

［19］欧盟：《欧洲业本学习政策与实践》。European Union. Work Based Learning in Europe：Practices and Policies，［EB/OL］.（2017-09-07）［2018-06-08］. http：//ec. europa. eu/dgs/education_ culture/repository/education/policy/vocational-policy/doc/alliance/work-based-learning-in-europe_ en. pdf.

[20] 就业发展部：《实施有效的青年工作经验模型》。Employment Development Department. Implementing Effective Work Experience Models for Youth [EB/OL]. (2016-04-09) [2018-02-18]. http://www.edd.ca.gov/jobs_and_training/pubs/wsin14-37.pdf.

[21] 德国联邦教育和研究部：《对外国职业资格的认可》。Federal Ministry of Education and Research. Recognition of Foreign Professional Qualification [EB/OL]. (2023-11-22) [2023-12-06]. https://www.bmbf.de/bmbf/en/education/recognition-of-foreign-professional-qualifications/recognition-of-foreign-professional-qualifications_node.html.

[22] 德国联邦教育和研究部：BMBF介绍。Federal Ministry of Education and Research. BMBF [EB/OL]. (2010-10-23) [2018-01-18]. https://www.bmbf.de/en/objectives-and-tasks-1409.html.

[23] 税务海关总署：《缴纳学徒税》。HM Revenue & Customs. Pay Apprenticeship Levy, 2016 [EB/OL]. (2016-12-12) [2018-04-04]. https://www.gov.uk/government/publications/apprenticeship-levy.

[24] 华威大学就业研究所：《学徒研究最终报告最新审查》。Nstitute for Employment Research University of Warwick. Review of Apprenticeships Research Final Report: An Updated Review [EB/OL]. (2013-08-13) [2018-04-28]. https://warwick.ac.uk/fac/soc/ier/research/reviewapprenticeship/ier_apprentice-

ships_ literature_ review_ final_ report_ aug2013. pdf.

[25] 詹姆斯·米尔扎·戴维斯：《英格兰学徒制简史：从中世纪工匠行会到 21 世纪》。James Mirza-Davies. A Short History of Apprenticeships in England: From Medieval Craft Guilds to the Twenty-first Century [EB/OL]. (2015-03-09) [2018-03-25]. https：//commonslibrary. parliament. uk/a-short-history-of-apprenticeships-in-england-from-medieval-craft-guilds-to-the-twenty-first-century/.

[26] 莫伯利区社区学院：《职业和技术教育：实习手册》。Moberly Area Community College. Career and Technical Education: Internship Handbook [EB/OL]. (2021-08-05) [2022-04-06]. https：//www. macc. edu/wp-content/uploads/employment/pdfs/internshiphandbook. pdf.

[27] 国家学徒服务：《学徒制发展质量报告》。National Apprenticeship Service. Statement on Apprenticeship Quality [EB/OL]. (2015-04-28) [2018-03-23]. https：//www. theimi. org. uk/sites/default/files/documents/106939. pdf.

[28] 国家档案馆：《〈人力创新与机会法〉：联合州计划、绩效问责制和一站式交付系统》. National Archives. Workforce Innovation and Opportunity Act: Joint Rule for Unified and Combined State Plans, Performance Accountability, and the One-stop System Joint Provisions [EB/OL]. (2016-08-19) [2018-09-13]. https：//www. federalregister. gov/documents/2016/08/19/2016-15977/workforce-innovation-and-opportunity-act-joint-rule-for-uni-

fied-and-combined-state-plans-performance.

[29] 美国未来农民协会：《关于美国未来农民协会的信息》。National FFA Organization. About FFA [EB/OL]. (2009-10-09) [2018-09-12]. https://ffatest.ffa.org/about/.

[30] 经济合作与发展组织：《教育政策展望要点：德国》。OECD. Education Policy Outlook Highlights: Germany [EB/OL]. (2014-04-11) [2017-10-09]. http://www.oecd.org/education/highlightsgermany.htm.

[31] 铂金斯合作资源网络：《每个学生成功法》。Perkins Collaborative Resource Network. Every Student Succeeds Act [EB/OL]. (2015-12-10) [2018-08-16]. http://cte.ed.gov/legislation/about-essa.

[32] 国际质量研究：《业本学习》。Quality Research International. Work Based Learning [EB/OL]. (2004-10-02) [2018-08-08]. http://www.qualityresearchinternational.com/glossary/workbasedlearning.htm.

[33] 霍华德·鲁宾，唐·斯泰特：《俄勒冈州通过为无薪实习生制定的工作场所保护法》。Rubin Howard, Don Stait. Oregon Passes Workplace Protection Law for Unpaid Interns [EB/OL]. (2013-06-21) [2018-05-08]. https://www.littler.com/files/press/pdf/2013_06_ASAP_OR_Passes_Workplace_Protection_Law_Unpaid_Interns.pdf.

[34] 桑德拉，沃格尔：《德国：学徒培训中的工作条件》。Sandra and Vogel. Germany: Working Conditions in Apprenticeships

[EB/OL]. (2013-04-24) [2017-09-17]. https://www.eurofound. europa. eu/observatories/eurwork/articles/working-conditions/germany-working-conditions-in-apprenticeships.

[35] 技能资助机构，商业、创新与技能部：《继续教育与技能发展：首次发布统计数据》。SFA and BIS. Further Education and Skills：Statistical First Release [EB/OL]. (2016-09-13) [2018-03-20]. https://www. gov. uk/government/statistics/learner-participation-outcomes-and-level-of-highest-qualification-held.

[36] 技能基金处：《2016—2017 年学徒标准资金规定》。Skills Funding Agency. Apprenticeship Standards Funding Rules 2016 to 2017 [EB/OL]. (2016-01-28) [2018-04-29]. https://www. gov. uk/government/collections/sfa-funding-rules-2016-to-2017.

[37] 美国教育部：《加强 21 世纪生涯与技术教育法案》。U. S. Department of Education. Strengthening Career and Technical Education for the 21st Century Act：Section 124（2），(3) [EB/OL]. (2018-07-31) [2018-09-06]. https://www. congress. gov/bill/115th-congress/house-bill/2353.

[38] 斯蒂德曼：《2010 年德国学徒制的状况》。Steedman H. "Apprenticeship in 2010：German", the State of Apprenticeship in 2010 [R]. The London School of Economics and Political Science. 2010：23-28.

[39] 数据服务：《"业本学习"概念界定》The Data Service. Work Based Learning (WBL) Business Definition [EB/OL].

(2009-09-15)[2017-02-28]. http：//webarchive. nationalarchives. gov. uk/20140107201041/http：//www. thedataservice. org. uk/datadictionary/businessdefinitions/WBL. htm.

[40] 维基门户：《英国议会法案/乔治三世时期》。Wikisource. Portal：Acts of the Parliament of the United Kingdom/George III [EB/OL]. (2013-02-04)[2018-01-06]. https：//en. wikisource. org/wiki/Portal：Acts_ of_ the_ Parliament_ of_ the_ United_ Kingdom/George_ III.

[41] 欧洲职业培训发展中心：《德国职业教育与培训》。European Centre for the Development of Vocational Training. Vocational Education and Training in Germany [EB/OL]. (2014-11-04)[2018-09-06]. http：//www. cedefop. europa. eu/files/5173_ en. pdf.

[42] 联邦政府：《国家一体化行动计划》。The Federal Government. National Action Plan on Integration Abridged Press Version [EB/OL]. (2012-01-31)[2017-10-18]. https：//ec. europa. eu/migrant-integration/library-document/national-action-plan-integration_ en.

[43] 南卡罗来纳州教育部：《南卡罗来纳五年计划》。The South Carolina Department of Education. South Carolina Five-year Plan [EB/OL]. (2018-07-01)[2018-02-08]. https：//cte. careertech. org/sites/default/files/SouthCarolina5YearStatePlan. pdf.

[44] 英国议会：《企业法》。UK Parliament. Enterprise Act 2016 [EB/OL]. (2016-05-04)[2018-03-22]. https：//

www. legislation. gov. uk/ukpga/2016/12.

[45] 英国议会：《学徒制度：政府对2016—2017年度第二次联合报告的回应》。UK Parliament. Apprenticeships：Government Response to the Second Joint Report of Session 2016-17 [EB/OL]. (2017-11-10) [2018-01-28]. https：//publications. parliament. uk/pa/cm201719/cmselect/cmeduc/450/450. pdf.

[46] 英国议会：《2017技术与继续教育法案》。UK Parliament. Technical and Further Education Act 2017 [EB/OL]. (2017-04-27) [2018-01-08]. https：//services. parliament. uk/bills/2016-17/technicalandfurthereducation. html.

[47] 英国议会：《放权法》。UK Parliament. Deregulation Act 2015 [EB/OL]. (2015-03-30) [2018-04-27]. http：//www. legislation. gov. uk/ukpga/2015/20/contents/enacted.

[48] 英国政府：《2017年英国学徒制政策》。UK Parliament. Apprenticeships Policy in England：2017 [EB/OL]. (2018-01-04) [2023-01-10]. https：//researchbriefings. parliament. uk/ResearchBriefing/Summary/SN03052.

[49] 英国议会：《国家最低工资法》。UK Parliament. National Minimum Wage Act 1998 [EB/OL]. (2015-08-27) [2018-05-04]. www. legislation. gov. uk/ukpga/1998/39/contents.

[50] 英国议会：《平等法》。UK Parliament. Equality Act 2010 [EB/OL]. (2010-11-03) [2018-05-05]. https：//www. legislation. gov. uk/ukpga/2010/15/contents.

[51] 工会学习：《作为学徒加入某个行业》。Unionl-

earn. Joining a Trade as an Apprentice［EB/OL］.（2017-10-09）［2018-05-07］. https：//www. unionlearn. org. uk/joining-trade-union.

［52］德意志联邦议院：《德意志联邦共和国基本法》。Deutscher Bundestag. Basic Law for the Federal Republic of Germany［EB/OL］.（1949-05-23）［2018-09-08］. https：//www. btg-bestellservice. de/pdf/80201000. pdf.

［53］美国国会，众议院：《联邦职业教育委员会年度报告》。U. S. Congress, House of Representatives. Annual Report of the Federal Board for Vocational Education［EB/OL］.（2014-05-14）［2017-10-18］. https：//catalog. hathitrust. org/Record/010306803.

［54］美国教育部：《高科技准备计划教育》。U. S Department of Education. Tech-prep Education［EB/OL］.（2016-10-09）［2017-10-18］. http：//www2. ed. gov/programs/techprep/index. html.

［55］美国教育部职业和成人教育办公室：《铂金斯法案2006：州计划提交指南》。U. S. Department of Education Office of Vocational and Adult Education. The Carl D. Perkins Career and Technical Education Act of 2006：Guide for the Submission of State Plans［EB/OL］.（2022-04-30）［2022-05-28］. https：//careertech. org/wp-content/uploads/sites/default/files/PerkinsV_State_Plan_Guide_April2019. pdf.

［56］美国教育部：《投资美国未来：改革生涯与技术教育蓝图》。U. S. Department of Education. Investing in America's Future: A Blueprint for Transforming Career and Technical Education [EB/OL]. (2019-04-25) [2019-02-18]. https://www.ed.gov/news/speeches/investing-americas-future-blueprint-transforming-career-and-technical-education.

[57] 美国教育部：《回顾性审查报告》。U. S. Department of Education. Retrospective Review Report [EB/OL]. (2017-05-02) [2018-02-18]. https://www2.ed.gov/policy/gen/reg/retrospective-analysis/index.html.

[58] 美国劳工部：《人力创新与机会法》。U. S. Department of Labor. Workforce Innovation and Opportunity Act [EB/OL]. (2018-04-15) [2018-09-13]. https://www.doleta.gov/wioa/.

[59] 南卡罗来纳大学：《通往南卡罗来纳大学哥伦比亚分校的途径》。University of South Carolina. Pathways to USC Columbia [EB/OL]. (2017-04-28) [2018-06-26]. https://sc.edu/about/offices_and_divisions/undergraduate_admissions/pathways_to_usc/index.php.

[60] 美国教育部：关于教育部的信息。U.S Department of Education. About ED [EB/OL]. (2006-10-08) [2018-02-18]. https://www2.ed.gov/about/landing.jhtml?src=ft.

[61] 威斯康星州公共指导部：《业本学习》。Wisconsin department of Public Instruction. Work Based Learning [EB/OL]. (2015-03-02) [2017-02-16]. https://dpi.wi.gov/cte/career-development/work-based.

[62] 联邦职业教育和培训研究院：《业本学习：BIBB 在国

际职业教育与培训合作中的经验》。Bundesinstitut für Berufsbildung. Work-based Learning: Experiences of BIBB in International VET Cooperation [EB/OL]. (2013-12-04) [2018-08-16]. https://www.bibb.de/dokumente/pdf/stbpr_veranstaltung_2013_12_04_workbased_learning_in_europe_thomann_presentation.pdf.

[63] 威尔士政府：《业本学习的平等与多样性指南》。Welsh Government. Equality and Diversity Guidance for Work-based Learning [EB/OL]. (2018-11-27) [2019-05-02]. https://www.gov.wales/sites/default/files/publications/2018-11/equality-and-diversity-guidance-for-work-based-learning.pdf.

[64] 朱建民，陈冲，张桐锐，林子平等译．德国联邦宪法法院裁判选辑（十）之附录 [EB/OL]. (2016-10-09) [2017-12-16]. http://www.iolaw.org.cn/showNews.asp?id=7507.

[65] 布莱恩：《将业本学习融入高等教育——良好实践指南：由大学职业奖励委员会发布的报告》。Brennan L. Integrating Work-based Learning Into Higher Education: A Guide to Good Practice: a Report by the University Vocational Awards Council [C]. University Vocational Awards Council, 2005.

[66] 洛德曼：《劳动力投资法案（WIA）：项目概述及2006年度第一批培训计划经费》。Lordeman A. The Workforce Investment Act (WIA): Program-by-program Overview and FY2006 Funding of Title I Training Programs [C]. Congressional Information Service, Library of Congress, 2006.

[67] 弗朗茨·劳纳:《职业教育:欧洲视角》。Rauner F. Berufliche Bildung-die europ ische Perspekive [C]. P Grollmann, G Sp ttle & F Rauner (Eds). Euprop Isierung Beruflicher Bildung-eine Gestaltungsaufgabe, Hamburg, Lit Verlag, 2006:127-153.

后　记

　　终于到了提笔表达殷殷谢意之时，在这深夜一角，却突涌近乡情怯之感。太多的感激需要表达，无数的感谢需要言说，情到深处竟无以言表，几近哽咽。作为一个女儿，一名母亲，一位妻子，在书稿写作期间，我的父母、丈夫、妹妹主动替我扛起了生命中的其他重任，在我日夜奋战的同时，是他们在替我负重前行。写作是一场旷日持久的战斗，而在迎战的过程中我绝不孤单，我有幸获得了诸多关爱我之人的鼎力支持，是他们让我相信再坚持一下，再勇敢一点，就可以有举杯微醺、绽放独有光彩的那一刻。此恩此情，拳拳在念，莫不敢忘。

　　本书是我在博士论文的基础上修改而成的。感谢恩师申素平教授，让我在工作多年后获得攻读博士学位的机会。对人权进行进一步研究是我一直以来的梦想，是申老师给了我继续深造的机会，为我提供了圆梦的可能。从入学的第一天起，导师就告诉我，要向每一位老师真诚地求教，向每一位师兄妹学习，这让我受益终身，她的专业、智慧、坚韧、温柔、从容深深地感染了我。在近四年的博士学习生涯中，申老师对我的每一步成长均给予了高度关切，为我的学术历练倾尽心血。在对学术高标准、严要求的同时，老师亦对我的生活倍加关照，结识老师并进入申门学习，是我人生之幸。

  感谢秦惠民教授和周光礼教授在各个阶段所给予的多次指导与建议，令我受益匪浅。在写作过程中，我还得到了华威大学艾伦·尼尔（Alan. Neal）教授、加拿大英属哥伦比亚大学汉斯·舒茨（Hans G. Schuetze）教授、美国堪萨斯大学马克尔·英伯（Michael. Imber）教授的学术指导。他们为本书的进一步完善提出了宝贵的指导建议，在此表示由衷的感谢。

  郑重感谢我的父母，感谢他们无私的付出和不遗余力的帮助，感谢我的丈夫对我的理解、尊重、支持和照顾，感谢我的妹妹替我分担照顾父母和女儿的重任，感谢我的女儿对我毫无保留的崇拜和信任。另一个故事才刚刚开始，在以后的每个风和日丽的日子，我将带着你们的爱脚踏光阴，不断成长，继续前行！

贾 楠

2023 年 12 月 18 日

图书在版编目（CIP）数据

业本学习者权利保护制度比较研究 / 贾楠著.
北京：中国法制出版社，2024.6. -- ISBN 978-7-5216-4606-1

Ⅰ.D912.104

中国国家版本馆 CIP 数据核字第202434CV70号

责任编辑：李璞娜　　　　　　　　　　　　封面设计：杨鑫宇

业本学习者权利保护制度比较研究
YEBEN XUEXIZHE QUANLI BAOHU ZHIDU BIJIAO YANJIU

著者/贾　楠
经销/新华书店
印刷/北京虎彩文化传播有限公司
开本/880毫米×1230毫米　32开　　　印张/15　字数/308千
版次/2024年6月第1版　　　　　　　　2024年6月第1次印刷

中国法制出版社出版
书号 ISBN 978-7-5216-4606-1　　　　　　　　定价：56.00元

北京市西城区西便门西里甲16号西便门办公区
邮政编码：100053　　　　　　　　　　传真：010-63141600
网址：http://www.zgfzs.com　　　　　编辑部电话：010-63141670
市场营销部电话：010-63141612　　　　印务部电话：010-63141606

（如有印装质量问题，请与本社印务部联系。）